L'audace et le soupçon

Pierre Colin

# L'audace et le soupçon

## La crise moderniste dans le catholicisme français (1893-1914)

*"Anthropologiques"*

DESCLÉE DE BROUWER

76 *bis*, rue des Saints-Pères, 75007 Paris
ISBN 2-220-03853-X

# Sommaire

AVERTISSEMENT

On le verra : ce livre est le fait d'un philosophe qui a tenté d'écrire l'histoire d'une crise religieuse. Or, même si un historien-philosophe tel que Henri Gouhier a montré qu'on pouvait les rapprocher, l'histoire religieuse ne relève pas des mêmes méthodes que l'histoire de la philosophie.

En passant d'un terrain à l'autre, j'ai donc pris un risque. Si je dégage leur responsabilité quant au résultat de l'opération, je dois exprimer ma vive reconnaissance à Étienne Fouilloux et à Claude Langlois. Ces deux historiens du christianisme contemporain m'ont incité à franchir ce pas et leur amitié attentive m'a encouragé tout au long de ce travail. Sans eux l'aurais-je entrepris ? En tout cas, sans eux, je ne l'aurais pas achevé.

De nombreuses références montreront en cours de route l'appui constant que j'ai trouvé dans les livres et les articles des spécialistes de la crise moderniste. Au premier rang desquels je mets, bien entendu, Émile Poulat, qui a tracé toutes les routes. Mais, outre ceux qui ont déjà été cités, on verra aussi ma dette à l'égard de ces historiens du christianisme, de l'exégèse ou de la philosophie que sont François Laplanche, Jean-Marie Mayeur, René Rémond, Christoph Theobald, ou René Virgoulay.

Au seuil de cet ouvrage, je voudrais évoquer la mémoire du père Dominique Dubarle. Parce qu'il a été jadis le maître d'œuvre d'un volume collectif sur *Le modernisme* auquel j'avais contribué par un article sur « Le kantisme dans la crise moderniste », première ébauche du livre actuel. Mais surtout parce Dominique Dubarle avait su faire de la Faculté de Philosophie lorsqu'il en était le doyen, cet « espace de liberté » dont les chercheurs ont le plus grand besoin, surtout lorsqu'ils ont à assumer une responsabilité intellectuelle au sein d'une communauté ecclésiale.

# 1

# Modernisme et crise moderniste

## *La voie événementielle*

Au tournant du siècle, le catholicisme français est engagé dans un ensemble de perturbations dont les causes sont distinctes, mais dont les effets sont cumulatifs. Sur le plan politique, on s'acheminait vers la Séparation des Églises et de l'État, décrétée par le gouvernement français en 1905. Sur le plan intellectuel, il s'agissait de ce qu'il est convenu d'appeler la « crise moderniste ». Concernant cette dernière, qui est l'objet de notre étude, on aimerait pouvoir fixer tout de suite la date de son commencement et de sa fin. Or, il n'est d'abord pas sûr qu'elle soit finie. Nous arrêtons notre enquête en 1914, à la veille de cette première guerre mondiale, dont on peut penser qu'elle a mis fin au XIXe siècle en contredisant la confiance de ce dernier en l'irréversibilité du progrès.

Chacune à sa manière, les deux guerres mondiales obligeront les catholiques français à faire face à des mouvements politiques, sociaux, intellectuels, qui poseront de nouveaux problèmes. A chaque fois, une distance sera prise à l'égard de la crise moderniste, comme à l'égard de tous les mouvements de pensée antérieurs à la guerre. C'est ainsi qu'après la seconde guerre mondiale, l'urgence était d'affronter l'athéisme sous ses différentes formes, existentialistes et marxistes. En même temps, un climat intellectuel nouveau favorisait une inventivité qui s'est manifestée sur les terrains biblique, patristique, liturgique, catéchétique, et qui a préparé le Concile de Vatican II. Mais, au cours de ces différentes périodes, et aujourd'hui encore, la crise moderniste n'en reste pas moins latente et toujours prête à resurgir.

Le début devrait être plus facile à déterminer. De fait, il est communément admis que la crise moderniste commence en 1902, avec le trouble qu'Alfred Loisy provoque en publiant *L'Évangile et l'Église*, puis, l'année suivante, *Autour d'un petit livre*. En toute première analyse, ces deux ouvrages mettent en valeur un véritable divorce entre l'histoire et la théologie. Parmi bien d'autres témoignages, retenons l'inquiétude manifestée à Loisy par l'abbé Frémont qui n'était pas un nostalgique du passé, et qui ne méprisait pas par principe les idées modernes :

> « Que voulez-vous que l'Église invoque à titre de motifs de crédibilité des dogmes qu'elle enseigne, si elle est impuissante, comme vous l'assurez sans cesse, à établir *historiquement* que le Christ a vraiment affirmé sa personnalité divine, que le Christ est réellement ressuscité et qu'il l'a instituée lui-même, pour guider les âmes vers leur surnaturelle destinée ? Encore une fois, puisque la Révélation, comme la vie physique et intellectuelle, nous est transmise par voie d'intermédiaires et non pas directement communiquée par Dieu, quel moyen aurons-nous de la connaître avec certitude si les monuments de l'histoire ne servent pas d'appui constant et nécessaire à la théologie [1] ? »

Tout ne commence pourtant pas en 1902. L'un des objectifs de notre étude est d'insister sur les ressorts philosophiques de la crise moderniste. Or, dès sa publication en 1893, la thèse de Maurice Blondel sur *L'Action* provoque des controverses déjà passionnées. Il en est de même pour la nouvelle exégèse biblique que pratiquent en France l'abbé Loisy, mais aussi le père Lagrange. Elle pose aux théologiens catholiques des problèmes auxquels Léon XIII réagit en promulguant, en 1893 également, l'encyclique *Providentissimus* sur l'étude de l'Écriture sainte. La dernière décade du XIXᵉ siècle est ainsi

1. *Lettres de M. l'abbé G. Frémont à M. l'abbé Alfred Loisy*, Paris, Bloud, 1904, p. 10, souligné par l'auteur.

travaillée par les débats autour des positions philosophiques et apologétiques de Maurice Blondel, mais surtout par deux « affaires » qui concernent l'une et l'autre l'Institut catholique de Paris, au sein duquel a été créée en 1878 une École de Théologie qui sera érigée en Faculté canonique le 10 décembre 1889 [2]. Si l'on entre dans l'histoire de la crise moderniste par la voie événementielle, on commencera par « l'affaire Duchesne », suivie au même Institut catholique de Paris par « l'affaire Loisy », et l'on insistera sur la disproportion entre les effets et les causes. Comment, de ces incidents en eux-mêmes mineurs, une perturbation aussi grave et aussi durable que la crise moderniste a-t-elle pu surgir ?

## *L'affaire Duchesne*

En 1871, l'évêque de Saint-Brieuc décide d'envoyer à Paris, pour y poursuivre des études supérieures, un sujet particulièrement brillant, l'abbé Louis Duchesne. Celui-ci obtient sa licence ès-lettres, mais en outre il suit des cours à l'École Pratique des Hautes Études, fondée en 1868, où il découvre la philologie et les antiquités grecques. Des missions lui sont confiées à Rome, en Grèce et en Asie Mineure. Revenu à Paris, il soutient ses thèses le 10 mars 1877. La thèse principale sur le *Liber pontificalis* suscite l'approbation du grand archéologue romain, Jean-Baptiste De Rossi, mais déjà des dénonciations provoquent un blâme de Rome. Selon Claude Bressolette « on fait un certain nombre de remarques sur le fond, pas très nombreuses, mais c'est surtout le ton qu'on stigmatise, en laissant entendre qu'il y a une certaine désinvolture dans la façon de traiter les textes qui nous rapportent, de manière extrêmement précieuse pour l'histoire de l'Église, la vie de tous les papes qui se sont succédé depuis l'origine [3] ».

2. Voir *Les cent ans de la Faculté de Théologie*, sous la direction de J. Doré, Paris, Beauchesne, 1992, en particulier la contribution de Bernard Sesboüé : « Avant le modernisme. Louis Duchesne et Alfred Loisy à la Faculté de Théologie de l'Institut catholique de Paris », p. 99-139.

3. « Louis Duchesne, sa vie, son œuvre et son époque » dans *La Maison-Dieu* 181, 1990, p. 14.

Ce n'était d'ailleurs pas la première alerte. En 1876, alors que la décision avait été prise de nommer Louis Duchesne à la Faculté des Lettres, des rumeurs avaient déjà circulé sur les impertinences auxquelles le futur professeur se livrerait : il aurait eu des mots ironiques sur telle ou telle procession, sur la Vierge Marie elle-même. On dit qu'il y a là « de l'irrévérence, et peut-être un grain de libéralisme » (*op. cit.*, p. 15). Le futur recteur, l'abbé d'Hulst, tient bon et Duchesne est nommé. En 1878, on lui demande d'enseigner aussi à l'École de Théologie qui vient d'être fondée. Mais des cours lithographiés circulent. Nouvel incident : un certain abbé Rambouillet s'émeut devant ces cours qui laissent entendre que des Pères antérieurs au Concile de Nicée auraient pu commettre des erreurs dans l'énoncé de la foi trinitaire. Quelques années plus tard, on retrouvera ce vicaire à Saint-Philippe du Roule, s'attaquant cette fois à l'exégèse historico-critique [4]. Pour le moment, il publie deux articles assez violents, auxquels Duchesne doit répondre. Insatisfait, le supérieur général de Saint-Sulpice, M. Icard, interdit à ses élèves de fréquenter le cours de Duchesne, comme il le fera d'ailleurs bientôt pour le cours de Loisy.

## *De Duchesne à Loisy*

On pourrait poursuivre dans le même style, presque anecdotique, l'histoire de Louis Duchesne. On constaterait que les soupçons et les dénonciations d'une part, l'ironie de l'historien d'autre part, ont très vite transformé en polémique passionnée des dissentiments intellectuels dont on imagine maintenant qu'ils auraient pu donner lieu à une discussion féconde. Suivant la même approche, on enchaînerait avec les déboires d'Alfred Loisy, étudiant, puis enseignant au même Institut catholique.

Originaire de la Marne, Loisy est ordonné prêtre en 1879. Après avoir suivi les cours de Duchesne, il sera répétiteur

4. L'abbé Rambouillet publie en 1881 une brochure de 29 pages : *Observations sur une nouvelle exégèse biblique*. Voir François Laplanche : *La Bible en France, entre mythe et critique, XVI$^{e}$-XIX$^{e}$ siècle*, Paris, Albin Michel, 1994, p. 192.

d'hébreu, puis chargé d'un cours d'exégèse, à la nouvelle École de Théologie de Paris. Il y enseignera aussi l'assyrien, puis l'éthiopien et il deviendra professeur titulaire après avoir soutenu le 7 mars 1890 la seconde thèse de cette nouvelle Faculté, une thèse sur *L'histoire du Canon de l'Ancien Testament*. Mais son enseignement et ses publications commencent à faire problème en 1892, date de la fondation de la revue : *L'enseignement biblique*. M. Icard interdit aux élèves du Séminaire Saint-Sulpice de suivre ses cours. Le recteur, Mgr d'Hulst, s'efforce maladroitement de le défendre par un article sur « La question biblique » qui paraît dans *Le Correspondant* du 25 janvier 1893. Mais on n'évitera pas une destitution déguisée en démission volontaire.

Devenu aumônier des Dominicaines de Neuilly, Loisy continue à travailler et à publier. Mais les articles de la *Revue du clergé français* qu'il signe du pseudonyme de Firmin sont arrêtés sur l'ordre du Cardinal Richard, archevêque de Paris, en octobre 1900. Nommé professeur libre à l'École Pratique des Hautes Études, Loisy publie en novembre 1902 *L'Évangile et l'Église*, et l'année suivante, pour répondre au tumulte provoqué par cet ouvrage *Autour d'un petit livre*. Dès 1903, cinq de ses ouvrages sont mis à l'Index des livres prohibés. En 1907 le Décret *Lamentabili* et l'encyclique *Pascendi* condamneront le modernisme. En 1908, après la publication de ses *Simples réflexions* sur ces deux textes pontificaux, Loisy sera excommunié.

Ces histoires sont maintenant bien connues, mais elles restent significatives de la peur des milieux ecclésiaux devant tout ce qui mettait en cause des affirmations traditionnelles. En novembre 1901, George Fonsegrive écrit dans la *Quinzaine* : « Un grand mouvement s'est fait durant ces dernières années dans les esprits catholiques. Ce mouvement a effrayé quelques vigilants. Ils ont pesé de tout leur poids pour faire condamner par l'autorité ceux qu'ils regardaient comme téméraires. Jusqu'à présent ils n'ont guère réussi [5]. » Jusqu'à présent, peut-être ! Mais la machine est en marche.

---

5. *Regards en arrière*, Paris, Bloud, 1908, p. 134.

## *Avec ou sans guillemets*

Même si le mot apparaît ici ou là, il n'est pas encore vraiment question du modernisme. Mais déjà toute audace intellectuelle expose au soupçon, déjà se met en place le système de contrôle et de dénonciation qui va s'appliquer à toutes les tentatives un peu nouvelles qui secouent les habitudes intellectuelles. Ayant rapporté l'affaire Duchesne, puis l'affaire Loisy, Bernard Sesboüé commente l'un des enseignements de cette petite histoire : « L'Église, alors forteresse assiégée, vit déjà dans une époque de tension interne très forte. Dans la société, elle constitue un camp, par rapport auquel on se situe ; à l'intérieur d'elle-même elle se scinde par contre-coup en deux camps, dont le plus rigoriste veut opposer une défense monolithique et intégraliste à l'esprit des temps modernes et traite l'autre de la suprême injure d'être libéral[6]. »

Les « vigilants » dont parle Fonsegrive ont au moins semé le doute. A Rome et d'abord parmi les évêques français. Même en dehors de tel ou tel cas particulièrement accentué, comme celui de Mgr Turinaz, lui-même toujours prêt à se mobiliser afin de pourfendre les démocrates chrétiens et les modernistes aussi bien que les francs-maçons, on insisterait volontiers sur la vulnérabilité du corps épiscopal, disposé à admettre n'importe quelle rumeur, plus ou moins fondée, toujours sur la base de la peur. Mais on ne ferait ainsi que reculer la question : car cette peur elle-même, d'où vient-elle ? Or, pour répondre, il faut quitter l'événementiel et choisir un accès plus distancié. C'est en fait toute l'histoire du XIXe siècle qui est en cause. Ou encore toute l'histoire des rapports entre l'Église et la société moderne après la Révolution française.

C'est dans cette perspective que se situent les travaux novateurs d'Émile Poulat, qui reste le grand historien de la crise moderniste. En 1962, son livre *Histoire Dogme et Critique dans la Crise moderniste*, a marqué une étape importante, voire capitale, dans l'étude de cette crise. Émile Poulat situait le modernisme dans l'histoire de cet « antagonisme socio-religieux » qui avait opposé tout au long du XIXe siècle « la foi et la raison, la théologie et la science, les antiques traditions et

---

6. *Les cent ans de la Faculté de Théologie, op. cit.*, p. 104.

l'esprit moderne, l'Église et le siècle, et — à l'extrême — les "deux France"[7] ». Le modernisme prolonge la ligne d'une minorité qui « n'a cessé de croire à la réconciliation possible ». Et sa particularité est de tenter une réconciliation avec ces jeunes « sciences religieuses » qui ont appliqué des méthodes positives « à un domaine, à des textes jusqu'ici considérés comme hors de leurs prises ». D'abord, bien entendu, les textes bibliques, mais aussi tout ce qui concerne l'histoire de ce que l'on appellera bientôt les « origines chrétiennes ».

Depuis son premier grand livre, Émile Poulat a publié nombre d'études importantes auxquelles nous nous référerons sans cesse. Mais d'autres éléments nouveaux sont intervenus. En 1975, dans le chapitre de la *Nouvelle Histoire de l'Église* consacré à « La crise moderniste », Roger Aubert prend acte d'un fait : « Depuis une dizaine d'années les publications de documents, surtout de correspondances, se sont multipliées, et ont permis de reprendre la question avec un œil neuf. » Il poursuit : « Bien des points demeurent encore obscurs mais déjà une chose apparaît de plus en plus clairement, c'est qu'une étude scientifique du phénomène moderniste doit commencer par une série de monographies consacrées aux individualités très variées qui furent de leur temps considérées à l'un ou l'autre titre comme des modernistes, et qu'en tout cas la description du modernisme donnée par l'encyclique *Pascendi* n'offre à l'historien qu'un cadre très inadéquat[8]. »

Sur le fond, l'éminent historien a évidemment raison. Même si l'on admet, et nous l'admettons, que, parmi les définitions du modernisme catholique, la seule véritablement rigoureuse est celle qui fait référence à l'encyclique *Pascendi* publiée par Pie X le 8 septembre 1907. Pris au sens strict, le modernisme, c'est le système philosophico-théologique dont l'encyclique décrit l'articulation interne. Est moderniste en ce sens strict tout travailleur intellectuel dont la pensée rentre dans le cadre du système construit par *Pascendi*.

---

7. *Histoire, dogme et critique dans la crise moderniste*, Paris, Casterman, 1re éd. 1962, p. 8. Nous citons cette édition, mais le livre a été réédité en 1995 chez Albin Michel.

8. Paris, Seuil, 1975, p. 200.

L'ennui de cette définition, c'est qu'elle exclut du modernisme une bonne partie de ces auteurs « qui furent de leur temps considérés à l'un ou l'autre titre comme des modernistes ». Qui, parmi ces hommes, professe la totalité du système ?

Pour ne pas nous dérober à une question à laquelle nous ne pouvons répondre d'emblée, nous adoptons une disposition typographique. Les guillemets dont nous affecterons les mots « modernisme » et « modernistes » marquent et maintiennent une hésitation. Certains cas, peu nombreux d'ailleurs, sont clairs. Loisy rentre dans le cadre du modernisme défini par *Pascendi*, même si sa philosophie religieuse reste très largement implicite. Point n'est alors besoin de guillemets. Seulement, à partir de là se pose la question de savoir ce qui unit par exemple un Loisy et un Blondel, qui appartiennent à une même histoire, bien que leur mode d'insertion dans la modernité et surtout leur appréhension du mystère chrétien soient radicalement différents. Ils sont en tout cas réunis par le fait de ce milieu catholique auquel ils appartiennent et au sein duquel ils doivent faire face à des attaques qui vont parfois jusqu'à les confondre, au mépris de toute vraisemblance.

## *Des initiatives indépendantes*

Les historiens acceptent mal de réduire le modernisme au système défini par l'encyclique. Mais se pose alors à eux la question de ce qu'ils veulent dire lorsqu'ils parlent — au singulier — du modernisme. S'agit-il, sinon d'un système, du moins d'un mouvement qui aurait, malgré la diversité de ses composantes, une certaine unité d'intention ? Voyons par exemple Adrien Dansette dans son *Histoire religieuse de la France contemporaine* : « Si l'on ne veut pas restreindre l'histoire du modernisme à celles de ses formes incompatibles avec le catholicisme, il faut laisser au mot qui le désigne une valeur assez extensive. Il exprimera pour nous l'ensemble des efforts accomplis par des hommes qui furent tous des croyants au début, réformateurs de l'Église parce que ses défenseurs, en vue d'accorder la religion catholique aux besoins intellectuels et moraux de leur temps[9]. »

Ce texte d'Adrien Dansette dégage en tout cas un élément capital de la situation en fonction de laquelle se définit quelque chose comme un projet moderniste. Rien de ce que nous appelons « modernisme » ne se serait produit sans la prise de conscience d'un désaccord entre la religion catholique d'une part et les besoins intellectuels et moraux de la société d'autre part. Le « modernisme » présuppose le sentiment d'un décalage insupportable entre l'Église catholique et la culture moderne. Pendant longtemps, ou bien les théologiens ont ignoré cette culture moderne, ou bien ils l'ont réduite à leurs schémas. Vient un moment où cette culture a pris une consistance telle que l'ignorance ou la réduction ne sont plus possibles.

A cet égard nous bénéficions aujourd'hui du recul historique qui nous permet de situer le modernisme dans la longue durée de l'histoire de la modernité, histoire au cours de laquelle le monde chrétien a vu se constituer à l'intérieur de lui-même un monde nouveau qui s'est détaché de lui et lui est devenu étranger. Encore faut-il caractériser le point précis de cette histoire où peut apparaître le modernisme. Ce dernier présuppose la conscience d'un retard : l'Église catholique a laissé le monde moderne se développer sans en assimiler au fur et à mesure les conquêtes intellectuelles. Il en résulte un décalage considérable. De sorte que lorsqu'on commencera à prendre la situation en charge, se poseront à la fois tous les problèmes laissés en suspens, voire tout-à-fait ignorés jusqu'alors.

Cette situation est la toile de fond de la crise moderniste. Mais sa perception a donné lieu à des initiatives individuelles, largement indépendantes les unes des autres. Contrairement à la thèse de l'encyclique *Pascendi*, nous verrons qu'à proprement parler, il n'y a pas eu un mouvement moderniste, mais il y a eu des tentatives de prise en compte du monde moderne qui opéraient sur des terrains différents, qui ne répondaient pas au même esprit, et que l'on ne peut rapporter à une unité d'intention. Pour fixer tout de suite les idées, la mise en œuvre de la méthode historique par Duchesne, Loisy ou

9. Paris, Flammarion, 1951, tome II, p. 438-439.

Lagrange est une chose ; la constitution d'une philosophie de l'action par Blondel et Laberthonnière en est une autre.

En ce sens, on donnera raison à Alfred Loisy, lorsque, dans les *Simples réflexions* qu'il publie en 1908, après la parution du décret *Lamentabili* et de l'encyclique *Pascendi*, il écrit ceci : « La philosophie et l'apologétique de l'immanence, auxquelles l'Encyclique donne une si large part dans la description du modernisme, avaient eu leur développement indépendant : représentées depuis plusieurs années en France par M. Blondel et le P. Laberthonnière, elles constituaient un brillant essai de psychologie religieuse. Mais personne, que je sache, ne s'était avisé de les reconnaître dans *L'Évangile et l'Église*, et *Autour d'un petit livre* ; elles ne se confondent pas davantage avec les théories métaphysiques de M. Le Roy ; elles se distinguent même assez nettement de la théologie mystique de M. Tyrrell, et il est clair qu'elles n'ont à peu près rien à voir avec les idées des réformistes italiens sur l'action sociale de l'Église » (p. 155). Il est assez réducteur de parler de « brillant essai de psychologie religieuse » à propos de *L'Action* de Maurice Blondel et des *Essais de philosophie religieuse* de Laberthonnière, mais, globalement, Loisy a raison de dissocier toutes ces initiatives non seulement indépendantes, mais parfois discordantes.

Roger Aubert n'a donc pas tort de dire que « la description du modernisme donnée par l'encyclique *Pascendi* n'offre à l'historien qu'un cadre très inadéquat » ? Ce n'est de fait pas à partir de l'encyclique que l'on peut comprendre et apprécier correctement les initiatives intellectuelles prises dans le champ exégétique par un Loisy ou un Lagrange, ou dans le champ philosophique par un Blondel, un Laberthonnière ou un Le Roy. C'est certain. Mais l'encyclique permet de comprendre le type d'unité que ces différentes initiatives ont prises dans la conscience catholique de l'époque.

Que l'on prenne Loisy ou Lagrange, Blondel, Laberthonnière ou Le Roy, tous ces hommes si différents les uns des autres, ont en commun la conviction que, pour travailler à la réconciliation du catholicisme et de la pensée moderne, il faut produire du changement à la fois au sein du catholicisme et au sein de la pensée moderne. C'est cette similitude que l'on vise en les groupant sous le signe du « modernisme » pris en un sens large [10]. Dès lors, ce qui importe, c'est que ce sens large conserve néanmoins une rigueur. Ce résultat sera obtenu si nous réussissons à coordonner deux approches. La première approche consiste à prendre la « pensée moderne » au niveau de cohérence et de consistance que lui donne sa rigueur méthodologique. Il est vrai que la philosophie est elle-même mise en question par les sciences humaines qui naissent ou se développent à cette époque : la linguistique, l'histoire des religions, la psychologie religieuse, la sociologie… Mais Lachelier a fondé en France une école de philosophie réflexive à laquelle se rattachent, malgré tout ce qui les oppose par ailleurs, un Blondel, un Brunschvicg ou un Bergson. Quand on parle de « philosophie moderne » à l'époque, cela a tout de même un sens.

La seconde approche concerne davantage les contenus. Ici intervient l'usage que nous pensons pouvoir faire de l'encyclique *Pascendi.* A la différence d'historiens tels que Jean Rivière [11], nous ne considérons pas que cette encyclique dégage de façon satisfaisante et définitive le système caché du modernisme. Mais, nous ne négligerons pourtant pas cette élucidation doctrinale. Certes, l'encyclique reste profondément étrangère au dynamisme spirituel qui sous-tend l'activité intellectuelle des « modernistes ». Mais elle nous paraît désigner, avec une assez grande perspicacité, les questions centrales auxquelles sont nécessairement confrontés ceux qui tentent d'une manière ou d'une autre cette réconciliation de la pensée chrétienne et de la pensée moderne. S'ils ne les abordent pas d'une manière aussi directe que les philosophes ou les théologiens, ni les historiens ni les exégètes ne peuvent éviter les questions de l'agnosticisme, de l'immanence, du symbolisme, de l'expérience religieuse, ou du statut du dogme, toutes questions qui sont, nous le verrons, pointées par *Pascendi.* Bien entendu, pour profiter de ce repérage, il n'est pas nécessaire d'admettre que l'encyclique ait bien posé

---

10. On aimerait pouvoir dire « modernisateur », mais ce mot nous renverrait à un simple projet de modernisation de l'Église. Or, nous cherchons à saisir le moment où des hommes qui sont engagés à la fois dans l'Église et dans la modernité intellectuelle, cherchent à faire bouger l'une et l'autre. Au risque de se trouver en porte-à-faux de chaque côté.

11. *Le modernisme dans l'Église.* Étude d'histoire religieuse contemporaine, Paris, Letouzey et Ané, 1929.

ces questions, encore moins qu'elle ait déterminé la seule et unique manière valable de les résoudre.

## *L'effervescence intellectuelle des années 1890*

Les « modernistes » ne sont pourtant pas isolés. Tout en évitant de voir des complots là où il n'y en a pas, il faut aussi éviter de méconnaître les lieux de rencontre et de confrontation qui existent et grâce auxquels des liens, parfois très intimes, parfois beaucoup plus distendus, mais quand même réels, ont pu se nouer entre tels ou tels protagonistes de la crise moderniste. Ceux-ci appartiennent à des milieux intellectuels tels que les Universités catholiques, les Ordres religieux, ou les groupes rédacteurs de Revues ou de Dictionnaires. Sur toute cette histoire, nous disposons aujourd'hui d'éléments nouveaux. Des archives ont été recueillies et classées, comme par exemple les Archives Blondel à Louvain, ou les Archives des Instituts Catholiques. Le phénomène déjà signalé en 1975 par le chanoine Aubert s'est encore amplifié. Tirées des archives, des correspondances ont été publiées et annotées [12]. Elles font apparaître entre les protagonistes de la crise moderniste différents réseaux de relations. Ainsi en est-il des groupements soulignés par René Marlé dans *Au cœur de la crise moderniste* [13].

D'autre part, depuis quelques années, nous sommes entrés dans la période des Centenaires propices aux commémorations, mais aussi aux bilans rétrospectifs. Retenons au moins quelques indications sur des anniversaires qui concernent à des titres divers la crise moderniste et son milieu. Deux colloques d'histoire sous la direction de René Rémond et Émile Poulat concernent les Assomptionnistes : en 1980, *Emmanuel d'Alzon dans la société & l'Église du XIXᵉ siècle* [14], en 1983, *Cent ans d'histoire de* La Croix [15]. En 1986, l'École Pratique des Hautes Études fête le Centenaire de la Vᵉ Section, consa-

12. La liste des principales publications de correspondances est présentée en annexe.

13. Paris, Aubier, 1960.

14. Paris, Le Centurion, 1982.

15. Paris, Le Centurion, 1988.

crée aux « sciences religieuses » [16]. En 1989, l'Institut catholique de Paris fête le centenaire de sa Faculté de Théologie [17]. L'École biblique de Jérusalem, fondée par le père Lagrange en 1890, et la *Revue biblique* célèbrent leur centenaire en 1992 [18]. De même pour la *Revue thomiste* en 1993 [19], année au cours de laquelle la *Revue de Métaphysique et de Morale* se souvient également qu'elle a été fondée cent ans auparavant [20]. Encore s'agit-il d'institutions ou de revues qui subsistent. Ce n'est pas le cas de l'Union pour l'Action morale fondée en 1893, dont les Décades de Cerisy sont le lointain prolongement [21]. En 1994, a été commémorée la fondation du *Sillon* par Paul Renaudin, cent ans auparavant [22]. Le centenaire de l'encyclique *Rerum novarum* sur la condition des ouvriers (1891) a par ailleurs provoqué de nombreux colloques historiques.

Il faut d'abord enregistrer ce fait massif : après 1880 et surtout dans la décade 1890-1900, on constate en France, dans le monde catholique mais aussi dans le monde philosophique, une grande effervescence intellectuelle. Institutions, revues, ouvrages : tout cela témoigne d'une vie de la pensée fort considérable et très active. Or, il est en tout cas facile de comprendre un élément de la situation, qui n'est paradoxal qu'en apparence. C'est en se remettant au travail que les catholiques ont éprouvé la profondeur du fossé séparant leur culture religieuse de la culture moderne. En particulier, l'une des conditions qui ont permis de percevoir le retard d'une réaction catholique positive au devenir du monde moderne,

---

16. Cf. *Cent ans de sciences religieuses en France*, Paris, Cerf, 1987.

17. Cf. note 2. Le Centenaire des deux Facultés de Philosophie et de Droit canonique, célébré en octobre 1995, a déjà donné lieu à une publication partielle dans RICP, nº 58, avril-juin 1996. Voir aussi pour la Faculté de Philosophie : *Le statut contemporain de la philosophie première*, Paris, Beauchesne, 1996.

18. *Naissance de la méthode critique*, Actes du colloque du centenaire de l'École biblique et archéologique française de Jérusalem, Paris, Cerf, 1992.

19. *Saint Thomas au XX^e siècle*, Paris, Éditions Saint Paul, 1994.

20. Numéro spécial du Centenaire, nº 1-2, janvier-juin 1993.

21. Voir pourtant *Paul Desjardins et les Décades de Pontigny*, études, témoignages et documents inédits présentés par Anne Heurgon-Desjardins, Paris, PUF, 1964.

22. *Marc Sangnier et les débuts du Sillon, 1894*, Actes de la journée d'études du 23 septembre 1994, Paris, Institut Marc Sangnier, 1995.

c'est le renouveau des études ecclésiastiques avec les nouvelles Facultés de Théologie fondées dans les Instituts catholiques. Dans sa *Vie de Mgr d'Hulst*, le cardinal Baudrillart parle ainsi des années 80 : « Les années qui ont suivi 1880 ont été, dans tout le monde catholique, des années d'un admirable et fécond renouveau intellectuel.... Les Universités nouvellement fondées s'étaient mises au travail ; des revues avaient été créées ; des livres paraissaient, qui s'imposaient à l'attention. Clercs et laïques s'abandonnaient au mouvement avec une large et noble confiance ; on n'entrevoyait pas encore les excès qui risquaient de compromettre un si bel élan ; l'espérance seule était à l'ordre du jour[23]. »

La presse catholique de l'époque manie facilement l'invective soit contre les adversaires extérieurs de l'Église, soit contre les catholiques qui se situent autrement sur l'échiquier politique et/ou théologique. Si la polémique a quand même parfois engendré une véritable discussion, c'est en particulier grâce aux Revues. Tandis que perdurent d'anciennes publications comme les *Études* des pères jésuites, de nouvelles revues se fondent comme la *Revue du clergé français*. Certaines de ces revues seront des foyers propices à la naissance des initiatives « modernistes ». D'autres entreprendront des campagnes anti-modernistes. En tout cas, même si bien des choses ont circulé d'une toute autre manière, plus souterraine, ni la controverse exégétique, ni la controverse philosophique n'auraient pu être ce qu'elles ont été sans ce milieu de discussion et de polémique, mais aussi de recherche, constitué par un ensemble de revues d'orientations opposées que nous rencontrerons tout au long de nos études.

## *L'ébranlement du milieu ecclésial*

Or, il faut bien admettre que la situation s'est très vite dégradée. De quelque manière que l'on juge après coup les mouvements intellectuels de l'époque et les réactions négatives qu'ils ont suscitées, une question est posée à l'historien par la vivacité des conflits ecclésiaux. Comment et pourquoi les adhésions et les rejets ont-ils été aussi passionnés ?

23. Paris, de Gigord, 1912-1914, tome 1, p. 450-451.

Le contexte politique n'est certes pas étranger au phénomène et à sa spécificité française. Le temps le plus fort de la crise moderniste est aussi, en France, le temps de la laïcisation de l'École, puis de l'État, phénomènes vécus par les catholiques comme une agression. Mais les difficultés politiques dramatisent des difficultés intellectuelles dont la gestion est en toute hypothèse complexe.

Si l'on admet la dispersion première des initiatives, la question reste donc posée à l'historien de comprendre comment, en fonction de quelles conditions culturelles et/ou ecclésiastiques, des initiatives singulières ont pu prendre assez vite l'apparence d'un mouvement concerté, voire d'une conspiration. Les deux éléments de la situation sont, d'un côté la mise en œuvre de méthodes nouvelles, de l'autre côté l'extrême difficulté du catholicisme à admettre ce renouvellement de ses vues habituelles. La réaction du milieu ecclésial aux initiatives qui naissent en lui est un élément capital de la crise moderniste. Ces initiatives seront commentées, discutées. Mais parce que, d'abord, elles auront été ressenties comme des chocs, ébranlant dangereusement les certitudes acquises et les méthodes éprouvées. En elles-mêmes différentes, ces initiatives produisent un effet cumulatif. Il y a au moins des milieux ecclésiastiques dans lesquels les différentes « nouveautés » engendrent toutes une même peur. L'unité de l'ébranlement général ainsi produit se trouve reportée sur les initiatives modernistes pour leur donner l'apparence d'un mouvement concerté. Et, nous le verrons, c'est cette apparence de mouvement concerté qui va se trouver confortée par la systématisation de *Pascendi*.

Certes, les réactions provoquées par les initiatives novatrices sont loin d'être uniformes. En 1902, la publication par Loisy de *L'Évangile et l'Église* suscite d'un côté la peur et la réprobation, mais d'un autre côté, diamétralement opposé, cette publication provoque l'enthousiasme. Or, surtout lorsqu'il se produit dans le jeune clergé, cet enthousiasme devient lui-même pour les autorités ecclésiastiques une raison supplémentaire de s'inquiéter. C'est ainsi que le livre produit au sein de l'Église catholique cet effet de division par lequel se caractérise non le « modernisme », mais « la crise moderniste ». En effet, quelque définition qu'on en donne, le « modernisme » n'est que l'un des éléments de la crise moderniste et c'est cette dernière qui mérite attention et étude. Même si, relisant *Pascendi*, nous nous référons au système moderniste construit par l'encyclique ou au modernisme comme système, notre objectif est et sera l'étude de la crise moderniste prise comme crise.

Le hiatus entre le modernisme de l'encyclique et la réalité des « modernistes » est incontestable, mais il constitue justement l'un des phénomènes caractéristiques de la crise moderniste, envisagée comme le règne général du malentendu, voire de l'incompréhension systématique. Loin de chercher à réduire artificiellement ce hiatus, on ne craindra pas de dénoncer l'arbitraire de la construction opérée par l'encyclique. Mais c'est à partir de là que se posent les problèmes les plus sérieux. Il importe en effet de comprendre pourquoi et comment cette construction a été possible, comment et pourquoi elle a eu un tel retentissement. A quel type de besoin ecclésial entendait-elle répondre ? Et comment a-t-elle de fait réussi à s'imposer comme référence incontournable ?

## *Le sens de la crise*

Si l'on s'intéresse à ces questions, le cadre offert à l'historien par l'encyclique *Pascendi* n'est peut-être pas aussi inadéquat qu'il le paraît. En tout cas, si elle la résout mal, du moins à notre sens, l'encyclique *Pascendi* a le mérite de poser la question sérieuse des enjeux philosophiques et théologiques de la crise moderniste. Et c'est dans cette voie que nous nous engagerons. Seulement, dès que nous admettons ce fait, nous nous trouvons devant une grave difficulté. Le rôle de l'encyclique *Pascendi* dans la crise moderniste a donné lieu à deux interprétations radicalement opposées, qui correspondent d'ailleurs à deux manières de penser la crise moderniste comme crise.

### *— Première interprétation*

Il existe dans la vie des organismes et dans l'histoire des sociétés des crises de croissance, mouvements positifs comportant la douleur, mais la douleur d'un enfantement. Tel n'était pas le cas de la crise moderniste, qui était au contraire, pour l'interprétation que nous suivons en ce moment, une crise de décadence et de mort[24]. En effet, le modernisme est en lui-même un mal. Il expose l'Église catholique à des risques qui auraient pu être mortels. En faisant entrer l'ennemi dans la place, il ébranlait la solidité de l'édifice. Tout aurait été perdu sans la vigilance des autorités romaines qui ont dû réagir vite et frapper fort. Ce qui a tout sauvé, c'est l'encyclique *Pascendi*, avec les mesures disciplinaires qui l'ont accompagnées ou suivies. Cela n'a sans doute pas suffi à résoudre l'ensemble des problèmes posés par le modernisme. Mais la lucidité de Pie X a permis d'éviter le pire, en dénonçant clairement les erreurs, et en montrant leurs racines philosophiques.

Selon cette interprétation officielle, la responsabilité de la crise moderniste incombe aux initiatives malheureuses des « modernistes ». Que leur reproche-t-on ? Sous sa forme la plus radicale, la critique porte sur le projet même d'une réconciliation de l'Église catholique et du monde moderne. Mais on peut aussi admettre le principe de cette réconciliation et condamner l'esprit dans lequel les « modernistes » ont tenté de la réaliser, et les moyens qu'ils ont mis en œuvre. Dans cette perspective, l'erreur des modernistes serait d'avoir considéré la modernité comme une donnée irréductible, en faisant peser sur l'Église toute la charge des concessions nécessaires pour qu'elle s'y adapte.

C'est le thème que développait jadis Jean Guitton distinguant « deux méthodes et deux méthodes seules pour opérer l'alliance de la tradition et de l'actualité, de l'ancien et du nouveau, de la vérité et de la conscience ». La première méthode, seule légitime, « consiste à fixer *d'abord et avant tout* la tradition », pour ensuite discerner dans la pensée du monde actuel « ce qui en elle est conforme et ce qui en elle

24. Julien Fontaine parle ainsi de l'encyclique *Pascendi* : « Ce document est sorti des entrailles mêmes de l'Église, de ses douleurs et de ses angoisses, concentrées dans l'âme pontificale de Pie X, irradiée des lumières de la grâce et de la foi à leur suprême degré d'intensité. Aussi cette Encyclique résume-t-elle toutes les énergies et toutes les richesses intellectuelles de la Tradition catholique aux prises avec l'hérésie la plus perfide, la plus savamment complexe et la plus mensongère qui fût jamais », *Le modernisme social*, Paris, Lethielleux, 1911, p. 294.

est contraire à l'esprit de la tradition — assimilant le premier élément, qui est substantiel, rejetant le second, qui est corrompu ». La seconde méthode, celle des réformateurs hétérodoxes, « consiste à fixer *d'abord et avant tout* la pensée actuelle, à emprunter son langage, à se nourrir de ses principes, à s'imprégner de son esprit — *puis* à se retourner vers la tradition — enfin à rejeter tout ce qui en elle apparaît comme contraire à la pensée actuelle et à y adapter le reste[25] ».

Le même mouvement par lequel se trouve dénoncé le défaut de la tentative moderniste indique les voies du véritable rapport à instituer avec le monde moderne. Mais, pour s'engager dans ces voies, il fallait d'abord barrer la route au modernisme. En le faisant et en instituant tout un système de défense, Pie X a sauvé l'Église catholique d'un danger mortel. Ce thème de la défense nécessaire peut être modulé sur des registres très différents. S'il est plus habituellement agressif, il peut aussi être développé de façon plus sereine. Comme dans cet article d'*Études* dans lequel le père Yves de la Brière montre que si la répression a été, certes, rigoureuse, elle a été somme toute salutaire : « L'*état de siège*, avec les rigueurs qu'il entraîne, devient, en certaines circonstances graves, une mesure bienfaisante, une mesure légitime, réclamée par l'intérêt général et pour le salut commun. Or les mesures adoptées dans l'Église contre le modernisme ressemblent un peu à l'*état de siège* ; elles en ont quelques-unes des rigueurs, et certains hommes d'étude en ressentent parfois le douloureux contre-coup ; mais, considérées dans leur inspiration générale, ces mesures correspondent — comme l'*état de siège* — à la nécessité des circonstances et à la gravité du péril[26]. »

Le même type d'interprétation s'applique à la suite des événements. On estime qu'après l'encyclique, le désordre a continué à se développer d'une manière plus ou moins souterraine, ce qui a d'ailleurs obligé les tenants de l'orthodoxie à repérer et à dénoncer tous les écarts de doctrine. Certes, il

---

25. *Œuvres complètes-Critique religieuse*, Paris, DDB, 1968, p. 200 (souligné par l'auteur).

26. *Études* 5 novembre 1910, p. 421, souligné par l'auteur. Cité par Henri Holstein « Au temps du modernisme » dans *Études*, tome 291, novembre 1956, p. 212-233, numéro spécial pour le centenaire de la Revue.

y a eu des périodes d'accalmie. Mais cette hérésie protéiforme qu'est le modernisme risque toujours de revenir, sous des apparences plus ou moins nouvelles. Le grand thème de cette position, et le mode selon lequel elle pense « l'actualité » du modernisme, c'est le thème de la résurgence périodique.

C'est ainsi qu'en 1946, le père Garrigou-Lagrange publie son fameux article : *La nouvelle théologie où va-t-elle ?* Sous ce titre, le dominicain comprend l'École jésuite de Lyon avec le père Bouillard et le père de Lubac, mais aussi le père Fessard, le père Teilhard de Chardin. Or la conclusion est nette : « Où va la nouvelle théologie ? Elle revient au modernisme [27]. » Ce que l'on peut en tout cas dire, c'est que Garrigou-Lagrange pointe le problème de fond, qui est celui de la vérité, du moins au sens que prend ce mot lorsqu'on l'applique à l'ordre religieux. Mais a-t-il pour autant raison de parler chez les auteurs en cause, d'une méconnaissance de la « valeur métaphysique » du dogme ? Des positions analogues se retrouvent aujourd'hui dans le jugement porté sur Vatican II. On considère que, bien loin d'avoir clos la crise moderniste, le concile a fait revenir le modernisme par le biais du mouvement confus de réformes, liturgiques, catéchétiques, théologiques, qu'il a déclenché.

— *Seconde interprétation*

Pour la définir, partons d'un jugement tout opposé sur Vatican II. On dira que s'il n'a sans doute pas pris en charge tous les problèmes de l'époque, ce concile n'en a pas moins répondu, de façon positive, à des attentes nées au sein même de la crise moderniste. Sur quels points le bilan de Vatican II est-il jugé positif ? 1°) la théologie fondamentale (entendons la théologie de la Révélation avec ses incidences sur l'exégèse biblique et sur l'histoire de la tradition) ; 2°) l'ecclésiologie (structure interne du Peuple de Dieu et nouveaux rapports de l'Église et du monde : fin du modèle dualiste) ; 3°) plus en profondeur, si Vatican II n'a pas résolu le problème de la vérité religieuse, du moins a-t-il commencé à prendre en compte deux éléments modernes de ce problème :

27. Angelicum, 23 (1946), fasc. 3-4, citation p. 143.

le développement de la conscience historique et les exigences d'une société pluraliste (avec notamment la Déclaration sur la liberté religieuse).

Or, à ce jugement sur le caractère positif de Vatican II correspond une évaluation de la crise moderniste tout-à-fait différente de celle que nous avons d'abord définie. Dans cette perspective, on peut bien admettre que les « modernistes » ont voulu aller trop vite, que certains comme Loisy ont commis des erreurs graves. Même lorsqu'ils ont posé de vrais problèmes, sur leur terrain propre, ils n'ont pas été capables de les résoudre de façon satisfaisante. Mais était-ce possible ? Disposaient-ils des données suffisantes ? En bref, auraient-ils pu mieux faire [28] ?

En tous cas, dans l'interprétation que nous exposons maintenant, les erreurs commises n'empêchent pas d'estimer que l'orientation générale était bonne. Il fallait prendre au sérieux la consistance et la valeur de la culture moderne, il fallait introduire dans l'Église des exigences et des méthodes intellectuelles neuves. Toujours dans cette perspective, la crise moderniste aurait pu être une crise de croissance, un moment sans doute troublé, mais tendant vers un nouvel équilibre. Qu'est-ce qui a empêché cette issue positive ? L'insuffisance des auteurs qui se sont engagés dans cette entreprise ? Sans doute, et il faut vérifier cas par cas. Mais la crise provient aussi de la défaillance des autorités ecclésiastiques et des théologiens néo-scolastiques. Ils n'ont pas su reconnaître la légitimité de la critique historique. Et ils n'ont pas su faire à la liberté de la raison la part qui lui revient. De ce point de vue, loin de porter remède à la crise, l'encyclique *Pascendi* l'a, sinon provoquée, du moins aggravée, par l'incompréhension dont elle a fait preuve à l'égard des problèmes réels de l'époque. La réaction romaine a intensifié la crise, en encourageant ceux que l'on peut appeler les « agents du soupçon ». Sa sévérité a rejeté hors de l'Église des hommes qui auraient

28. Le livre de Claude Tresmontant sur *La crise moderniste* (Paris, Seuil, 1979) me paraît manquer à cet égard de perspective historique. Tout se passe dans ce livre comme si les hommes de l'époque avaient pu disposer des ressources intellectuelles que leurs tentatives et leurs échecs permettront d'élaborer. Et comme s'ils avaient simplement manqué de les mettre en œuvre.

pu la servir, et elle a créé, vis-à-vis de ceux qui ont continué à travailler intellectuellement dans l'Église une atmosphère très lourde de suspicion.

Il est difficile de ne pas choisir entre ces deux interprétations. Et je ne cacherai pas ma préférence personnelle pour la seconde, tout en souhaitant que cette préférence ne m'empêche pas de comprendre et d'exposer les arguments de ceux qui tiennent pour la première interprétation. En tout cas, sans prétendre trouver un point de vue supérieur qui permettrait de surmonter toutes les partialités, on peut néanmoins prendre acte du fait que les deux interprétations ont été l'une et l'autre possibles, et qu'elles le restent. Ce qui a constitué le plus vif de la crise moderniste, c'est la coexistence et le conflit des deux manières d'envisager le rapport à la modernité. Or, les deux interprétations que nous avons relevées représentent une position, non seulement par rapport à ce qui s'est passé au début du siècle, mais aussi bien par rapport au présent et à l'avenir de l'Église catholique.

Le recul du temps nous donne la possibilité d'une vue plus sereine d'un certain nombre de problèmes posés à l'époque, notamment dans le domaine de l'exégèse biblique ou de l'histoire des dogmes. En revanche, il n'est pas sûr que ce recul du temps nous permette de surmonter le conflit des interprétations. Leur coexistence actuelle et les conflits ouverts ou dissimulés que cette coexistence provoque sont en définitive le signe le plus clair que nous ne sommes pas vraiment sortis de la crise moderniste. Une crise qui n'est autre que la division d'un corps en factions opposées qui ne parviennent ni à se séparer, ni à se réconcilier.

## *Le cycle soupçon/dissimulation*

En ce qui concerne l'étude proprement historique des événements du début de ce siècle, ce qui est en tout cas certain, c'est qu'il faut prendre ensemble, comme se conditionnant mutuellement le modernisme et l'anti-modernisme [29]. Ce

29. L'indétermination de ce vocable correspond à l'indétermination persistante du terme « modernisme ». Les opposants au modernisme ne sont pas tous des « intégristes ». En revanche, rentre dans ce dernier cadre la

que nous avons déjà commencé à faire en montrant que, si le modernisme a pu apparaître comme un mouvement, c'est en fonction de l'unité qui lui a été imposée de l'extérieur par les réactions qu'il a suscitées.

Comment s'unissent modernisme et anti-modernisme ? Mon hypothèse est que la crise moderniste en tant que crise se caractérise par une réciprocité du soupçon et de la dissimulation, qui se conditionnent et se renforcent l'un l'autre. Au titre du soupçon, nous compterons tout ce qui tend à déceler des intentions cachées, des collusions inavouées, voire de véritables conspirations. Et bien entendu aussi toutes les dénonciations par lesquelles on prétend éclairer l'autorité ecclésiastique sur des formes de contamination moderniste qu'elle n'aurait pas repérées. Or le soupçon fait peser sur la recherche intellectuelle et sur l'expression des idées une menace qui conduit, au mieux à la prudence, au pire à la dissimulation : utilisation de pseudonymes, diffusion de textes confidentiels etc.

Cette clandestinité entraîne des dénonciations à l'autorité romaine. Et la crainte d'être dénoncé crée de nouvelles impossibilités. Toute vue quelque peu nouvelle expose au rejet, à la condamnation. Il faut évoquer ce contexte pour comprendre le drame vécu par des hommes qui se sont trouvés engagés dans une véritable tourmente. Si le père Lagrange en exégèse, Maurice Blondel en philosophie, ont évité la censure ecclésiastique, d'autres, comme Lucien Laberthonnière n'ont réussi à concilier leur travail intellectuel et leur fidélité à l'Église, qu'au prix d'un silence imposé, et la valeur de leur œuvre n'a été reconnue que bien après leur mort. Certains sont restés, mais dans une semi-clandestinité, comme Joseph Turmel, ou en renonçant à ce qui eût pu être une carrière scientifique. Bien d'autres ont dû quitter l'Église, comme Alfred Loisy ou Marcel Hébert.

Dans cette perspective, l'actualité du modernisme, ce n'est rien d'autre que la permanence ou la résurgence du soupçon à l'égard de toute nouveauté. Ou encore le durcissement ou le repli de l'autorité épiscopale et surtout romaine contraignant les intellectuels à la dissimulation et empêchant la liberté du

---

forme d'opposition au modernisme qui se traduit par le soupçon et la dénonciation.

travail et de la discussion théologiques. La crise subsiste tant que des auteurs jugent impossible de communiquer directement leur pensée, ou tant que les autorités ecclésiastiques, plus ou moins sollicitées par des délations, cherchent à détecter des intentions cachées, inavouables. Si l'on admet cette hypothèse, on dira que la fin de la crise moderniste, ce n'est pas la résolution définitive des problèmes posés au début de ce siècle, mais c'est le dépassement du cycle soupçon-dissimulation par l'ouverture d'un véritable débat théologique, permettant l'expression franche des idées et leur libre discussion. En parlant de débat, on ne méconnaît pas le rôle spécifique de l'autorité magistérielle, mais on l'incite quand même à une transformation de son mode d'exercice.

## *Autorité religieuse et recherche intellectuelle*

Seulement, ne revient-on pas ainsi au type de réformes que l'Encyclique *Pascendi* reprochait aux modernistes de préconiser ? Bref, il y a un point de vue selon lequel les voies que nous considérons comme une sortie positive de la crise moderniste relèvent encore du modernisme. C'est un fait, mais il peut nous inciter à prendre les choses à la racine. Nous tentions de distinguer les problèmes eux-mêmes, et la manière de les aborder (sous la menace du soupçon, ou dans la clarté du débat). Mais sans doute faut-il reconnaître que le mode de position des problèmes fait lui-même partie des problèmes de fond de la crise moderniste. C'est cette perspective que nous tenterons d'explorer.

Pour ce faire, revenons d'abord à ce qui est le plus connu. Comme nous l'avons déjà dit, on admet en général que, si elle s'annonce dans la dernière décade du XIX^e^ siècle, la crise moderniste a été déclenchée en 1902 par le livre d'Alfred Loisy : *L'Évangile et l'Église*. Pour réfuter *L'Essence du christianisme*, de Harnack, dont la traduction française venait de paraître, Loisy cherchait à montrer que, dans le développement de ses institutions, de son culte, de son dogme, l'Église catholique était restée fidèle au principe évangélique. Il s'agissait donc de justifier un développement effectif, et, à travers lui, le principe même d'un développement, principe valable pour le présent et l'avenir comme pour le passé. Tout cela, Loisy prétendait le faire en pur historien, sans empiéter sur le terrain du théologien. Certes, nous pouvons nous demander si l'historien comme tel est bien qualifié pour porter sur le développement ecclésial le type de jugement d'authenticité chrétienne que visait Loisy. Mais, quelle que soit la position que l'on prenne à cet égard, le livre présupposait l'existence, et la légitimité, d'un double regard sur les textes et sur les réalités de l'histoire chrétienne : le regard scientifique de l'historien, et le regard du théologien, réfléchissant en tant que croyant les choses de la foi.

En ce sens, il est vrai que la crise moderniste est directement liée à l'application à l'histoire religieuse de ce que nous appelons aujourd'hui une science humaine de la religion. Et il est normal que les questions les plus apparentes de la crise moderniste soient d'ordre exégétique et historique. Mais lorsqu'on dit cela, on ne doit pas oublier que, plus que toute question particulière (par exemple la question de la pluralité des documents dans le *Pentateuque* et l'attribution de ce dernier à Moïse), ce qui fait problème à l'époque, c'est justement le statut des disciplines exégétiques et historiques : comment le regard de foi peut-il s'accommoder de l'application à l'exégèse biblique et à l'histoire des dogmes de cet autre regard, scientifique, qui a ses normes propres, tout-à-fait indépendantes de l'autorité religieuse ?

La situation se complique d'ailleurs du fait que le théologien n'est pas d'un seul côté. Certes, il appartient à une communauté croyante au sein de laquelle on lui demande de contribuer à une meilleure intelligence de la foi commune. Mais, comme chercheur, il appartient aussi à une communauté scientifique, dont les objectifs et les critères sont différents. Et ce qui le rattache à cette communauté scientifique, ce n'est pas seulement l'usage plus ou moins développé qu'il fait des sciences humaines, c'est d'abord le type d'exigence critique qu'il exerce dans son travail proprement théologique.

Il faut d'ailleurs aller encore plus loin. A travers le problème encore restreint de la liberté de la recherche scientifique se pose le problème plus fondamental de la liberté de l'esprit non seulement dans la recherche théologique, mais dans l'acte de foi lui-même, dans l'obéissance raisonnable de la foi. Il est difficile, non seulement de résoudre, mais déjà de formuler, ce problème fondamental. Risquons au moins cette formulation : comment concevoir le rapport de l'esprit humain à la vérité chrétienne de telle sorte que s'accordent la reconnaissance d'une autorité doctrinale, magistérielle, liée à la Révélation, et la liberté de l'adhésion et de la recherche intellectuelle au sujet des réalités de la foi ?

Le problème est-il spécifique du catholicisme ? Certes, l'exigence d'une « régulation de la foi » est ressentie par toute confession chrétienne [30]. Mais le problème du modernisme se pose dans le cadre de la solution catholique, en tant qu'elle est caractérisée, surtout à partir du XIXᵉ siècle, par la très forte autorité d'un magistère complètement centralisé. Telle qu'elle s'est développée, surtout en France et en Italie, la crise moderniste renvoie à toute l'histoire ecclésiastique du XIXᵉ siècle. La question est maintenant de savoir quels sont les traits pertinents de cette histoire qu'il nous faut retenir pour la compréhension de la crise moderniste.

## *Notre programme*

Anticipons quelque peu sur les développements qui viennent. Le chapitre deuxième sur *La modernité du modernisme*, et le chapitre troisième sur *La condamnation de l'américanisme* rapportent la crise que nous étudions à l'histoire du XIXᵉ siècle et au contexte de l'époque. Viendra ensuite la présentation du mouvement exégétique avec le chapitre quatrième sur *L'exégèse biblique au temps des sciences religieuses*. Puis la présentation du mouvement philosophique avec le chapitre cinquième : *Tous les philosophes catholiques ne sont pas thomistes*, et le chapitre sixième sur *Le kantisme interdit*.

Le point nodal de l'ouvrage sera constitué par le chapitre septième sur *L'invention du modernisme dans l'encyclique Pascendi*. Il revient à ce chapitre de justifier la thèse suivant laquelle l'encyclique a véritablement construit un système moderniste qui n'existe pas en dehors d'elle. Mais, comme nous l'avons déjà dit, professer cette thèse ne nous empêche pas de penser que *Pascendi* désigne les lieux et les enjeux du débat. C'est ce que développeront les chapitres sui-

30. Cf. *Le Supplément*, nº 133, mai 1980.

vants. Le huitième sur *L'agnosticisme, la métaphysique et l'histoire*, le neuvième sur *Approches de l'expérience religieuse : philosophie, théologie et sciences de la religion*. Le chapitre dixième portera sur *Le développement dogmatique*. Passant à un autre type d'activité des « modernistes », le chapitre onzième envisagera *Les interventions ecclésiologiques*. Ainsi pourrons-nous formuler, au moins sur le mode interrogatif, notre conclusion sur *La crise moderniste en suspens*.

# 2
# La modernité du modernisme

## I. TRAJECTOIRES

Les initiatives intellectuelles du début du siècle ont provoqué une crise qui a profondément secoué l'Église catholique, surtout en France. C'est ce fait qu'il faut tenter d'expliquer. Il serait inconcevable si l'Église catholique et la société moderne n'avaient pas été séparées par un profond dissentiment. Il a également fallu que certains intellectuels prennent conscience à la fois de cet état de fait et de l'exigence d'une réconciliation. Mais, à partir de là, se posent des questions plus difficiles : De quand date le fossé qui sépare à la fin du XIX<sup>e</sup> siècle l'Église catholique et la société moderne ? Comment s'est-il creusé ? Surtout, et c'est la question la plus complexe, pourquoi les tentatives de réconciliation ont-elles déclenché une crise aussi violente ? Ne faut-il pas voir, derrière la réaction anti-moderniste, un refus de la modernité, en particulier un refus de tout ce qui, de la modernité, se trouve symbolisé par Kant et le kantisme ? Mais, à supposer que ce soit exact, on ne fait que reculer le problème : d'où vient cette crainte de la modernisation du catholicisme, et pourquoi engendre-t-elle des réactions aussi vives ?

## *Le roman de Joseph Malègue*

Pour essayer de comprendre la violence de la crise moderniste, il faut la situer dans la plus longue durée des rapports du catholicisme avec la modernité, et il faut aussi tenir compte du contexte immédiat avec ses conflits politico-religieux. Mais, avant de tenter une explication, il faut prendre la mesure du phénomène. Pour cela nous aurons recours d'abord à la description rapide de deux itinéraires. Fictif, le premier est emprunté à une œuvre romanesque : *Augustin ou le maître est là* de Joseph Malègue [1]. L'autre concerne l'histoire réelle d'un prêtre, sulpicien et professeur en divers séminaires, Prosper Alfaric. Nous ne confondons pas un personnage romanesque et une personne réelle, pas plus que nous n'assimilons la situation d'un laïc à celle d'un prêtre, mais nous avons quand même de bonnes raisons de les rapprocher. D'abord, nous avons affaire, dans les deux cas, à des hommes qui ne sont pas des initiateurs, mais qui subissent le contre-coup de la crise moderniste. Ensuite, chaque trajectoire montre l'interdépendance des incertitudes philosophiques et des objections historiques.

Né en 1876, Joseph Malègue arrivait à l'âge d'homme au moment de la crise moderniste. Mais c'est seulement en 1933 qu'après une longue gestation, l'écrivain publiera : *Augustin ou le maître est là*. Le premier tome de ce très grand roman constitue une excellente introduction au vécu dramatique de la crise moderniste, au trouble que la prise de conscience des problèmes exégétiques a provoqué chez de jeunes esprits, généreux et épris de vérité. Augustin Méridier est un adolescent de province qui vient à Paris, dans les toutes premières années du siècle, préparer le concours d'admission à l'École normale supérieure. Il entre de fait à la rue d'Ulm, sans doute en 1906, et il y consacre tout son temps disponible à la critique biblique. Or, ce qui est significatif, c'est de voir comment ce souci de la littérature exégétique, surtout allemande, est né dans son esprit, par une conjonction entre la lecture — bouleversante — de la *Vie de Jésus* de Renan et un déracinement intellectuel provoqué par son professeur de philosophie.

1. Paris, Éditions Spes, 1933. Nous citons l'édition en 2 tomes de 1935.

Sorti premier du concours de l'agrégation, M. Rubensohn succède à un vieil éclectique. C'est un personnage de roman, mais il emprunte quelques traits à Bergson et d'ailleurs il recommande à Augustin la lecture des *Données immédiates de la conscience*. D'emblée, Augustin est conquis par la philosophie, bien que celle-ci ne lui apporte pas ce qu'il avait espéré : « de décisifs moyens de conviction et d'apologétique, une vérité totale où s'engloberaient à la fois ses dogmes et l'Univers » (p. 114). Les vastes convergences entre les voies autonomes de la philosophie et les solutions chrétiennes ne sont pas exclues, mais elles restent toujours à l'état de promesse. Sans être scientiste, son professeur de philosophie est convaincu du caractère décisif de la vérité expérimentale, qu'il oppose volontiers aux constructions métaphysiques.

« Le catholicisme, disait M. Rubensohn, reste d'un vif attrait [...]. Métaphysiquement, sa puissance demeure extrême. Psychologiquement, aucune réduction des spécialistes du type Janet ou Delacroix, ne me persuade. Je ne suis pas même sûr qu'il ne s'évade pas des lacets de l'histoire. Évidemment, il reste l'imprévisible élasticité des recherches positives, soit historiques, soit expérimentales, le recul de l'ontologique devant les nouvelles déesses » (p. 129). Ce langage reste en partie opaque à Augustin. Mais, bientôt, il lit la *Vie de Jésus* de Renan, et cette lecture déclenche dans son esprit un véritable choc ouvrant une longue période de doutes, de recherches intellectuelles, et en fin de compte l'aveu d'une perte de la foi.

Le livre de Renan provoque une compréhension rétrospective de l'enseignement philosophique reçu par Augustin : « Ce qu'avait voulu dire M. Rubensohn devenait fort clair : l'ontologique chassé par l'expérimental : les méthodes positives transformant l'énoncé des vieux problèmes métaphysiques, et le théologique ligoté aux lacets de l'histoire : les deux dépossessions. Il avait eu tort de ne remarquer que la première [...]. Il comprenait maintenant. Intellectuellement, c'était une acquisition ; et une fameuse. Dommage d'avoir à la payer par l'effondrement de ses cathédrales intérieures. Cette intuition le traversa, que si leur vérité était arrachée aux synthèses catholiques, le problème de Dieu en général ne l'intéresserait plus » (p. 133). Le choc conduit Augustin à lire les exégètes allemands. Il lui importe au premier chef de se reporter aux sources de l'historien français afin de se faire une opinion plus éclairée. L'expérience est décevante et la foi d'Augustin subit d'abord une crise radicale, lors de sa seconde année à l'École normale supérieure en 1907. Ensuite viendra une lente remontée plus existentielle qu'intellectuelle, et qui sera suscitée par la joie avant de l'être par la douleur. Nous ne suivrons pas cet itinéraire, mais il nous faut insister sur les éléments qui concernent davantage le contexte moderniste.

## *Un prêtre moderniste*

Dès 1912, Malègue avait rédigé une toute première version de son roman futur. Dans l'excellent livre qu'il a consacré à *Joseph Malègue, romancier et penseur*[2], Jean Lebrec souligne l'intérêt de cette ébauche. Augustin première manière se présente comme « sociologue des formes religieuses » et c'est faute de chaires appropriées en province qu'il enseigne l'histoire de la philosophie. Quittant Paris, il fait ses adieux à ses amis, parmi lesquels un jeune religieux lui expose sa situation d'exégète catholique : « Nous faisons face aux textes sacrés avec un esprit pour lequel le miracle existe. Cela veut dire que les faits révélés par Dieu se présentent à nous avec la même indépendance intangible que pour les physiciens les résultats d'une expérience. C'est du donné. Nos explications en exégèse se situent en face de ce donné initial[3]. »

Dans le roman définitif, au cours de vacances familiales en Auvergne, Augustin rencontre un cousin prêtre qui s'occupe de ces questions. Plus tard, il rendra visite à cet Antonin Bourret, dans la chambre que celui-ci occupe au Séminaire des Carmes. La rencontre est décevante et elle crée chez Augustin un fort sentiment de malaise : il a eu affaire à un personnage onctueux, ambigu, fuyant, qui lui a recommandé avec une jubilation ironique et toutes sortes de sous-entendus des articles de revues signées de pseudonymes. Ce n'est pas de ce côté qu'il trouvera une aide pour ses recherches sur l'histoire des origines chrétiennes.

---

2. Paris, H. Dessain et Tolra, 1969.
3. *Registre bleu*, cité par Lebrec, p. 111.

Ce prêtre a été rapproché d'Alfred Loisy, à cause de l'enseignement à l'Institut catholique de Paris, ou de Joseph Turmel, surtout à cause du l'usage que ce dernier a fait des pseudonymes. Mais, si nous avons bien affaire à un moderniste au sens de *Pascendi*, l'abbé Bourret est un personnage de roman, et on ne saurait l'identifier à aucun de ceux auxquels il emprunte des traits. D'après Jean Lebrec : « Avec plus de vraisemblance, l'on pourrait peut-être rapprocher Antonin Bourret de Prosper Alfaric (1876-1955). Ce dernier, d'origine lozérienne, enseigna comme sulpicien dans des séminaires de province. Ayant perdu la foi, il quitta l'Église en 1910 et soutint, en 1918, ses thèses de doctorat-ès-lettres. Il devint, dès 1919, professeur d'histoire des religions à la faculté des lettres de Strasbourg. Mais Malègue s'irritait de semblables rapprochements [4]. »

## *De la foi à la raison*

Ce n'est d'ailleurs pas ce rapprochement aléatoire qui nous a donné l'idée de présenter dès maintenant l'itinéraire dont Prosper Alfaric a fait un récit détaillé sous le titre : *De la foi à la raison* [5]. L'intérêt de cet itinéraire, c'est que sans avoir l'envergure d'un initiateur du modernisme, le prêtre aveyronnais passe par une succession d'étapes typiquement modernistes pour aboutir, en 1909-1910, au dénouement de sa crise personnelle par la rupture avec l'Église. Né en 1876, issu d'une famille paysanne, Prosper Alfaric part d'un milieu ecclésial tout-à-fait traditionnel ; il est « élevé dans le respect et l'amour du sacerdoce » (p. 33). Correspondant au vœu de ses parents, la sollicitation du clergé local reçoit chez l'enfant de dix ans un accueil favorable : son amour de l'étude et ses élans mystiques trouveront au Petit Séminaire un milieu propice à leur développement. En revanche, après la réussite au baccalauréat, son désir d'évangélisation lointaine sera contrecarré. Il se doit à son diocèse de Rodez. Élève du Grand Séminaire de Philosophie de 1892 à 1894, il y reçoit un enseignement scolastique, dont il retient surtout la structure logi-

4. *Op. cit.*, p. 193.
5. Paris, Publications de l'Union rationaliste, 1959.

que. Le cours d'Écriture Sainte suit le *Manuel biblique* d'un autre aveyronnais : Fulcrand Vigouroux, professeur à Paris au Séminaire Saint-Sulpice. Sa formation se complète durant les trois années de théologie avec, sur le plan dogmatique, une stricte obédience à saint Thomas d'Aquin.

Rétrospectivement, Alfaric accuse le défaut de science historique, particulièrement sensible en ce qui concernait la liturgie. Mais il retrouve dans ses notes de retraite « l'affirmation très nette et spontanée d'un dévouement total à l'Église, inspiré par une foi que n'effleure aucun doute » (p. 83). Sollicité d'entrer dans la Compagnie de Saint-Sulpice, Alfaric vient à Paris en octobre 1897. Il suit les cours de philosophie à l'Institut catholique. Rebuté par « l'assurance hautaine » du père Bulliot, non-convaincu par la psychologie du père Peillaube, il est au contraire séduit par l'abbé Piat et il obtient de suivre ses cours à la Faculté des Lettres. Il estime lui devoir deux grandes révélations, celle de la psychologie expérimentale et surtout celle de l'histoire des idées.

Dès son sous-diaconat en 1898, Alfaric est envoyé au Grand Séminaire de Bayeux pour y enseigner la philosophie et il est ordonné prêtre le 1er avril 1899. Il fait donc ses premières armes de professeur dans un milieu ecclésiastique très traditionaliste, où le ton de la conversation et de la polémique était donné par les diatribes de *La Croix de Paris* « contre les juifs, les francs-maçons, la gauche républicaine » (p. 102). On y vénérait déjà comme une sainte la carmélite de Lisieux tout récemment décédée, Thérèse de l'Enfant Jésus. En 1901-1902, le jeune professeur réside au noviciat de Saint-Sulpice à Issy. Il y reçoit une formation spirituelle, mais, si l'on suit le récit qu'il fait de cette année, on a l'impression que rien de ce qui troublait alors le catholicisme français ne pénétrait vraiment dans ce lieu préservé des influences extérieures.

Pour dire les choses un peu brutalement, la tentation moderniste n'a pas encore effleuré Prosper Alfaric dont la véritable évolution commence en 1902, lorsque, revenu à Bayeux, il entreprend une lecture systématique des philosophes modernes : Descartes, Spinoza, Leibniz, Kant, puis Herbert Spencer. Ce dernier surtout l'impressionne : « Cette vision grandiose d'un monde, dont tous les composants ont entre eux des relations infiniment variées et sont en voie de perpétuels changements, ouvrait à mon esprit des perspectives illimitées dont je m'enthousiasmai » (p. 135). Mais, alors, comment concilier avec ces vues exaltantes l'exégèse traditionnelle de la *Genèse* ? Alfaric découvre les revues, la *Revue biblique* du père Lagrange, la *Revue d'histoire et de littérature religieuse* de Loisy. Surtout il est fortement impressionné par le livre d'Albert Houtin sur *La question biblique chez les Catholiques de France au* XIX^e^ *siècle*. Il suit avec un intérêt passionné les publications de Loisy. En particulier ses *Études évangéliques* et son livre sur *Le Quatrième Évangile*. A ce propos il écrit : « Cette étude bien conçue et bien menée, parfaitement équilibrée, fit sur moi une impression très forte. Une des assises de ma croyance à l'Évangile s'effondrait » (p. 140).

L'embarras intellectuel d'Alfaric devient considérable lorsqu'il lui est demandé d'enseigner la théologie en 1904-1905 à Bordeaux, puis en 1905-1906 à Albi, où l'attire Mgr Mignot. Il ne se tire de cet embarras qu'en transposant l'enseignement de la dogmatique sur un plan purement historique. « Au fond, dit-il, cette construction apologétique était une transposition inconsciente de la formation mystique qui m'avait été donnée [...] je conciliais de mon mieux cet idéalisme religieux avec le réalisme critique dont j'avais commencé de me pénétrer à l'Institut catholique de Paris [...]. Le fond traditionnel de la croyance en une révélation faite à une pauvre humanité par un Dieu transcendant prenait la forme d'une histoire de cette humanité chétive s'élevant par degrés, dans la mesure de ses moyens, vers les hautes cimes de l'idéal. La dogmatique intransigeante du Vatican s'y teintait d'éclectisme, de relativisme et d'évolutionnisme » (p. 165).

Mais l'accord ainsi réalisé entre la mysticité première et l'esprit critique récemment développé, était précaire. En 1907, le décret *Lamentabili* et l'encyclique *Pascendi* provoquent une prise de conscience et une crise personnelle qui aboutiront en 1909-1910 à la rupture. Non sans mal d'ailleurs. Et malgré la compréhension des hommes d'église à qui il a affaire : notamment le chanoine Birot et Mgr Mignot.

## *La méfiance*

Le cas fictif d'Augustin et le cas réel d'Alfaric ne se recouvrent évidemment pas, mais, si Augustin est à l'École normale supérieure dans des conditions incomparablement plus favorables, leurs démarches rencontrent des obstacles analogues. Tous deux sont pris dans une crise dont ils subissent l'impact intellectuel et religieux. Des objections qui sont pour une part philosophiques et pour une part exégétiques se conjuguent pour ébranler leur foi. Mais le plus grave vient des conditions dans lesquelles se déroule cette crise. Le milieu catholique auquel ils appartiennent résiste à l'expression de doutes ou même de questionnements fondamentaux, surtout lorsqu'il s'agit d'ecclésiastiques. Et le non-dit de l'époque rend très difficile de discerner entre le fait de se poser des questions fortes d'une part et d'autre part l'abandon de la croyance catholique.

A ceci s'ajoute le fait qu'il faut bien constater, même s'il résiste aux explications : le trouble n'aurait pas été ce qu'il a de fait été si les innovations n'avaient pas immédiatement trouvé des censeurs sans indulgence ni compréhension. C'est en 1894 que Mgr d'Hulst interpelle ainsi ses coreligionnaires : « Est-ce que la science indépendante n'est pas suspecte à la partie la plus nombreuse, la plus fervente, la plus influente, de ce que vous appeliez tout-à-l'heure l'armée catholique ? Est-ce que la presse religieuse ne surveille pas avec un zèle parfois plus jaloux qu'éclairé toutes les manifestations de la pensée ? Et lorsqu'un chrétien sincère veut apporter dans le travail scientifique une sincérité pareille, n'a-t-il pas à craindre d'être traqué, dénoncé, brisé ?[6] »

D'où provient une telle méfiance ? La pratique de la dénonciation est bien antérieure, comme le montre le livre d'Austin Gough : *Paris et Rome. Les catholiques français et le pape au XIXᵉ siècle*[7]. En ce sens, même si l'exégèse de Loisy et la philosophie de Blondel appartiennent à des histoires différentes, les divisions que l'une et l'autre suscitent renvoient à des oppositions antérieures du monde catholique. Mais il faut aussi tenir compte du contexte spécifique de la fin du siècle

6. Alfred Baudrillart, *Vie de Mgr d'Hulst*, tome I, p. 553.
7. Trad. fr. par Michel Lagrée, Paris, Éd. de l'Atelier, 1996.

avec l'entrecroisement des problèmes politiques et des problèmes intellectuels.

## II. MODERNISME ET LIBÉRALISME

### *L'absence d'un concept*

On ne peut pas dire que la « modernité » comme telle soit un concept de la crise moderniste. A l'époque, on parle du « monde moderne », dont on ne fixe d'ailleurs pas exactement les limites temporelles, ou encore de la « société moderne ». La modernité intervient toujours comme adjectif, non comme substantif. Réciproquement, les réflexions actuelles sur la modernité, la post-modernité, voire le modernisme (comme mouvement artistique), ne prennent pas en compte les changements intellectuels qui font le thème de ce livre. Ces changements n'auraient-ils été que marginaux par rapport à une histoire générale de la modernité qu'ils ne concerneraient en définitive que très accessoirement ? Mais s'il en est ainsi, n'est-ce pas la répression dont ils ont été victimes au sein même de l'Église qui a empêché les « modernistes » catholiques d'apporter toute la contribution dont ils étaient capables au changement culturel caractéristique de cette période qui clôture le XIXe siècle, mais qui ouvre aussi à la nouveauté du XXe ? Selon cette seconde hypothèse, une chance a été manquée. Sûrement pour l'Église catholique. Mais peut-être aussi pour la société française elle-même.

A l'égard de l'esprit moderne, il existe pourtant une doctrine officielle dont un témoignage nous est donné par le discours de rentrée que le nouveau recteur de l'Institut catholique de Paris prononce à la messe du Saint Esprit, le 4 novembre 1907. Deux mois après la publication de l'encyclique *Pascendi*, Mgr Baudrillart s'interroge : « Modernisme vient de moderne. Y-a-t-il donc entre l'esprit moderne et l'esprit chrétien, entre l'homme moderne et l'homme chrétien, quelque chose de radicalement incompatible, quelque chose que l'Église, pour demeurer fidèle à sa mission, doive nécessairement condamner ? » Selon le recteur, l'incompatibilité existe, mais elle ne concerne ni une période de l'histoire, ni la mode avec ses changeants caprices, ni le domaine immense de la civilisation extérieure et matérielle, ni même les progrès de l'esprit humain. Alors de quoi s'agit-il ?

S'appuyant sur le livre de Jacob Burckhardt : *La civilisation de la Renaissance en Italie*[8], Mgr Baudrillart conclut : « Au fond l'homme moderne, c'est l'homme antique, l'homme d'avant le christianisme, qui prétend ne relever que de la nature et de la raison ». Or, « au moment même où la Renaissance proclamait cette souveraineté des droits de la nature et de la raison, le protestantisme de son côté posait le principe de la libre interprétation de l'Écriture, et le substituait, en matière de doctrine, au dogme de l'autorité de l'Église ». L'esprit protestant contribue ainsi à la formation d'un esprit moderne caractérisé par l'individualisme, le rationalisme, le subjectivisme religieux. Toutes ces tendances trouvent à la fin du XVIIIe siècle une expression particulièrement forte avec Kant, qui mérite d'être appelé « le philosophe du protestantisme et le père de l'esprit moderne »[9].

L'opposition est générale et complète entre l'esprit moderne, ainsi défini et l'esprit chrétien : « Le protestant, c'est l'homme qui ne reconnaît pas d'autorité religieuse au-dessus ni en dehors de lui, qui tire de sa propre conscience la vérité religieuse dont il vit ; l'homme moderne, c'est celui qui entend ne relever que de lui-même, autrement dit, qui est à lui-même son Dieu. De part et d'autre, vous le voyez, on aboutit à la doctrine de l'autonomie et de la glorification personnelle de l'homme. C'est là l'esprit moderne, tel qu'il nous apparaît aujourd'hui constitué, et il est radicalement contraire à l'esprit chrétien » (*op. cit.*, p. 490). S'adressant aux professeurs et aux étudiants de l'Institut catholique, le recteur ne peut poser de tels principes sans envisager leur application au travail intellectuel. Si l'Église n'interdit pas de faire usage des méthodes scientifiques, si même elle y encourage, elle n'en pose pas moins une limite stricte. L'autorité doctrinale de l'Église définit des vérités devant lesquelles la critique doit s'incliner : « L'Église vous dit seulement : quand vous vous

8. La traduction française de H. Schmitt avait été publiée chez Plon en 1885.

9. RICP, 1907, p. 489-490.

heurtez à une vérité définie par moi, en vertu de l'autorité divine que vous reconnaissez en moi, arrêtez-vous » (*id.*, p. 492).

Le discours du nouveau recteur se situe dans la mouvance directe de la récente encyclique, qui avait, du même mouvement, défini et condamné le modernisme. Selon Mgr Baudrillart, l'erreur des modernistes a été de vouloir entrer dans le courant moderne pour le diriger, alors que, pour obtenir le résultat cherché, il fallait rester au dehors : « ainsi, on peut lui opposer des obstacles qui le brisent et le détournent ; quand on est dedans, il vous entraîne plus ou moins, on ne le dirige pas » (*id.*, p. 493). Une image est toujours discutable, mais s'il était dangereux de s'abandonner au courant de l'esprit moderne, fallait-il pour autant se proposer de le briser ? Que serait-il arrivé si les catholiques s'étaient contenté d'opposer à l'exégèse et à la philosophie modernes le barrage de leurs certitudes intangibles ?

## *Le schéma traditionaliste* [10]

La manière dont Baudrillart définit l'esprit moderne renvoie à une interprétation classique de la société moderne et de ses modes de pensée. Au début du siècle, avec Joseph de Maistre, le vicomte de Bonald, et le premier Lamennais, l'affirmation traditionaliste réagit contre le rationalisme du XVIIIe siècle, et elle replace l'événement révolutionnaire dans une séquence historique qui couvre l'ensemble des Temps modernes jusqu'à la Révolution française. Joseph de Maistre et le vicomte de Bonald n'expliquent pas celle-ci de la même manière, mais l'un et l'autre considèrent qu'après ce choc, la France a besoin d'une restauration politique et religieuse. L'opposition à la société moderne concerne directement le problème théologico-politique tel qu'il se formule au XIXe siècle en fonction de l'héritage institutionnel et idéologique de la Révolution française. Mais les positions prises à l'égard de ce problème impliquent des options proprement intellectuelles

10. Le traditionalisme strict invoque une « révélation primitive ». Les vérités fondamentales de l'ordre social et religieux ont été données par Dieu à Adam, en même temps que le langage.

concernant le statut de la vérité chrétienne. Et ces options vont à contre-courant d'une évolution négative qui s'est poursuivie depuis au moins le XVIe siècle.

D'après un schéma historique qui se vulgarise à l'époque, tout a commencé dans l'ordre religieux, au XVIe siècle, avec l'esprit protestant de libre examen du dogme. Au XVIIe siècle, Bossuet a fort heureusement réagi en montrant l'anarchie qui résulte nécessairement du principe protestant, mais le même Bossuet a pressenti les conséquences redoutables du doute préconisé par Descartes : « Je vois un grand combat se préparer contre l'Église sous le nom de philosophie cartésienne. Je vois naître de son sein et de ses principes, à mon avis mal entendus, plus d'une hérésie ; et je prévois que les conséquences qu'on en tire contre les dogmes que nos pères ont tenus la vont rendre odieuse, et feront perdre à l'Église tout le fruit qu'elle en pouvait espérer pour établir dans l'esprit des philosophes la divinité et la spiritualité de l'âme [11]. » La crainte de Bossuet se réalise. L'individualisme philosophique et social du XVIIIe siècle résulte de l'individualisme religieux de la Réforme protestante. En détruisant l'ordre religieux, on a finalement détruit l'ordre social qui reposait sur la religion. Bref, la Révolution française a couronné l'œuvre de la Philosophie des Lumières.

Lors de la crise moderniste, si le catholicisme se retranche en lui-même comme dans une citadelle assiégée, c'est parce que, depuis longtemps, il se sent en butte à des attaques dont l'effet est cumulatif. Or, ce sentiment d'agression, nous le trouvons exprimé avec une particulière vigueur par un auteur qui cherchera pourtant, à partir de 1830, à réconcilier Dieu et la liberté moderne. Dans l'Introduction au premier tome de son *Essai sur l'indifférence en matière de religion*, Lamennais voit dans les épisodes successifs que nous avons rappelés, la cumulation d'attaques expressément dirigées contre le principe catholique de l'autorité : « Mutilant à l'envie la foi, et se hâtant, en quelque sorte, de se délivrer du tourment de croire comme du tourment d'obéir, ils proclament rapidement, dans leurs symboles éphémères, l'abolition de tous les dogmes religieux et sociaux. Luthériens, sociniens,

---

11. Cité par Paul Hazard, *La crise de la conscience européenne*, (1680-1715), Paris, Boivin, 1935, tome I, p. 286.

déistes, athées, sous ces divers noms qui indiquent les phases successives d'une même doctrine, ils poursuivent, avec une infatigable persévérance, leur plan d'attaque contre l'autorité. Ils nient les mystères du Christianisme, ils nient sa morale, ils nient son auteur [12]. »

## *Les divisions des catholiques*

Nous verrons comment Lamennais et ses disciples régissent à la situation ainsi comprise par le projet de la « science catholique ». Mais il nous faut d'abord poser dans son ensemble le problème du rapport entre le modernisme et le catholicisme français de XIXe siècle. L'histoire tumultueuse du modernisme serait considérablement simplifiée si nous pouvions d'abord établir une opposition claire entre un camp moderniste et un camp anti-moderniste, et si nous pouvions ensuite considérer cette opposition comme la simple rémanence d'une division des catholiques qui se serait maintenue semblable à elle-même tout au long du XIXe siècle. Autrement dit, l'opposition du modernisme et de l'anti-modernisme répéterait l'opposition entre les catholiques intransigeants qui refusent les principes de la « société moderne » et les catholiques libéraux qui les acceptent.

S'il en était ainsi, l'histoire religieuse du XIXe siècle nous donnerait la clef du conflit moderniste. Mais en est-il ainsi ? La réponse globale est évidemment négative. On s'accordera volontiers à la mise en garde d'Émile Poulat : « L'image de deux camps opposés, tirant chacun de son côté depuis plus d'un siècle, les uns pour "réconcilier l'Église et la société moderne", les autres pour "défendre l'héritage du passé", n'est pas seulement simpliste : plus encore, elle est fausse et gravement déformante [13]. » Il est bien certain que, ni les oppositions anciennes, ni les oppositions nouvelles, ne se réduisent à ce schéma binaire qui permettrait de les assimiler les unes aux autres. Mais cela ne veut pas dire que les oppositions de

12. *Essai sur l'indifférence en matière de religion*. Nous citons Paris, Garnier, 1859, tome I, p. 18.

13. *Intégrisme et catholicisme intégral*, Paris, Casterman, 1969, p. 79.

la crise moderniste soient sans rapports avec les oppositions antérieures.

A la veille de la crise moderniste, deux textes de Mgr d'Hulst cherchent à faire le point sur *Les divisions des catholiques* [14]. En 1884, le recteur de l'Institut catholique de Paris réunit sous ce titre deux articles publiés dans le *Monde*. Comme le montre bien Francesco Berretta [15], l'objectif est de faire face à la campagne anti-libérale menée dans l'*Univers*, à la suite des consignes de modération données par Léon XIII dans son encyclique du 8 février 1884 : *Nobillissima Gallorum Gens*. Mgr d'Hulst distingue la doctrine et les tendances libérales. Le libéralisme doctrinal a été condamné par le *Syllabus*, dont l'autorité s'impose à tous les catholiques. Mais, à la faveur de la distinction entre la « thèse » et « l'hypothèse » [16], le libéralisme n'en subsiste pas moins chez certains « à l'état de tendances ». D'où un nouveau partage entre des catholiques plus ou moins séduits par le libéralisme et une école pour laquelle « la disposition libérale est une peste et la pire de toutes ».

Cherchant quelque chose comme une troisième voie, le recteur proteste contre ceux qui se livrent à des « récriminations maussades », à des « menaces maladroites », à des « anathèmes à tout propos » avec lesquels on se fait haïr sans se faire craindre. En revanche, parlant des catholiques de tendance libérale, le recteur risque une approbation : « Ces catholiques-là sont sincères ; les enseignements de l'Église les éclairent tous les jours davantage, et, s'ils ne vont pas plus vite, c'est peut-être qu'on ne les encourage que par l'injure et quelquefois par la calomnie. Enfin je vais dire le gros mot : *tout n'est pas mauvais dans leur tendance* [17]. »

L'année suivante, dans un article paru le 23 juin 1885 dans le *Monde*, Mgr d'Hulst revient sur la division des catholi-

14. Paris, Imprimerie Levé, 1884. Voir Baudrillart, *Vie de Mgr d'Hulst*, tome II, p. 15.

15. *Monseigneur d'Hulst et la science chrétienne*, Portrait d'un intellectuel, Paris, Beauchesne, 1996, p. 53-54.

16. Dans cette distinction proposée par Mgr Dupanloup, la théologie catholique pose, en ce qui concerne l'union de l'Église et de l'État, des principes (thèse) auxquels elle ne renonce pas, même si les situations concrètes l'obligent à des compromis (hypothèse).

17. Cité par Baudrillart, p. 16 (souligné dans le texte).

ques : « Eh bien, oui, il y a deux partis actuellement parmi nous. Les causes de la division ne sont pas absolument les mêmes dans les divers pays catholiques, mais partout il y a deux groupes qu'on est bien embarrassé de dénommer, car toutes les désignations anciennes ont vieilli et deviennent fausses par quelque endroit. » En ce qui concerne la France, le Concile du Vatican a mis fin à l'ancienne division entre les gallicans et les ultramontains : « Il ne reste plus que le libéralisme, pour nous empêcher d'être d'accord [18]. »

## *Le poids de l'héritage*

Mgr d'Hulst a-t-il raison de considérer que le facteur rémanent de division est le libéralisme ? Remarquons d'abord que si l'ancienne division dont parle le recteur est effectivement surmontée, c'est par la victoire de l'ultramontanisme sur le gallicanisme. Acquise avec la définition de l'Immaculée Conception en 1854 et avec celle de l'infaillibilité pontificale en 1870, cette victoire signifie la dépendance directe des catholiques français, et de leurs évêques, non seulement par rapport au pape, mais par rapport à la curie pontificale. Or, ce qui pèse sur le destin du modernisme, ce n'est pas seulement la victoire de l'ultramontanisme sur le gallicanisme, mais c'est aussi la manière dont cette victoire a été acquise. Nous avons déjà mentionné le livre d'Austin Gough, *Paris et Rome* : il montre bien comment c'est au milieu du XIXe siècle que se construit tout le système de dénonciations et d'intrigues qui jouera tout au long de la crise moderniste.

Les deux définitions de l'Immaculée Conception et de l'infaillibilité pontificale ont d'ailleurs partie liée et elles sont l'une et l'autre dirigées contre le libéralisme, qui reste, dans sa relative indétermination conceptuelle, le principal point de discorde entre les catholiques. C'est pourquoi, il est important de s'interroger sur les rapports du modernisme et du libéralisme et plus encore peut-être sur les rapports de l'anti-modernisme et de l'anti-libéralisme. Ne serait-ce que pour dégager les stratégies intellectuelles qui commandent les réponses des

18. Cité par Mgr Baudrillart, p. 24-25.

protagonistes de la crise moderniste, mais aussi, dans une certaine mesure, les réponses des historiens.

La dénonciation du modernisme prend place dans la succession des dénonciations antérieures des « erreurs modernes » au premier rang desquelles figure le libéralisme. Pour certains au moins de ses critiques, et non les moins virulents, le modernisme n'est autre que la suite du libéralisme longtemps combattu par l'Église catholique, comme l'une des conséquences néfastes de la Révolution française. La formule la plus claire de ce combat est donnée par Louis Veuillot lorsqu'il écrit par exemple : « Deux puissances vivent et sont en lutte dans le monde moderne : la Révélation et la Révolution [19]. » Au nom de cette opposition radicale, caractéristique du « catholicisme intransigeant », Veuillot s'oppose par tous les moyens à ces « catholiques libéraux », dont il affirme qu'ils ne sont en réalité ni catholiques, ni libéraux (p. 21).

Au cours du XIXe siècle, le libéralisme et le catholicisme libéral, qui ne se confondent d'ailleurs pas l'un avec l'autre, ont changé. Au début du siècle, le libéralisme qui s'oppose à l'absolutisme est une doctrine politique bien repérable. En cours de route, avec l'émergence du problème de la démocratie et avec le développement du socialisme, les positions et les oppositions se multiplient. Malgré tout, c'est la notion la plus classique que réaffirme, pour s'y opposer, l'article « Libéralisme », signé dans le DAFC par le père Georges de Pascal. Celui-ci rappelle avec énergie la doctrine commune des papes, confirmée par Léon XIII et Pie X : « Il est évident que le Saint-Siège revendique l'alliance traditionnelle de l'Église et de l'État, qu'il enseigne que la véritable Église possède un droit exclusif aux privilèges de religion d'État, qu'il affirme que la force des lois humaines doit, en pays catholique, être officiellement employée au service de la religion, dans la mesure permise par les possibilités pratiques et par la considération du plus grand bien [20]. » Cette vérité est « connexe avec la révélation divine », elle a valeur perma-

19. *L'illusion libérale*. Le livre publié en 1866 a été récemment réédité, Paris, Dismas, 1986. Citation, p. 54.

20. Tome 2, 1911, col. 1840. Le père de Pascal a été le titulaire de la Chaire du Syllabus créée à l'Institut d'Action française et inaugurée par Paul Bourget en 1906.

nente et d'ailleurs « il n'y a rien de chimérique et d'impossible dans le programme né de cette doctrine. Ce qui est bien plutôt chimérique et irréalisable, c'est le programme de la Révolution » (col. 1841).

## *Du* Syllabus *à* Pascendi

Le texte du père de Pascal se situe dans la droite ligne des encycliques pontificales qui ont maintenu, tout au long du XIX^e siècle, la position anti-libérale prise au tout début du siècle par Pie VI avec le Bref *Quot aliquantum* du 10 mars 1791. Le point culminant de cette opposition au libéralisme viendra avec la publication par Pie IX, le 8 décembre 1864, de l'encyclique *Quanta cura*. Cette encyclique était accompagnée du *Syllabus* rassemblant « les principales erreurs de notre temps » déjà dénoncées dans les documents antérieurs du pape. Or, nous pouvons saisir ici un tournant capital de la tactique des intransigeants.

Dans le climat polémique de la crise moderniste, l'assimilation du modernisme et du libéralisme jouera successivement en deux sens. Après l'encyclique *Pascendi*, la condamnation du modernisme fournit aux adversaires du libéralisme politique la possibilité de réduire les thèses des démocrates chrétiens au modernisme stigmatisé par Pie X. Même s'il est intellectuellement tout-à-fait secondaire, l'auteur de référence est ici l'ancien jésuite Emmanuel Barbier, avec notamment son ouvrage sur *Les démocrates chrétiens et le modernisme, histoire documentaire* [21]. Nous retrouverons cette polémique dans notre chapitre onzième, en nous interrogeant sur l'unité du modernisme. Mais, au seuil de la crise moderniste, l'assimilation joue dans l'autre sens. Il existe en effet, à Rome, mais aussi parmi les catholiques français, des adversaires de tout libéralisme pour lesquels le modernisme n'est rien d'autre qu'une résurgence de cette hydre à têtes multiples et sans cesse renaissante. Dès lors, les condamnations antérieures du libéralisme étant considérées comme acquises, il s'agit de les appliquer à la réalité nouvelle du modernisme.

21. Nancy, 1908. Sont visés les « abbés démocrates », Naudet et Dabry, mais aussi George Fonsegrive, Marc Sangnier, Paul Bureau…

Du point de vue de ceux qui se refusent aux changements intellectuels promus par les « modernistes », ceux-ci ne font que prolonger les erreurs déjà condamnées notamment par le *Syllabus* de Pie IX. En 1866, peu après l'encyclique *Quanta cura* et le *Syllabus*, Émile Keller saluait ainsi l'intervention du pape :

> « Pie IX juge l'heure venue de résumer une dernière fois, dans son Encyclique, la grande lutte du XIXe siècle. D'un côté, nous apparaît la civilisation moderne, armée d'une puissance matérielle sans bornes, mais divisée, torturée, et ne pouvant s'unir que dans un seul sentiment, la haine ou la peur du catholicisme ; et, de l'autre, une puissance morale, réduite à l'indigence et dénuée de tous secours humains, mais affirmant solennellement qu'elle aime les hommes et les peuples, qu'elle les a portés dans son sein, qu'elle les a nourris, et qu'elle les sauvera encore malgré eux. La révolution et l'Église nous pressent également d'en finir par un choix catégorique [22]. »

Or, nous y reviendrons en présentant *Pascendi*, le livre d'Émile Keller sera réédité par son fils en 1910 sous ce titre : *Les Syllabus de Pie IX et de Pie X et les Principes de 1789* [23]. On y lit ceci :

> « La raison humaine, en révolte contre toute autorité chrétienne et livrée à elle-même, tombe dans de tels excès, et la tyrannie judéo-maçonnique commet de tels attentats qu'à la fin ils feront reculer d'horreur les peuples désabusés et les ramèneront à la vérité libératrice. Aussi l'ennemi a compris qu'au lieu de lutter de front avec le catholicisme, il fallait pour en triompher se créer dans son sein des alliés travaillant à le transformer et à le détruire, en un mot des traîtres prêts à livrer la place. Pour atteindre ce but, le libéralisme essaie, sous le nom de modernisme de pénétrer au cœur même de l'Église, et d'entraîner non seulement les laïques, mais jusqu'aux prêtres chargés de les instruire et de les guider. »

En cours de route, le mot « libéralisme », utilisé pour désigner les « erreurs modernes », devient un terme générique, appliqué indifféremment à l'américanisme, puis au modernisme, sans que l'on s'interroge sur la spécificité de ces mouvements. Du point de vue des adversaires de la modernité,

---

22. *L'encyclique du 8 décembre 1864 et les principes de 1789 ou L'Église, l'État et la Liberté*, Paris, Poussiègue, 1866, p. 48-49.
23. Paris, 1910. Citation p. 342-343.

tout se passe comme si l'on avait affaire à une hérésie rémanente se présentant sous des figures différentes, mais demeurant en fin de compte la même. Or, la réalité est sans doute inverse. Il est en fait difficile de considérer le « modernisme » comme un simple travestissement d'un ancien libéralisme d'ailleurs lui-même complexe. En revanche, il est clair que certaines formes au moins de la lutte contre le modernisme prennent le relais de la lutte du XIXe siècle contre le libéralisme. Autrement dit, il y a un anti-modernisme qui prolonge l'anti-libéralisme dont Jean-Marie Mayeur précise qu'il s'oppose à la fois au libéralisme religieux, au libéralisme philosophique, au libéralisme politique, au libéralisme économique et social[24].

## *Sectorisation des histoires*

La question du rapport entre le modernisme et le libéralisme renvoie à des questions historiographiques sous-jacentes. Même si on élargit le sens du mot « modernisme » par rapport à l'idée que s'en fait l'encyclique *Pascendi*, il reste quand même limité à des initiatives d'ordre intellectuel. L'entreprise de réconciliation avec la pensée moderne suppose que l'on participe à la méthodologie caractéristique de cette forme de pensée. L'historien, l'exégète, et même le philosophe, transportent au sein du monde catholique des techniques intellectuelles qui sont communes aux chrétiens et aux non-chrétiens. Peut-être est-ce d'ailleurs en définitive la mise en œuvre de ces techniques communes qui caractérise le mieux les « modernistes ». Or, si nous nous référons à nos conceptions actuelles, nous avons peine à comprendre que le terme de « modernisme » soit limité à l'ordre intellectuel, et ne recouvre pas d'autres tentatives de réconciliation du catholicisme et de la société moderne, par exemple sur le terrain politique. Pourquoi n'est-il pas employé pour désigner d'autres mouvements de l'époque qui relèvent aussi d'une adaptation à l'esprit du monde nouveau. Ainsi la prise en compte positive des réalités politiques issues de la Révolution

---

24. *Des partis catholiques à la démocratie chrétienne*, Paris, Armand Colin, 1980, p. 52.

française, dans la ligne du Ralliement, ou encore l'attention aux problèmes nouveaux de la société industrialisée, dans la ligne de *Rerum novarum*.

Les vingt-cinq années qui précèdent la première guerre mondiale ont fait longtemps l'objet d'études sectorielles qui correspondaient d'ailleurs à une différence réelle de milieux et de préoccupations. Deux livres publiés dans la même collection font époque dans l'historiographie du catholicisme contemporain : le livre d'Émile Poulat publié en 1962, *Histoire, dogme et critique dans la crise moderniste*[25] ; le livre de Jean-Marie Mayeur publié en 1968, *Un prêtre démocrate. L'abbé Lemire 1853-1928*[26]. Or, il est vrai qu'à l'intérieur de l'Église catholique, Loisy d'une part, les abbés démocrates d'autre part, n'appartiennent pas vraiment au même monde. Et cependant l'effort de la démocratie chrétienne pour réconcilier l'Église et le peuple ne peut pas être sans rapports avec l'effort des intellectuels pour assimiler l'apport des sciences de la religion.

Sans résoudre pour le moment cette difficulté à laquelle nous resterons attentifs, consultons d'autres historiens. Dans son livre sur *Le libéralisme catholique* [27], Marcel Prélot manifeste un très fort souci de la continuité historique. Vatican II représente pour lui l'aboutissement ultime des tentatives des catholiques libéraux jusqu'alors toujours contrariées par d'autres courants ecclésiaux et en fin de compte rejetées par Rome. Mais, dans ce long parcours, aucune place n'est faite aux initiatives « modernistes » et les « Jalons chronologiques » ne retiennent pas pour l'année 1907 l'encyclique *Pascendi*. En revanche, se trouve mentionné le premier numéro de la *Corrispondenza Romana* de Mgr Benigni qui paraît le 23 mai 1907. Cette mention est en tout cas justifiée. L'intégrisme est l'un des facteurs de la crise moderniste[28]. Et, s'il est un élément de cette crise qui s'inscrit dans la continuité des conflits antérieurs, c'est bien celui-là. Il y a au

25. Paris, Casterman, 1962.
26. Paris, Casterman, 1968.
27. Avec F. Gallouedec Genuys, Paris, Armand Colin, 1969.
28. Dans le cas précis, le terme d'intégrisme convient et il est inévitable. Mais tout anti-modernisme n'est pas, au sens strict du terme, « intégriste ». De même qu'il y a modernisme et « modernisme », de même il y a un éventail de positions anti-modernistes.

moins un vecteur de la critique du modernisme qui répète et prolonge les critiques antérieures du libéralisme catholique.

Bien auparavant, la question du rapport entre le modernisme et le catholicisme libéral avait été traitée par un historien qui n'était pas un protagoniste de la crise moderniste, mais qui en était le contemporain. Georges Weill a fini de rédiger son *Histoire du catholicisme libéral en France* [29], juste après l'encyclique *Pascendi*, de telle sorte que celle-ci est comprise dans la période étudiée : 1828-1908. Si cet excellent historien n'est pas engagé de façon directe dans les conflits intra-ecclésiaux, sa sympathie pour les catholiques libéraux n'en est pas moins évidente. Or, selon l'auteur, le modernisme est la dernière des trois tentatives faites par le catholicisme libéral « pour conquérir l'Église de France et la papauté ». Chacune de ces tentatives s'est soldée par un échec.

La première tentative a été le fait d'un homme exceptionnel, Lamennais, et elle a été arrêtée par l'encyclique *Mirari vos* en 1832. La seconde campagne unissait autour de 1848 tous les catholiques militants. D'abord victorieuse, elle se heurte à la réaction déchaînée par la peur du socialisme qui gagne le monde religieux comme le monde politique : « Le 2 décembre marqua le triomphe du "parti de l'ordre" et de l'Église. Les catholiques libéraux voulurent combattre la solidarité entre l'épiscopat et le régime autoritaire ; mais Rome, dont ils espéraient la neutralité leur opposa le *Syllabus* » (p. 282). La troisième campagne libérale est celle du modernisme que Georges Weill rattache donc au catholicisme libéral, non sans d'ailleurs quelques hésitations.

> « Un lien nécessaire existe-t-il entre le libéralisme politique ou social et le modernisme ? Ce n'est pas indispensable. Bien des catholiques ont accepté la Constitution de 1875 pour obéir au pape, sans vouloir des nouveautés de l'exégèse. On peut même être démocrate chrétien et combattre l'apologétique fondée sur la méthode d'immanence, comme l'a fait M. Gayraud. Mais ce sont ordinairement les mêmes hommes qui ont poursuivi la rénovation du catholicisme sous toutes ses formes. Puisqu'il s'agissait de rendre son influence à l'Église en la réconciliant avec la société

29. 1re édition, Paris, 1909. Réédition Paris-Genève, Slatkine, 1979, avec une Présentation de René Rémond.

moderne, cette conciliation devait se faire dans la science comme dans la politique. Les modernistes, qui veulent réformer les méthodes et les théories, comprennent que ce sera possible dans un milieu social nouveau ; les démocrates chrétiens, qui veulent organiser des cadres sociaux rajeunis, sentent le besoin d'y mettre des idées nouvelles. Le libéralisme politique repose sur la confiance dans la raison humaine, capable de se gouverner elle-même ; cette même confiance anime ceux qui recommandent l'emploi de la méthode critique dans l'histoire et dans les sciences » (p. 258).

## *Le cas de l'abbé Gayraud*

Nous avons cité tout ce texte, parce qu'il nous semble bien montrer les hésitations de l'historien. Pour faire rentrer le modernisme dans le cadre du catholicisme libéral, au moins faut-il établir des passerelles entre les initiatives d'ordre intellectuel, plus proprement « modernistes » et les initiatives de la même époque d'ordre socio-politiques. Or, ce n'est pas la simple contingence des spécialisations qui sépare l'histoire du modernisme de l'histoire du catholicisme social ou de la démocratie chrétienne. Avant d'être le fait des historiens, la séparation est d'abord le fait des acteurs eux-mêmes, qui relèvent de traditions différentes et qui se regroupent dans des associations, ou tout au moins dans des réseaux, particularisés par leur origine, leur style et surtout leur visée. Il arrive même que des acteurs se manifestent simultanément sur plusieurs terrains, mais pour y prendre des positions qui ne nous semblent pas, du moins à première vue, cohérentes les unes avec les autres.

Georges Weill évoque le cas de l'abbé Gayraud. Et de fait, c'est un cas très intéressant : voici un homme qui est présent sur les deux terrains de la politique et des idées, mais, dans le premier cas, c'est pour y promouvoir la démocratie chrétienne et, dans le second cas, c'est pour y combattre des initiatives exégétiques ou philosophiques qu'il juge très vite entachées de modernisme doctrinal. Regardons son itinéraire. Né en 1856, Gayraud entre dans l'ordre dominicain et il enseigne la philosophie à l'Institut catholique de Toulouse. Relevé de ses vœux religieux en 1893, il devient missionnaire apostolique. Son activité prend dès lors un caractère plus politique. En 1897, il est élu député de Brest et il conservera ce siège jusqu'à sa mort en 1911. Il publie en 1899 un livre sur *Les démocrates chrétiens*, dont il présente la doctrine et le programme [30]. Avec l'abbé Lemire et l'abbé Naudet, il est l'un de ces « abbés démocrates » qui appartiennent à la fraction du « catholicisme social » à laquelle Maurice Montuclard a donné le nom de « seconde Démocratie chrétienne [31] ».

Or, dans les mêmes années où il milite pour la démocratie, Gayraud ne manque pas une occasion de pourfendre le « modernisme ». Comme l'a montré Émile Poulat, ses cinq articles publiés en janvier 1903 dans *L'Univers* constituent le « premier barrage » opposé à Loisy après la parution de *L'Évangile et l'Église* [32]. Mais, encore plus significative est la polémique qu'il mène en différentes revues, dont la *Revue de Philosophie*, contre Blondel et la philosophie de l'immanence. Et cela au nom du thomisme et avec une argumentation non négligeable. Si l'on voulait reprendre la distinction des conservateurs et des progressistes, il faudrait dire que Gayraud est progressiste sur le plan socio-politique et conservateur sur le plan doctrinal [33]. Mais que vaut cette opposition ?

## *L'esprit de liberté*

Le cas de l'abbé Gayraud montre l'ambiguïté du rôle joué par le thomisme dans le rapport de l'Église catholique à la modernité. Mais Weill a-t-il raison de considérer que le cas est exceptionnel et qu'ordinairement, « ce sont les mêmes hommes qui ont poursuivi la rénovation du catholicisme sous toutes ses formes » ? L'affirmation demanderait à être vérifiée cas par cas. Plus suggestive me paraît être la remarque finale du texte cité plus haut : « Le libéralisme politique repose sur la confiance dans la raison humaine, capable de se gouverner elle-même ; cette même confiance anime ceux qui recomman-

30. Paris, Lecoffre, 1899.

31. Voir *Conscience religieuse et démocratie*, Paris, Seuil, 1965, p. 9.

32. *Histoire, dogme et critique*, p. 125 sq.

33. Voir aussi l'article de Gayraud sur « L'origine chrétienne de la notion d'égalité civile et politique », RCF, 1er octobre 1909.

dent l'emploi de la méthode critique dans l'histoire et dans les sciences. »

La conjonction ainsi établie est intéressante à un double titre. Son objectif premier est de justifier l'insertion du modernisme dans l'histoire du catholicisme libéral, mais du même coup ce dernier concept s'en trouve précisé. Depuis l'ouvrage ancien de Georges Weill, d'autres études ont été publiées. Citons l'une des plus récentes. En 1971 a été tenu à Grenoble un Colloque international d'histoire religieuse sur *Les catholiques libéraux au XIX^e^ siècle* [34]. Or, si ce colloque a montré la difficulté de se faire une idée claire du libéralisme catholique, il a quand même confirmé l'intérêt de la catégorie. A condition toutefois que l'on ne cherche pas dans le libéralisme catholique une doctrine toute constituée, mais que l'on repère plutôt une similitude entre des « attitudes libérales » qui conduisent d'ailleurs, vu la différence des temps et des situations, à des prises de position politiques et religieuses différentes.

Retenons deux interventions au cours de la discussion finale. D'abord l'intervention d'André Latreille : « Ces catholiques libéraux se définissent en fonction d'une certaine Église qu'on a trop peu évoquée ici : c'est une Église qui se réaffirme dans le monde d'après la Révolution comme Église-Institution, comme Église porteuse d'une doctrine qui est une doctrine de vérité dont il faut de plus en plus arrêter, préciser, les contours, les ultimes conséquences, et sur lesquelles il ne faut laisser au troupeau qu'on conduit aucun doute possible. Voilà en face de quoi se trouvent les catholiques libéraux » (p. 562).

Ensuite l'intervention de Maurice Larkin cherchant le point commun des attitudes libérales dans « la confiance que la vérité par le seul fait d'être la vérité était capable de vaincre l'erreur sur le terrain de la libre discussion » (p. 570). Nous tenons en fait ici un point capital sur lequel nous reviendrons à maintes reprises. Si le libéralisme consiste à accepter l'espace public de discussion, alors, certes, le « modernisme » s'inscrit dans la continuité de cette tendance libérale

---

34. Actes du colloque international d'histoire religieuse de Grenoble du 30 septembre-3 octobre 1971, Jacques Gadille éd., Grenoble, Presses Universitaires, 1974.

qui caractérise à la fois la modernité politique et la modernité intellectuelle.

## III. CONTEXTE POLITIQUE DE LA CRISE MODERNISTE

### *Vers la Séparation*

Le plus étonnant dans la crise moderniste, c'est la violence de cette crise. D'où vient cette violence ? Comment expliquer la crainte que suscitent dans le milieu catholique toutes les initiatives intellectuelles, en tant simplement qu'elles sont des initiatives ? Encore qu'il soit réel, on ne saurait en tout cas pas se satisfaire d'invoquer un simple conservatisme. Depuis le XVIIIe siècle, en effet, l'Église catholique a le sentiment d'être constamment mise en cause par ce que nous considérons par ailleurs comme les conquêtes de la modernité. Lors de la crise moderniste, la conjoncture politique renforce le sentiment d'être d'abord exposé à une agression externe. C'est à partir de cette situation que toute proposition de changement est vécue comme une agression interne, introduisant au sein même de l'Église les idées et les méthodes de ceux qui tentent de la détruire.

Au moins faut-il reporter l'interrogation sur l'histoire du XIXe siècle. D'où vient que, tout au long de ce siècle, la modernité issue de la Révolution française ait été perçue, à Rome, et par la majeure partie du catholicisme français, comme une menace ? Si l'évolution politique qui se poursuit en France a des caractères spécifiques, le cas français n'est pourtant pas isolé. Au début du siècle, tous les pays européens sont confrontés à la lutte du libéralisme contre l'absolutisme, et cette lutte concerne Rome parce qu'elle met en cause des principes théologiques, mais aussi parce qu'elle menace le pouvoir temporel exercé par les Papes jusqu'en 1870.

En France, à travers la succession des régimes, jusqu'à l'établissement durable de la République, l'Église catholique a été progressivement dépouillée de son privilège socio-politique. De façon lente, mais sûre, on s'est acheminé vers un État laïc. Après l'avènement de la République en 1875, cette évolution est prise en charge par une politique volontariste, qui vise en tout premier lieu la laïcisation de l'enseignement et qui aboutira en 1905 à la Séparation des Églises et de l'État. Tous les catholiques n'ont d'ailleurs pas pris la même position à l'égard de cette décision unilatérale du gouvernement français. L'idée que les liens anciens entre l'État et l'Église devraient finir par se dénouer avait déjà été développée, au XIX^e^ siècle, par des catholiques libéraux, tels que Montalembert, préconisant, selon la formule de Cavour : « L'Église libre dans l'État libre [35]. » Leur sentiment n'était sans doute pas général, et les autorités romaines ne les approuvaient pas, mais leur orientation aurait pu conduire à une séparation plus pacifique.

Il n'en fût pas ainsi. Bien au contraire, Jean-Marie Mayeur montre que « La Loi de Séparation de 1905 est l'aboutissement d'un conflit d'une exceptionnelle violence dont nous n'avons plus guère idée aujourd'hui, et dont l'intensité surprend toujours ceux qui abordent cette histoire ». Alors que les passions anticléricales, les violences antireligieuses d'une libre pensée sectaire nous paraissent d'un autre âge, elles sont, dit-il, « une réalité majeure de la France de 1900 » et « une des composantes du mouvement d'opinion qui pousse à la Séparation jusque là différée par les républicains de gouvernement et que la force des choses et l'aggravation du conflit entre l'Église et la république va rendre inéluctable [36] ».

## *La politique scolaire*

Notre but ne peut être ici de retracer l'histoire des conflits entre l'Église catholique et la République. Mais il nous faut bien reprendre ce qui nous permet de saisir comment le problème de la liberté de la pensée se pose à la fois sur tous les plans, c'est-à-dire sur le plan de la recherche intellectuelle et sur le plan des institutions d'enseignement. Même si les

35. Voir Marcel Prélot : *Le libéralisme catholique*, p. 222 sq.

36. « La Séparation hier et aujourd'hui » dans *Administration*, oct./déc. 1993, numéro sur *L'État et les cultes*, p. 53. Voir l'ouvrage de Jean-Marie Mayeur : *La Séparation des Églises et de l'État*, Paris, Julliard, 1966, réédité aux Éditions ouvrières, 1991.

catholiques participeront au niveau de la recherche à un milieu intellectuel commun, l'un des contextes majeurs de la crise moderniste, c'est la lutte passionnée qui oppose l'Église et l'État dans l'éducation et dans la communication du savoir. A cet égard, la politique scolaire de Jules Ferry manifeste le changement radical opéré dans les années 1880. Pour le détail des faits, nous renvoyons à l'ouvrage de Pierre Chevallier : *La Séparation de l'Église et de l'École, Jules Ferry et Léon XIII*[37]. Et nous fixons quelques éléments forts de l'idéologie qui préside à la formation de l'école obligatoire, gratuite et laïque mise en place par Jules Ferry avec les lois de 1881 et 1882, complétées en 1886 par la Loi Goblet sur la laïcisation du personnel scolaire.

Pourquoi est-ce sur ce terrain que se produit l'épreuve de force entre les républicains enfin arrivés au pouvoir et un catholicisme encore majoritairement passéiste ? Selon Claude Langlois : « Les républicains ne peuvent stabiliser leur régime sans enracinement véritable dans le pays. Ils rencontrent sur leur chemin le catholicisme, et comme modèle idéologique et comme force sociale. Ce qu'ils nomment cléricalisme, c'est la mobilisation d'un imposant appareil d'emprise sur la société et la dénonciation simultanée des voies de la modernité dans laquelle cette nouvelle société veut s'engager. On comprend comment l'école devient, dans cette perspective, le terrain idéal de l'affrontement[38]. »

Sur le plan des institutions, on retiendra l'obligation qui incombe à l'école primaire instituée par Jules Ferry : elle doit mettre en place un enseignement original de la morale, tout-à-fait distinct de l'enseignement religieux, lié en revanche à une éducation civique. Une causalité réciproque unit les transformations de l'école et les transformations de l'esprit public. L'école va puissamment réagir sur une mentalité sociale dont les changements avaient permis qu'elle se laïcise.

---

37. Paris, Fayard, 1981.

38. « Catholiques et laïcs », dans Pierre Nora éd., *Les lieux de mémoire* III. *Les France, 1. Conflits et partages*, Paris, Gallimard, 1992, p. 153. Voir aussi Émile Poulat : *Liberté, laïcité, la guerre des deux France et le principe de la modernité*, Paris, Cerf-Cujas, 1987.

## *Le combat de Paul Bert*

Même s'il l'a parfois gêné par son intransigeance, Paul Bert a participé à l'œuvre de Jules Ferry, et ses discours permettent de dégager au moins les principaux enjeux de cette politique scolaire. En 1874, Paul Bert s'était montré favorable à la loi sur la liberté de l'enseignement supérieur, mais pour des raisons sans doute fort différentes de celles qui mobilisaient Mgr Dupanloup. En tout cas, sa lutte pour la laïcité de l'enseignement primaire montre bien que, si le projet de l'école laïque s'oppose frontalement à l'Église catholique, il correspond avant tout à une volonté d'union nationale. Citons par exemple le discours que Paul Bert prononce au Grand Théâtre de Lyon le 28 mai 1883 sur « L'Église et la liberté ».

Paul Bert prend d'abord soin de distinguer la religion et le catholicisme de façon à réserver la liberté religieuse des individus et même celle des manifestations publiques de la croyance religieuse tant qu'elles ne portent pas atteinte à l'ordre public. L'orateur multiplie les références historiques (non sans quelques approximations puisqu'il attribue la définition de l'Immaculée Conception au Concile du Vatican), pour prouver sa thèse : « J'espère vous démontrer clairement que la liberté de l'Église catholique est la domination absolue du pouvoir spirituel sur le pouvoir civil et qu'elle ne réclame la liberté que pour mettre à néant la liberté d'autrui [39]. » Mais le plus important, c'est la motivation affirmée de la politique scolaire :

> « Notre devoir à nous est d'élever pour la Patrie des citoyens dignes de ce nom ; de préparer par une éducation forte et vigoureuse une génération à la hauteur de toutes les tâches, pénétrée d'un amour éclairé pour notre France républicaine. C'est là la grande préoccupation que doivent avoir les républicains, là est le but que doit atteindre la pensée libre. C'est là notre tâche sacrée. La nation ne nous abandonnera pas dans notre lutte contre les empiétements de l'Église. Nous avons tous la résolution, et nous espérons pouvoir la tenir, de transmettre intactes à ceux qui nous suivront les traditions glorieuses de la Révolution française, c'est-à-dire la liberté de la pensée, la liberté de la parole, la liberté de

---

39. *Le cléricalisme*, *Questions d'éducation nationale*, Paris, Armand Colin, 1900, p. 295.

tous nos droits, la conscience de tous nos devoirs, l'égalité des Français protégée par des lois que seules la Justice et la Raison dictent à la Nation souveraine » (p. 326).

Les discours de Paul Bert seront publiés en 1900 sous le titre : *Le cléricalisme, Questions d'éducation nationale*, avec une Préface d'Alphonse Aulard insistant sur le fait que c'est précisément l'héritage de la Révolution française qui divise le cléricalisme et la République. Cette publication est posthume puisque Paul Bert est mort prématurément en 1886 [40], trois ans avant le premier centenaire de la Révolution française. Comme l'indiquent les arguments de Paul Bert, le conflit n'est pas médiocre. L'enjeu n'est en définitive rien d'autre que de savoir sur quels principes peut s'appuyer l'unité nationale. C'est ce que montre Claude Nicolet dans son livre sur *L'idée républicaine en France* : « Il s'agissait de fonder un nouveau pouvoir spirituel, solidement établi sur la science, destiné à assurer l'unité profonde du corps social [41]. » C'est à ce niveau qu'il faut se situer pour évaluer la transformation opérée dans l'enseignement primaire lorsque l'enseignement laïque de la morale se substitue à l'enseignement de la religion [42].

## *Les manuels de morale*

Dans sa fameuse *Lettre aux instituteurs* du 17 novembre 1883, Jules Ferry leur demande d'enseigner la morale commune : « Ce que vous allez communiquer à l'enfant, ce n'est pas votre propre sagesse, c'est la sagesse du genre humain, c'est une de ces idées d'ordre universel que plusieurs siècles de civilisation ont fait entrer dans le patrimoine de l'humanité [43]. » La coïncidence des morales pratiques, pos-

---

40. Dans son numéro du 22 novembre *Le Pélerin* réagit à cette mort de façon profondément choquante. cf. Jean-François Six : *Dieu, cette année-là*, Paris, DDB, 1986, p. 100-101.

41. Paris, Gallimard, 1982, p. 268.

42. Voir le numéro spécial du *Supplément* : *De la morale laïque*, avril 1988. Nous y avons contribué par un article sur « L'enseignement républicain de la morale à la fin du XIXᵉ siècle », article dans lequel nous traitons surtout la question des « devoirs envers Dieu ».

43. *Revue pédagogique*, 15 décembre 1883, p. 537.

tulée par Jules Ferry, comporte au moins une exception : la morale familiale du catholicisme n'admet pas le divorce qui sera bientôt réintroduit par la Loi Naquet du 27 juillet 1884. Mais, un conflit entre la République et l'Église avait déjà éclaté lorsque, le 8 janvier 1883, un décret de la Congrégation de l'Index avait condamné quatre *Manuels d'Instruction civique et morale* publiés par MM. Steeg, Compayré et Bert et par Mme Henri Gréville[44]. Le livre de Pierre Chevallier donne en annexe les documents romains expliquant la condamnation. L'un des principaux motifs semble bien être la manière effectivement caricaturale dont était présentée l'histoire de l'Église catholique. En tout cas cette condamnation manifeste bien la forme prise à la fin du XIXe siècle par la lutte pour le pouvoir spirituel.

La réaction des pouvoirs publics fut forte et, le 12 mai 1883, Léon XIII écrit au Président de la République française une lettre dans laquelle, récapitulant « les principaux dommages soufferts par la religion en France et ceux qui la menacent pour l'avenir », le Pape estime que tout semble justifier l'opinion de ceux qui pensent que l'on cherche à mettre graduellement à exécution « *au nom des prétendues exigences du temps*, le plan conçu par ces hommes hostiles à l'Église, qui, en la dénonçant comme une ennemie, cherchent à soustraire à son action et à son influence bienfaisante toutes les institutions civiques et sociales[45] ».

Un regard plus attentif sur l'ensemble des manuels montrait d'ailleurs une assez grande diversité. Il en est ainsi en tout cas en 1883, lorsque Boutroux recense et étudie « Les récents manuels de morale et d'instruction civique[46]. » En ce qui concerne leur rapport aux idées religieuses, les manuels se classent en trois catégories : le déisme, l'abstention, le catholicisme. A travers cette étude, Boutroux apprécie l'état d'esprit général des français. Deux points émergent : d'abord la faveur dont jouit un déisme qui fait prévaloir la religion naturelle sur les religions positives ; ensuite un renversement des rapports entre la morale et la métaphysique, cette dernière

---

44. Voir Pierre Chevallier, *op. cit.*, p. 390 sq.

45. *Lettres apostoliques de S.S. Léon XIII*, tome VI, p. 248, souligné par nous.

46. *Revue pédagogique*, 15 avril 1883, p. 289-311.

n'étant plus requise comme fondement de la morale. C'est en ce sens précis que l'enseignement républicain est kantien. Comme le montre Boutroux, à travers les débats et les combats, on cherche à constituer une morale commune, indépendante de la religion. Nous verrons plus tard si et comment les « modernistes » ont participé à cette recherche qui est, au tournant du siècle, l'une des préoccupations majeures de la société française.

## *Dissensions internes*

Du simple point de vue chronologique, le temps le plus vif de la crise moderniste coïncide avec le moment où les rapports généraux de l'Église catholique et de la République française prennent l'allure la plus conflictuelle. Dans le contexte politique immédiat, le sentiment d'agression s'appuie sur des réalités politiquement et socialement tangibles, qui illustrent, de façon concrète, la fameuse déclaration de Gambetta en 1877 : « Le cléricalisme ? Voilà l'ennemi [47] ! » Dans le climat fortement anticlérical de la politique française, les changements politiques et/ou intellectuels de la modernité sont ressentis par les autorités ecclésiastiques et par un bon nombre de catholiques comme une menace, voire comme une entreprise systématique de destruction. Pour ceux qui affrontent l'adversaire, les modernistes sont des catholiques qui pactisent avec l'opposition extérieure et qui, loin de faire corps avec les défenseurs de l'Église, s'allient avec ses destructeurs. Ce sont des transfuges, voire des traîtres.

Exemple significatif : il y a des catholiques qui enseignent dans cette Université qui se laïcise et dont les clercs sont exclus ; or, non seulement leur vie n'y est pas toujours facile, mais ils suscitent aussi la réprobation d'autres catholiques. En 1898, dans la *Quinzaine*, George Fonsegrive proteste contre les accusations portées notamment par la revue *L'enseignement chrétien*. On y accuse les universitaires catholiques pris en bloc de vouloir remplacer les écoles pri-

---

47. Cité par René Rémond, *L'anticléricalisme en France de 1815 à nos jours*, Paris, Fayard, 1976, p. 185.

maires libres par les patronages ; envoyer comme externes aux classes des lycées tous les élèves de l'enseignement secondaire libre ; enfin, supprimer comme trop onéreux, l'enseignement supérieur libre pour ne garder dans les Instituts catholiques que des chaires d'apologétique et de théologie[48]. »

L'objection de *L'enseignement chrétien* montre bien comment se constitue l'une des structures de la crise moderniste. Sur la base d'un conflit global entre l'Église et l'État, des catholiques ne peuvent participer aux institutions civiles d'enseignement sans être soupçonnés par d'autres catholiques de complicité avec l'ennemi. Comment des universitaires laïques peuvent-ils enseigner comme fonctionnaires d'un État qui chasse les religieux de l'enseignement public et en fin de compte du territoire français ? Le schéma repose donc sur une opposition binaire Église/Politique républicaine, opposition qui se reproduit à l'intérieur même de l'Église avec les modernistes et les intégristes. Or, ce qui se présente dans une perspective radicale comme traîtrise fait figure dans une autre perspective d'engagement chrétien. Sur le plan politique, c'est le cas notamment des catholiques républicains.

Avant la Séparation, il y avait eu d'un côté le Ralliement préconisé par Léon XIII et d'un autre côté l'Affaire Dreyfus. Peut-on dire que les effets du Ralliement dans l'opinion publique ont été annulés par l'attitude anti-dreyfusarde d'une majorité de catholiques ? Les choses sont évidemment bien plus complexes[49]. Il n'empêche que le Ralliement a contribué à renforcer la division interne des catholiques, en lui donnant des formes et des motifs nouveaux. Et par ailleurs, les Républicains n'ont pas été vraiment convaincus de la transformation des catholiques ralliés. Voire, ils ont été inquiets d'une mainmise possible des catholiques sur les institutions. Même si les effets à longue durée de la politique de Léon XIII sont incontestablement positifs, elle n'obtient pas dans l'immédiat, les effets escomptés. C'est dans ce contexte qu'interviendront les nouvelles divisions créées par l'Affaire Dreyfus.

48. *Regards en arrière*, Paris, Bloud, 1908, p. 35-36.
49. Voir Jean-Marie Mayeur : « Les catholiques dreyfusards », *Revue historique*, avril-juin 1979, p. 337-361.

## Deux logiques

Il ne nous appartient pas d'écrire l'histoire des controverses que ces événements politiques ont provoquées chez les catholiques français[50]. Néanmoins, nous retiendrons un témoignage de leur division, parce qu'il se situe sur le terrain de la discussion universitaire. Dans la séance annuelle de l'Institut catholique de Paris du 23 novembre 1905, Alfred Baudrillart s'exprime comme doyen sortant de l'École des Lettres. Parmi les publications des professeurs, il retient deux textes qui traitent l'un et l'autre de la séparation des Églises et de l'État, mais dont les conclusions sont opposées. « Prophète de l'avenir », Félix Klein est plein d'optimisme et « il espère que la France marchera sur la trace des États-Unis pour aller, elle aussi, de l'intolérance à la liberté[51] ». L'autre publication est le fait de Baudrillart lui-même. Dans son volume *Quatre cent ans de Concordat*, l'historien conclut « qu'en raison de tout notre passé, la séparation ne peut créer chez nous qu'un antagonisme irrémédiable et de plus cruelles luttes entre l'Église et l'État ».

Loin de s'affliger de ce désaccord, le doyen des Lettres estime que l'un des mérites de ce centre intellectuel est justement l'espace qu'il ouvre à la discussion. Certes, dit-il, rien ne nous oblige à accueillir avec un amour de préférence toute idée nouvelle parce qu'elle est nouvelle, mais « la vie intellectuelle ne va pas sans une certaine liberté ; la liberté engendre la discussion ; les idées reçues sont secouées, passées au crible ; on entre en contact avec les opinions adverses ; on y reconnaît ce qu'elles peuvent avoir de juste et de bon ; en tout cas on les examine sans les anathématiser ; tout cela étonne, effraie, ceux qui n'étant pas dans le courant, s'imaginent trop aisément que ceux qu'il semble emporter, mais qui pourtant

50. Voir *Histoire de la France religieuse*, tome 4. Société sécularisée et renouveaux religieux, XXe siècle, Paris, Seuil, 1992 et *Histoire du Christianisme*, tome 11, *Libéralisme, Industrialisation, Expansion européenne* (1830-1914), Paris, Desclée, 1995. Sur la Séparation, on retiendra le livre *Politique religieuse et Séparation* publié en 1906 par Hippolyte Hemmer à la suite des entretiens provoqués par Paul Desjardins sur la Séparation, entretiens auxquels Félix Klein participait également.

51. Voir son livre sur *La Séparation aux États-Unis*, Paris, Bloud, 1904.

s'y dirigent, seront inévitablement conduits jusqu'au tourbillon fatal où ils se noieront[52] ».

En 1905, Alfred Baudrillart préconise une ouverture. Prolongeons sa suggestion. Le travail intellectuel devrait sortir de la logique du conflit pour adopter la logique de la discussion qui est normalement la sienne. Et cette logique de la discussion suppose que l'on se situe sur un terrain commun. Les « modernistes » l'ont fait. Lagrange n'est pas Loisy, Blondel n'est pas Hébert, mais les uns et les autres adoptent les méthodes communes de la critique ou de la philosophie. C'est ce qui fait pour nous aujourd'hui la valeur de leurs initiatives, même si le devenir de leurs recherches conduit à des résultats différents et diversement appréciés. Mais, à l'époque, dans la logique du conflit, accepter le terrain proposé par des adversaires, c'était déjà trahir. Est-ce l'accès aux responsabilités ? Toujours est-il que l'optimisme dont fait preuve en 1905 le doyen des Lettres ne se retrouve guère dans le discours du nouveau recteur en 1907. Le texte que nous avons cité montre qu'à partir de la même métaphore, la perspective se retourne : il ne faut surtout pas accepter d'entrer dans le courant des idées modernes avec la prétention illusoire de le diriger.

## IV. L'HÉRITAGE INTELLECTUEL DU XIXe SIÈCLE

### *Le projet de la « science catholique »*

C'est un fait que, d'une façon générale, au XIXe siècle, des idées liées à l'avancée de la science et de la technique ont été ressenties soit par les autorités de l'Église catholique, soit par des publicistes zélés, comme des attaques exigeant une réplique appropriée. Dans un article du Dictionnaire de Bricout sur l'« apologétique », Jean Rivière accuse le phénomène : « Le XIXe siècle a vu, dit-il, l'incroyance prendre une forme de plus en plus scientifique dans tous les domaines. Mais la science catholique lui a partout tenu tête. Aussi l'apologétique s'est-

52. *Bulletin de l'ICP*, 1905, p. 525.

elle enrichie d'innombrables contributions. » Propos que l'auteur illustre en dressant une liste de littérateurs, de philosophes, d'historiens, d'exégètes, d'orateurs moralistes, de théologiens psychologues, qui sont tous censés avoir apporté leur contribution à l'apologétique proprement dite, chargée d'opérer la synthèse de ces travaux divers[53].

Le caractère apologétique de ce qu'on appelle alors la « science catholique » est bien marqué dans ce texte. De même dans la revue précisément intitulée *La Science catholique* que lance en 1886, l'abbé Jaugey, publiciste infatigable et grand créateur de périodiques[54]. Le programme de cette revue lui fixe pour but principal « la défense de la foi sur le terrain scientifique ». Il est précisé que « son titre dit assez qu'en matière d'orthodoxie, elle n'admettra ni compromis, ni concession ; elle sera "intransigeante" ». Mais est-il ajouté : « Notre respect absolu pour la foi et l'Église qui nous la propose ne diminue en rien notre respect et notre confiance pour les sciences humaines et pour les savants qui les cultivent[55]. »

Le catholicisme français du XIXe siècle a connu au moins trois grandes initiatives intellectuelles : Lamennais avec le groupe de La Chesnaie, Lacordaire et les dominicains, Gratry et l'Oratoire, Les deux dernières initiatives ont créé des institutions durables. S'il n'en a pas été de même pour le groupe réuni autour de Lamennais, la tradition intellectuelle initiée dans ce groupe n'en a pas moins inspiré tout au long du XIXe siècle, la plupart des tentatives intellectuelles du catholicisme français. Cette tradition s'exprime dans le projet de la « science catholique », élaboré par Lamennais lui-même et par son disciple Gerbet. La genèse et certains développements de cette notion de « science catholique » ont été étudiés par François Laplanche[56].

---

53. *Dictionnaire pratique des connaissances religieuses*, dirigé par Joseph Bricout, Paris, Letouzey et Ané, 1925, col. 322.

54. Voir la notice de François Laplanche dans le *Dictionnaire du monde religieux dans la France contemporaine, 9, Les sciences religieuses*, (1800-1914), Paris, Beauchesne, 1996.

55. *La Science catholique*, 1886-1887, tome I. « Notre programme », p. 1-2.

56. « La notion de "science catholique", ses origines au début du XIXe siècle », RHEF, janvier-juin 1988, p. 63-90. Voir également ses contributions à l'ouvrage collectif dirigé avec Claude Langlois : *La Science catholique.*

Dans le contexte post-révolutionnaire, ce projet naît, selon Laplanche, à partir d'un double diagnostic : la dispersion des sciences faute du principe fédérateur de la théologie, l'incapacité de cette dernière à jouer son rôle unificateur tant qu'elle n'intègre pas sa propre histoire. Le projet de science catholique implique donc une lecture catholique de l'histoire : « Que déplore en effet Lamennais, quand il assure que "la science catholique est à créer" ? C'est la *dissociation* dont se sont rendues coupables les périodes antérieures : il y a d'un côté une théologie abstraite, sans lien avec les faits ; de l'autre, une science limitée à l'observation, inconsciente de ses présupposés philosophiques. Bref, il existe une science, mais elle n'est pas catholique ; il existe un catholicisme, mais il n'est pas scientifique ; la requête s'impose donc d'une science catholique[57]. »

## *L'unité par la liberté*

La notion de « science catholique » manifeste la complexité de l'héritage légué au XIXe siècle par Lamennais et par son école. En 1819, dans le second tome de son *Essai sur l'indifférence*, Lamennais développe sa thèse sur le fondement de la certitude : ce ne peut être la raison particulière des philosophes, mais c'est la « raison générale », qui se fonde sur les vérités de la révélation primitive donnée par Dieu aux hommes avec le langage. Tout le mouvement du livre part de cette « autorité du genre humain » pour montrer qu'elle est détenue par le Christianisme, lequel est « la vraie religion ». Seulement, « quand nous parlons du Christianisme, on ne doit pas arrêter son esprit aux temps écoulés depuis l'incarnation du Verbe divin, mais il faut embrasser la suite entière de la Religion, avant aussi bien qu'après Jésus-Christ »[58]. A la fin du siècle, l'école menaisienne utilisera l'histoire des religions

---

*L'encyclopédie théologique de Migne* (1844-1873) *entre apologétique et vulgarisation*, Paris, Cerf, 1992.

57. RHEF, *art. cit.*, p. 67 (souligné par l'auteur).

58. *Op. cit.*, tome II, p. 287.

afin de prouver « la perpétuité, l'universalité des croyances catholiques, présentes dans toutes les cultures [59] ».

En 1830, avec un groupe de collaborateurs, parmi lesquels Gerbet et Lacordaire, Lamennais fonde *L'Avenir*, qui se propose de réconcilier Dieu et la liberté. Le 18 octobre 1830, dans un article intitulé « De la séparation de l'Église et de l'État », Lamennais s'affirme convaincu « que le développement des lumières modernes ramènera un jour, non seulement la France, mais l'Europe entière à l'unité catholique ». En attendant, lorsque de fait les croyances se sont divisées, lorsqu'il s'est formé dans le même État « plusieurs sociétés spirituelles », l'État ne peut s'identifier avec l'une sans rompre avec les autres, et sans les traiter en ennemies, de telle sorte que la force remplace la discussion. Selon Lamennais : « Le remède, l'unique remède à un mal si grand, est de laisser cette guerre spirituelle se poursuivre et se terminer par des armes purement spirituelles. La vérité est toute-puissante. Ce qui retarde le plus son triomphe, c'est l'appui que la force matérielle essaie de lui prêter, c'est l'apparence même de la contrainte dans le domaine essentiellement libre de la conscience et de la raison. »

En conséquence, *L'Avenir* inscrit au premier rang des libertés qu'il réclame, la liberté de conscience ou de religion, ce qui provoquera en 1832, la riposte indignée de Grégoire XVI dans l'encyclique *Mirari vos*. Mais en réclamant la liberté de conscience dans l'État, les rédacteurs du journal ne renoncent nullement à promouvoir l'unité religieuse des esprits, seul fondement véritable de la société. Ils ont assez confiance dans le pouvoir de la vérité pour espérer que cette unité perdue se retrouvera grâce à l'adhésion de chacun à la vérité universelle. Or, cela implique quand même que les individus parviennent à reconnaître la valeur d'un principe qui relativise la recherche individuelle du vrai, telle que la pratiquent d'ordinaire les philosophes. Dans la « Déclaration présentée au Saint-Siège par les rédacteurs de *L'Avenir* » et publiée le 6 février 1931, on retrouve le principe même du traditionalisme : « Nous admettons que l'homme doit prendre pour règle fondamentale de ses jugements, non les opinions individuelles, variables de leur nature et opposées entre elles,

59. Laplanche, dans *La science catholique*, p. 22.

mais les croyances générales et perpétuelles de la société humaine, lesquelles présentent dans leur permanence et leur universalité, le caractère immuable du vrai. » Tout l'art du programme élaboré par Lamennais, mais aussi par Gerbet, consiste à concilier ce principe avec la liberté de la recherche intellectuelle, sans laquelle il n'y aurait pas de science, mais pas davantage de théologie [60].

## *Vers la crise moderniste*

On voit dès lors comment le projet de la « science catholique » pouvait soutenir une entreprise telle que *L'Encyclopédie théologique* de Migne, avec ses quelques cent titres, dont une part non-négligeable est consacrée aux sciences ou aux pratiques scientifiques déjà constituées (astronomie, physique, chimie, médecine) ou en voie de formation (géologie et paléontologie, physiologie, psychologie, anthropologie). Dans son livre sur *Le présent et l'avenir du catholicisme en France* [61], l'abbé Paul de Broglie, que nous retrouverons bientôt, rapporte les premiers succès et l'échec final de cette « méthode hardie » par laquelle l'apologétique chrétienne tenta de prendre sa revanche sur ses adversaires : « En possession, par l'enseignement chrétien, d'une histoire des origines du monde et de l'humanité, elle entreprit de rassembler tous les résultats des sciences humaines, d'en faire la synthèse, en les encadrant dans l'histoire sacrée. » Ainsi opposa-t-elle à la science incrédule du XVIII^e^ siècle, « une science chrétienne et catholique ».

Certes, mais c'est précisément l'application de la science historique à la Bible qui fera éclater le cadre de l'histoire théologique. Comme le dit François Laplanche : « La crise moderniste sera équivalemment la crise de la "science catholique" [62]. » Les nouvelles méthodes de l'exégèse ne sont d'ailleurs pas seules en cause. Ce qui caractérise la fin du XIX^e^ siè-

60. Voir le livre de Gerbet : *Des doctrines philosophiques sur la certitude dans leurs rapports avec les fondements de la théologie*, 1826, cité par Laplanche, p. 24.

61. Paris, Plon-Nourrit, 1892. Citation p. 194-195.

62. RHEF, *art. cit.*, p. 86.

cle, c'est l'expansion des sciences humaines : philologie, histoire des religions, psychologie et psychopathologie, sociologie etc. Or, ces sciences se différencient radicalement de la « science catholique ». Celle-ci se veut encyclopédique et les nouvelles sciences avouent leur multiplicité, leur particularité, bien que l'ambition de régenter l'ensemble ne soit pas toujours absente. D'autre part, même si son nom vise l'universalité, la science « catholique » est de fait confessionnelle, ne serait-ce qu'en fonction de ses ressources philosophiques : le thomisme reste étranger au courant d'ensemble de la philosophie moderne. Enfin le progrès de ces sciences nouvelles est lié à des transformations et à des créations universitaires qui se distinguent radicalement, même dans l'ordre des sciences religieuses, des institutions ecclésiales. Fixons pour le moment les principales dates : 1868, création par Victor Duruy de l'École Pratique des Hautes Études ; 1880, création au Collège de France d'une chaire d'Histoire comparée des religions ; 1886, ouverture à l'École Pratique des Hautes Études d'une cinquième section consacrée aux Sciences religieuses.

## *Les Facultés de Théologie*

La participation des catholiques au mouvement intellectuel de l'époque sera facilitée par les Universités catholiques fondées en France grâce à la loi de 1875 sur la liberté de l'enseignement supérieur. Elles joueront un rôle d'autant plus important que, tout au long du XIXe siècle, les hésitations de l'épiscopat français, déchiré par la lutte entre les « ultramontains » et les « gallicans », ont retardé la formation dans le clergé d'une élite intellectuelle capable de prendre sérieusement en charge les problèmes de la modernité scientifique [63]. A l'initiative de Mgr Sibour, archevêque de Paris, une section de théologie sera pourtant créée en 1851 à l'École des Carmes. De son côté, l'Université d'État avait des Facultés de

63. Voir RHEF janvier-juin 1995. Dans son article sur « L'épiscopat français et le développement des hautes études ecclésiastiques au XIXe siècle », Jacques-Olivier Boudon note la concomitance non fortuite de l'ouverture à Rome du Séminaire français.

théologie à Paris, Aix, Bordeaux, Lyon, Rouen et Toulouse. Seulement Rome ne reconnaissait pas leurs diplômes. De sorte que d'après René Aigrain, « la seule de ces Facultés qui ait eu vraiment quelque vie est la Sorbonne, surtout depuis les efforts de l'abbé Maret, professeur de théologie dogmatique en 1841 et doyen en 1853 [64] ».

Les Facultés officielles disparaîtront en 1886. Dans l'intervalle, profitant de la loi de 1875, des Universités catholiques s'étaient constituées à Angers, Lille, Lyon, Paris, Toulouse. Mais le démarrage des Facultés de théologie sera un peu moins rapide que celui des Facultés profanes. A Lille, un Collège théologique fonctionne à la rentrée 1877. La même année voit à Lyon la naissance d'une École supérieure de théologie, qui obtiendra en 1881 la faculté de décerner les grades *ad decennium*. De même, en novembre 1878, s'ouvre à Paris une École supérieure de théologie qui n'obtiendra l'institution canonique que onze ans plus tard. L'année 1879 voit la création de cours de théologie à Angers et à Toulouse [65].

Plusieurs des clercs que nous rencontrerons avaient été formés soit dans le séminaire de leur diocèse, soit au séminaire Saint-Sulpice à Paris. Il faudrait regarder de plus près ce qui se passe dans les Grands Séminaires, en profitant de monographies qui se multiplient en même temps que l'histoire des différents diocèses. Toujours est-il qu'à commencer par celle de Paris, avec Duchesne et Loisy, les nouvelles Facultés de théologie vont être affrontées aux problèmes nouveaux posés à la théologie par le progrès des sciences religieuses. Même dans le cadre des Universités, il ne sera plus guère possible de maintenir l'ambition de couronner par la théologie l'édifice des sciences profanes et des sciences religieuses. Il appartiendra plutôt aux savants catholiques de participer au travail général des disciplines prenant la religion pour objet, en adoptant leurs objectifs et leurs méthodes. Avec le risque d'un double porte-à-faux. Du côté de praticiens des sciences religieuses dont les présupposés

64. *Les Universités catholiques*, Paris, Picard, 1935, p. 20. Voir aussi Claude Bressolette : *L'abbé Maret*, Paris, Beauchesne, 1977.

65. Voir Bruno Neveu : « L'enseignement universitaire de la théologie catholique en France de 1875 à 1885 », dans RHEF janvier-juin 1995.

sont différents et qui les soupçonnent d'intentions apologétiques plus ou moins cachées. Mais aussi du côté des catholiques déconcertés par le type de discours auquel les savants catholiques sont ainsi conduits.

## V. MODERNITÉ ET ESPACE PUBLIC DE DISCUSSION

### *Une nouvelle sociabilité intellectuelle*

Même si la France n'a pas entièrement résolu les problèmes posés par la coexistence de deux systèmes scolaires, nous portons aujourd'hui sur les combats idéologiques de la fin du XIXe siècle un regard qui diffère évidemment de celui des contemporains. Les débats de l'époque nous apparaissent comme autant d'efforts plus ou moins conscients et plus ou moins réussis d'adaptation à la réalité nouvelle d'un espace public de discussion. En introduisant cette notion [66]. nous nous appuyons sur une lecture de l'histoire de la modernité très différente de celle qui régnait à l'époque chez les catholiques. Cette nouvelle lecture s'oppose frontalement à la lecture traditionaliste. Elle retrouve bien entendu le même développement de la raison critique, mais elle perçoit ce développement d'une manière beaucoup plus positive.

Le point de départ peut être repris chez Descartes. Celui-ci ambitionne de convaincre son lecteur d'accepter de passer par le dénuement intellectuel que représente le doute méthodique, nécessaire à la fondation nouvelle de la science. Cette ambition lui enjoint de publier en langue française : « Et si j'écris en français, qui est la langue de mon pays, plutôt qu'en latin, qui est celle de mes précepteurs, c'est à cause que j'espère que ceux qui ne se servent que de leur raison naturelle toute pure jugeront mieux de mes opinions que ceux qui ne croient qu'aux livres anciens ; et pour ceux qui joignent le bon sens avec l'étude, lesquels je souhaite pour mes juges, ils ne seront point, je m'assure, si partiaux pour le latin, qu'ils refusent

66. Voir Jürgen Habermas : *L'espace public*, trad. fr. Paris, Payot, 1978.

d'entendre mes raisons pour ce que je les explique en langue vulgaire[67]. »

Descartes manifeste ainsi son attention aux destinataires de ses écrits, et il les répartit en deux catégories. Le latin reste pour lui une langue de culture et de débat entre les savants, mais il veut se faire entendre au-delà de ce cercle restreint. Comme l'écrit Henri Gouhier : « Au XVIIe siècle, quand Descartes veut s'adresser directement à des professeurs de philosophie, qui sont, d'ailleurs, des théologiens, il parle latin. Mais il a le sentiment que les questions posées par la philosophie n'intéressent pas seulement les spécialistes, que le philosophe doit et peut écrire pour tous les lecteurs cultivés, y compris les femmes. Il y a là une conviction qui, plus ou moins consciemment, anime tous les philosophes d'expression française. D'où la présence parmi eux de quelques-uns de nos plus grands écrivains et la difficulté de séparer histoire de la philosophie et histoire des lettres françaises[68]. »

Les temps modernes voient des transformations radicales des modes de sociabilité intellectuelle. Mieux considérés et mieux pourvus des instruments nécessaires à l'expérimentation, les savants commencent aussi à former une communauté qui se construit aux dimensions de l'Europe grâce aux voyages et aux correspondances. Les Universités ne sont plus le lieu unique, ni même le lieu privilégié, de la communication scientifique, qui progresse grâce aux académies, et qui se diffuse dans les salons. L'édition et la presse se développent, en direction d'un public cultivé qui devient capable d'apprécier et de juger les opinions émises. L'apport spécifique des temps modernes et en particulier du XVIIIe siècle, c'est une modification considérable des modes sociaux de production et de transmission du savoir. Ce qui se transforme c'est le milieu producteur du savoir et c'est le rapport entre ce milieu et l'ensemble de la société.

67. *Œuvres. Lettres*, « Bibliothèque de la Pléiade », Paris, 1963, p. 179.
68. « Peut-on parler d'une philosophie française ? », dans RSPT, 74 (1990), p. 5.

## *La discussion publique*

Au fond de la modernité scientifique comme au fond de la modernité politique, il y a la constitution d'un espace public de discussion. On notera que le mot « public » prend deux sens complémentaires, mais différents, suivant qu'il concerne le domaine directement géré par l'État ou le domaine de l'opinion publique. Le passage de la religion dans la sphère du privé s'entend par opposition à l'idée d'une compétence religieuse de l'État. En revanche, la religion qui est privée par rapport à l'État, n'en est pas moins susceptible d'une expression publique dans la mesure où elle s'expose dans le champ de confrontation des opinions. Il faut donc distinguer deux difficultés de la religion catholique. Au cours du XIXe siècle, elle a peine à abandonner l'idée d'une alliance de l'État et de l'Église, ou d'une position privilégiée du catholicisme, religion vraie, dans l'État. Mais d'autre part elle a également peine à accepter les règles du débat public. Surtout quand ce débat porte sur les réalités mêmes de la foi, comme c'est le cas pour les sciences religieuses.

Selon des modalités évidemment différentes, la modernité scientifique et la modernité politique reposent l'une et l'autre sur une pratique nouvelle de la discussion et de la formation des opinions *dans et par* la discussion. Tout ceci, qui repose sur la liberté du jugement personnel, représente une sérieuse brèche dans les systèmes sociaux fondés sur l'autorité. Le lien entre la libération du jugement et l'ouverture d'un espace de libre communication des pensées était fait par Kant dans ses opuscules : *Qu'est-ce que les Lumières ?* et *Qu'est-ce que s'orienter dans la pensée ?* C'est ce que Hannah Arendt montre dans *La crise de la culture* : « Kant affirmait que le pouvoir extérieur qui prive l'homme de la liberté de communiquer ses pensées publiquement, *le prive en même temps de sa liberté de penser* (c'est nous qui soulignons), et que la seule garantie pour la “correction” de nos pensées tient à ce que “nous pensons, pour ainsi dire, en communauté avec les autres à qui nous communiquons nos pensées comme ils nous communiquent les leurs”. La raison de l'homme étant faillible ne peut fonctionner que s'il peut en faire un “usage public”, et c'est également vrai pour ceux qui, encore dans un état de “tutelle”, sont incapables de se servir de leur pensée “sans la direction de quelqu'un d'autre", et aussi pour le "lettré" qui a besoin de " tous ceux qui lisent » afin d'examiner et de contrôler ses résultats" [69]. »

## *L'ère de l'apologétique*

La conscience de participer à un espace public de discussion se rencontre au moins chez tel ou tel protagoniste de la crise moderniste, et elle s'exprime avec plus ou moins de force. Dans une conférence de 1912 sur les philosophes du XVIIIe siècle, Augustin Cochin écrivait : « La république des lettres est un monde où l'on cause, mais où l'on ne fait que causer, où l'effort de chaque intelligence cherche l'assentiment de tous, l'opinion, comme il cherche, dans la vie réelle, l'œuvre et l'effet [...]. Toute pensée, tout effort intellectuel n'a d'existence ici que par l'assentiment. C'est l'opinion qui fait l'être » (p. 15).

Pour Augustin Cochin la dépendance de la « philosophie » à l'égard de l'opinion publique est un fait qu'il regrette et dont il dénonce les conséquences négatives dans l'histoire de la démocratie moderne. Nous trouverons un écho tout-à-fait différent chez un prêtre républicain, tel que l'abbé Frémont [70]. Celui-ci écrit dans une note du 15 juillet 1880 l'idée qu'il se fait d'une réforme des séminaires : « Le christianisme se trouve pour la première fois depuis son origine en face d'une société où tout se fait par la parole, par la discussion, par l'opinion publique. Or, dans nos séminaires, on ne se préoccupe pas du développement civique ; on nous laisse ignorer la puissance de la libre pensée et le mouvement général des choses politiques. Notre temps est un jardin fermé où l'on nous interdit de pénétrer [71]. »

En fait les catholiques les plus traditionalistes et les plus

---

69. *La crise de la culture*, tr. fr. Paris, Gallimard, collection « Idées », 1972, p. 298-299.

70. Nous avons déjà évoqué la réaction de l'abbé Frémont au livre de Loisy. Nous le retrouverons dans notre dernier chapitre.

71. Agnès Siegfried : *L'abbé Frémont* (1852-1912), Paris, Alcan, 1932, tome 1 p. 115.

opposés au libéralisme participaient *de facto* — à l'espace de discussion publique qui se développait notamment par la presse. Dès le début du XIXe siècle, pour s'opposer à l'idée que les « philosophes » se font de la société, le vicomte de Bonald doit lui-même construire une argumentation philosophique. Et l'anti-libéralisme d'un Louis Veuillot utilise de façon systématique les voies modernes et le pouvoir de la presse. Mais la distance reste considérable entre cette participation de fait et une reconnaissance théorique. Pour que celle-ci ait tout son sens, il faut d'ailleurs que la reconnaissance du milieu de la discussion n'entraîne pas une simple allégeance à l'opinion publique : comment soumettre au débat la vérité à laquelle on croit sans la réduire à une simple opinion ?

La formation et le développement des idées politiques modernes présupposent une liberté de la publication qui conditionne pour chacun l'indépendance du jugement et pour tous la circulation des idées dans l'espace public de discussion [72]. Au XVIIIe siècle, cet espace est d'abord occupé par le discours critique des « philosophes ». Mais, justement en raison de ce fait, un nouveau discours religieux doit se constituer en direction du même public pour combattre les arguments des déistes et des athées, et pour convaincre les esprits de la vérité de la religion chrétienne. Même si la prise de conscience est plus tardive, nous pouvons aujourd'hui rattacher à cette formation de l'opinion publique le développement de l'apologétique chrétienne.

## *Science et apologétique*

Après que la Réforme l'ait fait entrer dans l'ère de la controverse, la théologie entre, au XVIIIe siècle, dans l'ère de l'apologétique. En fonction de cette « crise de la conscience européenne » dont l'un des premiers analystes a été Paul Hazard. Sur le plan des contenus, la science et la philosophie

---

72. Voir Arlette Farge : *Dire et mal dire. L'opinion publique au XVIIIe siècle*, Paris, Seuil, 1992 ; Daniel Roche : *La France des Lumières*, Paris, Fayard, 1993 ; Roger Chartier : *Les origines intellectuelles de la Révolution française*, Paris, Seuil, 1995.

modernes ont déplacé les problématiques. Le temps n'est plus aux controverses confessionnelles qui avaient opposé les catholiques et les protestants. Les uns et les autres sont requis par une tâche apologétique commune : défendre la religion révélée d'abord contre les déistes, puis contre les athées. Si elle ne s'y résume pas, la vie intellectuelle du catholicisme sera quand même dominée par la préoccupation apologétique, au XVIIIe siècle sûrement, mais aussi pour une large part au XIXe siècle. Cette préoccupation ecclésiale est relative à un monde culturel dans lequel la raison critique s'est développée. La position de la théologie catholique est d'ailleurs complexe. Comme le montre le premier concile du Vatican, cette théologie lutte à la fois contre le rationalisme de la culture et contre le fidéisme des croyants, lesquels ont partie liée. Les croyants tendent au fidéisme dans la mesure où ils vivent dans un monde culturel où la raison se profanise, ou encore dans un monde culturel où la raison critique prend le pas sur la raison métaphysique[73].

Dans les controverses confessionnelles, les catholiques affrontaient des protestants et réciproquement. L'auditoire que vise l'apologétique est moins déterminé. S'adressant à tous et à chacun, et cherchant à convaincre par des arguments rationnels, l'apologétique vise ce que Chaïm Perelman nomme « l'auditoire universel[74] ». L'âge de l'apologétique, c'est celui où, ne renonçant pas à l'unité religieuse, on ne pense plus pouvoir l'obtenir autrement que par la persuasion des individus. Mais, dans la mesure où la foi rencontre de nouveaux adversaires, l'apologétique retrouve le style et l'accent de la controverse, voire de la polémique.

A la veille de la crise moderniste, la défense de la foi est l'objectif de Mgr Duilhé de Saint-Projet, qui deviendra recteur de l'Institut catholique de Toulouse en 1895, mais qui avait publié dix ans auparavant la première édition de son *Apologétique scientifique de la foi chrétienne*. Lors d'une édi-

---

73. Notons dès maintenant que le kantisme fait office de révélateur. Il pousse le rationalisme critique jusqu'à la négation de la métaphysique spéculative, et si Kant reste malgré tout métaphysicien, il l'est d'une manière que la théologie catholique juge fidéiste. Bref, Kant est visé à la fois par les condamnations du rationalisme et par les condamnations du fidéisme.

74. Ch. Perelman et L. Olbrechts-Tyteca : *Traité de l'argumentation*, Paris, PUF, 1958.

tion posthume, en 1903, le préfacier souligne que « l'auteur avait compris qu'en face des nouvelles formes d'erreur, l'apologétique devait entrer dans une voie nouvelle, qu'il fallait renoncer aux arguments métaphysiques vis-à-vis d'adversaires qui ne les admettaient pas, et que si on voulait les atteindre il était nécessaire de les suivre sur leur propre terrain. Le matérialisme se réclamait de la science expérimentale, c'est donc avec cette même science qu'on devait le combattre[75] ».

Nous avons déjà rencontré l'abbé de Broglie, professeur d'apologétique chrétienne à l'Institut catholique de Paris. Frère du duc Albert de Broglie, Paul de Broglie était né en 1834 et il avait été officier de marine avant de recevoir l'ordination sacerdotale. Il rédige entre 1873 et 1878, un livre sur *Le positivisme et la science expérimentale*, qu'il publiera en 1880, alors même qu'il commence son cours d'apologétique[76]. Au terme de quelques onze cent pages d'analyse et de discussion, l'ouvrage se termine par l'énoncé d'un espoir qui semble à l'auteur bien fondé. Les sciences vont se détacher de cette philosophie positiviste qui leur est en fin de compte tout-à-fait contraire, puisqu'elle tend à confondre Dieu et le monde, l'Infini et le fini, le nécessaire et le contingent, alors que le propre des sciences est de distinguer. « Nous pouvons donc prévoir, dit-il, le jour où la science expérimentale se séparera pleinement d'une philosophie dont l'esprit, la méthode et les doctrines sont opposés aux sciences. Nous sommes convaincus qu'alors c'est avec la philosophie catholique qu'elle sera naturellement portée à s'allier et à s'unir. Nous le croyons, nonobstant tout ce qu'on dit de nos jours des prétendus conflits de la science et de la foi[77]. »

75. *Apologétique scientifique de la foi chrétienne*, Paris, 1903, Préface de l'abbé J.B. Senderens.
76. Société générale de Librairie catholique, Paris-Bruxelles, 1880.
77. *Op. cit.*, tome 2, p. 553.

## VI. L'ESPRIT FIN DE SIÈCLE

### *L'effervescence intellectuelle*

La crise moderniste est contemporaine d'une lutte anticléricale forte et d'une Séparation imposée à l'égard de laquelle les catholiques français se divisent. C'est vrai et cette situation a handicapé la liberté et la sérénité du travail. Historiens, exégètes ou philosophes, les « modernistes » ne sont étrangers ni à la controverse, ni à l'apologétique. Mais ce n'est pas leur horizon principal. Ils participent à un monde intellectuel au sein duquel ils collaborent à l'élaboration d'une science et d'une pensée communes. A cet égard, il faut souligner un fait : les initiatives « modernistes » se sont produites, surtout au point de départ, dans un milieu de grande effervescence intellectuelle. Même si les conflits politiques nous ont obligé à tracer un tableau assez sombre de la situation, et même si ce tableau correspond à une réalité vécue, il importe maintenant de dégager d'autres aspects, nettement plus positifs, de la situation du catholicisme dans la France des années 1890.

Selon Mgr Calvet : « On ne peut rien comprendre au drame intellectuel que nous avons vécu entre 1890 et 1910, si on ne sait que Renan et Taine et l'esprit qu'ils représentent avaient profondément conquis les âmes. Par eux, l'Encyclopédie, si puissante en son temps, mais démodée après un siècle, s'était mise à la mode du jour, et, par une offensive brutale, avait tout envahi, la politique, l'histoire, la poésie, la morale et la religion [78]. » En opposition à cet état d'esprit, nous verrons s'affirmer une génération nouvelle qui entre dans la vie intellectuelle à un moment où les rapports entre la science et la religion sont réévalués, dans le sens d'une meilleure redéfinition des domaines respectifs. A cet égard, la réorganisation des lieux de production du savoir grâce à des institutions nouvelles, laïques ou ecclésiastiques, joue un rôle positif. Mais il nous faut aussi prendre en compte ce changement de menta-

78. *Le renouveau catholique dans la littérature contemporaine*, Paris, Lanore, 1931, p. 131.

lité que l'on pointe d'ordinaire en parlant de la « faillite de la science ».

## *Fin du scientisme ?*

Dès 1880, Paul Bourget prononçait à propos de la science le mot « banqueroute » : « Je n'ignore pas, écrivait-il, que la science recèle un fonds incurable de pessimisme, et qu'une banqueroute est le dernier mot de cet immense espoir de notre génération — banqueroute dès aujourd'hui certaine pour ceux qui ont mesuré l'abîme de cette formule : l'inconnaissable [79]. » Le romancier appartenait à cette génération repérée par Victor Giraud dans *Les maîtres de l'heure* [80] : des hommes qui avaient vingt ans en 1870 et qui produisaient aux environs de 1890 la plupart de leurs œuvres maîtresses. Pour Mgr Calvet, c'est déjà « le renouveau catholique dans la littérature contemporaine ». Après la génération des nostalgiques, qui commence avec Baudelaire, vient la génération des chercheurs d'idéal, à laquelle appartiennent les « néo-chrétiens », puis la troisième génération, celle des convertis : Coppée, Verlaine, Huysmans, Brunetière, Bourget, Retté, qu'ont suivi Psichari, Péguy, Jammes... [81].

Certes, le scientisme n'est pas mort, et c'est en partant de Taine et de Renan que Charles Péguy discute « de la situation faite à l'histoire et à la sociologie dans les temps modernes [82] ». Mais plus encore que par Ernest Renan, le scientisme de la fin du siècle est représenté par Marcelin Berthelot, son ami, pour qui la science annonce la disparition définitive de la foi religieuse. Professeur de chimie organique au Collège de France en 1865, Berthelot joue un rôle important au strict point de vue scientifique, mais la célébrité dont il bénéficie à l'époque tient aussi à ses deux recueils d'inspi-

79. « Science et poésie » repris dans *Études et Portraits*, Paris, Lemerre, 1889, tome 1, p. 202.

80. Paris, Hachette, 1914, pour le tome I.

81. *Op. cit.*, p. 15.

82. *Cahiers de la Quinzaine*, Troisième cahier de la huitième série, 4 novembre 1906.

ration positiviste : *Science et philosophie*[83], et *Science et morale*[84]. Le premier de ces ouvrages contient la fameuse lettre à Renan sur « la science idéale et la science positive ». Pour le grand chimiste, la science positive est fondée exclusivement sur l'observation et l'expérience. Quant à la « science idéale », elle résulte du fait que l'esprit humain exprime son besoin de synthèse en construisant, par le raisonnement, des systèmes métaphysiques. Mais « aucune réalité ne peut être atteinte par le raisonnement pur ». La véritable signification de la métaphysique a été établie par Kant : elle n'exprime rien d'autre que « les conditions logiques de la connaissance, les catégories de l'esprit humain[85] ». A un tout autre niveau, Félix Le Dantec est un vulgarisateur dont le succès n'a pas été négligeable. Ainsi, dans son livre de 1901 : *Le conflit*, il met en scène le dialogue entre un prêtre et un agnostique, réfractaire à toute reconnaissance d'un miracle[86].

En sens inverse, il faut bien citer le fameux article de Ferdinand Brunetière : « Après une visite au Vatican[87]. » S'il est excessif de résumer cet article en parlant de « banqueroute de la science », Brunetière n'en dénonce pas moins les « faillites partielles de la science », incapable non seulement de résoudre, mais, tout simplement, de poser de façon correcte, les seules questions qui importent, touchant « à l'origine de l'homme, à la loi de sa conduite et à sa destinée future ». Le 8 avril 1902, Ferdinand Brunetière prononce à Florence une conférence sur « Le progrès religieux dans le catholicisme[88]. » C'est un fait, dit-il, qu'un antagonisme s'est constitué entre le principe catholique de la tradition et le principe moderne du progrès. Pourtant, « l'idée même de progrès ne date dans l'histoire du monde que de l'apparition du christianisme » (p. 294). Et d'autre part, depuis le christianisme, cette idée de progrès ne s'est réalisée que dans les sociétés chrétiennes (p. 296). De la liaison de fait, Ferdinand Brunetière

83. Paris, Calmann-Lévy, 1886.

84. Paris, Calmann-Lévy, 1887.

85. *Science et philosophie*, p. 25-26.

86. Paris, Armand Colin, 1901

87. *Revue des Deux-Mondes*, 1er janvier 1895. Voir la notice Brunetière dans Laplanche : *Les sciences religieuses*.

88. *Discours de combat*, 2e série, Paris, Librairie académique Perrin, 1921

conclut à une solidarité de fond : « Voulons-nous dire peut-être, après cela, qu'en raison du caractère social qui est celui du christianisme, il y aurait de tout temps une convenance intime et profonde entre les vérités de la religion et cette aspiration vers la liberté, vers l'égalité des conditions, vers la fraternité qui semble être en effet, dans l'histoire, le caractère le plus permanent de la démocratie ? Je le crois » (p. 113).

## *Une nouvelle philosophie des sciences*

Même si l'évolution d'un Brunetière n'est pas sans importance, le véritable dépassement du scientisme s'opère grâce à l'émergence d'une nouvelle philosophie des sciences, plus relativisante que le positivisme. On la voit déjà apparaître en 1874, avec la thèse d'Émile Boutroux sur *La contingence des lois de la nature*[89], puis en 1894, avec son livre sur *L'idée de loi naturelle*[90]. Celui qui fût aussi un grand historien de la philosophie, en particulier de la philosophie allemande, a signé de nombreux articles dans la *Revue de métaphysique et de morale* à partir de 1894. Et, bien qu'il n'ait pas directement participé à la crise moderniste, nous le retrouverons à maintes et maintes reprises, et pas seulement, malgré l'intérêt de cette confrontation, pour son livre *Science et religion dans la philosophie contemporaine*[91].

Les limites du mécanisme scientifique sont d'ailleurs aussi bien marquées à l'époque dans les ouvrages d'Arthur Hannequin[92], de Gaston Milhaud[93], et, bien entendu, dans l'œuvre

89. Paris, Librairie Germer Vaillère, 1874, Alcan, 1895.

90. Paris, Alcan, 1894. Voir le chapitre sur « La philosophie de M. Émile Boutroux », dans le livre de Dominique Parodi : *La philosophie contemporaine en France*, Paris, Alcan, 1919.

91. Paris, Flammarion, « Bibliothèque de philosophie scientifique », 1908.

92. *Essai critique sur l'hypothèse des atomes*, Paris, 1896. Voir l'éloge d'« Un métaphysicien lyonnais, Arthur Hannequin », par J.M. Grosjean dans *Demain*, 1er et 8 décembre 1905.

93. *Les conditions et les limites de la certitude logique*, Paris, Alcan, 1894, *Le rationnel*, Paris, Alcan, 1897.

d'Henri Poincaré : *La Science et l'Hypothèse*[94], *La valeur de la Science*[95], et *Science et méthode*[96]. Dans la Préface de ses *Lectures sur la philosophie des sciences*, André Lalande situe le rationalisme par rapport aux deux excès inverses de l'empirisme et du mysticisme, qui l'un et l'autre « méconnaissent les bornes de la science et le fossé qui la sépare de la métaphysique[97] ». Mais ces ouvrages et les traductions contemporaines de William James, nous font entrer dans la discussion sur le pragmatisme qui nous intéressera plus tard, car elle constitue l'un des éléments du cadre philosophique de la crise moderniste.

Dans un chapitre de *La vie de l'Église sous Léon XIII*, rédigé par le père Laberthonnière, l'ouvrage de Lecanuet signale qu'il se produit dans la dernière décade du siècle, « une renaissance de la métaphysique », dont l'un des signes serait la fondation en 1893 de la *Revue de métaphysique et de morale*[98]. Les études auxquelles a donné lieu le Centenaire de cette revue confirment ce jugement, si du moins on insiste sur la réaction contre le positivisme, plus que sur le contenu de la « métaphysique ». La présence du mot dans le titre avait d'ailleurs été discutée, comme le montre la *Correspondance* d'Élie Halévy et Xavier Léon. En 1891, le premier écrit au second : « Nous essaierons d'être vraiment criticistes, et vraiment dogmatiques, au sens large du mot, non pas de ce dogmatisme étroit dont Renouvier est mort ; mais d'un dogmatisme métaphysique. Toute réflexion faite, je retire mes objections au mot : métaphysique, si tu entends par là non une science séparée, discutant isolément un nombre déterminé de problèmes spéciaux, mais une méthode, opposée à la méthode *positiviste* d'observation[99]. »

94. Paris, Flammarion, « Bibliothèque de philosophie scientifique », 1902.
95. Paris, Flammarion, « Bibliothèque de philosophie scientifique », 1905.
96. Paris, Flammarion, « Bibliothèque de philosophie scientifique », 1909.
97. Préface de la 1re édition, en 1893.
98. Paris, Alcan, 1930, p. 449.
99. RMM, Numéro spécial du centenaire, 1993, nº 1-2, p. 13.

## Le milieu philosophique

Il importe de replacer la discussion religieuse dans le cadre d'une discussion philosophique beaucoup plus large. Le milieu philosophique déjà constitué autour de la RMM va prendre en France une consistance nouvelle avec le Congrès international de Philosophie organisé à l'occasion de l'Exposition universelle de 1900. Président de ce Congrès, Émile Boutroux en oriente les débats dans le sens de cette fonction du philosophe défini par lui comme « un homme qui confronte entre elles les connaissances et les croyances des hommes, et qui en cherche les rapports[100] ». La réussite du Congrès dissipe les craintes des sceptiques, et elle manifeste l'accord des participants français et étrangers sur la nécessaire jonction de la philosophie et des sciences.

Cette jonction sera l'un des principaux objectifs de la Société française de philosophie dont la création en 1901 est « l'un des résultats importants du Congrès de Paris ». Comme le souligne Christophe Prochasson : « L'idée qui présida à sa naissance était aussi celle qui avait poussé Xavier Léon à lancer la revue et à organiser le Congrès : entrechoquer les idées, mêler les philosophes et les scientifiques, créer une communauté[101]. » Au Congrès de 1900, André Lalande avait fait une communication intitulée : « Sur la critique et la fixation du langage philosophique. » De 1902 à 1923, l'une des activités de la nouvelle société sera justement le travail sur le vocabulaire philosophique. Ce travail, et plusieurs séances consacrées à des thèmes de philosophie religieuse, ont donné aux philosophes de la crise moderniste l'occasion de préciser leurs idées au sein d'un milieu philosophique, où se retrouvaient des hommes qui appartenaient à des familles de pensée très différentes, religieuses et laïques[102].

100. *Études d'histoire de la philosophie*, Paris, Alcan, 1908, p. 5.

101. RMM, 1993, n° 1-2, p. 137.

102. En novembre 1905, la Société française de Philosophie intégrera le père Laberthonnière comme membre titulaire, et il pourra s'y exprimer en toute liberté.

## *La situation originale de Blondel*

Les développements récents de l'histoire des intellectuels nous ont rendu sensibles à la question des relations entre les individus et les groupes. Or, s'ils ne sont pas nombreux, il y a tout de même des hommes qui circulent entre les différents groupes. Maurice Blondel est à cet égard le plus significatif. Il fera toute sa carrière universitaire à Aix-en-Provence, mais cet éloignement ne l'empêche pas de participer de plein droit et de façon tout-à-fait effective à un milieu philosophique dont nous montrerons que, dans son indépendance à l'égard des institutions religieuses, il a constitué par rapport aux turbulences de la crise moderniste un lieu propice à la pacification des débats. Plus nous avancerons dans notre étude, plus nous comprendrons en effet comment la promotion institutionnelle des sciences religieuses et la transformation de la philosophie universitaire ont contribué à créer le milieu intellectuel auquel les catholiques français engagés dans la crise moderniste appartiennent, même si les positions qu'ils y prennent sont différentes et parfois antagonistes.

Au sein du monde catholique, Blondel est au centre d'un réseau d'amitiés et d'échanges intellectuels, entretenus par des correspondances régulières et intimes. Henri de Lubac a édité avec des notes précieuses plusieurs de ces correspondances. Johannès Wehrlé est lié à Blondel depuis l'École normale supérieure et leur correspondance va de 1885 à 1938, date de la mort de Wehrlé. Plus jeune qu'Henri Bremond, Auguste Valensin est davantage un disciple, mais il sera l'un des premiers à introduire la pensée de Blondel dans la Compagnie de Jésus. Lucien Laberthonnière sera longtemps un correspondant privilégié : c'est pour Blondel à la fois un disciple et un partenaire et c'est ensemble qu'en 1905, ils prennent la direction des *Annales de Philosophie chrétienne*. Grâce surtout à des médiateurs tels que l'abbé Wehrlé ou le baron Friedrich von Hügel, le cercle s'élargit au moins momentanément et c'est ainsi par exemple que Blondel correspondra avec Loisy, sans que l'échange entre les deux hommes aboutisse à une véritable compréhension mutuelle. Enfin, les relations familiales feront du philosophe d'Aix un interlocuteur privilégié et parfois un défenseur des catholiques sociaux [103].

## *Les débuts du* Sillon

La dernière décade du XIXᵉ siècle nous fait rencontrer en ce qui concerne les rapports de la science et de la foi, des données nouvelles, dont on se demande d'ailleurs comment elles n'ont pas entraîné un changement plus radical de la situation. Il y a d'une part, nous l'avons vu, une mise en cause philosophique du scientisme. Mais il y a d'un autre côté un accueil plus compréhensif de la part de catholiques tels que les rédacteurs de deux nouvelles revues : le *Sillon* ou la *Quinzaine*.

Né en 1873, Paul Renaudin a été l'élève de Maurice Blondel au Collège Stanislas, et il commence seulement des études à l'Institut catholique de Paris, où il suit les cours de Félix Klein, lorsqu'il décide, avec quelques amis, dont le plus proche est Marc Sangnier, de fonder une revue qui s'adresserait à de jeunes hommes de la même génération. Ce sera le *Sillon*, que Renaudin dirigera jusqu'en 1899, date à laquelle Marc Sangnier intégrera la revue au mouvement commencé dans les réunions de la Crypte [104]. L'esprit qui anime l'équipe rédactionnelle, avec notamment Augustin Léger et Albert Lamy, c'est la confiance en l'avenir d'une pensée chrétienne. En mars et avril 1894, Renaudin traite de « La crise de la science ». Crise, certes, mais par rapport à un espoir démesuré. Ce que la science n'a pas donné, c'est ce qu'on avait eu le tort de lui demander : la révélation du mystère, le sens de la vie. En revanche, si on la ramène à ses objectifs légitimes, « alors, naturellement, la science reprendra, à côté de la reli-

---

103. Cet ensemble relationnel se retouve dans le livre de René Virgoulay : *Blondel et le modernisme, la philosophie de l'action et les sciences religieuses*, 1896-1913, Paris, Cerf, 1980.

104. Voir Jeanne Caron, *Le Sillon et la démocratie chrétienne, 1894-1910*, Paris, Plon 1967, 1ʳᵉ partie, chapitre 3 : « Le Sillon de Paul Renaudin ». Également *Marc Sangnier et les débuts du Sillon*, Actes de la Journée d'études du 23 septembre 1994, Institut Marc Sangnier, 1995.

gion et de la philosophie, sa place normale et raisonnable parmi les quelques grandes puissances qui règnent sur l'âme humaine » (1894, p. 170).

Un an après sa fondation, le *Sillon* du 10 janvier 1895 publie une adresse « A nos amis », qui se réjouit du succès remporté auprès des jeunes par la nouvelle revue. Ce succès vient certainement de la manière dont celle-ci prend au sérieux le fait de vivre en un temps où il n'est plus possible de simplement emboîter le pas derrière les générations précédentes. Loin d'apparaître comme résolus, le problème social et le problème religieux « se posent à nouveau devant les intelligences et les volontés avec une intensité chaque jour croissante. La double lutte entre le capital et le travail d'une part, entre la religion et ce qu'on nomme l'esprit moderne d'autre part, a pris un caractère si aigu qu'il n'est plus permis aujourd'hui à un homme de cœur de se désintéresser de ces questions » (1895, p. 2).

## *S'adapter au monde où l'on vit*

La liaison établie par le *Sillon* entre le social et le religieux rejoint les préoccupations d'une autre revue qui se fonde en novembre 1894, et qui sera dirigée à partir de 1897 par George Fonsegrive. C'est déjà celui-ci qui préface le premier numéro de la *Quinzaine* : « En tout et pour tout, nous devons être des progressistes, gardant inflexibles et immuables les vérités assurées, les règles éternelles de la justice, marchant toujours à la conquête des vérités nouvelles, élargissant le cercle de lumière qui rayonne de l'Évangile et poussant les justes applications de nos principes jusqu'à leurs conséquences dernières, ces conséquences eussent-elles passé inaperçues dans les temps antérieurs. »

Réunies dans l'ouvrage *Regards en arrière*, toutes les Préfaces écrites par Fonsegrive pour la *Quinzaine* entre 1897 et 1907 sont significatives et des intentions de la Revue et des objections auxquelles celle-ci doit répondre. Constamment, l'objectif et les moyens mis en œuvre doivent être précisés. Ainsi en novembre 1904 :

« Après avoir un moment cherché sa voie, la *Quinzaine*, dès qu'elle a passé sous la direction actuelle, s'est orientée bien nettement vers ce résultat : acclimater les catholiques français au milieu moderne et non pas, comme on l'a cru, concilier en quoi que ce soit la doctrine ou la morale catholique avec les pensées ou les mœurs modernes, marier l'Église avec la Révolution, mais acclimater les esprits et les consciences catholiques de telle façon qu'ils puissent vivre et même se développer dans l'atmosphère du monde moderne, de la civilisation mélangée de bien et de mal qui est celle de notre pays et de notre temps, qu'ils puissent participer à toutes les manifestations de la vie, à la science, à l'art, à l'industrie, aux affaires, à la politique sans rien sacrifier de leurs convictions, de leurs vertus religieuses. Ce faisant, nous cherchions à résoudre d'une certaine manière le problème qui s'impose à tous les catholiques conscients » (p. 221-222).

George Fonsegrive n'appartient pas à la génération de Paul Renaudin. Né en 1852, il est agrégé de philosophie, et, depuis 1883, il enseigne au Lycée Buffon à Paris. En 1887, il a déjà publié un *Essai sur le libre-arbitre* [105]. Pourtant, un accord fondamental existe entre les directeurs des deux revues, le *Sillon* et la *Quinzaine*. Parmi d'autres témoignages de cet accord, retenons le compte-rendu que Paul Renaudin fait dans le *Sillon* du 10 mai 1898 d'un livre de George Fonsegrive : *Catholicisme et démocratie*. Parlant d'encourager « cet échange entre la religion et le "siècle" qui est nécessaire aux progrès de l'un comme de l'autre », Renaudin précise : « C'est là la tâche que M. Fonsegrive s'est donnée, celle dont témoignent tous ses livres depuis ces admirables *Lettres d'un curé de campagne*, celle qu'il poursuit dans la *Quinzaine* avec énergie et succès : nous présenter un catholicisme *actuel* répondant aux aspirations et aux besoins de notre époque, offrant une solution renouvelée à la forme moderne des problèmes philosophiques, moraux ou sociaux qui se posent éternellement à l'humanité. »

Même s'il a derrière lui un passé philosophique qui n'est pas sans importance, Fonsegrive se comporte, en tant que directeur de revue, comme un généraliste, peut-être plus apte que les spécialistes à saisir l'ensemble d'un contexte socioculturel. Lorsqu'il énonce, dans le numéro de novembre 1897,

---

105. Voir dans les *Cahiers de la Nouvelle Journée*, le n° 11, consacré à *George Fonsegrive*, Paris, Bloud et Gay, 1928.

le projet de « s'adapter au temps où l'on vit », il ne prétend pas émettre une idée originale. En revanche, il lui paraît que la plupart des catholiques ont du mal à reconnaître le « système cohérent » que forment les notes caractéristiques de ce temps. En particulier, il en est qui acceptent volontiers la démocratie sans s'apercevoir que « l'évolution intellectuelle exige d'eux le même effort et la même bonne volonté que l'évolution sociale ». En fait, selon George Fonsegrive, « voici les trois termes qui, par leur enchaînement, caractérisent notre temps : le développement scientifique, l'ascension démocratique, la recherche de la justice sociale [106] ». L'un des intérêts de la revue de George Fonsegrive est de maintenir une circulation constante entre les différents types de problèmes que posent aux catholiques leur participation à la vie de la cité et leur activité intellectuelle.

## *Sont-ils modernistes ?*

Les textes du *Sillon* et de la *Quinzaine* marquent un changement de problématique important par rapport à l'apologétique. Comme le montrent les ouvrages d'un abbé de Broglie, celle-ci reste engagée dans une perspective qui présuppose l'affrontement de deux idéologies, même si elle compte avant tout sur la discussion et la persuasion pour résoudre pacifiquement le conflit. Or, sous l'inspiration de Léon Ollé-Laprune et de Maurice Blondel, les jeunes rédacteurs du *Sillon* adoptent une autre attitude à l'égard du monde moderne. Ce monde ne leur est pas étranger. Ils y prennent tout normalement leur place, et c'est en participants actifs qu'ils posent les problèmes de ce monde et qu'ils cherchent à leur donner une solution positive. On passe d'un modèle apologétique à un modèle d'appartenance critique.

Ces publicistes sont-ils des « catholiques d'abord » ? Oui et non. Si l'on veut dire que leurs convictions catholiques sont primordiales par rapport à des options politiques d'ordre monarchiste ou républicain, la réponse est oui [107]. Si, dans un

106. *Regards en arrière*, Paris, Bloud, 1908, p. 8.

107. Voir B. Le Roux : « Catholiques d'abord ? Louis Veuillot », dans

autre registre, on veut dire que leur vie personnelle entend se laisser régir en profondeur et en totalité par des principes chrétiens, la réponse est également oui. Mais, en ce qui concerne l'espace public, si ces catholiques restent convaincus que les principes chrétiens sont nécessaires au bien de la société, ils ne reviennent pas à l'idée d'une structure théologico-politique qui permettrait d'en imposer la juridiction. Démocrates, ils entrent pleinement dans le débat public, sans prétendre engager l'institution ecclésiale à laquelle ils appartiennent.

Leur christianisme commande les jugements qu'ils portent sur la société et sur la culture. Seulement, leur manière propre d'être chrétiens, c'est d'accueillir avec un *a priori* favorable ce qui relève du temps auquel ils appartiennent. Sont-ils pour autant des modernistes ? Si l'on retient le sens restrictif que l'encyclique *Pascendi* donne à ce mot, ce ne sont sûrement pas des modernistes. Mais, si le mot désigne des hommes qui n'acceptent pas d'en rester au divorce de l'Église et du siècle, alors, oui certainement, ce sont des « modernistes ». Seulement, le mot demande alors à être purgé des connotations négatives que lui impose l'encyclique *Pascendi*. On pourrait dire « modernisateurs », mais l'expression ne recouvrirait qu'une partie de leur activité, celle qui vise une certaine transformation de l'Église, alors qu'ils visent à des changements dans l'Église et dans la Société [108]. Peut-être serait-il encore préférable de parler de « chrétiens dans la modernité », en donnant à cet « être-dans » le sens d'une acceptation et d'un engagement résolus. En tout cas, pour les catholiques en ques-

*Catholiques entre monarchie et république, Monseigneur Freppel en son temps, 1792, 1892, 1992*. Actes du Colloque national de l'Université catholique de l'Ouest, Angers 23-25 septembre 1992, Bernard Plongeron éd., Paris, Letouzey et Ané, 1995. Lorsque Veuillot emploie l'expression « catholique avant tout », le sens est clair. Il s'agit, dit B. Le Roux, « de faire passer la question du régime politique après celle des intérêts catholiques ». Ce cas des « catholiques qui ne sont et ne veulent être avant tout que des catholiques » sera illustré par tel ou tel personnage du *Journal d'un évêque* d'Yves Le Querdec.

108. Ce terme aurait aussi l'inconvénient de se rapprocher du terme « modernisants » utilisé de façon polémique pour confondre dans une même erreur moderniste des hommes rapprochés par un « état d'esprit » commun. Voir Th. Delmont, *Modernisme et modernistes*, p. 535-536.

tion, l'Église et le monde ne sont pas dans un rapport d'extériorité mutuelle [109].

## *Un monde étranger qui est notre monde*

Au sein même de la crise la plus aiguë, il y aura des hommes qui maintiendront, envers et contre tout, vis-à-vis de la société moderne, le sentiment d'appartenir à ce monde qui s'est éloigné du christianisme. En 1905, Monsieur Portal, lazariste, et le père Laberthonnière, oratorien, s'unissent avec des laïques tels que Paul Bureau, Victor Giraud, Édouard Le Roy, pour former une Société d'études religieuses, qui comportera une section de philosophie animée par Laberthonnière et une section de l'union des Églises, animée par Portal [110]. L'esprit de cette société est indiqué dans un Manifeste dont nous donnons un extrait :

> « Ce qui caractérise notre époque au point de vue religieux, c'est incontestablement que pour la très grande majorité des esprits le Christianisme a perdu son sens [...] Voilà le fait. Un monde intellectuel s'est constitué en dehors du Christianisme et contre lui. Et c'est ce monde-là qui règne sur les esprits, c'est ce monde-là qui parle haut, qui écrit, qui enseigne et qui est écouté. Jusqu'ici nous nous sommes complu à penser qu'il occupait seulement une place parmi nous, que nous demeurions quand même un pays catholique et qu'en conséquence il était chez nous comme un ennemi qui nous aurait envahis. Et de ce point de vue nous pouvions croire qu'établis dans nos positions nous n'avions qu'à nous défendre et à nous préserver contre ses envahissements, qu'à repousser ses doctrines pour mettre les esprits à l'abri de ses atteintes. Mais il apparaît bien maintenant que c'est nous au

109. On peut se référer aux modèles élaborés par Jacques Audinet dans son article « Quelques problèmes posés par l'analyse de l'action religieuse » *Social Compass*, XII, 1970/3, p. 366-376. Article repris dans *Écrits de théologie pratique*, Paris, Cerf, 1995, p. 115-130. On ne revient pas au modèle moniste incluant la Société dans l'Église, mais on n'en reste pas non plus à une simple modèle dualiste, extériorisant l'un par rapport à l'autre l'Église et le Monde.

110. Voir Régis Ladous : *Monsieur Portal et les siens* (1855-1926), Paris, Cerf, 1985, p. 172 sq.

contraire qui sommes chez lui ; et il y a déjà longtemps qu'il a commencé à nous le faire sentir [111]. »

Nous trouvons dans ce texte l'application au monde intellectuel d'une prise de conscience missionnaire déjà présente dans les années 1890. En publiant *Le « Journal d'un prêtre d'après-demain »* (1902-1903), de l'abbé Calippe, Émile Poulat a été l'un des tout premiers à montrer comment des prêtres de cette génération avaient anticipé sur le thème de la France, pays de mission, et conçu une pastorale appropriée à cette situation nouvelle [112]. A la même époque, l'ambition des « abbés démocrates » est aussi de « réconcilier l'Église et le peuple [113] ».

## *Une crise multidimensionnelle*

La Révolution française inaugure la suite des changements socio-politiques à travers lesquels s'opère une remise en cause radicale du statut de l'Église catholique en France, de son rapport à l'État et à la Société. Pour les catholiques, cette remise en cause est conflictuelle dans la mesure où le changement ne vient pas de l'intérieur de l'Église, mais lui est imposé avec plus ou moins de violence. Dans la mesure aussi où la question se pose de savoir si le changement imposé ne contredit pas l'essence même du catholicisme. Or, justement parce qu'une telle question se pose, l'opposition externe engendre une opposition interne. Les catholiques se divisent sur le sens de la situation nouvelle faite à leur Église et sur l'attitude à adopter à son égard. Certains sont prêts à accepter la situation nouvelle, parce qu'ils y voient une chance pour l'Évangile. Mais leur position relève de la naïveté, voire de la trahison, au regard de ceux qui refusent le changement parce

---

111. *Bulletin trimestriel de la Conférence Hello*, janvier 1905, dans *Laberthonnière, l'homme et l'œuvre*, Paris, Beauchesne, 1972, p. 173.

112. Paris, Casterman, 1961.

113. Sur ce thème, voir l'article de J.M. Mayeur sur « Les abbés démocrates » dans *Cent ans de catholicisme social dans la région du Nord, Revue du Nord*, avril-septembre 1991, p. 239.

qu'il leur apparaît contraire à la nature même de l'Église et non moins néfaste aux véritables intérêts de la société.

Le schéma s'applique à la situation de la fin du siècle. Si elle est d'abord d'ordre intellectuel, la crise moderniste n'en interfère pas moins avec une dramatisation des rapports entre le catholicisme français et la République. Bref, c'est, en France, une Église traumatisée et fragilisée qui doit affronter la mise en question de son passé et de ses textes fondateurs par une histoire et une exégèse, qui semblent pactiser avec l'adversaire extérieur. Dans un climat de laïcisme et d'anticléricalisme, comment accepter l'intrusion, au sein même de la communauté ecclésiale, de méthodes et d'idées empruntées à ceux que l'Église considère comme ses ennemis ?

Ce rapprochement du problème intellectuel et du problème pastoral nous renvoie à une question historiographique que nous avons déjà évoquée, mais qui restera présente à l'arrière-plan de notre étude. Tout au long de celle-ci, nous serons attentifs à ces conjonctions, avant d'y revenir de façon plus systématique dans le dernier chapitre. Cette attention sera d'autant plus nécessaire que nous maintiendrons notre hypothèse de départ : l'indépendance relative des initiatives dites « modernistes » dans l'ordre de la philosophie ou des sciences religieuses. La conspiration postulée par l'encyclique *Pascendi* est un mythe. Mais, si les initiatives intellectuelles ne sont pas concertées, les productions qui en résultent sont reçues dans un même milieu, lequel se trouve exposé à la fois aux idées nouvelles qui le déconcertent ou l'enchantent, et à des conflits politiques majeurs. Les Revues témoignent de cette situation parce que l'une des tâches spécifiques des publicistes est justement de manifester le lien des idées et des événements, ou de construire ce que l'on pourrait appeler, par anticipation, une vue relativement cohérente de « l'Église dans le monde de ce temps ».

Or, au sein de cette Église, le milieu qui supporte tous les assauts de tous genres, c'est le clergé : il est directement affronté à la fois à la politique anticléricale, à la question sociale avec ses répercussions pastorales, et au renouvellement nécessaire de la théologie et des sciences religieuses. Il n'est pas étonnant que la formation ecclésiastique, les études des séminaires, constituent un point d'intérêt commun entre des mouvements ecclésiaux assez différents. Mais il n'est pas non plus étonnant que la crise moderniste se traduise notamment par une crise du clergé et que celle-ci soit propre à faire apparaître le caractère multidimensionnel de la crise moderniste. L'étude de la controverse autour de l'Américanisme nous montrera d'ailleurs que les conjonctions entre l'intellectuel et le social, le théologique et le pastoral, s'opèrent du côté des « modernisateurs », mais aussi, bien que d'une tout autre manière, du côté de leurs adversaires. C'est par exemple le cas de Charles Maignen : il s'oppose directement à l'Américanisme, mais dans son livre : *Nouveau catholicisme et nouveau clergé* [114], il regroupe autour de cet américanisme toutes les novations ecclésiales qu'il critique.

114. Paris, Victor Retaux, 1902.

# 3

# Condamnation de l'américanisme

## *La répétition générale*

L'hypothèse qui guide notre travail nous fait obligation de coordonner deux démarches. Notre chapitre septième dégagera de l'encyclique *Pascendi* l'idée du modernisme en fonction de laquelle seront à l'époque rassemblées et condamnées toutes sortes d'initiatives œuvrant à la réconciliation de l'Église et du monde moderne. Mais notre schéma d'ensemble se propose d'articuler trois éléments : 1°) l'indépendance réciproque de la plupart des initiatives qui seront plus tard qualifiées de modernistes ; 2°) la jonction opérée par un milieu catholique qui ressent l'unité d'une même agression ; 3°) l'unification systématique qui est le fait de l'encyclique *Pascendi*. Nos deux chapitres suivants examineront les initiatives qui se produisent soit sur le terrain exégétique (chapitre 4), soit sur le terrain philosophique (chapitre 5).

L'étude que nous entreprenons maintenant occupe une situation intermédiaire. Elle est consacrée à ce qu'on appelle l'Américanisme, c'est-à-dire à un certain intérêt pour l'insertion socio-politique du catholicisme américain et pour sa spiritualité, intérêt qui se manifeste en France à la fin du XIXe siècle. Les études sur le modernisme ont-elles accordé l'attention qu'il mérite à ce mouvement bien vite réprimé par Rome ? Intéressant en lui-même, l'Américanisme mérite de nous retenir un moment. D'abord, son étude commencera à nous montrer comment fonctionnent à la fin du XIX^e^ siècle les rapports des catholiques français — laïcs, prêtres ou évêques — avec le Saint-Siège et comment sont accueillies les initiatives qui semblent contredire la ligne directrice du combat ecclésial contre les attaques de la société moderne. En particulier, cette étude nous permettra de déceler la formation d'une structure d'appréhension du modernisme déjà formée avant que l'on parle de celui-ci. Ensuite, cette même étude nous permettra de mieux dégager le problème de fond qui concerne à la fois la vie religieuse, la vie sociale et la vie intellectuelle, à savoir, la prise en compte des libertés modernes. Soit la liberté de l'Église dans l'État, soit la liberté des individus dans l'État et dans l'Église.

Au sujet de l'américanisme, le 22 janvier 1899, Léon XIII adresse au cardinal Gibbons, une Lettre apostolique : *Testem benevolentiae*, dans laquelle nous trouvons ceci : « Les opinions nouvelles dont nous parlons reposent en somme sur ce principe : afin de ramener plus facilement à la doctrine catholique ceux qui en sont séparés, l'Église doit s'adapter davantage à la civilisation d'une époque adulte, et relâchant son ancienne rigueur, faire quelques concessions aux tendances et aux principes nouvellement introduits parmi les nations. Et cela doit s'entendre, à ce que pensent plusieurs, non seulement de la règle de vie, mais encore des doctrines où est contenu le dépôt de la foi. »

La lettre de Léon XIII concerne seulement l'« américanisme », et elle ne vise pas les initiatives qui seront plus tard qualifiées de « modernistes », mais déjà se constitue la structure en fonction de laquelle ces initiatives seront rassemblées, interprétées, et condamnées. La même structure d'interprétation qui sert pour l'américanisme, est prête à servir pour le modernisme. Alors que l'on ne parle pas encore — ou à peine — de « modernisme », l'idée est déjà formée d'une tentative d'adaptation de l'Église aux tendances et principes nouvellement introduits parmi les nations. Et, déjà, l'on voit se constituer la thèse suivant laquelle l'erreur des novateurs est de prétendre réconcilier l'Église et le monde moderne en soumettant la pratique et même le dogme catholiques aux exigences de ce monde moderne. Tout déjà est prêt pour une appréhension négative des initiatives de ceux qui seront considérés comme des « modernistes ».

La même vision inspire l'article « Américanisme » du *Dictionnaire de Théologie catholique* [1], rédigé par F. Deshayes professeur au Grand Séminaire du Mans. On y lit cette présentation générale :

> « En ces derniers temps, cependant, il s'est trouvé des prédicateurs de la foi auxquels le très louable zèle du but poursuivi a inspiré, quant aux moyens à employer, des "idées" et des "procédés" un peu trop dénués de scrupules dogmatiques. Il leur a semblé que les conversions seraient plus rapides si, pour entrer dans le sein de l'Église, les dissidents avaient moins de sacrifices à faire, moins de chères idoles à brûler ; et comme la route est longue parfois avant la rencontre, ils ont imaginé d'aider le labeur des égarés en invitant l'Église à faire la plus grande partie du chemin, à se montrer plus conciliante, à se laisser infuser un sang nouveau au contact de la moderne civilisation, à remiser au moins certains vieux dogmes devenus inutiles, gênants, malaisés à faire accepter, à arrondir enfin, pour la mieux faire passer, les angles de sa doctrine et de sa morale. Ils ont rêvé un système de concessions mutuelles dont l'Église romaine, pour une large part, aurait à faire les frais, et d'où sortirait, dans un avenir prochain, la bienheureuse fusion de la foi de nos pères avec les aspirations de la civilisation moderne dans l'apothéose finale d'un catholicisme émondé, modernisé, renouvelé, qui serait le "catholicisme américain". »

L'intelligence ecclésiastique du phénomène s'est donc mise en place quelques années avant que l'on ne parle de « modernisme ». Au moins dans ses grandes lignes. Car on ne voit pas encore apparaître le thème spécifique de la tactique par laquelle les déviationnistes dissimuleraient l'unité réelle de leur projet destructeur, en distribuant leurs opérations sur des terrains en apparence bien distincts : exégèse, histoire, philosophie, théologie… Le propre de l'encyclique *Pascendi* sera justement de dénoncer cette tactique, et de lui opposer une reconstruction du système moderniste, faisant apparaître le lien logique qui unit les différentes thèses soutenues par les « modernistes » en les rapportant à une erreur fondamentale

1. DTC, édition de 1902.

qui est d'ordre philosophique. L'anticipation de la crise moderniste est également nette si l'on considère la situation des évêques américains, obligés de déclarer leur soumission aux directives du Pape en condamnant des erreurs dont ils se défendent d'ailleurs de les avoir commises. Quant au soupçon porté sur leurs déclarations, il annonce de façon très précise celui qui va régner au sein de la crise moderniste, dont l'affaire de l'américanisme est au moins la répétition générale.

## *Le regard français sur les États-Unis*

Cette affaire est d'ailleurs française. Le paradoxe de l'américanisme, c'est que la France est le lieu principal de la discussion autour de la situation et des comportements des catholiques américains. Et d'abord le lieu où se forge le concept unitaire d'américanisme amalgamant et durcissant des tendances différentes. De toutes manières, dans la ligne de notre objectif, nous ne nous intéressons pas directement à ce qui était alors vécu aux États-Unis par les américains. Ce qui préfigure la crise moderniste, c'est la controverse française autour de la situation politique et de la prédication morale de l'Église catholique des États-Unis. Avec, bien entendu, au point de départ une séduction.

On pourrait remonter au grand livre d'Alexis de Tocqueville : *De la démocratie en Amérique*[2], qui avait bien manifesté la singularité politique de la religion, et du catholicisme, aux États-Unis. Mais plus proche dans le temps est l'ouvrage du vicomte de Meaux : *L'Église catholique et la liberté aux États-Unis*[3]. Le premier chapitre raconte les fêtes célébrant en novembre 1889 le centenaire du diocèse de Baltimore. D'entrée de jeu, le vicomte de Meaux rapporte un passage du discours de l'archevêque de Philadelphie, concernant les institutions américaines et leur rôle dans la croissance de l'Église catholique aux États-Unis. Sans méconnaître qu'en d'autres temps et en d'autres contrées, l'union de l'Église et de l'État

2. Tome 1, 1835 ; tome 2, 1840.
3. Paris, Victor Lecoffre, 1893.

avait été salutaire en même temps que légitime, Patrick John Ryan déclare « qu'il n'est pas dans la constitution des États-Unis de disposition plus bienfaisante que celle qui, dans ce pays, les tient séparés ». L'exhortation de l'Archevêque de Saint Paul, John Ireland, va dans le même sens : « Aimons notre siècle, dit-il, puisque c'est le temps que Dieu nous donne pour travailler. A travers ses agitations, sachons discerner ses tendances. Il aspire à la lumière, à la liberté, à la fraternité entre les hommes. »

Et si l'expression manque encore, c'est une véritable théorie de l'inculturation que développe le père Fidelis, passioniste, à l'ouverture de l'Université Catholique de Washington : « L'Église catholique ne change jamais ni de caractère, ni de mission, ni de doctrine, ni de gouvernement, car ces choses en elle sont de Dieu, mais elle change de costume, d'allure et d'équipage selon les races et les peuples qu'elle aborde. Voilà cent ans qu'elle a pris demeure dans notre pays, et de même que l'Église du Moyen Age avait différé de l'Église des Pères, de même aussi elle s'est adaptée à un état de choses que jusqu'alors elle ne connaissait pas, elle est devenue américaine, sans cesser un instant d'être catholique » (p. 19).

On comprend qu'après avoir décrit en détail la situation de l'Église catholique aux États-Unis, le Vicomte de Meaux se permette cette conclusion : « Il suffisait à mon dessein de montrer que le pays où la religion catholique en nos jours se développe et grandit davantage est précisément celui où s'épanouit la démocratie la plus libre et la plus forte qui soit sur la terre. D'un tel spectacle on est sans doute autorisé à conclure que la religion et la démocratie peuvent s'accorder ensemble sans aliéner ni l'une ni l'autre l'indépendance qui leur convient, que ce libre accord est profitable au progrès des sociétés humaines et leur ouvre des perspectives vers lesquelles il importe de les orienter désormais » (p. 409).

Il n'est pas encore question d'américanisme, et si le père Hecker est cité comme un prêtre typiquement américain, son œuvre n'est pas encore exaltée comme un modèle. Mais, par Montalembert, l'ouvrage se rattache au libéralisme catholique du XIXe siècle. Et il fait déjà apparaître ce qui va devenir l'enjeu profond de l'américanisme, à savoir le double problème de la liberté réciproque de l'État et de l'Église, et de la liberté individuelle des croyants dans la cité. L'intérêt du passage par une étude même rapide de l'américanisme est donc bien de faire surgir ces problèmes quelque peu dissimulés par le terrain plus « scientifique » de la crise moderniste.

## *Les polémiques autour de la vie du père Hecker*

Les publications successives dont nous allons parler font qu'en France, la séduction et la critique des méthodes américaines d'évangélisation se concentrent autour du personnage du père Hecker, fondateur de la Congrégation de Saint Paul. Les principaux protagonistes de cette controverse sont d'un côté Félix Klein, de l'autre Charles Maignen.

Né à Château-Chinon le 12 juillet 1862 l'abbé Félix Klein avait été remarqué par Mgr d'Hulst comme auteur d'un livre publié en 1893 : *Nouvelles tendances en religion et en littérature*. Le Préfacier de cet ouvrage déclarait : « C'est entre les tenants de la foi traditionnelle ouverts à la pensée moderne, d'une part, et les tenants de la pensée moderne en quête de foi, d'autre part, que se fera l'union, que sera signé le traité de paix des âmes. C'est à ces deux classes de lecteurs que plaira ce livre et c'est un sort enviable. Les autres, ceux des croyants qui ne veulent rien oublier et ceux des incroyants qui ne veulent rien apprendre, passeront ; l'avenir se bâtira sans eux [4]. »

Félix Klein sera dès lors appelé à l'Institut catholique de Paris pour préparer les étudiants à la dissertation française de la licence ès lettres. Maître de conférences en novembre 1893, il sera nommé professeur adjoint en novembre 1897. Mais sa carrière sera brusquement interrompue : versé dans l'honorariat en 1908, il y restera jusqu'à sa mort le 31 décembre 1953 [5]. Le point de départ de son intervention dans la question

4. Cité par l'auteur anonyme (sans doute Maurice Nédoncelle) d'une brochure *In memoriam, L'abbé Félix Klein, professeur honoraire à l'Institut Catholique de Paris* (1862-1953), Paris, Bloud & Gay, 1954, p. 7-8.

5. L'abbé Klein a raconté sa vie dans une série d'ouvrages publiés sous le titre *La route du petit Morvandiau. Souvenirs*. Nous concerne surtout le tome IV : *Une hérésie fantôme, L'Américanisme*, Paris, Plon, 1949. Ses cours et son livre de 1895 : *Autour du dilettantisme*, ont marqué les jeunes

de l'américanisme est relativement fortuit. Lecteur à la Librairie Lecoffre, il est chargé d'examiner un manuscrit : la traduction française du livre écrit par un religieux pauliste, le père Walter Elliot, sur *Le Père Hecker*[6]. L'édition américaine avait reçu *l'Imprimatur* de Mgr Corrigan, archevêque de New York et le livre comportait une Introduction de l'archevêque de Saint-Paul, Mgr Ireland. Intéressé par l'ouvrage, Félix Klein propose quelques adaptations qui lui paraissent nécessaires pour le public français et, surtout, il écrit pour la publication française de 1897, une Préface de 35 pages dont lui-même dira dans ses *Souvenirs* : « En toute simplicité, je puis dire que de cette Préface a vraiment dépendu le sort peu commun du livre : l'étonnant succès des débuts, l'opposition qui ensuite se mêla aux éloges, la lutte bruyante et confuse dont il devint l'enjeu, l'intervention exceptionnelle qui mit fin à tout[7]. »

## *Autorité ecclésiale et liberté personnelle*

L'ouvrage introduit par Félix Klein manifeste bien le principal enjeu de la controverse qui va se développer autour de l'américanisme. C'est la question du rapport entre l'autorité de l'Église et le rapport personnel et intérieur de chaque chrétien avec l'Esprit. Selon le père W. Elliott :

> « Le P. Hecker était pénétré de la pensée que la conviction personnelle et la liberté, telles qu'il les voyait coordonnées et pratiquées en Amérique, et telles qu'il les aimait lui-même si passionnément, étaient des invitations divines à l'apostolat du Saint-Esprit. Il était frappé du développement, de l'étendue et de la durée probable de ces changements politiques et sociaux ; et il savait qu'ils exigent de l'homme une indépendance de caractère très supérieure à celle des générations précédentes. Il savait aussi que, pour la sanctification de tels hommes, les secours de la reli-

gens qui publient le *Sillon*. Félix Klein avait lui-même été influencé par l'École de *La Science sociale* avec l'abbé de Tourville, et Edmond Demolins.

6. *Le Père Hecker, fondateur des « paulistes » américain*, 1819-1888, traduit et adapté de l'anglais, Paris, Victor Lecoffre, 1897.

7. *L'Américanisme*, p. 14.

gion, bien que de nature identique à ceux du passé, doivent être appliqués dans un esprit différent. La discipline et l'uniformité, dont assurément il ne faut se dispenser jamais, doivent cependant céder la première place à des vertus plus intérieures. L'influence dominante doit être la docilité aux inspirations de l'Esprit-Saint qui habite dans chaque âme régénérée » (p. 278).

En même temps qu'elle était appropriée aux exigences de l'esprit moderne, le père Hecker pensait que « la forme gouvernementale des États-Unis est préférable à toute autre pour les catholiques. Elle est plus favorable que d'autres à la pratique des vertus qui sont les conditions nécessaires du développement de la vie religieuse dans l'homme. Elle lui laisse une plus grande liberté d'action, par conséquent lui rend plus facile de coopérer à la conduite du Saint-Esprit » (id.). Un tel jugement sur la forme politique correspond à une certaine idée de la pratique spirituelle elle-même. Toujours selon le père Hecker : « Il y a peu de danger, à l'heure actuelle, que nous perdions de vue l'autorité divine et l'action divine, soit dans le gouvernement de l'Église, soit dans les secours religieux qui nous arrivent par le canal extérieur des sacrements. Mais ce n'est qu'en appréciant pleinement la vie de Dieu au dedans de nous que nous pouvons comprendre, telle qu'elle est, l'action que Dieu exerce par sa Providence extérieure [8]. »

Peu de danger ? Ce n'était certes pas l'avis de tous. Du dossier de la controverse établi rétrospectivement par Félix Klein, retenons d'abord un article paru dans la revue *Études* du 4 juillet 1898. Le père Martin dénonçait chez les catholiques américains leur prétention « à un modernisme dont ils ont seuls le secret et grâce auquel l'Église réparera les torts qu'elle a eus envers la Science seule infaillible et les progrès de notre temps [9] ». Mais le principal opposant sera Charles Maignen, prêtre de la Congrégation des Frères de Saint Vincent de Paul, qui prend parti dès 1898 en publiant son livre : *Le Père Hecker est-il un saint ? Études sur l'Américanisme...* [10] Dans *La Vérité* du 21 juin 1898, le chanoine

8. Cité par Elliott, p. 296-297.

9. Cité p. 281 par Félix Klein qui souligne l'apparition d'un « mot qui fera fortune », le mot « modernisme ».

10. Paris, Victor Retaux, 1898. Sur Charles Maignen, voir la notice de Paul Christophe dans *Catholicisme*.

Didiot, professeur à la Faculté de Théologie de Lille, félicitait Maignen pour ce livre : « Puisse-t-il contribuer à dessiller les yeux des pauvres jeunes prêtres qui, dans ces derniers temps, se sont laissé prendre aux illusions d'un kantisme et d'un protestantisme dépourvus de tout principe chrétien [11]. » Ainsi voyons-nous déjà se dessiner le thème qui sera développé par le père Julien Fontaine, le thème des « infiltrations kantiennes et protestantes dans le clergé français [12] ».

La controverse reprend, avec un autre ouvrage de Charles Maignen, publié au début de l'année 1902 : *Nouveau catholicisme et nouveau clergé* [13]. Ce qui intéresse au premier chef notre propos, c'est la manière dont Maignen utilise l'américanisme, et surtout la condamnation de l'américanisme, pour regrouper et stigmatiser toutes sortes de mouvements plus ou moins récents dans le catholicisme français : le libéralisme catholique, la catholicisme social, les abbés démocrates, *Le Sillon*, mais aussi les articles de Loisy dans la *Revue du clergé français* [14]. Comme si tous ces mouvements avaient pour point commun leur participation à l'esprit de l'américanisme.

Dans la *Quinzaine* de novembre 1898, George Fonsegrive fait, en ce qui le concerne, le bilan provisoire de la controverse. S'il ne juge pas inutile les mises en garde de M. Maignen, elles ne lui paraissent guère mettre en cause ni les discours de Mgr Ireland, ni l'article de Mgr O'Connel, ni même la *Vie du P. Hecker*. Rien dans le texte ni dans l'esprit des « américains orthodoxes » ne s'oppose à une tradition catholique bien représentée par l'*Imitation* ou par les Exercices spirituels. C'est à un autre niveau qu'il faut chercher l'explication : « La pensée de derrière la tête de tous les pourfendeurs d'américanisme était une pensée politique, bien plus ou du moins autant qu'une pensée religieuse. En poursuivant les

11. Cité par Klein, p. 271.

12. Il faut noter que la même année 1897 a vu paraître la traduction française du livre d'Elliott sur *Le Père Hecker* et l'ouvrage d'Auguste Sabatier : *Esquisse d'une philosophie de la religion d'après la psychologie et l'histoire*. Les deux sont d'ailleurs réunis dans un article d'Augustin Leger paru dans *Le Sillon* du 10 octobre 1897 et intitulé « Deux livres ».

13. Paris, Victor Retaux, 1902.

14. *L'Évangile et l'Église* paraîtra la même année, mais un peu plus tard. C'est en 1903, dans *La Vérité*, que Maignen dénoncera *L'Évangile et l'Église* et *Autour d'un petit livre*.

américanistes on prétendait bien atteindre les démocrates chrétiens, les républicains catholiques, de quelque nom d'ailleurs qu'ils se désignent eux-mêmes ou qu'on veuille les désigner[15]. »

## *Le Parlement des religions*

Sur la question de l'américanisme se greffe l'affaire du Parlement des religions qui accuse la disparité culturelle entre les États-Unis et l'Europe, mais qui montre aussi, une fois de plus, la grande part des contingences individuelles dans le déclenchement de la grande crise du monde catholique. L'Exposition Universelle de 1893 à Chicago, avait été l'occasion d'une assemblée religieuse tout-à-fait exceptionnelle, à laquelle l'Église catholique avait apporté sa participation officielle. Dans ses *Souvenirs*, Félix Klein raconte qu'il avait pensé « qu'on pourrait renouveler à Paris en 1900 la tentative qui avait si bien réussi dans le Nouveau-Monde[16] ».

Pour sensibiliser l'opinion catholique à ce qui était encore à peine un projet, Félix Klein obtient de Mgr d'Hulst la permission de publier dans le *Bulletin de l'Institut Catholique* le rapport présenté aux évêques américains par celui d'entre eux qu'ils avaient chargé d'organiser la participation officielle des catholiques, Mgr J. Keane, recteur de l'Université de Washington. Entre temps, ce dernier avait d'ailleurs présenté un rapport sur le même sujet au Congrès International des Savants catholiques tenu à Bruxelles entre le 3 et le 7 septembre 1894, sans soulever aucune réserve. Sur la demande de l'abbé Lacroix, directeur de la *Revue du Clergé Français*, Félix Klein prépare un article sur la question.

A partir de là, il est d'abord certain que le projet de renouveler l'expérience à Paris a été abandonné. Il est également certain que la responsabilité de cet abandon incombe au moins pour une part à la campagne tapageuse menée par l'abbé Charbonnel en différents organes de presse, à commen-

---

15. *Regards en arrière*, p. 41-42.
16. Tome III, *A l'Institut Catholique et en Angleterre*, Paris, Procure générale du clergé, 1948, p. 289.

cer par la *Revue de Paris*, où il publie le 1er septembre 1895 un article intitulé : « Un Congrès universel des religions en 1900. » L'article suscite aussitôt des commentaires radicalement opposés dans la grande presse et dans les revues. A partir de là, les interprétations divergent. Pour Félix Klein, la présentation faite par Charbonnel d'un « congrès de tolérance et d'union religieuse » a compromis définitivement un projet légitime. Et ceci du fait que cette présentation « visait moins à présenter des idées justes en les rendant acceptables, qu'à frapper l'opinion publique par la hardiesse des affirmations » (p. 294). S'il y a une déviation, elle est le fait de l'abbé Charbonnel et, d'ailleurs, celui-ci se séparera de l'Église catholique en 1897.

Pour Charles Maignen, la défection de l'abbé Charbonnel est normale. A la différence d'hommes inconséquents, tels que l'abbé Klein, Victor Charbonnel a suivi jusqu'au bout la logique de l'américanisme. Dès lors, Charbonnel est, pour Maignen, celui qui dévoile la véritable nature de cette orientation doctrinale et son incompatibilité foncière avec le catholicisme. Maignen recueille l'aveu de cette incompatibilité dans le long article que Charbonnel publie dans une revue protestante, la *Revue chrétienne*, le 1er octobre 1899. Il y présente ce que d'autres appellent son « apostasie » et qui est, pour lui, sa « libération » : « Ayant bien reconnu mes illusions et que toute évolution libérale du catholicisme est impossible, je quittai l'Église. Assurément la logique de l'Américanisme doit aboutir à cette conclusion : car rien n'est plus contraire que l'américanisme aux principes catholiques. Oui, la séparation ! Oui, le schisme, le schisme ! Si les temps ne sont plus où les schismes se font par masse de peuple, des individualités seront schismatiques et rompront avec l'Église. C'est la menace fatale [17]. »

Plusieurs chapitres du livre de Charles Maignen sont donc consacrés à la question de « l'influence de l'Américanisme sur le clergé français, d'après V. Charbonnel ». Celui-ci est pris comme un homme qui sait ce dont il parle lorsqu'il montre que, malgré leurs bonnes intentions, ses anciens amis « répandent des idées actives qui réveilleront l'indépendance

---

17. Cité par Maignen, *op. cit.*, p. 187. Victor Charbonnel sera en 1901 l'un des fondateurs du journal *La Raison*.

personnelle, la vitalité libre des consciences ». Et Charbonnel ajoute : « Tant mieux ! Nous n'aurons qu'à regarder leur œuvre peu à peu s'accomplir » (p. 189). L'approbation du prêtre qui a quitté l'Église ne fait qu'encourager la crainte du pourfendeur de l'américanisme, qui se sent justifié de dénoncer à Rome cette hérésie des temps nouveaux ou ce risque fatal d'une « assimilation du Catholicisme au Protestantisme »[18].

## *Déjà, la crise moderniste*

Il est un point sur lequel nous pouvons ratifier le jugement de Charles Maignen : « Nul ne sera préparé à comprendre les grandes luttes politiques et religieuses du XXe siècle, s'il n'a pénétré complètement la portée de ce mouvement[19]. » Mais les raisons que nous pouvons avoir de ratifier ce jugement ne s'identifient pas nécessairement à celles qui l'ont fait porter. Comme le montre notre étude rapide de l'américanisme, c'est à son propos que s'ouvre la scène sur laquelle se produiront les conflits du modernisme et de l'anti-modernisme. Si l'on considère la terminologie, il est vrai que l'américanisme a fait l'objet de discussions intra-ecclésiales et d'une décision romaine, avant que l'on ne parle du « modernisme » au sens que ce mot conservera par la suite.

Mais le cours même de notre étude a modifié notre perspective initiale, en nous faisant prendre conscience du fait que les débats autour de l'américanisme sont contemporains des difficultés de l'abbé Duchesne, de la discussion philosophico-théologique autour de Blondel, et surtout des controverses déjà passionnées provoquées par le mouvement exégétique et notamment par Loisy. Dans *La vie de l'Église sous Léon XIII*[20], le père Lecanuet indique que l'année 1897 a été marquée par « la reprise des polémiques » sur les questions bibliques, notamment à l'occasion du Congrès scientifique de

18. Tel est le titre de la deuxième partie du livre de Maignen : « Le nouveau clergé ou l'assimilation du catholicisme au protestantisme », p. 175.
19. *Op. cit.*, p. 198.
20. Paris, Alcan, 1930 p. 362.

Fribourg avec les interventions du baron von Hügel et du père Lagrange. On notera aussi l'affaire très significative du barrage opposé à une religieuse de Clermont, Mère Marie du Sacré-Cœur, qui avait préconisé en 1895 la fondation d'une École normale supérieure destinée à former les religieuses enseignantes. Les démarches, les soutiens, et surtout les critiques des journalistes, les oppositions épiscopales, dureront plusieurs années jusqu'à l'échec définitif du projet et le blâme infligé en 1899 par la Congrégation des Évêques et Réguliers au livre publié par la religieuse avec une double préface de l'abbé Frémont et de l'abbé Naudet : *Les religieuses enseignantes*[21].

L'année décisive reste l'année 1899 avec les deux interventions majeures de Léon XIII : le 22 janvier, la Lettre apostolique : *Testem benevolentiae*, adressée au cardinal Gibbons ; le 8 septembre, la Lettre au clergé de France : *Depuis le jour*, dont les mises en garde concernant la philosophie et l'exégèse ont été fortement ressenties. Si l'on ne parle pas encore de modernisme, l'opposition à tout ce qui sera compris sous ce nom est déjà bien en place et elle est prête à intervenir. Ce dont témoigne par exemple un texte de la *Civiltà cattolica* du 15 mars 1899 que cite Émile Poulat :

> « Les principes catholiques ne se modifient pas, ni parce que les années tournent, ni parce qu'on change de pays, ni à cause de nouvelles découvertes, ni par raison d'utilité. Ils sont toujours ceux que le Christ a enseignés, que l'Église a proclamés, que les Papes et les Conciles ont définis, que les Saints ont tenus, que les Docteurs ont défendus. Il convient de les prendre comme ils sont, ou, comme ils sont, de les laisser. Qui les accepte dans toute leur plénitude et rigueur est catholique : celui qui balance, louvoie, s'adapte aux temps, transige, pourra se donner le nom qu'il voudra, mais devant Dieu et devant l'Église, il est un rebelle et un traître[22]. »

Comment pourrait-on, dans ces conditions, accepter un avenir qui ne serait pas la pure répétition de ce passé que l'on présente lui-même comme une continuité sans failles, une réaffirmation constante et indiscutée des mêmes formu-

21. Voir Lecanuet, p. 286-295.
22. Dans Émile Poulat : *Intégrisme et catholicisme intégral*, Casterman, 1969, p. 81.

lations de la vérité ? Celles-ci transcendent donc l'histoire, et l'on comprend que l'introduction d'une perspective proprement historienne ne puisse qu'introduire le trouble dans une telle représentation du passé. En ce sens un anti-modernisme radical est déjà en place.

# 4
# L'exégèse biblique au temps des sciences religieuses

## *Un changement culturel majeur*

La question biblique est au cœur de la crise moderniste. Tout simplement parce que la nouvelle exégèse met en cause, à travers les textes fondateurs du christianisme, Ancien et Nouveau Testament, la Révélation divine dans l'histoire et la figure même de Jésus-Christ, déjà remodelée au XIXe siècle en Allemagne par l'exégèse protestante et/ou rationaliste, et en France, par la publication en 1863 de la *Vie de Jésus* d'Ernest Renan. Mais la question biblique est le point d'affleurement et de cristallisation d'un débat bien plus global. C'est ce que montre l'excellente synthèse de Christoph Theobald sur « L'exégèse catholique au moment de la crise moderniste » contribution dont l'un des objectifs est de « voir comment une série d'histoires personnelles a abouti à la grande aventure d'une Église affrontée à un changement culturel majeur [1] ».

Ce changement culturel peut d'ailleurs être lui-même appréhendé à différents niveaux, plus ou moins éloignés des

1. Dans *Le monde contemporain et la Bible*, collection « La Bible de tous les temps », Paris, Beauchesne, 1985, p. 387-439. Citation, p. 389.

histoires personnelles. Déjà évoqué dans un chapitre précédent, le contexte le plus large est celui des rapports entre l'Église catholique et la « société moderne ». Dans cette perspective le XIXe siècle apparaît comme le siècle qui a dû assimiler les suites politiques de la Révolution de 1789, et qui fut aussi le siècle du progrès scientifique et technique avec toutes ses conséquences sur la vie sociale. Or, les initiatives concernant les études bibliques dépendent d'abord du progrès des sciences de la terre et de la vie, progrès qui conteste la représentation classique des origines. Mais elles sont surtout provoquées par le développement des « sciences religieuses », avec toutes leurs présuppositions philologiques et historiques, mais aussi avec leurs spécificités institutionnelles.

## I. L'ŒUVRE EMBLÉMATIQUE D'ERNEST RENAN

Nous marquerons plus loin les étapes de l'institutionnalisation républicaine de la science laïque des religions, mais il n'est pas inutile de s'attarder d'abord au cas symbolique d'Ernest Renan. Celui-ci occupe dans l'exégèse biblique du XIXe siècle, une place stratégique. Au terme d'une longue carrière, il meurt le 2 octobre 1892, donc au tout début de ce qui deviendra la crise moderniste [2]. Et la crainte de trouver en Loisy un nouveau Renan n'est pas étrangère au soupçon porté sur son enseignement.

Tout récemment, en 1890, Ernest Renan avait publié un ouvrage écrit en 1848 et resté jusqu'alors presque complètement inédit : *L'avenir de la science* [3]. Ces deux dates marquent le point de départ et le point d'arrivée d'une carrière intellectuelle qui couvre presque toute la seconde moitié du siècle. En 1890, même si Renan ne partage plus toutes les illusions de sa jeunesse, il reste convaincu que la science parviendra à « savoir » le monde métaphysique et moral comme elle sait déjà le monde physique. Viendra dès lors le jour « où

2. Voir l'article de Mgr d'Hulst dans le *Correspondant* du 25 octobre 1892.

3. Rééd. Garnier-Flammarion, 1995.

le gouvernement de l'humanité ne sera plus livré au hasard et à l'intrigue, mais à la discussion rationnelle du meilleur et des moyens les plus efficaces de l'atteindre ». C'est dans ce programme général que Renan situe son propre domaine, à savoir une science du christianisme elle-même intégrée à la science des religions.

Historien, philologue, dramaturge, philosophe, et parfois oracle, Renan est une personnalité qui défie l'analyse. Sa pensée ondoyante prête à des interprétations multiples. Le prestige et l'influence de Renan sont, pour une large part, liés à cette complexité de sa personnalité et de son art. En 1896, Camille Jullian écrivait de lui : « Il tentera, toute sa vie, la conciliation de ces deux choses si différentes : l'"esprit religieux" et l'"esprit critique". Il partira de l'exégèse du texte tout aussi bien que de la rêverie mystique. Les *Origines du christianisme* sont faites à la fois de pure philologie et d'idéalisme subtil[4]. » La tension avait déjà été soulignée par Edme Caro dans son livre sur *L'idée de Dieu et ses nouveaux critiques* : « M. Renan représente alternativement cette double et contradictoire tendance de notre temps, le doute et une sorte de mysticisme poétique, l'élan du sentiment lyrique qui rêve et l'analyse critique qui dépeuple le ciel. C'est un sceptique touché de la grâce de l'Infini et qui l'adore en le niant[5]. »

## *La Vie de Jésus*

Nommé à la chaire d'hébreu du Collège de France, Renan avait donné en 1862 une leçon d'ouverture qui qualifiait ainsi Jésus : « Un homme incomparable, si grand que, bien qu'ici tout doive être jugé du point de vue de la science positive, je ne voudrais pas contredire ceux qui, frappés du caractère exceptionnel de son œuvre, l'appellent Dieu[6]. » Le cours fut

4. *Extraits des historiens français du XIX^e siècle*, Hachette, Nous citons la réédition de 1946, p. XC.

5. *L'idée de Dieu et ses nouveaux critiques*, 1^re édition, 1864, nous citons la 7^e éd., Paris, Hachette, 1883, p. 82-83.

6. Cité par Georges Weill : *Histoire de l'idée laïque en France au XIX^e siècle*, 1929, p. 158. Voir aussi p. 107-108, l'indication des deux articles donnés par Renan en 1848 à la nouvelle revue fondée en 1847 par Amédée Jacques et Jules Simon : *La liberté de penser*.

suspendu par le gouvernement et Renan ne sera réintégré au Collège de France qu'en 1870. Entre temps, en 1863, il avait publié sa fameuse *Vie de Jésus*, qui est bien connue, mais dont on oublie souvent qu'elle n'est que le premier tome d'un grand ensemble concernant les *Origines du christianisme*.

Christoph Theobald inscrit cette publication dans une vaste entreprise de vulgarisation des recherches historiques et bibliques d'Outre-Rhin. Avec notamment la traduction française de la *Vie de Jésus* de David-Frédéric Strauss par Émile Littré en 1839, et la fondation en 1858 de la *Revue germanique*. Toujours selon Théobald : « Un nouveau pas est alors franchi dans l'agression d'un public catholique non préparé qui s'enferme de plus en plus dans une attitude défensive surtout quand, en 1863, Ernest Renan publia sa *Vie de Jésus*. Les spécialistes de tous bords avaient beau contester certaines critiques de Renan, le livre du savant professeur du Collège de France portait, grâce à son style et à sa manière de peindre l'humanité de Jésus, recouverte pour beaucoup de contemporains par une couche épaisse de commentaires scolastiques [7]. »

Dans son livre sur *Le christianisme et les temps présents*, Mgr Bougaud souligne comme un élément positif l'attention nouvelle prêtée par le XIXe siècle à l'humanité de Jésus : « Autrefois on ne procédait pas ainsi. On étudiait à peine la perfection unique de l'humanité du Sauveur. Son humanité se perdait, comme au Thabor, dans les splendeurs de sa divinité. Aujourd'hui, nous suivons une autre marche. Je ne sais quel attrait, chaque jour plus vif, nous porte, ô Jésus, à votre très douce et très belle humanité. Nous regardons vos pieds et vos mains percés pour nous, votre beau front tout radieux du plus compatissant génie, votre cœur qui bat d'un si grand amour ; et nous arrivons de cette manière à soupçonner d'abord, puis à entrevoir, et bientôt à adorer votre divinité [8]. » S'il est, lui aussi, attentif à l'humanité de Jésus, Renan ne suit pas cette voie qui « remonte de l'humanité du Christ à sa divinité ». Son livre a pour effet le plus immédiat de porter le soupçon

---

7. *Op. cit.*, p. 393.
8. Nous citons la 9e édition, Paris, Poussièlgue, 1905, tome 2, p. 578. La 1e édition de ce tome consacré à Jésus-Christ date de 1874.

sur la valeur historique des Évangiles et sur le bien-fondé de l'affirmation de la divinité de Jésus-Christ.

## *Philosophie et philologie*

Pour aller plus avant dans l'étude de Renan, il faudrait situer sa pensée dans le cadre des développements de l'histoire des religions. Sans entrer dans cette étude [9], nous nous contenterons d'insister sur un point précis, qui concerne notre préoccupation d'ensemble. Jean Guitton est un philosophe catholique qui s'est beaucoup intéressé à la critique biblique et à son impact sur les difficultés de croire de l'homme contemporain. Or, Guitton constate que, dans l'œuvre de Renan, la philosophie et la philologie s'accordent pour établir la désuétude du christianisme. Mais cet accord lui pose un problème : de ces deux disciplines laquelle est la première ? Selon Guitton : « Renan dirait peut-être : *philologie*, et ici nous songeons aux passages de ses œuvres où il a présenté son incroyance comme étant le résultat de l'exégèse, des contradictions des sources ou des erreurs positives auxquelles était lié l'enseignement officiel et obligatoire de l'Église catholique. Mais l'étude de son développement intellectuel nous oblige, croyons-nous, à admettre que chez lui la *philosophie* a dirigé la *philologie* [10]. »

Une question équivalente avait déjà été posée du vivant de Renan. Dans son livre déjà cité, Edme Caro parle en 1864 d'une « philosophie nouvelle » répandue en France depuis une quinzaine d'années, qui s'inspire de Kant et de Hegel pour construire une vision de l'univers et de l'homme centrée sur l'idée de l'évolution, une évolution qui englobe en définitive Dieu lui-même. Celui-ci n'est pas encore, mais il adviendra au terme d'une marche longue et laborieuse commencée depuis les plus humbles origines du monde et de la vie [11]. Avec Hippolyte Taine et Étienne Vacherot, Ernest

9. Voir François Laplanche : « Philologie et histoire des religions en France au XIXe siècle », dans *Cent ans de sciences religieuses en France*, Paris, Cerf, 1987, p. 33-48.

10. *Œuvres complètes. Critique religieuse*, Paris, DDB, 1968, p. 55-56.

11. *Op. cit.*, p. 42.

Renan figure parmi les principaux représentants de ce panthéisme historique, mais chez lui, la philosophie nouvelle tire sa force des hardiesses de la critique religieuse portant sur les origines du christianisme.

Nous retrouverons plus loin la question des présupposés de Renan sur la possibilité — ou l'impossibilité — du miracle. Mais il importait de souligner le processus par lequel la pensée catholique tend à déplacer les questions posées par la science des religions en les transportant sur le terrain de la philosophie. Or, si ce transfert ne doit pas servir à esquiver les problèmes nouveaux posés par les découvertes philologiques et historiques, nous ne contredirons évidemment pas l'idée suivant laquelle toute pratique méthodologique implique des présupposés susceptibles de prendre une forme philosophique.

## II. LES SCIENCES DE LA TERRE ET DE LA VIE

### *Le cadre apologétique*

Chez Renan et chez les auteurs comparables, l'exigence scientifique n'est jamais pure, mais elle est engagée dans un projet d'ensemble concernant la vie sociale et le pouvoir. Réciproquement d'ailleurs, ce sont des intérêts religieux qui commandent — et en même temps limitent — l'intérêt des catholiques pour une étude scientifique de la Bible. Le livre majeur concernant cette question est celui de François Laplanche : *La Bible en France entre mythe et critique* XVI<sup>e</sup>-XIX<sup>e</sup> *siècle*[12]. L'ouvrage balise toute l'histoire de l'approche scientifique de la Bible depuis le XVI<sup>e</sup> siècle jusqu'à la veille de la crise moderniste. Or l'un des objectifs de l'auteur est de montrer que, lorsque l'exégèse moderne pénètre dans le monde ecclésiastique, c'est dans le cadre d'une apologétique.

Tel qu'il se constitue à partir du XVII<sup>e</sup> siècle, le traité *De vera religione* comporte une partie philosophique et une partie historique. Il appartient au philosophe de démontrer « l'existence d'un Dieu personnel et infiniment parfait, créa-

12. Paris, Albin Michel, 1994.

teur du monde et maître absolu de l'univers, pouvant manifester sa puissance et garantir sa parole par des miracles [13] ». Commence alors un travail théologique qui consiste à « établir la nécessité morale de la révélation et la possibilité du miracle ». Ce travail est dirigé contre deux préjugés rationalistes : celui selon lequel le christianisme n'est qu'une forme spéciale de l'évolution religieuse, et celui selon lequel le surnaturel est impossible de sorte que l'on ne saurait accorder aucune valeur historique aux récits qui parlent de miracles.

Selon Bellamy : « Ce travail préliminaire accompli, on aborde directement la grande thèse historique qui est le fond même du traité, et qui a pour but de prouver la divinité du christianisme. Descendant le cours des âges et contemplant les phases successives de la révélation divine, l'apologiste établit d'abord en quelques mots le fait de la révélation primitive, passe ensuite à la révélation mosaïque et termine par la révélation chrétienne, but et couronnement des deux autres » (p. 212). Du moins est-ce la marche classique, car Bellamy signale que certains apologistes préfèrent partir du christianisme contemporain pour remonter, par une voie régressive, vers les faits historiques originels. Cette seconde voie suppose que l'on démontre la divinité du christianisme « par son excellence intrinsèque, et spécialement par son mode d'enseignement, son dogme et sa morale » (p. 213).

## *La genèse cosmique et humaine*

Quel sera l'impact des sciences nouvelles de la terre et de la vie sur ces démarches apologétiques ? Dans ce chapitre sur l'exégèse biblique, ce qui nous intéresse directement c'est la mise en cause de l'histoire biblique des origines, telle que celle-ci se présente dans une lecture devenue classique du texte inspiré.

En 1825 sous le titre : *Défense du christianisme ou Conférences sur la religion* [14], Mgr Frayssinous publie les confé-

13. Nous suivons Jean-Julien Bellamy : *La théologie catholique au XIXe siècle*, Paris, Beauchesne, 1904, p. 211 sq.

14. Elles auront de nombreuses rééditions. Nous citons Le Mans, Dehallais, du Temple et cie, 1859.

rences qu'il avait prononcées aux Carmes, puis à l'Église Saint-Sulpice. Retenons ce qui concerne Moïse, qui est considéré successivement comme auteur du Pentateuque, comme historien des temps primitifs, et comme législateur. Les preuves de l'authenticité du Pentateuque sont pour l'orateur : la foi constante et universelle de la nation juive, l'impossibilité d'une supposition par un imposteur, les caractères d'antiquité qu'il présente à chaque page (p. 302). L'histoire des origines a donc bien été écrite par Moïse, et Mgr Frayssinous entreprend de défendre le récit biblique contre ces « écrivains très versés dans les sciences naturelles, occupés de recherches sur la formation et la structure du globe, connus sous le nom de *géologues*, qui ont en quelque sorte remué la terre pour y découvrir quelque chose de contraire au récit de Moïse, soit sur la création, soit sur le déluge » (p. 323). L'argumentation de Mgr Frayssinous nous déçoit lorsqu'elle invoque l'incertitude et les contradictions des théories scientifiques. Mais au moins admet-elle qu'il ne faut pas chercher dans Moïse « le physicien profondément versé dans le détail des sciences naturelles » (p. 324).

Se trouve déjà posée la question du rapport entre les récits bibliques et les sciences de la genèse cosmique et humaine : astronomie, géologie, paléontologie. Ces perspectives nouvelles mettent surtout en cause les récits bibliques des origines, ou, plus exactement, l'interprétation littérale de ces récits. Telle n'était pas l'interprétation de ces écrivains chrétiens des premiers siècles auxquels on donne le nom de « Pères de l'Église ». Mais cette interprétation littérale était devenue commune dans le catholicisme du XIXᵉ siècle. Dans ses conférences sur *La méthode historique*, le père Lagrange dénonce cette exégèse littérale « nageant dans l'absolu, voyant des affirmations partout, et ne s'étonnant pas de posséder une histoire réelle et authentique de toute la race humaine dès les premiers commencements ». Dans ces conditions, comment ne pas se trouver désemparé lorsque surgissent des témoins tels que « les fossiles accumulés dans les couches terrestres », puis « les générations auxquelles les découvertes épigraphiques en Égypte et en Assyrie ont rendu la parole [15] ».

## *La théorie de l'évolution*

Avant d'examiner au moins quelques-unes des solutions apportées par les biblistes à ces problèmes nouveaux, il nous faut préciser un élément important de la situation : la diffusion, dans la seconde moitié du XIXe siècle, des théories de l'évolution. Publié en 1859, l'ouvrage de Darwin sur *L'origine des espèces* est traduit en français en 1862. Pour la traductrice, Clémence Royer : « La doctrine de Darwin, c'est la révélation rationnelle du progrès se posant en antagonisme logique avec la révélation irrationnelle de la chute. Ce sont deux principes, deux religions en lutte [...]. C'est un oui ou un non bien catégorique entre lesquels il faut choisir, et quiconque se déclare pour l'un est contre l'autre [16]. »

Par delà les problèmes posés aux biblistes, la théorie de l'évolution mettait en cause la représentation traditionnelle de l'homme et de sa place dans l'ensemble de la création. Comme l'écrira Freud, c'est, après la fin du géocentrisme, la seconde blessure infligée au narcissisme humain. Néanmoins, des savants tels que le paléontologiste Albert Gaudry et le géologue Albert de Lapparent s'efforcèrent de remédier aux préjugés des milieux catholiques. Dans une lettre du 9 février 1886, Lapparent écrivait : « J'ai toujours pensé qu'on avait le tort de prendre vis-à-vis de l'évolution une attitude irrévocablement agressive. Il y a des idées auxquelles il faut s'accoutumer parce qu'il semble que l'avenir leur appartient ». Cette lettre fut publiée en tête de *L'Évolution des espèces organiques* du père Leroy, dominicain, « ouvrage qui fut mis à l'Index en 1895, après avoir connu une grande diffusion [17] ».

---

15. *La Méthode historique*, édition augmentée, Paris, 1904. Nous citons la réédition, Paris, « Foi vivante » Cerf, 1966, p. 102.

16. Voir l'article récapitulatif du père Russo, « Cent ans de dialogue entre la science et la foi » dans *Pensée scientifique et foi chrétiennne*, *Recherches et Débats*, mai 1953. Citation, p. 14.

17. Russo, *op. cit.*, p. 17. Président du Congrès scientifique international des catholiques à Munich en 1900, Albert de Lapparent fera dans son dis-

Les adversaires du transformisme resteront nombreux et ses partisans accepteront difficilement l'extension de la théorie à l'organisme humain. Pourtant, la fin du XIXe siècle voit se multiplier les initiatives catholiques favorables à une véritable prise en compte des données scientifiques nouvelles. Citons, en 1875, la fondation à Louvain de la Société Scientifique de Bruxelles, qui se donnera deux ans plus tard un organe d'expression avec la *Revue des Questions scientifiques*. Également importante est l'initiative du chanoine Duilhé de Saint-Projet aboutissant aux Congrès scientifiques internationaux des catholiques, qui se tiendront de 1888 à 1900. La question de l'évolution y sera. abordée sérieusement dès le premier congrès tenu à Paris en 1888 sous la présidence de Mgr d'Hulst[18].

## *Bible et science : le concordisme*

Avant même que se diffuse la théorie de l'évolution, les sciences de la Terre et de la Vie posent de sérieux problèmes aux biblistes. On ne peut à la fois professer l'inspiration des livres bibliques et admettre que ceux-ci contiennent des erreurs. Comment résoudre cette contradiction ? La question devient sérieuse lorsqu'il ne suffit plus d'invoquer la succession contradictoire des systèmes scientifiques, comme le fait encore Mgr Gousset dans sa *Théologie dogmatique* en 1848 : « Que nous oppose-t-on ? Quel est celui des systèmes dirigés contre la Genèse qui n'ait été victorieusement réfuté ? Que sont devenues ces théories de la terre, dont les incrédules ont fait tant de bruit ? Fruit d'une imagination vagabonde, plutôt que de l'expérience ou d'une connaissance exacte de l'histoire naturelle, elles ont toutes disparues les unes après les autres, survivant à peine à ceux qui leur avaient donné le jour. » Or, vient un moment où il faut bien recon-

cours d'ouverture une belle synthèse des rapports de la science et de la foi, cf. *Bulletin de l'ICP*, nov-déc 1900, p. 386-396.

18. En 1888 dans la revue *Études*, le père de Scorraille proteste contre l'impression d'adhésion au transformisme donnée par ce congrès. cf. Russo, p. 20-21.

naître que l'on n'a pas affaire à de simples hypothèses, mais à des vérités confirmées.

Le concordisme a au moins l'avantage de prendre plus au sérieux les découvertes scientifiques. Mais, comme le note Bellamy, après avoir cité Mgr Gousset : « On dépense beaucoup d'activité, d'érudition et surtout d'ingéniosité à ce travail, sans se demander, comme on fit plus tard, si tous ces essais de conciliation ne reposaient pas sur un faux présupposé, celui d'un enseignement scientifique donné par la Bible [19]. » En tout cas, dans la première moitié du XIXe siècle, l'enseignement biblique dispensé au Séminaire Saint-Sulpice est dominé par le « rationalisme chrétien » d'Antoine Garnier dont les cours sont repris par l'abbé Glaire. Doyen de la Faculté de Théologie de la Sorbonne entre 1841 et 1851, ce dernier avait publié en 1836 une *Introduction historique et critique aux Livres de l'Ancien et du Nouveau Testament* [20]. L'ambition de Garnier et de l'ensemble des exégètes catholiques de l'époque est de faire concorder les textes bibliques et les résultats certains des sciences, mais est-ce possible si l'on maintient la lettre des textes bibliques ?

L'exemple le plus strict du concordisme, c'est la théorie des « jours-époques » destinée à faire entrer dans le cadre biblique les nouvelles chronologies scientifiques. Mais la précarité de cette tentative sera dénoncée par les exégètes qui dominent la période 1860-1880. En 1869, dans la 3e édition de son *Manuel d'histoire ancienne de l'Orient jusqu'aux guerres médiques*, un laïc tel que François Lenormant professe qu'il ne peut y avoir contradiction entre la Bible et la préhistoire tout simplement parce qu'il n'y a pas, à proprement parler, de chronologie biblique [21]. On ne peut résoudre tout-à-fait les questions posées par la géologie et la paléontologie sans remettre en cause le statut des livres bibliques et en particulier leur rapport à l'histoire. Or cette dernière question prend une tout autre ampleur lorsque l'on entreprend d'appliquer aux textes bibliques les méthodes philologiques et lorsque le

19. *Op. cit.*, p. 75.
20. Voir Laplanche, *La Bible en France*, p. 129.
21. Voir Laplanche, p. 176. Pour les différentes formes de concordisme voir aussi Goulven Laurent, « Géologie et Paléontologie : les nouvelles sciences de la Bible », dans *La science catholique*, p. 159-174.

comparatisme des nouvelles sciences religieuses replace la religion d'Israël dans le cadre général des mythes religieux.

### III. L'AVÈNEMENT UNIVERSITAIRE DES SCIENCES RELIGIEUSES

#### *Institutions nouvelles*

Selon François Laplanche, entre 1880 et 1893, « l'exégèse et l'apologétique catholique, intimement liées à cette époque, vont connaître une évolution précipitée[22] ». Ce phénomène est lié à l'institutionnalisation des sciences religieuses, lesquelles tendent à se substituer à la théologie à la fois sur le plan des structures universitaires et sur le plan des méthodes intellectuelles. L'essor des sciences religieuses prend ainsi place dans un programme républicain.

En France, dans les trente dernières années du XIXe siècle, l'enseignement supérieur a été profondément transformé. En 1868, à l'initiative de Victor Duruy, qui était alors ministre de l'instruction publique, un décret impérial crée l'École Pratique des Hautes Études, en lui assignant la mission de donner une formation « pratique » à la recherche scientifique. Quatre sections sont alors créées : les trois premières sont consacrées aux sciences mathématiques, physiques et naturelles, tandis que la quatrième concerne les sciences philologiques et historiques.

L'effet de cette création sur la recherche historique était déjà fortement marqué dans le livre de Langlois et Seignobos : *Introduction aux études historiques*[23]. Ces deux auteurs signalent surtout la réaction des Facultés des Lettres. Avec la création du Diplôme d'études supérieures, l'enseignement facultaire s'oriente lui aussi vers cette formation à la recherche poursuivie au Collège de France (avec un bonheur inégal), à l'École des Chartes (dans le domaine spé-

22. *Op. cit.*, p. 187.
23. Hachette, 1898. Réédition récente, avec une Préface de Madeleine Reberioux, Paris, Kimé, 1992.

cifique du Moyen Age), et dans la nouvelle École des Hautes Études. Au total, « tous ces établissements, naguère si dissemblables, collaborent désormais dans le même esprit, à une œuvre commune. Chacun d'eux garde son nom, son autonomie, ses traditions ; mais tous forment un corps [24] ». En 1897, la réunion de trois de ces organismes dans la Sorbonne reconstruite devrait d'ailleurs faciliter cette conjonction.

En 1879, après un voyage en Extrême Orient, un industriel érudit, Émile Guimet crée à Lyon le musée qui porte son nom et qui abrite toutes sortes de documents utiles à l'étude des religions asiatiques : manuscrits, statues, livres, objets de culte. Quelques années plus tard, le transfert de ce musée à Paris donne lieu à un débat au Conseil municipal sur l'attitude la plus favorable à la libre pensée : négliger les religions, pur phénomène du passé, ou bien placer sous les yeux du public la diversité des superstitions anciennes. Il existe au moins une stratégie suivant laquelle les sciences des religions doivent permettre de relativiser le christianisme en commençant d'ailleurs par replacer la Bible dans le cadre religieux de l'Ancien Orient [25].

Entre temps sont intervenues d'autres créations concernant les sciences religieuses. En 1880, Paul Bert pousse Jules Ferry à créer au Collège de France une chaire d'Histoire comparée des religions, qui est confiée au protestant libéral, Albert Réville [26]. En 1886, une cinquième section consacrée aux Sciences religieuses s'ouvre à l'École Pratique des Hautes Études. Comme le montre le livre publié à l'occasion de son centenaire, cette cinquième section prend la place des Facultés de Théologie qui existaient encore dans l'Université française et notamment à la Sorbonne [27]. Il y a donc bien,

24. *Op. cit.*, éd. Kimé, p. 281.

25. Sur les rapports de Guimet et de son Musée avec la Libre Pensée qui y tient son congrès en 1889, voir Jacqueline Lalouette : « Science et foi dans l'idéologie libre-penseuse (1866-1914) », dans *Christianisme et Science*, Paris, Vrin, Lyon, IIEE, 1989.

26. Primitivement « chaire de mythologies comparées », cf. Émile Poulat, *Liberté, Laïcité*, Paris, Cerf, 1987, p. 316.

27. *Cent ans de sciences religieuses en France à l'École Pratique des Hautes Études*, Cerf, 1987. La contribution d'Émile Poulat est reprise et développée dans *Liberté, Laïcité*, p. 304 sq. Voir aussi Claude Bressolette dans RICP oct.-déc. 1989, p. 59 : « Née au cours d'un conflit avec l'Église qui irait jusqu'à la Loi de Séparation de 1905, la nouvelle institution

comme en Hollande, comme à Genève, substitution institutionnelle des sciences religieuses à la théologie. Cette dernière subsiste évidemment en d'autres lieux, mais il lui faut désormais tenir compte d'un fait : la religion devient objet d'une science historique qui se veut objective, mais qui est de fait pratiquée surtout par des protestants libéraux, puisqu'on y retrouve Albert Réville, son fils Jean Réville, Maurice Vernes et Auguste Sabatier.

## *La présence protestante*

Selon Julien Fontaine, lorsque les études ecclésiastiques longtemps désertées furent reprises : « Le clergé français beaucoup trop confiant alla chercher en pays d'hérésie et non pas tant auprès des auteurs catholiques que des chefs de l'érudition protestante, les informations qui lui manquaient. Elles lui arrivèrent empoisonnées par l'esprit d'incrédulité. » Moyennant quoi, dans cette « prétendue rénovation des sciences religieuses », celles-ci ne s'attachent plus à ces mystères chrétiens qui devraient être leur objet direct et l'on n'a plus que « des exercices assez vains de philologie hébraïque ou syriaque ou grecque ou latine ; ou bien encore des déploiements d'érudition impuissante et de spéculations dangereuses[28] ».

Nous retrouverons à plusieurs reprises la virulence polémique de Julien Fontaine. Son texte n'en pose pas moins deux questions sérieuses. D'abord, la théologie catholique contient-elle des principes qui font obstacle à l'application au texte biblique de méthodes exégétiques à l'égard desquelles la théologie protestante serait plus spontanément accordée ? Une réponse positive correspondrait au fait que les protestants ont devancé les catholiques sur ce terrain. Mais cela même nous engage dans une seconde question : lorsque les catholiques se décident à appliquer à la Bible les méthodes de l'exégèse critique, l'état dans lequel ils reçoivent ces méthodes n'est-il pas

d'enseignement des "Sciences religieuses" marquait symboliquement une étape : l'approche culturelle et laïque du phénomène religieux dans la civilisation. »

28. *Le modernisme social*, Paris, Lethielleux, 1911, p. 288.

lié à l'usage qu'en ont fait les protestants et à l'esprit qu'ils y ont insufflé ?

On peut reconnaître le fait sans en tirer les mêmes conclusions que Julien Fontaine. D'après Philippe Boutry dans une intervention radiophonique du 8 avril 1996, « après la césure de 1860, fin de l'Empire autoritaire, la situation du protestantisme devient brillante. D'abord à cause de sa perméabilité à l'esprit du temps. Ensuite à travers la lecture très particulière que les républicains vont faire du protestantisme comme matrice de la démocratie républicaine en opposition à l'intransigeance du catholicisme ». Une étude de Patrick Cabanel montre effectivement la place que les protestants ont tenu dans le dispositif institutionnel des sciences religieuses [29]. Lorsqu'est créée au Collège de France la chaire d'Histoire comparée des religions, elle est confiée au protestant libéral, Albert Réville, qui sera aussi le premier président de la cinquième section des Hautes Études.

Après sa formation théologique à Genève et à Strasbourg, Albert Réville avait exercé le ministère pastoral en Hollande, et fréquenté les cercles intellectuels qui obtenaient en 1877 le remplacement des chaires de théologie réformée par des chaires chargées de l'« étude du phénomène religieux » [30]. Dans ses *Prolégomènes de l'histoire des religions*, publiés en 1880, Albert Réville indique sa méthode pour l'étude de la religion qu'il définit comme « la détermination de la vie humaine par le sentiment d'un lien unissant l'esprit humain à l'esprit mystérieux dont il reconnaît la domination sur le monde et sur lui-même et auquel il aime à se sentir uni ». Proche de celle d'Auguste Sabatier, cette définition renvoie à une théologie de l'expérience religieuse développée par le protestantisme du XIXe siècle, sous l'influence du Réveil [31].

Nous reviendrons sur cette théologie protestante dans notre chapitre neuvième en traitant la question de l'immanence et

---

29. « L'institutionnalisation des "sciences religieuses" en France (1879-1908) » dans le *Bulletin de la Société d'Histoire du Protestantisme Français*, janvier-mars 1994, p. 33-79.

30. Julien Ries, *Introduction à l'étude de la théologie*, Paris, Desclée, 1991, tome I, p. 187.

31. Voir François Laplanche : « Critique historique et expérience religieuse selon les théologiens protestants du XIXe siècle » dans *Christianisme et science*, p. 5-20.

de l'expérience religieuse. En attendant, nous citerons un texte de Sabatier : « La critique historique a tous les droits d'une science légitime ; elle est même excellente, et nous la cultivons avec une héroïque passion, pour dégager la réalité positive et humaine des légendes mythologiques qui se mêlent à toutes les vieilles histoires ; mais elle ne peut rien, ni pour infirmer, ni pour confirmer la valeur morale du principe chrétien, que seule apprécie la conscience religieuse. Ce sont là, comme dit Pascal, des choses d'un autre ordre et sans commune mesure [32]. »

C'est également en 1880 qu'est fondée la *Revue de l'histoire des religions*, publiée sous la direction d'un autre protestant libéral : Maurice Vernes [33]. Ce dernier fait paraître en 1881 un long article sur « La place qu'il convient de faire aux religions, aux différents degrés de l'enseignement public [34]. » Il part d'un fait : le nouveau programme de l'enseignement secondaire supprime l'histoire sainte en classe de sixième pour situer la Bible et le Judaïsme dans le contexte religieux de l'Égypte, de l'Assyrie et de la Syrie. Dès lors, Vernes réclame un cours d'histoire comparée des religions en classe de philosophie. De même, au niveau de l'enseignement primaire, un cours laïque d'histoire religieuse montrerait aux élèves que les religions varient avec les peuples et s'accommodent à leur état de civilisation.

Le protestantisme libéral semble bien approprié à la fois à

---

32. *Esquisse d'une philosophie de la religion*, Paris, Fischbacher, 1897, p. 188.

33. Voir la notice de François Laplanche dans A. Encrevé, dir., *Dictionnaire du monde religieux dans la France contemporaine*, *Les Protestants*, Paris, Beauchesne, 1993. Au terme de l'évolution qui le conduit du pastorat à l'agnosticisme, on arrive par exemple au rapport que Vernes présente en 1904 au Congrès de la Libre Pensée à Rome et dont voici la conclusion : « Nous donnons congé au magistère de saint Pierre en lui disant : La science des religions, l'exégèse biblique, confirment la condamnation déjà prononcée au nom du droit, de la philosophie et de la raison. En présence des résultats obtenus par l'examen des phénomènes d'ordre religieux, vous êtes l'ignorance systématique. Par votre entêtement, ne nous obligez pas à dire : "Vous êtes le mensonge avoué, sans excuse". Sachez disparaître, sans attacher à votre fin l'outrageant souvenir de la mauvaise foi », *Lettres et rapports présentés au Congrès de Rome, 20-22 septembre 1904*, Paris, Librairie de « La Raison », 1904.

34. *Revue de l'histoire des religions*, 1881, p. 1-30.

la pratique des nouvelles sciences religieuses et à l'idée de la laïcité républicaine. Sur ce second point, on évoquera l'exemple de Ferdinand Buisson et de sa « foi laïque ». Dans l'article auquel nous avons fait référence, Patrick Cabanel marque bien son intention de contribuer à l'étude du rôle des protestants « dans la fondation d'une "France nouvelle" sous la Troisième République » (p. 35). Évoquant le trio classique de l'école primaire, Buisson-Pécaut-Steg, Cabanel lui adjoint cet autre trio que constituent Albert et Jean Réville, et Maurice Vernes. Or, si on se place dans la perspective de la crise moderniste, c'est en tout cas un fait que de nombreux catholiques de l'époque englobent ces initiatives protestantes dans une critique générale du « rationalisme ».

## *Situation des catholiques*

La séparation institutionnelle joue un rôle capital dans le concret de la recherche. Institutions ecclésiales, les Universités catholiques sont en dépendance directe de l'autorité épiscopale, comme le montre bien la manière dont Loisy sera privé de son enseignement. A la suite de quoi il sera d'ailleurs reçu par les institutions laïques, les Hautes Études d'abord, le Collège de France plus tard. Il n'empêche qu'entre des institutions aussi diverses, circule une certaine communauté méthodologique. C'est ainsi que Duchesne introduit à l'Institut catholique de Paris les méthodes de la direction d'études pratiquée en Sorbonne. Ou encore c'est ainsi que Lagrange s'inspire du même modèle pour créer l'École biblique de Jérusalem. La discussion méthodologique est également favorisée par les Congrès internationaux de spécialistes.

Les revues d'histoire des religions créées au sein du monde catholique se modèlent dans une large mesure sur les revues laïques. En 1889, l'abbé Z. Peisson avait fondé à l'Institut catholique de Paris, la *Revue des religions* qui paraîtra jusqu'en 1896 avant de se fondre, l'année suivante, avec le *Muséon* de Louvain. Les deux revues entendent apporter une contribution catholique de qualité à une science quelque peu trustée par les protestants et les rationalistes qui « marchent ensemble avec enthousiasme[35] ». L'un des collaborateurs de la *Revue des religions* est l'abbé Paul de Broglie. En 1885, dans ses *Problèmes et conclusions de l'histoire des religions*, le professeur d'apologétique chrétienne à l'Institut catholique de Paris se proposait de montrer comment les nouvelles études en histoire des religions manifestent la transcendance du christianisme[36].

Les auteurs catholiques ne peuvent en tout cas pas accepter une substitution des sciences religieuses à la théologie. Mais, ce refus global ne supprime pas deux problèmes qu'ils sont bien obligés de poser. D'abord, dans quelle mesure et à quelles conditions la théologie catholique peut-elle supporter l'existence de sciences qui traitent selon leurs méthodes propres et indépendamment de tout présupposé de foi les textes bibliques et les réalités religieuses. Ensuite, se pose aux auteurs catholiques la question de savoir quelle contribution eux-mêmes peuvent donner à de telles sciences et à des méthodes qui leur semblent impliquer des présupposés réducteurs. En ce qui concerne la Bible, là est en fait le principal enjeu de ce que l'on appelle le modernisme.

En toute hypothèse, cette application de la critique à la Bible suppose chez l'exégète catholique un certain dédoublement. Il doit concilier en lui-même deux points de vue très différents sur le même texte. Comme croyant, il fait une lecture sinon dogmatique, du moins religieuse, de ce texte. Comme critique, il entre dans la perspective de chercheurs pour lesquels la Bible est un texte purement humain, de sorte qu'il n'y a aucune raison de le considérer à part, en l'isolant des textes contemporains appartenant à la même aire culturelle.

35. *Revue des religions*, 1889, I, p. V.

36. Voir Marchasson dans RICP, nº 9, janv/mars 1984. Également, notre contribution au colloque d'octobre 1996 *Apologétique et philosophie* sur « L'apologétique à l'ICP » (à paraître).

## IV. LA CRITIQUE HISTORIQUE APPLIQUÉE À LA BIBLE

### *Les difficultés de Loisy en 1893*

La crise moderniste a-t-elle éclaté seulement en 1902, avec la publication de *L'Évangile et l'Église*, d'Alfred Loisy. Sans minimiser l'importance de ce livre et des réactions antinomiques qu'il provoque, il faut reconnaître que le climat d'inquiétude et de soupçon est déjà fort bien installé. En particulier, il entoure déjà depuis près de dix ans l'enseignement et les publications de Loisy. En 1893, malgré les efforts de Mgr d'Hulst pour le défendre, celui-ci sera privé de son enseignement à l'Institut catholique de Paris, dans des conditions qui ne font pas vraiment honneur à celui-ci.

La question est discutée dans l'Assemblée des Évêques fondateurs du 15 novembre 1893. Pendant les vacances, le recteur avait envoyé une circulaire aux évêques pour leur proposer d'introduire dans le corps professoral de la Faculté de Théologie M. l'abbé Fillion, prêtre de Saint-Sulpice, et de « confiner M. l'abbé Loisy dans l'enseignement des langues orientales ». Ceci, afin d'éviter des difficultés doctrinales tout en conservant dans le corps enseignant « un érudit de marque, très estimé à l'étranger, et qui est de plus un puissant esprit ». Mais, depuis, s'est produit ce que l'on considère comme « un fait grave » : Loisy a publié dans la revue qu'il dirige, *L'enseignement biblique*, un article sur l'inspiration des Écritures que le Cardinal Richard juge très sévèrement. Appuyé par son collègue de Reims, l'archevêque de Paris se prononce « pour la forme la plus douce de révocation, celle qui se déguise sous une démission volontaire ». Et, bien que tous les évêques ne s'accordent pas spontanément à cette décision, c'est en définitive l'avis des deux cardinaux qui l'emporte à l'unanimité et par vote nominal[37].

Pourtant, c'est avec l'intention de défendre Loisy que Mgr d'Hulst avait publié, dans le *Correspondant* du 25 janvier 1893, son fameux article sur « La question biblique ». Il y décrivait ainsi l'état présent de la problématique : « Sera-t-il permis d'étendre aux parties réputées historiques de la Bible

37. Archives de l'ICP.

la théorie qui paraît s'appliquer, sans dommage pour la foi, aux parties réputées scientifiques ? Grave question, qui peut être considérée comme l'axe principal sur lequel tourneraient désormais les controverses bibliques[38]. » Telle était bien de fait la situation. Livre inspiré par Dieu, la Bible ne peut contenir d'erreurs. Pourtant l'accord est loin d'être réalisé entre la Bible et la science moderne. Les difficultés provoquées par la géologie et la paléontologie commençaient à se résoudre ; mais les mêmes principes de solution étaient-ils applicables aux problèmes posés par l'histoire, problèmes qui passaient maintenant au premier plan ?

## *Loisy et Lagrange*

C'était la question de Loisy, mais c'était aussi bien celle du père Lagrange. En 1892, la fondation de deux revues avait actualisé, vis-à-vis du public compétent l'enjeu d'une participation des catholiques à la critique biblique. Mais le sort de ces revues sera fort différent. Destinée à la publication des cours de Loisy, la revue *L'enseignement biblique* ne paraîtra que durant les deux années 1892 & 1893 et la collection complète ne comporte que 12 fascicules. La *Revue biblique* est toujours vivante et elle a fêté récemment son centenaire en même temps que celui de l'École biblique de Jérusalem, fondée en 1890[39].

La revue de Loisy se proposait de contredire l'opinion suivant laquelle « un théologien ne peut pas être un historien, dans le sens complet du mot, lorsqu'il s'agit de l'histoire biblique ». Or une telle ambition était aussi celle du père Lagrange et de ses collègues dominicains. Dans un article récent, sur « Le P. Lagrange et le modernisme[40] », Christoph Theobald remet en cause la présentation la plus habituelle des rapports entre Loisy et Lagrange. Mgr Batiffol était l'auteur d'une « carte idéologique » selon laquelle Mgr Duchesne « aurait provoqué une scission parmi ses disciples : un groupe à sa gauche qui tentait de *réinterpréter le*

38. Cité par Baudrillart, *Vie de Mgr d'Hulst*, tome 2, p. 153.
39. Voir *Naissance de la méthode critique*, Paris, Cerf, 1992.
40. Dans *Naissance...*, p. 49-64, citation p. 49-50, souligné par l'auteur.

*catholicisme* en fonction d'une exégèse radicale et d'une non moins radicale philosophie de la religion, et un groupe modéré à sa droite qui essayait de *réconcilier* les résultats de la critique et de la théologie tout en respectant leurs méthodes propres ». Appartiendraient au premier groupe Loisy, au second Lagrange et Batiffol lui-même.

Le climat de l'époque ne permettait guère de reconnaître, autrement que de façon polémique, la proximité de Lagrange et de Loisy. Pourtant, Theobald montre, d'une façon convaincante, que, malgré les défauts de compréhension réciproque, les positions des deux exégètes restent proches l'une de l'autre jusqu'en 1902-1903. Pour Lagrange aussi : « seule la critique peut combattre la critique » (*op. cit.*, p. 49). Les deux exégètes ont d'ailleurs l'un et l'autre vécu l'accès à la méthode historique comme un véritable bouleversement de leurs certitudes antérieures. C'est ce que Christoph Theobald montre dans un autre article où il met en parallèle d'une part un texte écrit par Loisy en 1883, *Dialogue fictif entre un jeune savant et sa mère l'Église*, d'autre part l'évocation dans les *Souvenirs personnels* de Lagrange d'une excursion archéologique dans le Sinaï en 1893 : « Comment faire circuler, non pas dans un désert sans limites et plat comme une feuille de papier, mais dans ces vallées abruptes et sans eau, les millions d'âmes dont parle le texte actuel [41] ? »

## *La fondation de l'École biblique*

Le père Lagrange poursuivait à Vienne sa formation à l'étude des langues orientales en vue d'un enseignement biblique lorsque le provincial dominicain de Toulouse, le père Colchen, le mit à la disposition du Couvent Saint Étienne de Jérusalem. Un voyage en Palestine le convaincra qu'aucun lieu ne peut être plus propice aux études bibliques que cette terre sacrée. En novembre 1890, s'ouvre donc à Jérusalem une École Pratique d'Études Bibliques, pour laquelle le père Lagrange s'était inspiré, de façon tout-à-fait explicite, du

41. « Les changements de paradigmes dans l'histoire de l'exégèse et le statut de la vérité en théologie » dans *Revue de l'ICP*, n° 24, octobre-décembre 1987.

modèle épistémologique de l'École Pratique des Hautes Études de Paris. Son plus récent biographe, Bernard Montagnes, caractérise ainsi l'esprit qui préside à la fondation : « Une école où l'on pratiquerait inlassablement d'une part l'analyse des textes par la critique (critique textuelle et critique littéraire des écrits, critique historique des récits), d'autre part la confrontation des textes et du terrain (géographie, archéologie, épigraphie, ethnologie). Tel est le programme qu'annonce, dès le premier jour, la dénomination de l'école biblique [42]. ».

Cette dénomination signifie aussi la volonté de conquérir une place dans la communauté scientifique internationale, communauté avec laquelle Lagrange prend un contact décisif en assistant au congrès des orientalistes à Genève en août 1893 : « J'ai été très bien reçu, note-t-il, mais j'ai constaté de nouveau tout ce que nous avons à faire pour égaler ces savants [43]. » En fait l'École biblique avait conquis sa place dans les milieux scientifiques dès le début de notre siècle. Mais c'est dans le milieu ecclésial que Lagrange va se heurter à des obstacles qui n'auront sans doute pas les mêmes conséquences que pour Loisy, mais qui n'en seront pas moins difficiles à vaincre. L'une des questions posées par la crise moderniste est d'ailleurs de comprendre pourquoi les conséquences n'ont pas été les mêmes pour Loisy et pour Lagrange.

## *Les écoles exégétiques selon Mgr d'Hulst*

C'est Loisy que l'article de Mgr d'Hulst sur « La question biblique » voulait défendre. L'effet cherché n'a pas été obtenu et la condamnation de cet article n'a été évitée que de justesse. Une controverse s'était développée dans les journaux et dans les revues. Avec en particulier deux articles du père Brucker dans *Études* de mars et avril 1893. On reprochait surtout à Mgr d'Hulst sa présentation somme toute favorable de ce qu'il appelait « l'école large ». Être de raison ou « idéaltype », cette école représentait pour le recteur une tentative de réconciliation entre la théologie et la critique par le moyen

42. *Le Père Lagrange, 1855-1938*, Paris, Cerf, 1995.
43. Cité par Bernard Montagnes, *op. cit.*, p. 61.

d'une thèse sur « l'inspiration restreinte[44] ». Si l'inspiration et l'infaillibilité sont restreintes aux questions de foi et de morale, rien n'empêche plus de concevoir qu'une œuvre inspirée puisse contenir ce que la critique considère comme des « erreurs historiques ».

> « La vraie difficulté, écrivait Mgr d'Hulst, commence quand on se trouve en présence de récits relatifs aux époques primitives : l'histoire de la chute, les mariages des enfants de Dieu avec les enfants des hommes, le déluge, les généalogies précises des patriarches, les fragments chronologiques etc. On ne peut nier que ces morceaux n'apparaissent à première vue comme solidaires de cette grande histoire révélée que nous appelons, avec Bossuet, la *suite de la religion.* Si donc il ne s'y rencontrait aucune difficulté intrinsèque, aucun désaccord avec des données historiques ou chronologiques établies par ailleurs ; si surtout on n'y découvrait pas des analogies surprenantes, j'allais dire troublantes, avec des documents empruntés à la mythologie des anciens peuples de l'Orient, il n'y aurait aucune raison de les mettre à part, ni de poser à leur occasion une question qu'on ne pose pas au sujet d'autres récits contenus dans la Bible. Ici encore se dressent en présence l'une de l'autre les deux écoles d'apologistes : celle qui reçoit comme histoire vraie, infaillible, en vertu de l'inspiration, toute narration qui n'a pas le caractère évident d'une parabole, et celle qui croit pouvoir faire un triage dans les récits bibliques d'après les procédés de la critique historique[45] ».

Mgr d'Hulst avait-il raison de présenter ainsi le point de divergence entre les écoles ? Toujours est-il qu'en mai 1893, le père Lagrange envoyait ses instructions au secrétaire de la *Revue biblique* fondée l'année précédente : « Je crois, disait-il, que Mgr d'Hulst a exagéré le système large, mais que la vérité n'en est pas loin. Il faudrait hardiment se prononcer pour l'opinion dite large, la rendre théologique. Je voudrais le faire, mais je sens que je me briserais. Attendons[46]. »

---

44. Sur la préparation de ce texte, voir Francesco Beretta, *op. cit.*, p. 99-123.
45. Cité par Mgr Baudrillart, *Vie de Mgr d'Hulst*, tome II, p. 153.
46. Cité par Bernard Montagnes, *op. cit.*, p. 66.

## La régulation ecclésiale des études bibliques

Au total, l'article du *Correspondant* aura surtout eu pour effet de précipiter une intervention romaine déjà envisagée. Ce sera l'encyclique *Providentissimus Deus* du 18 novembre 1893 [47]. Dans une large rétrospective historique, Léon XIII s'efforce de montrer l'intérêt constant de l'Église pour l'Écriture sainte, « cette précieuse source de la révélation catholique » (p. 4). Et, en ce qui concerne l'époque actuelle, le pape rend hommage à « des hommes distingués qui ont défendu les Saintes Lettres contre les attaques du rationalisme, attaques tirées de la philologie et des sciences analogues et qu'ils ont réfutées par des arguments du même genre » (p. 11).

L'encyclique rappelle avec force les règles d'interprétation qui s'imposent à l'égard de textes qui sont difficiles et parfois obscurs, du fait même qu'ils sont l'œuvre de l'Esprit-Saint. De ce fait « les mots y cachent nombre de vérités qui surpassent de beaucoup la force et la pénétration de la raison humaine, à savoir les divins mystères et quantité d'autres réalités qui s'y rattachent. Le sens est parfois plus étendu et plus voilé que ne pourraient l'indiquer et la lettre et les règles de l'herméneutique ; en outre, le sens littéral cache lui-même d'autres sens qui servent soit à éclairer les dogmes, soit à donner des directives pour la vie » (p. 15).

Les difficultés d'un texte inspiré ne peuvent être résolues que par ceux auxquels l'auteur divin des Écritures en a confié la garde : « Là où Dieu a mis ses dons, là doit être cherchée la vérité, et ce sont ceux en qui se vérifie la succession apostolique qui expliquent les Écritures sans danger d'erreur » (id.). L'interprète catholique doit donc se régler sur la doctrine catholique, telle qu'elle est indiquée par l'autorité de l'Église. Le vrai ne pouvant contredire le vrai, l'interprète de l'Écriture sera préservé de l'erreur par sa soumission à l'Église « à qui il appartient de juger du sens et de l'interprétation des Livres sacrés » (p. 16). On remarquera en passant que ce même principe de l'unité de la vérité avec elle-même est invoqué soit par le *Syllabus*, soit par Vatican I, pour justifier l'autorité de l'Église non seulement sur le philosophe, mais sur la philosophie. Toutefois ne peut-on pas dire, en

47. Nous citons l'édition de la Bonne Presse, Paris, 1934.

termes kantiens, que, pour la philosophie, cette autorité est « régulatrice », tandis que pour l'exégèse biblique elle est « constitutive » — sauf dans les matières libres, s'il en reste.

L'encyclique de Léon XIII n'en ouvre pas moins des perspectives susceptibles d'encourager la recherche exégétique. Elle admet que la Bible décrit les choses « selon les apparences », ce qui doit permettre de résoudre les problèmes posés par les sciences naturelles. Et, comme le dit le chanoine Aubert : « Elle laisse entendre (mais de manière encore très vague) que certains récits historiques pourraient être interprétés dans une perspective analogue (en tenant compte de la conception qu'on se faisait du genre littéraire historique dans l'ancien Orient)[48]. »

## *Les articles de Firmin (1898-1900)*

Quelques jours avant que paraisse l'encyclique *Providentissimus*, Loisy avait dû quitter l'Institut catholique et il avait suspendu la publication de *L'enseignement biblique*. Aumônier du pensionnat des dominicaines de Neuilly jusqu'en 1899, il s'installera à cette date à Bellevue. Continuant son activité scientifique, il publie, en utilisant éventuellement des pseudonymes tels qu'Isidore Desprès ou A. Firmin[49]. Sous ce dernier nom, il commence une série d'articles, dans la *Revue du Clergé Français*. Émile Poulat les présente ainsi : « En deux ans, de décembre 1898 à octobre 1900, six articles s'étaient ainsi succédé, qui forment l'équivalent d'un "petit livre", et auxquels la censure du cardinal Richard vint brutalement mettre un terme. Loisy partait de la théorie du développement chrétien chez Newman (I), pour l'opposer à la théorie individualiste de la religion du protestantisme libéral (II) ; il reprenait alors les notions de religion (III) et de révélation (IV), examinait les preuves et l'économie de la

48. *Nouvelle histoire de l'Église*, tome 5, p. 198.

49. La question générale des pseudonymes et anonymes modernistes est traitée par Émile Poulat dans *Histoire, dogme et critique*, p. 621-677. Pour Loisy, voir la bibliographie dressée par le même dans son édition de A. Houtin et F. Sartiaux, *Alfred Loisy, Sa vie, son œuvre*, Paris, CNRS, 1960.

seconde (V) et, passant du plan des idées à celui de l'histoire, commençait par la religion d'Israël l'application de sa théorie du développement (VI)[50]. »

Paru le 15 octobre 1900, l'article sur « La religion d'Israël » devait avoir une suite, mais sa publication est interdite par le cardinal Richard, qui écrit le 23 octobre à l'abbé Bricout : « Cet article est en contradiction avec la Constitution *Dei Filius* promulguée dans le concile du Vatican ; il est pareillement en contradiction avec les règles données par le Souverain Pontife Léon XIII pour l'interprétation des Livres de la Sainte Écriture dans l'Encyclique *Providentissimus Deus*. Nous en interdisons la publication dans la Revue du Clergé Français[51]. »

## *Interventions romaines*

La réaction du cardinal Richard correspond à l'esprit de ces années de la fin du siècle, durant lesquelles diverses interventions romaines s'efforcèrent de resserrer la discipline imposée aux exégètes catholiques. Ainsi, le 13 janvier 1897, un document romain manifeste la volonté de mettre un terme aux intempérances d'une certaine école critique. Il s'agit du décret de la Sacrée Congrégation de l'Inquisition soutenant l'authenticité totale du verset de la première épître de saint Jean 5,7, tel qu'il figure dans la Vulgate : « Il y en a trois qui témoignent dans le ciel : le Père, le Verbe et l'Esprit-Saint, et ces trois sont un ; et il y en a trois qui témoignent sur terre : l'Esprit, l'eau et le sang, et ces trois sont un. » Alors que des doutes très sérieux s'étaient élevés contre l'authenticité de la mention des trois témoins célestes, dire que l'on ne pouvait pas en sûreté de conscience *(tuto)* nier ou révoquer en doute ce verset, c'était refuser d'admettre que la critique puisse dessaisir la théologie trinitaire d'un argument qu'elle avait longtemps utilisé.

Mais le texte qui frappe le plus Loisy se trouve dans la *Lettre au clergé de France* du 8 septembre 1899, Léon XIII y

---

50. *Histoire, dogme et critique*, p. 74.

51. La lettre est publiée par la RCF dans sa livraison du 15 novembre 1900.

accentue dans un sens restrictif les consignes données dans l'encyclique *Providentissimus*. Le pape demande aux professeurs des séminaires de mettre leurs élèves « spécialement en garde contre des tendances inquiétantes qui cherchent à s'introduire dans l'enseignement de la Bible, et qui, si elles venaient à prévaloir, ne tarderaient pas à en ruiner l'inspiration et le caractère surnaturels. Sous le spécieux prétexte d'enlever aux adversaires de la parole révélée l'usage d'arguments qui semblaient irréfutables contre l'authenticité et la véracité des Livres Saints, des écrivains catholiques ont cru très habile de prendre ces arguments à leur compte. En vertu de cette étrange et périlleuse tactique, ils ont travaillé de leurs propres mains à faire des brèches dans les murailles de la cité qu'ils avaient pour mission de défendre [52] ».

Cette lettre de Léon XIII, *Depuis le jour*, affecte aussi les philosophes. mais c'est du côté des exégètes que les réactions seront les plus vives. Sous le pseudonyme d'Isidore Després, Loisy publiera dans la RCF du 1er juin 1900, un article d'une grande amertume sur « La lettre de Léon XIII au Clergé de France et les études d'Écriture sainte ». Après la censure du cardinal Richard, Loisy reçoit la nouvelle encyclique comme un désaveu des critiques qui avaient cru à la possibilité d'une rénovation de l'exégèse catholique.

> « Il est clair, dit Loisy, que le Saint-Père n'apprécie pas en elle-même et pour sa valeur scientifique l'œuvre des critiques catholiques. Cette œuvre, nous pouvons le dire en passant, n'est pas jugée défavorablement par les hommes du métier, en dehors de l'Église. Mais il s'agit de son rapport avec la théologie scolastique et la forme de la démonstration chrétienne qui est traditionnelle depuis Bossuet. Dans la conception scolastique, l'exégèse biblique n'est qu'une science auxiliaire, ou, pour mieux dire, une province de la théologie. On ne lui voit pas d'autre raison d'être que celle d'appuyer les thèses dogmatiques, de fournir des arguments contre l'hérésie et l'incrédulité. Que la science de la Bible puisse avoir une existence relativement indépendante, comme toutes les autres sciences humaines, avec son objet et sa méthode propres, qui seraient l'une et l'autre purement historiques, c'est pour la théologie catholique une idée absolument nouvelle et presque révolutionnaire. Car l'exégèse scripturaire ne pourrait se constituer en

52. *Lettres apostoliques de Léon XIII*, tome VI, p. 101.

science autonome sans occasionner et produire une certaine refonte de la théologie, une transformation de l'apologétique [53]. »

Loisy avait raison de dire que « l'inspiration et le caractère surnaturel de la Bible apparaissent certainement sous un tout autre jour lorsqu'on étudie la Bible comme un livre d'histoire et selon les règles de la critique historique ». Mais suffit-il de faire apparaître la Bible « sous un autre jour » pour en ruiner l'inspiration et le caractère surnaturel ? Pour nous, la réponse est évidente. Mais le discernement était difficile à l'époque et rares étaient, dans le monde catholique, les esprits capables de supporter une révision fondamentale des lectures classiques du texte inspiré.

## *La question du Pentateuque*

Dans son article de 1900 sur « La religion d'Israël », Loisy traitait la question de l'histoire biblique des origines et il montrait bien l'entrecroisement entre la critique biblique et l'histoire des religions, ou mieux le retentissement de l'histoire des religions sur la critique biblique. Loisy opposait aux certitudes de Bossuet sur « la suite de l'histoire » le nouvel état des connaissances :

> « Les données chronologiques de la Bible ressemblent maintenant pour nous à un léger filet jeté en guise de pont sur un abîme dont on n'entrevoit pas les limites. Pour nous représenter scientifiquement l'histoire primitive de l'humanité ainsi que l'histoire ancienne d'Israël, nous devons y reconnaître des régions ténébreuses. Disons tout de suite que l'histoire d'Israël est relativement claire depuis Samuel et Saül ; auparavant, en remontant jusqu'à Moïse, quelques points se détachent à demi-jour sur un fond obscur ; avant Moïse et jusqu'à Abraham, c'est la nuit complète. Les premiers chapitres de la Genèse ne nous apprennent pas et ne veulent pas nous apprendre dans quelles circonstances l'homme et la religion firent leur entrée dans le monde et comment ils s'y

53. RCF, 1er juin 1900, p. 14-15. Cet article fait partie d'une série consacrée par la même revue à la Lettre au Clergé de France : La culture des vocations sacerdotales (M. Lesêtre) ; les petits séminaires (Ch. Guillement) ; la philosophie chrétienne en France (C. Besse) ; la théologie (A. Vacant) ; l'histoire ecclésiastique (H. Hemmer) ; le droit canonique (A. Boudhinon) ; l'action sociale du prêtre (M. Millot).

> comportèrent au cours des âges préhistoriques ; ils nous font seulement entendre que l'homme parût sur la terre par la volonté et la vertu de Dieu en qualité de créature, que ce fut dès l'abord une créature désobéissante et moralement déséquilibrée, que Dieu néanmoins veillait sur l'humanité en ces temps reculés comme il a fait plus tard et qu'il la gouvernait selon sa justice et sa miséricorde [54]. »

Loisy reprend l'article contesté par le cardinal Richard dans l'ouvrage sur *La religion d'Israël*, qu'il publie en 1901 [55], en même temps qu'une réédition fort remaniée de ses *Études bibliques* [56]. Entre temps, Loisy avait été nommé professeur libre à l'École Pratique des Hautes Études. La première année, il y prend pour sujet : *Les mythes babyloniens et les premiers chapitres de la Genèse* [57]. Mais, Loisy se rend compte que le thème est fort dangereux et, en 1902, il se tourne vers les « paraboles de l'Évangile [58] ». Le Nouveau Testament passera au centre du débat avec *L'Évangile et l'Église*. Mais ce n'est pas à tort que Loisy jugeait particulièrement risquées les études sur l'Ancien Testament.

Au tournant du siècle, le problème posé par la confrontation avec les sciences de la Terre et de la Vie pouvait être considéré comme résolu. Dans ses conférences de Toulouse sur *La méthode historique*, Lagrange considère que la question du concordisme est définitivement tranchée. Il n'y a pas à essayer de concilier la Bible avec les découvertes scientifiques actuelles. Pour être inspirés, les auteurs bibliques ne transcendent pas pour autant le langage et la science de leur temps. Si l'on admet que « la Bible ne contient pas d'enseignement scientifique », il serait vain de chercher une erreur là où il n'y a pas proposition de vérité (p. 113).

Mais les problèmes posés par les origines de l'homme et par l'histoire primitive de l'humanité n'étaient pas pour autant résolus. Le processus de révision des certitudes communes s'engage à partir de la critique textuelle. Le problème de la

---

54. RCF, 15 octobre1900, p. 338-339.
55. Paris, Letouzey et Ané, 1901.
56. 1^re^ édition, Amiens, Imp. Rousseau-Leroy, 1894, 2^e^ édition, Paris, Picard, 1901.
57. Ces leçons seront publiées sous ce titre, Paris, Picard, 1901.
58. Leçons reprises, avec des textes antérieurs, dans *Études évangéliques*, Paris, Picard, 1902.

composition des livres bibliques traitant des origines était à l'ordre du jour depuis qu'entre 1876 et 1878, J. Wellhausen avait publié des articles réunis plus tard en livre sous le titre *La composition de l'Hexateuque et des livres historiques de l'Ancien Testament.* En même temps qu'elle multiplie les auteurs du texte attribué à Moïse, la théorie documentaire en étale la composition dans le temps.

La théologie de l'inspiration était en tout cas touchée par les deux questions majeures que la théorie des documents faisait émerger. La question de la véracité : quelle confiance peut-on faire aux récits bibliques, notamment aux récits des origines ? La question de l'authenticité : qui sont réellement les auteurs des livres de la Bible ? François Laplanche montre l'interférence de ces deux questions : « Si Moïse n'est pas le rédacteur du Pentateuque, les autres livres de l'Ancien Testament qui le regardent comme l'auteur de la loi sont fautifs, les paroles du Christ et des apôtres consacrant l'expression "Loi de Moïse" sont erronées [59]. » En arrière-plan se posait aussi le problème d'une évolution de la croyance, qui serait manifestée par la distinction des documents (yahviste, élohiste, deutéronomique, sacerdotal). C'est ainsi que Welhausen incorporait la théorie documentaire « à une représentation de l'histoire israélite où la religion suit un processus évolutif, du polythéisme à la monolâtrie et au monothéisme [60] ».

Dans un article publié à l'occasion du centenaire de la Faculté de Théologie de Paris, Jacques Briend souligne d'abord la question ainsi posée aux catholiques : pouvait-on, sans faire injure à la tradition, accepter une pluralité de sources à la base du Pentateuque, ce qui revenait à nier son authenticité mosaïque ? Puis, Jacques Briend examine la position à cet égard des différents professeurs de l'Institut catholique : celle de Paulin Martin, étroitement traditionnelle, celle d'Alfred Loisy discrètement favorable à la thèse nouvelle, celle de l'abbé Mangenot qui « consacre 200 pages à exposer les arguments en faveur de la pluralité des sources, avant d'exposer la thèse traditionnelle [61] ».

---

59. *La Bible en France*, p. 182.

60. Pierre Grelot : *La Bible parole de Dieu*, Paris, Desclée, 1965, p. 205.

61. *Les Cent ans de la Faculté de Théologie*, Paris, Beauchesne, 1992, p. 172. La prudence s'imposera d'autant plus à Mangenot que son livre sur

## *Les difficultés du père Lagrange*

Dès 1897, au Congrès scientifique international des catholiques, qui s'était tenu à Fribourg, diverses interventions avaient déclenché des controverses. Sur le thème des sources du Pentateuque, le père Semeria avait lu, en son absence, un mémoire du baron Friedrich von Hügel [62]. Pour sa part, le père Lagrange était intervenu en posant cette question : « Les raisons qui ont empêché jusqu'à présent les catholiques d'aborder l'examen du Pentateuque sont-elles décisives ? ». La réponse était évidemment négative, mais la publication de son texte dans la *Revue biblique* de janvier 1898 provoquera des réactions indignées dans la presse catholique. Notamment dans les *Études* du 5 novembre avec un article du père Méchineau qui représente avec le père Brucker la tendance la plus conservatrice au sein de cette revue. Surtout, les dénonciations qui parviennent à Rome provoquent la constitution d'un dossier au Saint Office. La censure est évitée, mais la menace avait été sensible [63].

Sa formation thomiste préparait cependant le père Lagrange à reconnaître le caractère pleinement humain de la Bible parole de Dieu. En 1896, dans son article de la revue biblique sur « L'inspiration et les exigences de la critique », Lagrange écrit : « Dieu enseigne tout ce qui est enseigné dans la Bible, mais il n'y enseigne rien que ce qui est enseigné par l'écrivain sacré, et ce dernier n'y enseigne rien que ce qu'il veut y enseigner. C'est très simple, mais c'est très fécond, car cela suppose que l'inspiration ne change ni le sens des termes, ni le caractère des propositions, ni le genre littéraire des livres. » Sans audace excessive, sans céder à des théories simplistes,

*L'authenticité mosaïque du Pentateuque* paraîtra en 1907 après le décret de la Commission biblique.

62. Cet aristocrate de dimension internationale vivait en Angleterre et il y était l'ami de Georges Tyrrell. Son rôle dans la crise moderniste aura été surtout d'établir des communications entre des hommes et des milieux différents. D'une très large culture, lui-même n'était pas vraiment un spécialiste. Cependant il a écrit un livre important sur sainte Catherine de Gênes : *The mystical Element of Religion* (2 vol., Londres, Dent, 1908). Et Maurice Nédoncelle a pu consacrer à son œuvre une thèse sous le titre : *La pensée religieuse de Friedrich von Hügel* (1852-1925), Paris, Vrin, 1935.

63. Montagnes, *op. cit.*, p. 85-87.

les conférences de Toulouse sur *La méthode historique*[64]. relativisent l'histoire des origines, en s'appuyant déjà sur une théorie des genres littéraires : « Que nous le voulions ou que nous ne le voulions pas, un immense espace nu s'étend de la création de l'homme au temps d'Abraham. Ce qui s'est passé alors, nous ne le saurons probablement jamais » (p. 163). A cause de sa connotation négative, Lagrange refuse pourtant le mot « mythe », et donc aussi bien l'alternative histoire ou mythe. Il préfère parler d'une « histoire primitive légendaire » (p. 158).

Lagrange se déclare convaincu que « l'étude historique, très attentive et très critique, mettra de plus en plus en lumière l'action surnaturelle de Dieu » (p. 67). Mais les conférences qui visaient à vulgariser une doctrine déjà connue, suscitèrent de vives oppositions[65]. Quelques années plus tard, le 27 juin 1906, un décret de la Commission biblique donne une réponse négative à la question qui lui était ainsi posée : « Les arguments accumulés par les critiques pour attaquer l'authenticité mosaïque des Livres saints désignés sous le nom de Pentateuque ont-ils tant de poids que, sans tenir compte des nombreux témoignages des deux testaments pris collectivement, du sentiment perpétuel du peuple juif, de la tradition constante de l'Église et des indices internes qui sont tirés du texte lui-même, ils donnent le droit d'affirmer que ces livres n'ont pas Moïse pour auteur, mais qu'ils ont été formés de documents pour la plus grande partie postérieure à l'âge mosaïque ? »

La Commission biblique ne fermait pas l'avenir. Mais elle estimait que le rapport de forces entre la croyance traditionnelle d'une part et l'argumentation critique d'autre part ne justifiait pas que l'on abandonne la première. Comme le montre encore Bernard Montagnes, la question de l'Ancien Testament restera la croix du père Lagrange jusqu'à sa mort. A la fin de sa vie, il travaille encore à ce commentaire de la *Genèse* dont la publication avait été interdite en mai 1907 par une notification du cardinal Merry del Val, en même temps que l'Introduction au livre d'Isaïe, préparée par le père

64. Voir *op. cit.*, p. 141.
65. Sur ce point, l'article de Bernard Montagnes : « La méthode historique, succès et revers d'un manifeste » dans *Naissance de la méthode critique*, p. 67-87.

Condamin pour la collection des *Études bibliques*[66]. Bernard Montagnes conclut tristement : « De ce labeur — que la mort n'allait pas tarder à interrompre — ne paraîtrait qu'une étude préalable, sous forme d'un article, "L'authenticité mosaïque de la Genèse et la théorie des documents", publié dans la *Revue biblique* d'avril 1938, alors que l'auteur était déjà allé rejoindre la Jérusalem céleste depuis un mois[67]. »

## *Objections de J. Fontaine*

Afin de cerner davantage le style des objections théologiques adressées aux exégètes, nous reviendrons en arrière. Dans *La Science Catholique* du 15 décembre 1899, Julien Fontaine avait invoqué l'autorité de la Lettre au Clergé de France contre l'article du sulpicien Jules Touzard sur « Le développement de la doctrine de l'immortalité », publié dans la *Revue biblique* du 1er avril 1898. Le père Lagrange proteste dans une lettre au père Fontaine que celui-ci reproduit au moins en partie dans son livre *Les infiltrations protestantes et le clergé français*[68]. La question sous-jacente est celle de savoir s'il est légitime de suivre la critique dans sa contestation de l'authenticité de certains livres bibliques. Ou encore, c'est la question de savoir si l'on peut discuter l'authenticité de ces livres sans mettre en cause leur véracité.

Le livre de Fontaine mérite de nous retenir un moment. Il critique d'abord les articles dans lesquels l'abbé Margival fait l'apologie de Richard Simon, et de sa tentative d'un commentaire grammatical et historique de l'Écriture[69]. Et c'est, pour l'auteur, l'occasion d'affirmer que « L'Église s'opposera tou-

66. *Le père Lagrange*, p. 119-120.

67. *Op. cit.*, p. 219.

68. Paris, Victor Retaux, 1901. C'est le premier d'une série d'ouvrages sur lesquels nous reviendrons surtout pour la liaison ainsi établie entre ce qui sera considéré comme modernisme d'une part et d'autre part la conjonction protestantisme/kantisme.L'ouvrage suivant de Fontaine, publié en 1902 s'intitulera *Les infiltrations kantiennes et protestantes et le clergé français*. Il vise surtout Blondel et le groupe des *Annales de Philosophie chrétienne*.

69. La critique de Fontaine s'applique à l'article paru en mai-juin 1899 dans la RHLR.

jours à l'existence dans son sein d'une *critique autonome*, indépendante de sa dogmatique [70] ». C'est cette critique, d'inspiration protestante, qui conduit un Touzard à méconnaître la réalité de l'enseignement théologique contenu dans les premiers chapitres de la *Genèse* sur l'âme et sur son immortalité :

> « En négligeant de donner aux premières pages de la Genèse, dont l'interprétation dogmatique a été fixée par l'Église, toute leur signification et toute leur portée, on s'expose à faire croire que la religion est le résultat d'une évolution naturelle. Si les Hébreux ne sont parvenus que grâce aux circonstances malheureuses qu'ils ont traversées, à dégager à force de réflexions provoquées par leurs infortunes nationales, les notions de l'immortalité et des rétributions futures, peines et récompenses, beaucoup seront portés à attribuer le même processus à l'idée de Dieu, de son unité et autres attributs essentiels, qui n'apparaît guère plus clairement dans la Genèse que la distinction de l'âme et du corps. La thèse du rationalisme biblique sur le polythéisme des Hébreux leur paraîtra plus acceptable qu'auparavant » (p. 20-21).

Ce texte manifeste bien le sentiment d'une menace : la critique biblique ne va-t-elle pas encourager une histoire des religions toute prête à dissoudre la transcendance de la religion biblique dans une évolution générale ? Mais cette crainte conduit à minimiser, sinon à méconnaître, le fait, pourtant reconnu par la théologie, d'un progrès de la Révélation dans l'Ancien Testament. On voit d'ailleurs resurgir chez Fontaine le thème classique dans le traditionalisme d'une « révélation primitive » plus ou moins altérée par la suite, thème considéré comme « le point de vue catholique sur l'origine de la religion elle-même » (p. 21). Or, selon Fontaine, le messianisme est également faussé par la nouvelle exégèse dans la mesure où celle-ci « laisse presque toujours dans l'ombre les parties les plus anciennes de son histoire, pour le dater seulement des prophètes [71] ». Dans la mesure aussi où les développements de

70. *Op. cit.*, p. 12, souligné par l'auteur.

71. *Op. cit.*, p. 22. La question de la nature et du rôle historique attribués au prophétisme dans des ouvrages tels que ceux de Welhausen est traitée par Christoph Theobald. Ces ouvrages illustrent le « paradigme libéral du sens de l'Ancien Testament dans son ensemble » SDB. article « Sens de l'écriture du XVIII^e^ siècle au XX^e^ siècle, Paris, Letouzey & Ané, 1992, col. 494.

la conscience messianique sont attribués à une réflexion du peuple sur son histoire, plutôt qu'à l'intervention positive de Dieu ranimant des sentiments anciens dans la conscience d'Israël.

## *Les conditions de la recherche*

La plupart des difficultés soulevées par Julien Fontaine apparaissent aujourd'hui périmées. En revanche, l'une de ses remarques était et reste pertinente : « Il serait, dit-il, inutile de rêver, de nos jours, une science ésotérique, réservée à un petit nombre d'érudits, et étrangère au grand public. Bon gré, mal gré, ce public s'emparera au moins des conclusions générales de cette science et les exagérera même, si surtout elles favorisent le rationalisme qui est la maladie de ce siècle » (p. 47). De cette remarque, deux conclusions contraires peuvent d'ailleurs être tirées. Certains y puiseront la justification de leur vigilance précautionneuse : surtout, ne rien dire qui puisse choquer le commun des croyants. Pour d'autres, cette remarque confirme la pertinence de leur entrée résolue dans un espace de discussion largement ouvert.

A cet égard, on ne saurait trop insister sur le rôle des revues. dont la multiplication à l'époque correspond à une prise de conscience. Dans un article de 1902 à propos de l'accueil fait par Louvain aux revues européennes et américaines, Clément Besse écrit ceci : « La revue est aujourd'hui l'organe de la pensée universelle. Le livre n'a plus qu'un succès restreint. Il est à la fois trop l'affaire d'un homme et trop la pensée d'une tête. Sur tous les sujets, on veut l'opinion de tous. Une revue renferme cette opinion multiple, et elle est encore hospitalière aux découvertes, aux systèmes complets et incomplets, et aussi aux hypothèses, aux fantaisies, aux essais de tous les genres [72]. »

Seulement de tels échanges supposent un climat de confiance réciproque qui s'est déjà fortement altéré. A la fin de notre chapitre sur l'américanisme, nous avons commencé à remettre en cause l'idée reçue suivant laquelle la crise moderniste commence avec la publication de *L'Évangile et l'Église*.

---

72. RCF, 1er février 1902, p. 495.

Le moment crucial n'est peut-être pas celui où l'on commence à parler de « modernisme ». Ce qui est capital, c'est le fait que la contestation, la suspicion, les dénonciations, soient déjà, plusieurs années avant cette date, des pratiques courantes. Dans le sermon qu'il prononce à l'Église des Carmes au cours de l'année 1901, le père Sertillanges montre que le « savant catholique » est déjà entouré d'observateurs inquiets qui se scandalisent dès qu'ils voient des confrères « emprunter à l'érudition incroyante ou hérétique des richesses précieuses ou un esprit scientifique sur plus d'un point manifestement supérieur ». Certes, continue le prédicateur, ce n'est pas « l'agitation vaine et présomptueuse de quelques hommes » qui permettra de faire de l'ordre et de la lumière, mais ce ne sont pas non plus « des partis pris d'entêtés qui nous y aideront[73] ».

La scène est déjà montée. En outre, on peut sans doute dire que le sort des principaux protagonistes est déjà fixé. En particulier celui de Loisy et de Lagrange. Même si l'on admet avec Christoph Theobald que leurs positions restent proches jusqu'en 1903, leurs conditions de travail ne sont pas les mêmes. Le père Lagrange a pu s'appuyer sur la communauté de recherche qu'il avait constituée à Jérusalem et sur le milieu de la *Revue biblique*. Brutalement interrompu, le séjour de Loisy a l'Institut catholique de Paris, aura été bref. De toutes manières, malgré l'intérêt réel de Mgr d'Hulst pour son travail, malgré ses contacts avec Duchesne, Loisy n'a pas trouvé au sein de cette institution un milieu intellectuel propre à le soutenir. Un réexamen sérieux des documents conduit Bernard Sesboüé à cette conclusion : « Si Loisy avait pu s'intégrer dans un groupe de chercheurs appartenant aux diverses disciplines, capables d'échanger entre eux avec une pleine confiance, se corrigeant et se complétant les uns les autres au point de faire progresser une problématique, je pense que l'issue *eût pu* être différente. Mais on ne refait pas l'histoire. Si l'hypothèse que je formule apparaît trop anachronique, la faute n'en revient pas au seul Loisy[74]. »

73. RCF, 15 août 1901.

74. « Avant le modernisme » dans *Les cent ans de la Faculté de Théologie*, p. 138. D'où vient que les revues fondées par Loisy n'ont pas créé autour de lui un véritable milieu intellectuel ?

Il reste qu'un rôle décisif sera joué par le changement de pontificat. La valeur du travail accompli par Lagrange et par l'École biblique de Jérusalem avait été reconnue officiellement à la fin du pontificat de Léon XIII, fin qui avait d'ailleurs été marquée par une certaine libéralisation. A côté des autres organismes de la Curie, le Pape avait créé une Commission chargée des affaires bibliques. Mise en place en août 1901, elle sera définitivement constituée le 30 octobre 1902[75]. Le père Lagrange en sera nommé consulteur dès le 26 janvier 1903. Donc fort peu de temps avant la mort de Léon XIII (le 20 juillet 1903). L'élection de Pie X (4 août 1903) signifiera en tout cas pour le père Lagrange la fin du projet formé par Léon XIII de son installation à Rome pour y créer un Institut de Hautes Études Bibliques[76].

## V. AU PLUS VIF DE LA CONTROVERSE

### *L'Évangile et l'Église*

Le 10 novembre 1902, Loisy publie *L'Évangile et l'Église*[77]. L'objectif déclaré est de réfuter les thèses anti-catholiques soutenues par Adolf Harnack dans un livre sur *L'essence du christianisme*, qui venait d'être traduit en français[78]. Alors que les ouvrages précédents de Loisy relevaient, au sens strict, de l'exégèse biblique, *L'Évangile et l'Église* intègre les problèmes de l'exégèse néo-testamentaire à des questions plus vastes, et surtout plus proches de la théologie : la question du développement du dogme et celle de la vie des institutions ecclésiales dans l'histoire. C'est pourquoi nous retrouverons assez constamment dans nos chapitres ultérieurs cet ouvrage et celui qui tente l'année suivante de le jus-

75. Voir l'encyclique *Vigilantiae* du 30 octobre 1902, *Lettres apostoliques de Léon XIII*, Paris, Bonne Presse, tome 7, p. 132 sq.

76. Voir Montagnes, *op. cit.*, p. 106

77. Sous le sigle EE. Nous citons la 3e édition. Chez l'auteur, Bellevue, 1904.

78. Paris, Fischbacher, 1902. Nous citons EC.

tifier : *Autour d'un petit livre* [79]. En particulier, nous y reviendrons en parlant du développement dogmatique, car la question se pose à la fois sur le plan historique, sur le plan philosophique et sur le plan théologique. Pour le moment, nous insistons sur le rapport difficile que Loisy tente d'instituer entre la tâche de l'historien et celle du théologien dans le contexte des sciences religieuses.

*L'Évangile et l'Église* de Loisy a fait choc, et il a divisé les esprits, partagés entre l'enthousiasme et la réprobation. Mais, de ce côté, nous sommes surtout confrontés à un fait étonnant qu'il faut essayer de comprendre. La manière dont Loisy défend l'Église catholique contre Harnack a été ressentie au sein même de cette Église comme une attaque bien plus dangereuse que celle de l'historien protestant des dogmes. Les réactions officielles sont d'ailleurs rapides. Dès le 17 janvier 1903, le livre de Loisy est censuré par le cardinal Richard, archevêque de Paris. En octobre, Loisy riposte en publiant *Autour d'un petit livre* et le 16 décembre, cinq de ses ouvrages sont mis à l'Index par un Décret du Saint-Office. En 1908, après la publication de son troisième « petit livre rouge », ses *Simples réflexions sur le Décret Lamentabili et l'encyclique Pascendi* [80], Loisy sera excommunié.

Quelles étaient alors les intentions profondes de Loisy ? Quel crédit faut-il attribuer aux déclarations ultérieures suivant lesquelles l'historien s'était déjà détaché d'une Église dont il prend la défense dans son livre ? Plus que de scruter ces intentions, nous nous proposons de relire *l'Évangile et l'Église* en fonction de sa visée manifeste, à savoir la critique de Harnack. Celui-ci présentait la « marche vers le catholicisme » soit sous sa forme romaine, soit sous sa forme orthodoxe, comme une dérive à partir de l'Évangile, dérive provenant d'une hellénisation (au moins chronique) du message originel. Loisy ne nie pas l'évolution, mais il l'interprète autrement que Harnack. Son livre entend bien justifier le droit que l'Église avait de vivre dans l'histoire, donc de changer, de se transformer, sans être pour autant infidèle à l'Évangile. Or c'est cette apologie du changement historique de l'Église qui

79. Paris, Picard, 1903.

80. Nous citons la 2e édition, chez l'auteur, Ceffonds, 1908.

a heurté les esprits au point de faire entrer la crise moderniste dans sa phase la plus forte.

## *Harnack vu par Loisy*

Comment se présente pour Loisy la thèse soutenue par *L'essence du christianisme ?* 1°) L'Évangile se réduit pour Harnack à une seule idée ou à un seul sentiment : « L'essence de l'Évangile consiste uniquement dans la foi au Dieu Père que Jésus nous a révélée » (EE, p. VIII.). 2°) Harnack prétend définir ainsi l'essence de l'Évangile, en entendant par « essence » un « principe unique et immuable » qui transcende les vicissitudes historiques. Cette essence peut donc être pensée et vécue aujourd'hui comme elle l'a été par Jésus et les Apôtres. 3°) Ayant extrait ce principe de l'Évangile, Harnack « s'en sert comme d'un critérium pour juger tout le développement chrétien, lequel n'aurait de valeur que dans la mesure où cette précieuse essence a pu s'y conserver » (id.). 4°) L'application de ce critère conduit Harnack à une dissociation radicale entre l'Évangile d'une part, le développement historique du catholicisme (occidental et oriental) d'autre part.

Les deux points majeurs de ce développement sont d'abord la constitution du dogme et notamment du dogme christologique, ensuite la constitution d'une société ecclésiastique (EE, p. 128-130). Le point crucial est qu'en son principe, l'Évangile n'implique aucune organisation de ce type. L'Église naît de façon tardive et en fonction d'exigences extrinsèques. Avec une évolution différente en Orient (Églises nationales) et en Occident (création politique dans la ligne de l'Empire romain, devant logiquement conduire à la monarchie absolue du Pape et à son infaillibilité) (cf. EE, p. 131).

Au nom de quoi Loisy juge-t-il ces thèses inacceptables ? Qu'elles relèvent du protestantisme et même d'un ultra-protestantisme, ne suffirait pas à les condamner. A moins que Loisy ne se pose en théologien catholique, ce qu'il déclare ne pas faire. Si Loisy critique les thèses de Harnack, il le fait ou il pense le faire au nom de ce qu'il considère comme les exigences de la véritable méthode historique. Il entend se montrer plus rigoureux que Harnack. En effet, celui-ci se présente comme historien, mais Loisy juge qu'en fait il se comporte en théologien, ne cherchant dans les Évangiles que la confirmation de ce que lui-même tient, théologiquement, pour l'essence du christianisme.

## *Questions de méthode*

Loisy pose deux principes méthodologiques. D'abord, l'Évangile existe indépendamment de nous et il a en soi un sens (EE, p. XIV). Ensuite, seule l'étude impartiale des documents — en l'occurrence les Évangiles — permettra de déterminer ce qui était l'essentiel pour Jésus et pour le christianisme primitif (EE, p. XIV-XV). Ce faisant, malgré ses précautions, Loisy risque de se laisser entraîner dans la problématique de son adversaire : la détermination d'un « essentiel » opposé à l'accidentel. A la vue unilatérale de Harnack, Loisy oppose ainsi une autre vue unilatérale : un eschatologisme exclusif de l'intériorité spirituelle repérée par le théologien protestant. Selon la vue que Loisy emprunte à Johannès Weis (et que reprend de son côté Albert Schweitzer), Jésus n'a prêché rien d'autre que l'imminence du Royaume — pour cette génération (EE, p. 41). Chacun connaît la formule célèbre : « Jésus annonçait le royaume, et c'est l'Église qui est venue » (EE, p. 155).

En toute hypothèse, Loisy ne se contente pas d'un constat ; il veut justifier le passage. Or, il estime que la manière dont Harnack pose l'essence du christianisme rend ce dernier incapable de penser un véritable développement historique. En effet, cette essence peut être répétée — ou retrouvée — dans l'histoire, mais elle demeure toujours semblable à elle-même. Loin d'être engendrée par elle, la vie historique des Églises lui reste extérieure. Précisons davantage. Harnack ne peut trouver dans le christianisme primitif le principe du développement historique ultérieur, tout simplement parce qu'il a commencé par réduire ce christianisme primitif à une pure pensée. Ainsi a-t-il méconnu la vie sociale des premières communautés chrétiennes, rassemblées par la foi en Jésus ressuscité (EE, p. 135).

On remarquera que la position de Harnack est en fait plus complexe que ne le dit Loisy. L'historien protestant reconnaît bien que les disciples de Jésus forment aux temps apostoliques une « société » (EC, p. 162). Mais ce qui reste pour lui historiquement décalé, c'est l'organisation ecclésiastique de cette société, ou ce qu'il nomme le « catholicisme », lequel n'apparaît qu'à la troisième ou quatrième génération chrétienne (p. 102). De sorte que Harnack pose deux problèmes : comment s'est produite cette « évolution vers le catholicisme » ? Dans cette transformation, l'Évangile s'est-il ou non maintenu ? La réponse à cette seconde question est en tout cas négative.

Cette réponse négative, Harnack la reprendra d'ailleurs dans le compte-rendu qu'il donne en 1909 du livre de Pierre Batiffol : *L'Église naissante et le catholicisme*[81]. Selon l'historien allemand : « Le catholicisme de l'an 250, pour ne rien dire de celui de 1908, possède en commun avec le christianisme primitif, une série d'éléments qui font tous défaut au protestantisme. Mais ces éléments ont acquis peu à peu, dans le catholicisme, une valeur, un champ d'action, une proportion, tout différents de ceux qu'ils avaient au début. Et ils ont changé l'essence de la piété et la vie de la religion à un tel point que le catholicisme romain peut bien prétendre à être un État antique avec une idéologie antique, mais il y a en son essence peu de commun avec la religion chrétienne naissante ».

Loisy s'oppose en bloc aux thèses de Harnack et à celles d'Auguste Sabatier, dont il avait fait la critique dans l'un des articles de la RCF signé Firmin. Ainsi, dans la livraison du 1er janvier 1899, il avait opposé l'idée d'institution à la « théorie individualiste de la religion[82] ». Il reste que, dans *L'Évangile et l'Église*, l'opposition la plus constante n'est pas l'opposition individualisme/société, mais l'opposition entre une essence immuable et une essence qui se manifeste dans le mouvement même de la vie. Le tort de l'historien protestant est de s'enfermer dans un système de pensée qui le rend incapable de poser un véritable développement de l'Église.

Contre Harnack, Loisy refuse de tenir le développement historique du christianisme pour extérieur à son essence — ou

81. Le texte de Harnack est cité par Batiffol dans la réédition de son livre à laquelle nous nous référons, Paris, Gabalda, 1927. Introduction p. XII.
82. Voir sur ce point Poulat : *Histoire dogme et critique*, p. 78.

pour inessentiel. Il se propose au contraire de légitimer la diversité des formes historiques successives en les intégrant à la continuité d'un développement. Il y a du nouveau. La communauté chrétienne vit et donc elle change, elle s'adapte aux circonstances, aux milieux au sein desquels l'Évangile se propage. Mais ce faisant, l'Église obéit à une exigence interne. S'il n'est pas le premier à l'utiliser, Loisy donne un relief particulier à l'image du germe, principe d'une croissance par laquelle l'organisme issu de ce germe se transforme pour demeurer fidèle à lui-même. L'embryon de société religieuse constitué par Jésus se développe organiquement, en accomplissant au contact des circonstances extérieures ses virtualités internes (EE, p. XXVI).

## *Polémique intra-ecclésiale*

La polémique avec le protestantisme de Harnack en recouvre une autre, interne au catholicisme : « Jusqu'à présent, dit Loisy, les théologiens catholiques ont surtout été préoccupés du caractère absolu que le dogme tient de sa source, la révélation divine, et les critiques n'ont guère vu que son caractère relatif, manifesté dans son histoire » (EE, p. 207). L'antinomie doit être surmontée, et elle peut l'être grâce à la notion de développement. Mais, en proposant celle-ci, et en expliquant le développement dogmatique antérieur, Loisy entend bien parler du présent et de l'avenir. Ainsi propose-t-il le dogme nouveau du développement du dogme :

> « C'est la notion même de développement qui a maintenant besoin de se développer, et l'on n'a pas à la créer de toutes pièces, mais à la constituer d'après une meilleure connaissance du passé. L'acquisition de ce dogme nouveau ne se fera pas autrement que celle des anciens. Ceux-ci n'étaient pas contenus dans la tradition primitive comme une conclusion dans les prémisses d'un syllogisme, mais comme un germe dans une semence, un élément réel et vivant, qui devait se transformer en grandissant, se déterminer par la discussion avant de se cristalliser dans une formule solennelle » (EE, p. 206).

Mais quelle idée Loisy se fait-il du développement ? Comme le dit Henri Gouhier : « Cette histoire où Église et

Évangile ne font qu'une seule vie est commandée par une notion d'*évolution* qui veut régénérer celle de *tradition*. Conserver et transmettre le message de l'Évangile, ce n'est pas à proprement parler conserver et transmettre un dépôt ; c'est tirer du message tout ce qui est utile à son assimilation et à sa propagation dans une histoire générale qui, elle, ne cesse de changer ». Et Gouhier condense la position de Loisy dans cette formule : « Loisy parle d'*évolution* comme Spencer et de *développement* comme Newman[83]. »

Le mélange des notions est instable et il ne pouvait en tout cas pas satisfaire des théologiens qui avaient déjà du mal à admettre la position de Newman. Les résultats des analyses historiques poursuivies dans les ouvrages de Loisy inquiètent les théologiens, mais aussi le public catholique. Comme l'écrit Christoph Theobald : « Derrière ces œuvres [...] se dessinait une histoire de la religion d'Israël et des origines du christianisme qui bouleversait profondément l'image que l'Église et le catholique moyen s'en faisaient[84]. »

Nous avons déjà mentionné les objections de l'abbé Frémont. Ce prêtre était un intellectuel, dont les conférences étaient appréciées d'un large public ; il n'était en rien fermé aux idées modernes ; il s'était même rallié à la République bien avant que Léon XIII en donne la consigne. Ses notes personnelles montrent qu'il n'était pas systématiquement hostile à Loisy : il avait même pris sa défense devant Léon XIII, et le 20 mai 1902, il lui avait rendu visite à Bellevue avec Marcel Hébert. Or, à la date du 7 décembre de la même année, Frémont écrit dans son Journal :

> « J'ai lu, en deux jours, le nouveau livre de l'abbé Loisy : *L'Évangile et l'Église*, J'y trouve singulièrement réduite la révélation du Christ. Que devient la divinité de Jésus dans ce travail pseudo-critique ? Une œuvre de la tradition ecclésiastique, empruntant, par l'intermédiaire d'Origène, les idées de Platon sur le Logos, et constituant le dogme de l'Incarnation et de la Rédemption [...] auquel Jésus n'avait jamais pensé ou que tout au moins il n'a jamais exprimé clairement. Ainsi parle l'abbé Loisy qui d'ailleurs est documenté, mais que le renanisme et le criticisme

83. Cours inédit sur le modernisme ; 2e leçon, 5 décembre 1962 (souligné par l'auteur).

84. « L'exégèse catholique... », p. 401.

allemand dominent de plus en plus. Je serais surpris que cette publication échappât à l'Index[85]. »

En fin de compte, Frémont entreprendra une critique approfondie du livre dans ses *Lettres de M. l'abbé G. Frémont à M. l'abbé Alfred Loisy*[86]. Il lui reproche les coupes opérées dans le raisonnement apologétique. A la revendication d'indépendance de Loisy, Frémont oppose le service que le théologien se juge en droit d'attendre de l'historien pour la réalisation de son projet apologétique : l'histoire se doit d'établir, et elle peut établir, que le Christ a proclamé sa personnalité divine, qu'il est réellement ressuscité et qu'il a lui-même institué l'Église. En fait, Loisy ne récuse pas complètement le rôle apologétique de l'histoire, mais il le comprend d'une toute autre manière : ce qui a valeur de signe, c'est la totalité du développement ecclésial. Or, loin d'accepter volontiers ce déplacement de l'apologétique, la conscience catholique est heurtée par l'image qui lui est renvoyée du rapport de l'Église à son fondateur et à sa propre histoire.

Dans son premier grand livre : *Histoire, dogme et critique dans la crise moderniste*, Émile Poulat a mené une analyse historique très précise des réactions suscitées par le livre de Loisy. Bien que, depuis, des documents importants aient été exhumés et publiés, cette grande étude reste indispensable. On y verra que Poulat distingue un « premier barrage » opposé à *L'Évangile et l'Église*, et un « second barrage » consécutif aux explications fournies par Loisy dans *Autour d'un petit livre*. Loin d'apaiser les esprits, ce second ouvrage, plus incisif encore que le premier, les a au contraire excités.

## *Les Évangiles et l'histoire*

Même en dehors d'une stricte préoccupation apologétique, la manière dont le livre de Loisy parle de Jésus pose à la conscience catholique des problèmes difficiles : comment l'exégète traite-t-il les documents évangéliques ? quelle idée pense-t-il que l'on peut se faire à travers eux de la vie et de

85. Cité par Agnès Siegfried dans *L'abbé Frémont*, tome II, p. 395.
86. Paris, Bloud et Gay, 1904.

l'enseignement de Jésus ? En définitive, Jésus s'est-il déclaré Dieu, ou tout au moins saisissons-nous à travers le témoignage évangélique que Jésus se savait lui-même Dieu ?

Dans *Autour d'un petit livre*, Loisy souligne la différence qu'il fait entre l'Évangile johannique et les Synoptiques : « J'emploie les trois premiers évangiles pour raconter le Sauveur, le quatrième pour l'expliquer » (p. 108). L'accent mis sur cette différence marque d'abord ce que Loisy considère comme un fait : si l'on écrit la vie de Jésus à partir des Synoptiques, on ne rejoint pas l'évangile johannique et réciproquement. Mais, plus en profondeur, Loisy discerne dans le texte de Jean « une interprétation théologique et mystique de l'Évangile » (p. 86). La distance prise par rapport au vécu est donc considérable, mais il ne faudrait pas en conclure que, pour Loisy, les Synoptiques offrent quelque chose comme un pur récit, collant aux faits, sans les interpréter ? Même s'il semble parfois hanté par l'image de ce pur récit, Loisy n'ignore pas le caractère particulier des documents dont il dispose pour écrire l'histoire de Jésus. Il sait que les Évangiles sont tous le produit d'une catéchèse antérieure dont ils constituent une retranscription littéraire.

Même si Loisy ne réfléchit pas autant que le voudrait Blondel sur la notion de fait, il développe l'idée suivant laquelle le récit évangélique est toujours déjà une interprétation. Ainsi dans *Autour d'un petit livre* : « Ni les prédicateurs chrétiens ni les évangélistes n'avaient souci de l'exactitude historique ; ils visaient à produire la foi et ils interprétaient l'Évangile en le racontant. L'allégorisation des paraboles, la tendance à entendre symboliquement certains faits, la préoccupation de démontrer le Christ par son œuvre, en un mot l'évolution de la tradition didactique et littéraire qui aboutit aux Synoptiques n'a rien de surprenant. Il est d'autant plus indispensable de l'étudier et de la comprendre qu'elle explique l'apparition et le caractère du quatrième Évangile [87]. »

L'édition que je possède a été annotée par un lecteur ancien dont la réaction est significative des discussions provoquées par l'exégèse de Loisy. En marge de la citation précédente : « Tout l'esprit du livre est dans ces mots. La conclusion qui s'impose est la suivante : donc les Évangélistes ont fait une

87. *Op. cit.*, p. 84-85, voir déjà EE, p. XX-XXI.

œuvre subjective. Ce sont plutôt leurs pensées qu'ils ont écrites que les paroles elles-mêmes du Christ. Donc le Christ peut être tout autre que ne le représentent les Évangélistes. Cette affirmation est grave et propre à soulever des tempêtes chez les uns, des doutes chez les autres. L'œuvre des Évangélistes semble toute objective et elle l'est, mais chacun d'eux a cependant gardé son caractère personnel, et avait un but particulier, voilà la vérité. »

## *Allégorisation et idéalisation*

Que veut dire Loisy lorsqu'il parle de « l'allégorisation des paraboles » ? La réponse à cette question peut être cherchée dans les *Études évangéliques*[88], publiées la même année que le premier petit livre rouge. A l'intérieur même des Synoptiques et plus précisément dans les paraboles, Loisy pense découvrir un processus interprétatif que généralisera saint Jean et qu'il considère comme « la forme naturelle de la pensée chrétienne » (p. VI.) Dans le texte des paraboles, on distingue en effet deux couches rédactionnelles. La forme primitive est celle d'une fable, simple et claire, dont l'application concerne le Royaume des Cieux annoncé par Jésus, de sorte que s'il existe quelque part un « récit pur », ou un témoignage direct des paroles mêmes de Jésus, c'est là qu'on le trouve. Au moins dans la mesure où l'analyse rédactionnelle parvient à reconstituer cette forme primitive.

Ensuite, les paraboles ont été chargées de sens plus profonds et plus mystérieux, à tel point que le genre parabolique a pu être considéré dans l'Église comme un procédé par lequel Jésus avait dérobé aux Juifs, réprouvés par Dieu, la connaissance des vérités salutaires, en la réservant aux disciples. Ce passage d'une forme à l'autre est, pour Loisy, typique. C'est le modèle permettant de comprendre d'une part la construction des récits dans les Synoptiques, d'autre part l'Évangile johannique, où le procédé règne de façon souveraine sur l'ensemble de l'œuvre : « Comme l'allégorisation des faits, partielle dans les Synoptiques, devient dans l'Évangile johannique un système qui embrasse toute l'histoire du

88. Paris, Picard, 1902.

Christ et dans tous ses détails, l'allégorisation des paraboles aboutit, dans les discours du quatrième Évangile, à l'allégorie pure, qui se substitue à la parabole pour exprimer une doctrine mystique où la prédication du royaume céleste est entièrement transposée, transformée, idéalisée [89]. »

Le sens général de la thèse de Loisy sur les rapports du dogme et de l'histoire dépend donc de la manière dont il entend cette « interprétation allégorique ». Ce qui est certain, c'est qu'il prend soin de marquer son caractère spécifique, proprement chrétien. En distinguant ce mode d'interprétation de processus repérés par ailleurs, avec lesquels on serait tenté de le confondre. Il existait, dans l'horizon culturel de Loisy, un modèle d'allégorie bien situé, à savoir l'interprétation allégorique des mythes d'Homère par la philosophie grecque. Celle-ci se proposait de dégager des « allégories philosophiques » de la forme imaginative sous laquelle les mythes présentaient les personnifications divines [90]. Dans ce contexte et en fonction des idées de l'époque sur la culture grecque, l'interprétation allégorique consiste à dépouiller de son revêtement imaginatif un contenu conceptuel afin de le présenter sous sa forme philosophique. Or, Loisy prend bien soin de noter qu'il ne s'agit nullement, dans les Évangiles, de ce type d'allégorisation. « Discours et récits vivent d'une autre manière et, pour être symboliques, ne ressemblent nullement à des allégories philosophiques » (p. X).

En fin de compte, rien n'empêche de résoudre dans un sens positif les ambiguïtés du texte de Loisy. Lorsque celui-ci traite des emprunts johanniques à la culture grecque, il se préoccupe de montrer que Jean prend le contre-pied de Philon d'Alexandrie et de son allégorisation philosophique : « Il diffère essentiellement de la gnose, qui substituait à l'Évangile un système philosophique où la vie et la mort du Sauveur s'évanouissaient en un rêve transcendant [91] ». Lorsque le mot « logos » est emprunté à Philon, ce mot est « dénaturé et transfiguré par son nouvel emploi » de façon à s'harmoniser

---

89. *Op. cit.*, p. VII, texte repris dans *Jésus et la tradition évangélique*, Paris, Nourry, 1910, p. 246.

90. Comme le montre plus tard Felix Buffière dans *Les mythes d'Homère et la pensée grecque*, Paris, Les Belles Lettres, 1956, p. 48.

91. *Autour*, p. 96.

avec « l'esprit et le fond de tradition chrétienne qui anime et supporte le système johannique[92] ».

Des formules de Loisy font pourtant problème, surtout dans la mesure où il les rapporte lui-même à une théorie relativiste de la connaissance religieuse. La principale de ces formules discutables se rencontre lorsque Loisy appose aux mots « travail d'allégorisation » ces autres mots « travail d'idéalisation ». Ne se rapproche-t-on pas ainsi du symbolisme d'un Marcel Hébert ? De plus le livre de Loisy sur *Le Quatrième Évangile*[93] parait un an après l'ouvrage similaire de Jean Réville[94]. Dans le compte-rendu qu'il fait de ce dernier livre, Jules Touzard cite une phrase de Réville disant de Jean : « Il n'a aucun souci de l'histoire telle que nous l'entendons ; il a composé un livre sur Jésus et non pas une histoire de Jésus [...]. Les événements qu'il raconte sont toujours présentés de manière à faire ressortir que ce sont des symboles[95] ». Passant de Réville à Loisy, une note du compte-rendu précise que « l'exégèse du 4$^{e}$ Évangile telle que Loisy la comprend et la développe dans la *Revue d'Histoire et de Littérature religieuse*, sacrifie beaucoup trop à l'allégorisme et enlève sans raison à cet évangile son caractère historique » (id., p. 223).

De quelque manière que l'on interprète les expressions de Loisy, ses livres ont posé aux théologiens des questions difficiles. Nous en formulons trois : 1°) La question de la pertinence de l'analogie biologique, appliquée à la fois à la vie sociale de l'Église et à son organisation dogmatique. La controverse se concentrera surtout sur ce dernier point. Peut-on penser un développement intellectuel sur le mode d'un développement vital ? Ou encore, cette analogie permet-elle de donner tout son sens à l'idée de tradition ? L'objection sera faite à Loisy par Blondel aussi bien que par des théologiens néo-thomistes comme Gardeil, mais au nom de principes différents[96]. 2°) Le fait même que se pose cette première question renvoie à une seconde, concernant le statut épisté-

92. *Études évangéliques*, p. X.

93. Paris, Picard, 1903.

94. *Le 4$^{e}$ Évangile, son origine et sa valeur historique*, Bibliothèque de l'École des Hautes Études (sciences religieuses), Paris, Leroux, 1901.

95. RCF, tome 28, p. 225.

96. Parmi les tentatives de mise au point, voir, du père Bernard Allo : « Germe et ferment » dans la RSPT, janvier 1907, p. 20-43 — repris dans

mologique de l'ouvrage de Loisy. Celui-ci parle-t-il en pur historien, ou ne se transforme-t-il pas en dogmaticien lorsqu'il montre dans la vie historique de l'Église la continuité d'un développement fidèle à la semence initiale, c'est-à-dire à l'Évangile ? Si l'on admet cette seconde hypothèse, que vaut la théologie loisyste du développement dogmatique ? 3°) En particulier, cette théologie permet-elle d'honorer l'identité substantielle du Jésus de l'histoire et du Christ de la foi ? Suffit-il que Jésus se soit déclaré « Messie » pour qu'à travers cette expression, il ait laissé percer la conscience que, selon le dogme, il devait avoir de sa divinité ? Ou, plus radicalement, que penser de cette proposition de Loisy : « Le Christ historique, dans l'humilité de son "service", est assez grand pour justifier la christologie, et la christologie n'a pas besoin d'avoir été enseignée expressément par Jésus pour être vraie [97] » ?

---

*Foi et systèmes*, Paris, Bloud et Cie, 1908, p. 223-262. Voir aussi les articles du père de Grandmaison réunis dans *Le dogme chrétien*, Paris, Beauchesne, 1928. La question sera reprise dans notre chapitre sur « Le développement dogmatique ».

97. *Autour*, p. 136.

# 5
# Tous les philosophes catholiques ne sont pas thomistes

## I. L'EMBARRAS DES HISTORIENS

### *Comment classer Blondel ?*

La crise moderniste est née de la conjonction qui s'opère dans le milieu catholique entre les initiatives exégétiques que nous venons d'étudier et les initiatives philosophiques que nous abordons maintenant. La même année 1893 voyait, sur le terrain biblique, la publication de l'encyclique *Providentissimus*, et, sur le terrain philosophique, la soutenance de la thèse de Maurice Blondel sur *L'Action*. Or, cette thèse donnait lieu dans les années qui ont suivi sa publication à des controverses qui m'ont incité jadis à développer le thème d'une « préhistoire blondélienne » de la crise moderniste [1]. Aujourd'hui, je dirais plutôt que la crise moderniste est déjà commencée à cette époque.

La controverse théologique autour des idées de Blondel débute avec des articles qui interprètent *L'Action* de 1893

1. Pierre Colin : « Le kantisme dans la crise moderniste » dans *Le Modernisme*, Paris, Beauchesne, Collection « Philosophie » n° 5, 1980, p. 9-81.

dans un sens apologétique. Ainsi l'article de l'abbé Denis dans les APC : « Nouvelles tendances de l'apologétique philosophique : MM. Ollé-Laprune, Fonsegrive, Blondel[2]. » Même lorsqu'elles sont assorties de louanges, comme c'est le cas pour cet article, Blondel éprouve le besoin de rectifier les interprétations apologétiques de sa démarche, ce qui le conduit à entrer lui-même sur ce terrain. Ainsi publiera-t-il dans la même revue, de janvier à juillet 1896, la fameuse *Lettre sur les exigences de la pensée contemporaine en matière d'apologétique et sur la méthode de la philosophie dans l'étude du problème religieux*[3].

L'important volume de René Virgoulay : *Blondel et le modernisme*, couvre la période 1896-1913, et il donne une analyse très fouillée des débats de Blondel au sein du monde catholique en insistant, comme l'indique le sous-titre du livre, sur les rapports entre « la philosophie de l'action et les sciences religieuses[4] ». Dans notre chapitre neuvième, nous reviendrons nous-même sur la manière dont Blondel doit assumer la signification apologétique de sa philosophie et sur les problèmes que pose sa mise en œuvre de la notion d'immanence[5].

Mais, dès 1896, la position philosophique de Blondel est plus radicalement mise en cause par le père Schwalm dans un article de la *Revue thomiste* sur « Les illusions de l'idéalisme et leurs dangers pour la foi[6]. » Bien qu'il ait le même âge que Blondel, le dominicain prend de très haut les hardiesses novatrices d'un « jeune apologiste néo-kantien ». Et il rapporte son livre à ce « vent de kantisme » qui souffle sur la France et qui

2. APC, septembre 1895. L'abbé Denis a pris la direction de cette revue en avril 1895.

3. Nous citons la réédition dans *Les premiers Écrits de Maurice Blondel*, Paris, PUF, 1956.

4. Paris, Cerf, 1980.

5. Pour le philosophe, l'immanence est la présence de l'esprit à lui-même qui fonde la réflexion, mais au point de vue théologique, la notion d'immanence signifie que l'esprit humain ne peut recevoir une révélation divine que si celle-ci correspond à une attente intérieure.

6. *Revue thomiste*, 1896, p. 413-441. Dans *Saint Thomas au XX^e^ siècle*, Colloque du Centenaire de la « Revue thomiste » (1893-1992), Paris, Saint-Paul, 1994, voir la contribution de Jean Caron : « La discussion entre le P. Schwalm et Maurice Blondel à propos de la méthode d'immanence en apologétique (1895-1898). »

engendre une véritable « doctrine d'école » propagée dans les lycées et les universités. Mais, selon le dominicain, cette mode sera passagère et le père Schwalm donne rendez-vous à Blondel en 1916 pour enregistrer la mort d'un système qui impose à l'esprit une contorsion trop violente pour être durable.

La scène des polémiques est déjà montée. Avec l'opposition entre le thomisme et une forme nouvelle de philosophie catholique, avec aussi l'idée que les thomistes se font du kantisme universitaire et de son influence délétère sur les jeunes catholiques. En fait, Blondel n'est pas « kantien », mais il est vrai que, dans le contexte de l'époque, son comportement philosophique est singulier. Trop chrétien pour des philosophes tels que Brunschvicg, et en général pour l'Université française, qui hésite à lui donner un poste, Blondel est philosophe et catholique, mais il ne se rallie pas à la philosophie officielle de l'Église catholique, le thomisme. Aussi bien les historiens de la philosophie ont-ils été embarrassés par ceux que l'on peut appeler les « philosophes de la crise moderniste[7] ».

## *Un ralliement inattendu à* Pascendi

L'un des plus célèbres, Émile Bréhier, adopte, dans sa grande *Histoire de la Philosophie*, une solution qui trahit surtout son embarras. En effet, il regroupe Blondel, Laberthonnière et Le Roy, en précisant ainsi les raisons de ce regroupement : « L'ensemble des tendances que l'on vient d'indiquer a été défini comme "philosophie moderniste" par l'Encyclique *Pascendi* du pape Pie X qui les condamne en 1907[8]. » La référence de Bréhier à une condamnation de ces trois philosophes par l'encyclique *Pascendi* est bien rapide. D'autant que l'historien de la philosophie n'ignore pas le contenu de l'encyclique. Il dit très justement que, selon elle, la philosophie moderniste a sa racine dans l'agnosticisme et

---

7. Voir Pierre Colin : « Les historiens de la philosophie et le modernisme » dans *Penser la foi*, Mélanges offerts à Joseph Moingt, Paris, Cerf, 1993.

8. *Histoire de la Philosophie*, tome II. *La philosophie moderne*, 2e partie, Paris, Alcan, PUF, éd. de 1940, p. 1038.

dans l'immanentisme. Dès lors, admettre que *Pascendi* a condamné nos trois philosophes, n'est-ce pas ratifier les accusations d'agnosticisme et d'immanentisme qui les ont frappés au sein du milieu théologique ?

Bréhier ne va sans doute pas si loin. En fait, il est surtout embarrassé. D'un côté, il détache Blondel, Laberthonnière et Le Roy de leurs contemporains et il les réunit en raison de leurs positions religieuses. D'un autre côté, il ne peut les faire rentrer dans le cadre de la « philosophie officielle de l'Église catholique ». Celle-ci sera étudiée plus loin, sous le titre : *Le réalisme néothomiste*, réalisme que Bréhier qualifie d'intellectualiste, pour marquer une double opposition à l'idéalisme ou phénoménisme kantien et au réalisme vitaliste bergsonien. Quant à Blondel, Laberthonnière ou Le Roy, il reste à les définir comme « modernistes ». Tout se passe comme si, malgré sa position de témoin extérieur, Bréhier ratifiait un certain présupposé catholique de l'époque, se refusant à admettre le légitime pluralisme des philosophies dans l'Église catholique.

Beaucoup plus tard, dans *Transformation de la philosophie française*, Bréhier avouera que le recul du temps lui permet de mieux voir « la nature et la parenté des grandes initiatives spirituelles qui marquent en France le début du XXᵉ siècle et dont les auteurs, surtout Henri Bergson, mais aussi Durkheim et Laberthonnière, ont répandu, même en dehors des limites de notre pays, un esprit nouveau, sans lequel la situation actuelle des problèmes philosophiques serait difficilement compréhensible [9] ». Le mot « modernisme » est encore employé à propos de Laberthonnière, mais il est mis entre guillemets et Bréhier précise que « ce mouvement adhère pleinement à l'Église avec son magistère, sa hiérarchie, son dogme et ses sacrements » (p. 40).

## *Pragmatisme et modernisme*

Au temps même de la crise, les « modernistes » ont parfois été rapportés à un courant philosophique que l'on détermine

9. Paris, Flammarion, « Bibliothèque de philosophie scientifique », 1950, p. 17.

en le distinguant du rationalisme classique et en le rapprochant du pragmatisme anglo-saxon. C'est ainsi que procède Abel Rey, publiant en 1908 un livre sur *La philosophie moderne*[10]. Il repère dans le champ contemporain deux courants qu'il distingue en fonction d'une alternative : « Quelles sont, avec la position actuelle du problème philosophique général, les alternatives possibles ? Il ne peut guère y en avoir qu'une, puisqu'il s'agit de conserver dans une union aussi serrée que possible la science et l'activité pratique, sans sacrifier l'une à l'autre, sans les opposer l'une à l'autre. Ou bien l'activité pratique sera la conséquence de la science, ou au contraire la science sera la conséquence de l'activité pratique [...]. Dans un cas, nous avons les systèmes rationalistes, intellectualistes et positivistes : le dogmatisme de la science. Dans l'autre, nous avons les systèmes pragmatistes, fidéistes, ou de l'intuition active (comme celui de Bergson) : le dogmatisme de l'acte. Pour les premiers, il s'agit de savoir pour agir : la connaissance fait l'action. Pour les seconds, le savoir suit les nécessités de l'action : l'action fait la connaissance » (p. 28-29). Le strict rationalisme pose donc le primat de la théorie sur la pratique, qui en découle. La raison spéculative précède et commande la raison pratique. L'autre courant renverse ces rapports.

Selon Abel Rey, ce second courant comprend William James, Bergson, Le Roy et, sans autre précision, « les modernistes ». Un regroupement aussi aléatoire nous intéresse surtout dans la mesure où il est étranger aux controverses théologiques. Même s'il ne permet pas d'aller au fond de sa doctrine, le rapprochement de Bergson avec William James n'est pas injustifié. La traduction française du livre du philosophe américain sur *Le pragmatisme* paraîtra un peu plus tard avec une introduction de Bergson[11]. Le rapport de Le Roy au pragmatisme est plus discutable. Surtout, la mention des « modernistes » reste vague. Mais le plus caractéristique, c'est la partition opérée par Abel Rey entre d'un côté le rationa-

10. Paris, Flammarion, « Bibliothèque de philosophie scientifique », 1908. Le livre est d'ailleurs fortement critiqué par P. M. de Munnynck dans RSPT, 1909, p. 136.

11. Paris, Flammarion, « Bibliothèque de philosophie scientifique », 1911.

lisme, de l'autre un courant mal défini qui s'oppose néanmoins au précédent par la confiance qu'il met dans l'intuition ou le sentiment. Or, une telle appréhension du champ philosophique ne peut qu'encourager des thomistes de l'époque, tels que le père Schwalm, dans leur méfiance à l'égard de Blondel et aussi à l'égard de Laberthonnière dont il rejette le « dogmatisme moral [12] ».

## *Les sciences philosophiques*

Certes, l'antithèse d'Abel Rey est sommaire, et nous aurons à rectifier cette simplification du champ philosophique de l'époque, mais les oppositions qu'elle schématise sont réelles. Pour Dominique Parodi, le rationalisme, sous sa double forme, empiriste et idéaliste, s'oppose au romantisme et renoue avec l'esprit classique. De telle sorte qu'il n'est pas impossible de dire que « notre période contemporaine constitue un moment de la grande lutte du romantisme et du classicisme en philosophie [13] ». Au tournant du siècle, la philosophie française connaît une réelle expansion dans la ligne réflexive inaugurée par Lachelier et illustrée par Lagneau [14]. Mais Émile Boutroux souligne aussi la tendance nouvelle qui conduit à l'éclatement de la philosophie, voyant se détacher d'elle les nouvelles « sciences philosophiques » telles que la psychologie ou la sociologie.

Ce tournant considérable de la culture, Émile Boutroux le commente dans le rapport qu'il présente, en 1908, au Congrès international de philosophie de Heidelberg, sur « La philosophie en France depuis 1867 [15]. » Lasse des abstractions, la philosophie a cherché « dans les sciences, la vie et les arts,

12. Voir les articles du père Schwalm dans la *Revue thomiste* : « La crise de l'apologétique », 1897, p. 239-270, 338-370 ; « Le dogmatisme du cœur et celui de l'esprit », 1898, p. 578-619.

13. *La philosophie contemporaine en France*, essai de classification des doctrines, Paris, Alcan, 1e éd. 1909, nous citons l'éd. de 1919, p. 457.

14. L'œuvre de ce philosophe est posthume, mais sa figure a marqué l'enseignement comme le montre A. Canivez : *Jules Lagneau, professeur de philosophie. Essai sur la condition du professeur de philosophie jusqu'à la fin du XIXe siècle*, Paris, Les Belles Lettres, 1965.

15. Publié en 1908 dans la RMM, le texte est repris dans *Nouvelles*

tels qu'ils se développent spontanément, les matériaux nécessaires de ses théories ». Une telle entreprise a engendré un résultat que l'on n'attendait pas. Selon Boutroux : « A la philosophie jalousement une et universelle de la tradition se substituèrent des recherches philosophiques plus ou moins étrangères les unes aux autres. La multiplicité et la spécificité des sciences positives se communiquèrent à une philosophie qui se modelait sur elles ; et l'on vit se former une psychologie, une sociologie, une méthodologie, ayant chacune leur base expérimentale distincte et, par suite, leur existence à part. Au lieu de la philosophie, on eût, semble-t-il, des sciences philosophiques » (p. 142).

Est-on pour autant autorisé à parler d'une crise de la philosophie française qui engloberait au moins certains aspects de la crise moderniste ? Nous verrons que cette hypothèse de travail n'est pas sans fondement. Elle présente l'intérêt de désenclaver la crise moderniste, moins confinée dans le domaine ecclésiastique qu'elle ne le paraît. Il reste néanmoins que le style général de la crise philosophique est très différent du style de la crise moderniste. Tout simplement parce qu'en l'absence d'une autorité doctrinale comparable à celle du catholicisme, les conflits philosophiques se développent dans un tout autre climat que les conflits religieux.

Ces derniers conflits comportent d'ailleurs eux-mêmes une forte dimension philosophique liée à l'opposition entre le courant blondélien d'une part et d'autre part la position privilégiée de thomistes qui apparaissent dès le début de la crise moderniste, et qu'il nous faut regarder de plus près. Qui sont-ils ? Quels rapports entretiennent-ils soit avec la pensée de saint Thomas d'Aquin, soit avec celle d'Aristote ? Comment voient-ils la possibilité de réactualiser ces philosophies ? En particulier comment envisagent-ils de prendre en compte les données nouvelles de la science moderne ? Quelle est leur situation dans le milieu philosophique français ? Enfin et surtout quel rôle leur opposition au pluralisme philosophique a-t-elle joué dans la crise moderniste ?

---

*études d'histoire de la philosophie*, Paris, Alcan, 1927, p. 139-193. Le titre évoque l'ancien Rapport de Ravaisson sur *La philosophie en France au XIXᵉ siècle*, auquel Boutroux entendait donner une suite.

## II. LES EFFETS DE L'ENCYCLIQUE ÆTERNI PATRIS

### *Les mesures romaines*

En 1879, l'encyclique de Léon XIII *Aeterni Patris* avait officialisé et encouragé un mouvement de retour au thomisme déjà fort actif en Allemagne, à Rome et même en France [16]. Pour Léon XIII la pensée de saint Thomas répond très exactement à l'idée que l'on doit se faire du rôle de la philosophie dans l'intelligence croyante. Bien réglé, l'usage de la philosophie possède, selon *Aeterni Patris*, une triple vertu :

1. une *vertu préparatoire et fondamentale*. Il appartient à la philosophie d'assurer les structures rationnelles de la foi ou les *praeambula fidei*. Ainsi doit-elle démontrer l'existence de Dieu, faire reconnaître l'excellence de Dieu qui ne peut ni se tromper, ni nous tromper, établir les titres de la Révélation et de l'Église à notre créance.

2. une *vertu méthodologique*. La philosophie fournit à la théologie les principes et les méthodes qui lui permettront de constituer un corps doctrinal. « C'est d'elle que la théologie sacrée doit recevoir et revêtir la nature, la forme et le caractère d'une vraie science. » Or, dans ce contexte, parler d'une « véritable science », c'est poser le caractère déductif du raisonnement théologique qui tire des « conclusions théologiques » de prémisses empruntées au donné révélé, et à la raison [17]. Indiquons-le tout de suite : l'introduction de la méthode historique sera d'autant plus difficile que la théologie catholique aura pris, grâce à la méthode scolastique, une

16. Parmi les travaux les plus récents, voir Luciano Malusa, *Neotomismo e Intransigentismo cattolico*, 2 vol., Milan, 1986 et 1989. Pierre Vallin considère que, partant d'une étude de Giovanni Maria Cornoldi (1822-1892), l'ouvrage présente « un bilan extrêmement soigné et équilibré de la place du renouveau thomiste dans la culture catholique ». L'article de Pierre Vallin auquel nous faisons référence est lui-même très important pour la question du néo-thomisme dans la Compagnie de Jésus : « L'âme comme "forme" du corps. Une controverse entre philosophes jésuites au XIXe siècle » dans *La guérison du corps*, Travaux et Conférences du Centre Sèvres, nº 26, Paris, 1992, p. 17-55.

17. Voir le livre de T. Richard : *Introduction à l'étude et à l'enseignement de la méthode scolastique*, Paris, La Bonne Presse, 1913.

forme très conceptuelle et argumentative tout-à-fait étrangère à la perspective historienne.

3. une *vertu protectrice*. Dans un contexte polémique, alors que la foi est exposée à des attaques, il appartient à la philosophie de la défendre contre ses ennemis. Ce rôle est déjà prévu par saint Thomas, notamment dans le *Contra Gentes*. Mais, lorsque l'idée est reprise dans le contexte du XIXe siècle, elle prend une portée nouvelle. La philosophie doit défendre la foi contre le naturalisme, le matérialisme, et le rationalisme du siècle.

## *Thomisme et traditionalisme*

Bien qu'il ne soit pas récent, un livre de Louis Foucher garde toute sa valeur. Il s'agit de : *La philosophie catholique en France au XIXe siècle avant la renaissance thomiste et dans son rapport avec elle* [18]. L'interrogation de l'auteur ne portait pas sur l'encyclique elle-même, mais sur sa réception française, sur la cause du « succès que rencontre aussitôt en France l'orientation vers le thomisme donnée par Léon XIII » (p. 7). On s'expliquerait mal ce succès sans une préparation antérieure des esprits. Préparation indirecte. Par des courants de pensée qui sont étrangers au thomisme, mais qui ont néanmoins facilité son accueil à la fin du siècle. De telle sorte d'ailleurs que ces courants pèseront sur l'interprétation de saint Thomas d'Aquin par le néo-thomisme français.

En clair, le succès de la renaissance thomiste en France s'explique, selon Foucher, par la persistance d'un courant traditionaliste né au début du XIXe siècle avec Joseph de Maistre, le vicomte de Bonald et Lamennais. Certes, les fondateurs du traditionalisme n'étaient de fait pas thomistes. Et même, on peut établir des discordances importantes entre les affirmations centrales du traditionalisme d'une part, la philosophie de saint Thomas d'Aquin d'autre part. Une jonction pouvait cependant s'opérer entre le traditionalisme et le thomisme. Et Foucher montre comment elle s'est de fait opérée chez le père Ventura de Raulica qui vit à Paris entre 1851 et 1861 [19]. Selon

---

18. Paris, Vrin, 1955.

19. Voir la notice de Jacques Prévotat dans *Les sciences religieuses*.

le supérieur de la Congrégation des Théatins, il n'y a pas à chercher une vérité qui est déjà donnée, mais seulement à la reconnaître et à la mettre en œuvre. Ainsi distingue-t-il la « philosophie inquisitive », qu'il réprouve, et la « philosophie démonstrative », seule valable. Les traditionalistes ont raison de promouvoir cette dernière, mais leur tort est de n'avoir pas vu qu'elle se trouvait en fait réalisée dans l'œuvre de saint Thomas d'Aquin.

En montrant la pesée du courant traditionaliste sur certains promoteurs de la renaissance thomiste en France, le livre de Foucher permet de comprendre deux aspects complémentaires du néo-thomisme qui sera en place lors de la crise moderniste : son hostilité foncière à l'égard de l'individualisme de la « philosophie séparée » ; sa connivence avec le principe d'une intervention de l'autorité spirituelle jusque dans le domaine de la philosophie. Ce néo-thomisme rigoureux qui exclut tout pluralisme philosophique dans le catholicisme est celui auquel se rallie, dès 1873, Mgr d'Hulst qui sera bientôt le premier recteur de l'Institut catholique de Paris. Lorsqu'il rejoint le thomisme, plusieurs années avant l'encyclique *Æterni Patris*, il proclame ne plus concevoir la possibilité d'une autre « philosophie chrétienne ». A tel point que Mgr Dupanloup lui écrit son inquiétude :

> « Je souffre d'entendre dire qu'il n'y a qu'une *seule* philosophie chrétienne, que c'est la philosophie d'Aristote épurée par les scolastiques, et que c'est la *seule* à laquelle on puisse superposer un enseignement théologique. En parlant ainsi, je crains que vous n'ayez cédé, peut-être à votre insu, aux tendances exclusives d'une école qui prétend emprisonner la philosophie et la religion elle-même dans les étroites limites de ses opinions et du système de son choix. École fausse et dangereuse, je ne crains pas de le dire [20]. »

## *La néo-scolastique de Louvain*

Dans ces conditions, comment accueillir une philosophie telle que celle de Blondel ? Lors du centenaire de la naissance

20. Cité par Alfred Baudrillart, *Vie de Mgr d'Hulst*, tome I, p. 312, (souligné dans le texte).

du philosophe, en 1961, Henri Gouhier prononce une conférence sur « La signification historique de l'œuvre de Maurice Blondel » et il commence par rappeler la résistance des théologiens à cette œuvre :

> « Mais, ici, pour comprendre les résistances, certains faits doivent être rappelés. Une douzaine d'années plus tôt, l'Encyclique *Æterni Patris* du 4 août 1879 recommande avec insistance le retour à la doctrine de saint Thomas ; le 15 octobre de la même année, Léon XIII fonde à Rome une Académie saint Thomas dont son frère prend la présidence. Le 18 janvier 1880, il ordonne de préparer une édition critique des œuvres de saint Thomas et en confie le soin aux Dominicains. Le 4 août 1880, le docteur angélique est proclamé « Patron de toutes les Écoles catholiques ». Des lettres sont envoyées aux Jésuites et aux Dominicains prescrivant l'enseignement du thomisme dans leurs maisons d'études. L'histoire de l'Université de Louvain montre avec quelle attention Léon XIII s'intéresse personnellement à l'effort des professeurs pour unir les choses anciennes aux nouvelles, *nova et vetera*, et *nova* soulèvera bien des difficultés, ne serait-ce que l'enseignement en français [...]. On ne sera donc pas trop surpris si certains théologiens voient sans sympathie un jeune laïc offrir à la foi le service d'une nouvelle philosophie au moment même où il y a quelque hardiesse à parler de *néo*-scolastique [21]. »

Henri Gouhier fait allusion aux critiques adressées à l'Institut supérieur de Philosophie créé à Louvain par le futur cardinal Mercier en 1889. Au sein du renouveau thomiste, Louvain affirme sa volonté de suivre les consignes de Léon XIII, mais l'Institut manifeste également le souci d'une pensée actuelle tenant compte des résultats des sciences modernes, et de la philosophie contemporaine [22]. L'un des objectifs de cette initiative est bien de réaliser par la médiation de la philosophie de saint Thomas d'Aquin l'union de la science et de la foi. Déjà en 1891, dans son rapport au Congrès de Malines, Désiré Mercier exhortait ainsi ses collègues : « Vous vous résignez trop facilement au rôle secondaire d'adeptes de la science, et trop peu parmi vous ont l'ambition de travailler à ce que l'on a nommé la science à faire ; trop peu parmi vous

21. Tiré à part.
22. Voir les articles de Clément Besse sur « Deux centres du mouvement thomiste : Rome et Louvain », dans la RCF, tome XXIX, décembre 1901-février 1902, p. 238-254 ; p. 356-371 ; p. 473-500.

visent à rassembler et à façonner les matériaux qui doivent servir à former dans l'avenir la synthèse rajeunie de la science et de la philosophie chrétienne [23]. »

De cette volonté de repenser la philosophie de saint Thomas d'Aquin naîtront en 1889 l'Institut supérieur de Philosophie de Louvain, puis en 1894, La *Revue Néo-scolastique*, fondée par la Société philosophique de Louvain, sous la direction de Mgr Mercier [24]. Le secrétaire en était Maurice de Wulf, qui soutiendra en 1893 une thèse doctorale sur Henri de Gand et qui sera chargé dès cette même année du cours d'histoire de la philosophie du Moyen Age à Louvain. Or cet historien savait aussi réfléchir sur la signification doctrinale des études médiévales [25].

L'esprit spécifique de Louvain sera réaffirmé de façon significative dans la réaction de la *Revue néo-scolastique* à l'encyclique *Pascendi* :

> « Nous laissons aux théologiens le soin de préciser quelle est pour la conscience des croyants la portée obligatoire des récents decrets. En philosophes il nous intéresse tout d'abord de constater un fait. Ce "modernisme" que le Pape décrit, a sa base dans une doctrine philosophique. Le fait démontre une fois de plus que faire de la philosophie n'est pas un vain luxe, que les mouvements philosophiques ont des répercussions dans tous les domaines et jusque dans celui de la vie religieuse où elles peuvent être très vives. De là une nécessité essentielle pour les catholiques d'avoir une philosophie à eux, respectueuse des données de la foi, s'adaptant à elles. Cette philosophie existe, c'est la philosophie traditionnelle. Il s'agit de la restaurer, non point de l'exhumer morte et desséchée de sa tombe séculaire, mais de la faire vivre dans le présent, au grand soleil de la pensée contemporaine, et pour cela de la rajeunir au contact des sciences modernes, des philosophies d'aujourd'hui [26]. »

Sur le thomisme francophone, un travail récent a été fait dans le colloque à la fois historique et spéculatif tenu à l'occa-

---

23. Cité par Georges Goyau dans *Le cardinal Mercier*, Paris, Flammarion, 1930, p. 28.

24. Voir L. De Raeymaeker, *Le Cardinal Mercier et l'Institut supérieur de philosophie de Louvain*, Louvain, 1952.

25. Voir dans la *Revue néo-scolastique* des articles tels que « La synthèse scolastique » (1899) ou « Kantisme et Néo-scolastique » (1902).

26. *Revue néo-scolastique*, 1907, p. 566.

sion du Centenaire de la *Revue thomiste* en 1993. En particulier la contribution de Francesco Beretta situe le projet néothomiste de cette revue par rapport à l'ensemble des publications qui cherchent dans la philosophie d'Aristote et de saint Thomas d'Aquin le moyen de réconcilier la science et la foi [27]. Le texte du chanoine L. Noël que nous venons de citer montre que, dès sa création, l'Institut de Philosophie de Louvain s'était proposé ce programme de « néo-scolastique », en insistant sur le préfixe. Mais ce même texte est intéressant dans la mesure où il parle de rajeunir la philosophie traditionnelle non pas seulement au contact de la science, mais aussi au contact des philosophies d'aujourd'hui, ce qui est tout autre chose.

## *A l'Institut catholique de Paris*

Au début du XXe siècle, le thomisme occupe en France une situation marginale. Dans son rapport sur « La philosophie en France depuis 1867 », Émile Boutroux consacre à la philosophie religieuse un court chapitre centré pour le catholicisme sur le courant blondélien et pour le protestantisme sur Auguste Sabatier. Boutroux signale néanmoins le mouvement issu de l'encyclique *Aeterni Patris* : « Dans cette adaptation savante de l'aristotélisme à la foi catholique, on pensa trouver, en l'approfondissant, tous les arguments nécessaires pour réfuter toutes les fausses doctrines, tant anciennes que modernes ou contemporaines, et pour satisfaire à toutes les questions légitimes de la raison humaine » (p. 175-176). Dans son ouvrage sur *La philosophie contemporaine en France*, Dominique Parodi est encore plus laconique : « A peu près seul parmi les philosophes universitaires, M. Picavet explore et inventorie la philosophie scolastique, tandis que M. Gardair et de nombreux ecclésiastiques étudient particulièrement saint Thomas » (p. 73).

L'un des intérêts de la situation parisienne est de montrer la correspondance entre les problèmes institutionnels de l'enseignement de la philosophie d'une part et d'autre part cette

27. « La "Revue thomiste" et les sciences expérimentales de 1893 à 1905 : programme et limites d'un projet néo-thomiste », dans *Saint Thomas au XXe siècle*, Paris, Éditions Saint-Paul. p. 19-40.

situation de la philosophie scolastique dans l'ensemble du champ philosophique français. En 1912, le père Émile Peillaube, professeur à l'Institut catholique de Paris, faisait un rapport sur la « Nécessité d'une réorganisation de l'enseignement philosophique en France[28]. »

> Jusqu'à présent, dit-il, on n'a pas voulu toucher « cette organisation qui consiste à enseigner officiellement deux philosophies antagonistes dans les maisons d'éducation qui dépendent de l'autorité ecclésiastique. La philosophie dite universitaire ou d'État a toujours eu la faveur de la grande majorité des catholiques et du clergé, les grades auxquels elle conduit sont à peu près les seuls estimés et recherchés. A côté de cette philosophie, la philosophie scolastique fait pâle figure ; dans les Grands Séminaires, elle est enseignée comme une simple préparation à la théologie par des professeurs qui en général manquent de préparation spéciale ou ont reçu une préparation hostile ; dans les Universités catholiques, la faculté de philosophie scolastique est à peu près sans élèves, en comparaison de ceux, d'ailleurs peu nombreux aussi, qui préparent dans ces mêmes Universités, à la Faculté des Lettres, les grades de l'État. Dans ces conditions, la philosophie scolastique n'aura jamais d'influence sur le mouvement intellectuel ».

Comment s'est créée une telle situation ? A Paris, une École supérieure de théologie a été ouverte en novembre 1878, mais la faiblesse de l'enseignement scolastique l'empêche de recevoir l'institution canonique. L'obstacle ne sera levé qu'en 1888, avec la création d'une chaire de philosophie *ad mentem Sancti Thomas*, qui sera confiée au père Bulliot, mariste. Après que la Faculté de Théologie aura reçu l'institution canonique en 1889, le tour viendra en 1895 des Facultés de Droit canonique et de Philosophie, qui ne se sépareront pourtant tout-à-fait de leur matrice théologique qu'en 1912.

## *Le partage institutionnel*

Dans les années 1895-1912, donc au plus vif de la crise moderniste, la philosophie est enseignée d'une part dans la Faculté (ou École) des Lettres en vue des diplômes officiels

28. Archives de l'ICP.

de l'État français, d'autre part dans la Faculté scolastique en vue des diplômes canoniques. Ce partage institutionnel correspond à la situation générale de la philosophie en France à la fin du siècle dernier. Considéré comme la philosophie traditionnelle de l'Église catholique, le thomisme présente un caractère confessionnel et il reste assez largement étranger aux divers courants qui traversent la philosophie universitaire. Il est vrai qu'entre 1890 et 1895, Joseph Gardair avait obtenu de faire à la Sorbonne des cours publics sur saint Thomas d'Aquin. Mais bien qu'ils aient rassemblé un assez nombreux public, ces cours restaient marginaux.

C'est seulement en 1912 que la Faculté scolastique de philosophie préparera à la fois aux diplômes de l'État et aux diplômes canoniques. Jusqu'alors, deux figures concrétisent la dualité institutionnelle. A la Faculté des Lettres, l'enseignement philosophique est assuré entre 1890 et 1912 par Clodius Piat. Agrégé de philosophie, docteur ès lettres, avec des thèses sur l'intellect actif et sur la théorie thomiste des idées, ce prêtre devenu chanoine de Lyon et de Paris n'appartient pas au courant scolastique, mais il professe un spiritualisme dont l'inspiration chrétienne est certaine. Auteur de nombreux ouvrages et articles, il fonde chez Alcan une collection prestigieuse *Les grands philosophes*, à laquelle il donne lui-même un *Socrate* (1900), un *Aristote* (1903), un *Platon* (1906), un *Leibniz* (1915).

L'autre figure marquante est celle du père Émile Peillaube, de la Société de Marie. Ancien élève de l'Institut catholique de Toulouse, devant lequel il avait soutenu ses thèses en 1895, il entrera à l'Institut catholique de Paris en 1896. Titularisé en 1899, il sera en 1912 le premier doyen de la Faculté canonique de philosophie et il assumera cette tâche jusqu'à sa mort en 1934. Sa formation personnelle en fait un psychologue, mais toute son activité sera consacrée à la diffusion de la philosophie de saint Thomas d'Aquin. Ainsi fondera-il, en 1925, le Cercle thomiste féminin [29]. L'année suivante, sera publiée sous sa direction une *Initiation à la philosophie de saint Thomas d'Aquin*, rédigée par d'anciennes

29. Avec une publication : *Les cahiers du cercle thomiste féminin* devenus à partir de 1927 les *Cahiers thomistes*.

élèves de la Faculté [30]. Mais c'est surtout la Faculté de Philosophie qui sera son champ d'action et c'est sous son décanat que sera publié en 1930 un *Programme doctrinal* strictement scolastique, jusque dans sa manière de considérer l'histoire de la philosophie moderne.

## *La* Revue de Philosophie

Auparavant, dès 1900, Peillaube avait fondé la *Revue de Philosophie*. Lors du trentième anniversaire de cette revue, pour situer le contexte de sa fondation, le père Peillaube évoquera l'élan qu'avait donné à la pensée comme à l'industrie l'Exposition universelle de 1900. Un Congrès international de Philosophie avait été tenu, que présidait Émile Boutroux. Pour ce dernier, selon Peillaube : « Le problème central, à cette époque de la réflexion, était la situation de la philosophie vis-à-vis des sciences positives. Il estimait qu'un Institut philosophique devrait se composer d'abord d'un ensemble déterminé de chaires proprement philosophiques, puis d'un nombre indéterminé d'enseignements scientifiques connexes, gravitant vers ce foyer central. La question était de savoir si la philosophie de demain serait une *philosophie scientifique*, ou seulement un idéalisme moral, sans lien avec les sciences [31]. »

Le père Peillaube reprendra un programme de ce type lorsqu'il deviendra doyen, et c'est ainsi qu'il instituera les enseignements et laboratoires de l'abbé Jeanjean pour la psychologie infantile et la pédagogie, de Dwelshauvers pour la psychologie expérimentale, de Vignon pour la philosophie biologique. Mais c'est déjà dans cet esprit qu'il fonde la *Revue de Philosophie* [32]. avec l'appui de Pierre Duhem, qui y publiera en articles son futur ouvrage sur *La théorie physique, son objet et sa structure* [33]. A titre personnel, Peillaube s'inté-

30. Paris, Marcel Rivière, 1926.

31. *Revue de Philosophie*, janv.-fév. 1931, p. 9 (souligné dans le texte).

32. Voir la comparaison instituée par Francesco Beretta avec la *Revue thomiste*, dans l'article cité plus haut, p. 29-30.

33. L'ouvrage sera édité en 1905 dans la collection également fondée par Peillaube aux Éditions Marcel Rivière : la « Bibliothèque de Philosophie expérimentale ».

resse à l'essor de la psychologie expérimentale et à ses rapports avec la psychologie rationnelle.

En octobre 1995, le centenaire de la Faculté de Philosophie nous a donné l'occasion d'évaluer l'impact de la crise moderniste sur la *Revue de Philosophie* [34]. Il est vrai que celle-ci n'a pas vraiment pris parti, de sorte qu'on a pu lui faire des reproches opposés. Selon Peillaube, lors du dixième anniversaire : « Les uns nous trouvent trop traditionnels, les autres pas assez. Les premiers ne nous pardonnent pas d'être hostiles à la philosophie de la vie, de l'action, du sentiment, de l'immanence ; les seconds se demandent peut-être si nous n'avons pas quelque sympathie pour cette philosophie [35]. » La direction en fin de compte assez éclectique du père Peillaube, la diversité des rédacteurs, font qu'il est difficile de définir une orientation vraiment privilégiée. Sauf au-delà de notre période, sous l'influence de Jacques Maritain et de son disciple Yves Simon.

Dans les premières années de la revue, la controverse la plus marquante est sans doute celle que suscite l'article du père Sertillanges paru en 1905 : « Agnosticisme ou anthropomorphisme ? » A la suite de la question d'Édouard le Roy : « Qu'est-ce qu'un dogme ? », diverses interventions du dominicain lui avaient déjà valu une attaque de Mgr Turinaz. Son article de la *Revue de Philosophie* provoque en celle-ci une controverse avec Joseph Gardair [36] qui n'occupe pas moins de 140 pages de la revue en 1905 et en 1906. Le problème de fond est de savoir si la fidélité à saint Thomas doit être littérale ou inventive. Gardair reproche à Sertillanges d'élargir le thomisme. Mais est-ce bien un reproche ? « L'arbre aussi s'élargit en poussant. M. Gardair croit-il que saint Thomas, avec l'activité effrayante de son esprit [...] eût traversé sept

34. Voir Pierre Colin : « La faculté de Philosophie dans ses publications, 1900-1985 », dans *Le statut contemporain de la philosophie première*, Collection « Philosophie », n° 17, Paris, Beauchesne, 1996, p. 301-332.

35. *Revue de Philosophie*, 1er janvier 1911.

36. Sur ce négociant en huiles, qui consacre son temps libre à la philosophie, voir l'article de Robert Jacquin. « Deux promoteurs inattendus de la philosophie de saint Thomas d'Aquin. Le comte Domet de Vorges et Joseph Gardair » dans le *Bulletin du Cercle thomiste de Caen*, mars-juin 1977. Voir aussi notice nécrologique dans la *Revue de Philosophie* 1er novembre 1911.

siècles sans enrichir nullement sa doctrine, sans l'adapter aux "ambiances" sans cesse traversées, et qu'enfin aujourd'hui, en l'an de grâce 1907, il ne pourrait "approuver" encore que ce qu'il disait lui-même de 1248 à 1273, aux étudiants de Bologne ou de Paris ? »

Commencée en 1900, la carrière universitaire du père Sertillanges ne prendra fin qu'en 1922, dans des conditions d'ailleurs douteuses. Néanmoins l'article de 1905 fera déjà peser sur la sûreté doctrinale du dominicain un soupçon durable qui handicapera cette carrière. Entre 1907 et 1911, trois noms de professeurs sont constamment évoqués dans les Assemblées des Évêques protecteurs comme faisant problème : Paul Bureau, professeur à la Faculté de Droit, Paul Lejay, chargé d'un enseignement de patristique à la Faculté de Théologie, et Sertillanges. Pour sa part, Félix Klein, est versé dans l'honorariat en 1908, à quarante-six ans, et il y restera jusqu'à sa mort en 1954. Paul Lejay est visé en tant que secrétaire de la *Revue d'histoire et de littérature religieuse*. En mai 1907, le cardinal Richard interdira à tout prêtre de son diocèse de collaborer à la revue de Loisy. Mais l'Institut catholique avait déjà obligé Lejay à choisir entre cette collaboration et son enseignement. Optant pour ce dernier, il poursuivra ses travaux sur la langue et la littérature latine. Avec en particulier la collection fondée avec Hippolyte Hemmer : « Textes et documents pour l'étude historique du christianisme[37]. » Nous reviendrons sur Paul Bureau, qui était laïc, mais dont la carrière à l'Institut catholique dépendait quand même de l'autorité ecclésiastique.

## *Les revues dominicaines*

Le nom du père Sertillanges peut servir de plaque tournante pour aborder différents milieux porteurs du thomisme entre lesquels il circule. Travaillant à la *Revue pratique d'apologétique*, il assurera le secrétariat de la *Revue thomiste* dès sa fondation en 1893, et jusqu'en 1905. Une image contrastée se dégage du colloque du centenaire. Selon Henry Donneaud : « Les premières années de la *Revue thomiste*,

37. Paris, Picard, 18 volumes parus de 1904 à 1914.

jusqu'au début du siècle, avaient manifesté une certaine homogénéité du thomisme dominicain. Dans l'élan de la politique intellectuelle voulue par Léon XIII, il s'agissait de prouver l'actualité de saint Thomas et d'y puiser les moyens d'une reconquête chrétienne des intelligences. Le sous-titre de la revue, "Questions du temps présent", affichait ce souci de confrontation loyale avec la modernité intellectuelle [38]. »

Pourtant, nous l'avons déjà dit, les articles du Père Schwalm, dirigés contre Maurice Blondel et contre le père Laberthonnière entreprennent de lutter contre ce que l'on ne nomme pas encore le modernisme. Surtout, Henry Donneaud montre bien que, si dans les années 1902-1905, une double sensibilité se manifeste à l'égard du modernisme, l'une plus « conservatrice », l'autre plus « progressiste », la revue prend entre 1906 et 1908 un tour plus systématiquement conservateur. Moins d'ailleurs par principe qu'en fonction des circonstances. En faisant appel à quelques jeunes dominicains de Toulouse, le père Thomas Coconnier livre en fait la revue au père Thomas Pègues, « le plus fermé à l'endroit de toutes les nouveautés » (p. 78). Toujours selon Henry Donneaud, Pègues se contentait de l'explication littérale de saint Thomas d'Aquin. Elle devait selon lui suffire à dissiper les erreurs modernistes. Celles-ci seront cependant dénoncées dans la *Revue thomiste* avec notamment les articles sur « La philosophie moderniste » que signe, en 1910 et 1911, le père Fr. Cazes.

Toujours est-il que, dans les années cruciales de la crise moderniste, la *Revue thomiste* n'a pas joué un rôle majeur dans la vie intellectuelle de l'Église de France. La diversité interne des dominicains s'est surtout manifestée par la fondation d'une autre revue à partir d'un projet formé par trois anciens élèves du père Gardeil devenus à leur tour professeurs : le père Mannès Jacquin, le père Antoine Lemonnyer, le père François Blanche. Ainsi se créera en 1907 la *Revue des Sciences Philosophiques et Théologiques* [39].

---

38. « La "Revue thomiste" et la crise moderniste » dans *Saint Thomas au XX^e^ siècle*, p. 76-94.

39. Voir dans le même ouvrage la communication du père Duval : « Aux origines de la "Revue des sciences philosophiques et théologiques" », *op. cit.*, p. 96-108.

## *L'école du père Gardeil*

Arrivé à Paris en 1892, le père Ambroise Gardeil avait participé activement à la création de la *Revue thomiste.* Mais c'est à Flavigny, en Bourgogne, puis, à partir de 1904, au Saulchoir, en Belgique, que se formera autour de celui qui fût régent des études de 1894 à 1911, une véritable école théologique. Nous retrouverons à plusieurs reprises ce dominicain qui occupe dans la crise moderniste une position intermédiaire. Comme le dit Étienne Fouilloux, il appartient à un « tiers parti » qui n'est pas moderniste, mais qui n'est pas « antimoderne » non plus et qui « s'efforce de faire droit aux requêtes légitimes de la modernité sans transgresser les limites de l'orthodoxie catholique et romaine [40] ».

C'est en théologien, et en théologien scolastique, que Gardeil aborde la question du développement du dogme dans son grand ouvrage : *Le donné révélé et la théologie* [41]. Si Gardeil y pose le problème philosophique de la valeur de l'affirmation humaine, c'est en vue de fonder la capacité de l'esprit humain à recevoir une Révélation divine qui s'adresse à l'intelligence et qui lui permet de participer à la vérité divine. L'œuvre de Gardeil comporte aussi une intervention importante dans le champ de l'apologétique avec les deux éditions de son livre sur *La crédibilité et l'apologétique* [42]. Surtout, Gardeil tentera un certain élargissement augustinien du thomisme dans *La structure de l'âme et l'expérience mystique* [43].

L'ouverture de Gardeil n'est pas inconditionnelle et sa théologie reste fondamentalement classique [44]. Mais sa personnalité intellectuelle est pourtant très différente de celle d'un autre dominicain, le père Réginald Garrigou-Lagrange qui fut professeur au Saulchoir avant de gagner le Collège

---

40. « Le Saulchoir en procès (1937-1942) » dans le volume collectif : *Une école de Théologie, le Saulchoir*, Paris, Cerf, 1985, citation p. 43.

41. 1re édition, 1909. Réédition en 1932, au Cerf, avec une Préface du père Marie-Dominique Chenu.

42. Paris, Gabalda, 1re éd. 1908 ; 2e éd. 1912.

43. Paris, Gabalda, 1927, 2 vol. Voir Dominique Dubarle : « Modernisme et expérience religieuse. Réflexion sur un cas de traitement théologique » dans *Le Modernisme*, Paris, Beauchesne, 1980, p. 181-270.

44. Voir les réactions de Blondel dans *Correspondance Blondel-Valensin*, tome 2, p. 361-368.

angélique à Rome. C'est un bel exemple de thomiste combattant, qui s'arc-boute sur ses certitudes philosophiques pour rejeter de façon systématique les questions et les initiatives intellectuelles d'un Blondel ou d'un Le Roy. Dans *Le sens commun, la philosophie de l'être et les formules dogmatiques* [45], le bouclage est complet. Si les formules dogmatiques dépassent le sens commun, elles lui restent néanmoins accessibles pour autant que, rendu à sa vérité par Aristote et saint Thomas d'Aquin, le sens commun se reconnaît dans la philosophie de l'être. Fondée sur le principe d'identité et sur le principe de raison d'être, réductible au premier [46], cette philosophie de l'être s'identifie à ce que Garrigou-Lagrange nomme « la métaphysique naturelle de l'esprit humain ». Ainsi se justifie pour lui l'unicité et la pérennité de la seule et véritable « philosophie catholique », pour laquelle il ne cessera pas de militer durant toute sa vie.

Le « maître » que se reconnaît Garrigou-Lagrange est le père Schwalm [47]. Or, c'est à ce dernier que Maurice Blondel écrit en 1896 : « Vous vous attribuez, en philosophie, une infaillibilité véritable que les théologiens n'ont pas même en théologie [...]. Par l'habitude où vous êtes de solidariser les vérités de foi avec les théories philosophiques, vous vous trouvez amené à rendre suspect d'hérésie proprement dite, et non pas seulement d'erreur, tout ce qui s'écarte de votre doctrine [48] ». Le reproche de Blondel ne vise évidemment pas la philosophie de saint Thomas d'Aquin, mais la manière dont cette philosophie est présentée par un système néo-thomisme qui se referme sur lui-même, en excluant du même coup tout pluralisme philosophique au sein de l'Église catholique.

---

45. Paris, Beauchesne, 1909.

46. Se manifeste ici l'influence exercée sur Garrigou-Lagrange par Christian Wolff (1679-1745), philosophe allemand intermédiaire entre Leibniz et Kant.

47. Voir la conclusion de l'article de 1946 : « La nouvelle théologie où va-t-elle ? ».

48. *Lettres philosophiques*, Paris, Aubier, 1961, p. 97.

## III. UNE AUTRE LIGNÉE DE PHILOSOPHES CATHOLIQUES

### *Un point de départ : Gratry*

Difficile à accepter par les thomistes, l'initiative philosophique de Maurice Blondel n'est pas sans précédents. Elle s'insère dans une tradition française de philosophie catholique qui est indépendante du thomisme et qui se rattache à la réflexion de saint Augustin sur l'expérience chrétienne. Ainsi peut-on suivre une ligne, ou mieux une lignée, partant de Gratry pour aller vers Blondel et Laberthonnière en passant par Edme Caro et Léon Ollé-Laprune. Tous sont des chrétiens qui philosophent et qui sont conscients de leur responsabilité philosophique. Gratry et Laberthonnière sont oratoriens, mais le premier enseigne la morale sacrée à la Faculté de Théologie de la Sorbonne. Caro, Ollé-Laprune et Blondel sont des laïcs professant dans l'Université française [49]. Caro reste même encore engagé dans l'école spiritualiste de Victor Cousin. Tous ont en tout cas une préoccupation commune : penser le temps présent sous l'angle des possibilités qu'il offre au développement moral et spirituel des hommes.

Dans son livre posthume publié en 1888 : *Philosophie et philosophes*, Edme Caro présente son chapitre sur le père Gratry sous le titre : « Un nouvel essai de philosophie chrétienne. » Et sa conclusion est la suivante : « Je ne sais si, des œuvres du P. Gratry, il restera un système organisé, mais j'affirme qu'il en restera un essai des plus hardis de symbolique catholique, une critique sanglante du panthéisme, de nobles et beaux fragments de philosophie chrétienne. Je sais surtout qu'il en restera une grande excitation donnée au cœur du siècle vers l'idéal religieux, trop délaissé au milieu des miracles de l'industrie triomphante et de la nature domptée [50]. »

Le 17 juillet 1899, Henri de Tourville écrivait à Félix Klein : « Mon cher ami, pourquoi ne prendriez-vous pas comme sujet de thèse le P. Gratry ? Un académicien. Il est

49. Voir dans Fonsegrive, *Retours en arrière*, p. 66, l'importance de ces universitaires catholiques.

50. Paris, Librairie Hachette, 1888, p. 243.

d'une pléiade dont la liste est aujourd'hui close et bien close ! Il appartient avec elle à l'histoire. Et cependant il est, de tous, le seul qui vibre aujourd'hui à l'oreille, à l'âme des jeunes. Problème intéressant ! Belle occasion de dire ce que notre temps a mission d'ajouter à cette école ! Plus que tous ceux de son époque, il s'est approché de l'idée vraie des temps qui viennent. Il a compris le rôle de la science dans l'élévation de l'âme humaine et dans le progrès moral de l'humanité. Il ne l'a pas opposée à l'art : au contraire ! Il a conçu la religion dans sa vitalité actuelle, non dans son passé ; il en a vu l'avenir dans ses attractions intellectuelles, non dans les efforts de son gouvernement[51]. »

Il est vrai que le rayonnement spirituel d'un Gratry dépasse en profondeur et en durée l'influence proprement philosophique d'une pensée dont la rigueur n'est pas aussi assurée qu'elle le voudrait. Par exemple, la « réfutation » de Hegel est trop évidemment sommaire. Pourtant, l'enjeu n'est pas médiocre. L'application que Gratry fait de sa critique philosophique au panthéisme est en effet significative d'une préoccupation fortement partagée au milieu du XIX^e^ siècle et dont nous retrouverons une trace très précise dans la crise moderniste. Sans être toujours explicitée, c'est une question qui reste en effet sous-jacente aux discussions sur l'agnosticisme et sur l'immanence.

## *La crainte du panthéisme*

En ce qui concerne la préoccupation du XIX^e^ siècle, on évoquera le livre publié en 1840 par l'abbé Maret : *Essai sur le*

51. *Ordre et liberté, Notes et Lettres à Edmond Demolins et à divers collaborateurs de la Science sociale*, Paris, Bloud et Gay, 1926, p. 127-128. On rapprochera de ce texte la réaction d'un jeune universitaire, Léonard Constant, lors de sa première rencontre avec Marc Sangnier : les sentiments qu'il éprouve lui rappellent ceux que lui avait inspirés la lecture des *Sources* : « Après le P. Gratry, Marc Sangnier me rend le sens de la vie. » Voir Jean Plaquevent : *Léonard Constant*, 1880-1923, Paris, Seuil, 1938, p. 104. C'est aussi de Gratry que Constant s'inspire pour discuter avec Gabriel Séailles dont il est alors le secrétaire (id., p. 97).

*panthéisme dans les sociétés modernes*[52]. La thèse en est qu'il existe en général dans la philosophie et en particulier dans la philosophie moderne une propension au panthéisme dont les auteurs catholiques ne se sont pas toujours assez préservés. Appuyée sur la révélation surnaturelle, l'Église catholique peut et doit exercer un rôle protecteur à l'égard de la raison humaine, pour la défendre de sa tendance au panthéisme. Cette préoccupation se retrouvera dans l'encyclique *Pascendi.*

Or, on peut ne pas s'accorder avec ce principe ecclésiastique alors même que l'on partage une crainte du panthéisme assez répandue au milieu du siècle. C'est le cas d'Émile Saisset qui publie en 1860 une nouvelle édition des *Œuvres* de Spinoza et qui déclare d'emblée dans son *Introduction critique* : « Toujours et en toute occasion, j'ai signalé les progrès du panthéisme et proclamé l'urgente nécessité de combattre l'ennemi[53]. » Dans une longue étude d'histoire de la philosophie (p. 311-324), Saisset montre comment le panthéisme moderne est sorti de l'école de Kant avec Fichte, Schelling, Hegel. Lui-même pense que le panthéisme comporte deux formes antithétiques : l'absorption complète de l'infini dans le fini conduit à l'athéisme absolu ; l'absorption de la créature en Dieu, du fini dans l'Infini, conduit au « théisme exclusif » ou au mysticisme.

Cela dit, Saisset est en complet désaccord avec Maret sur la manière efficace de combattre le panthéisme. L'article de 1844 : « De la philosophie du clergé » est même véhément : « Le clergé français s'inquiète beaucoup de l'invasion récente des spéculations allemandes dans notre pays. Derrière le panthéisme de Schelling et de Hegel, il voit l'exégèse de Strauss, et en présence de tels adversaires, on ne peut, il est vrai, lui conseiller de rester désarmé. Aussi bien, son tort n'est-il pas de se défendre, mais de se défendre mal. Au lieu de se servir de la philosophie et de la raison contre le panthéisme, il a conçu la déplorable entreprise de se servir du panthéisme,

52. Nous nous référons à la 3e édition, Paris, chez Méquignon Junior et J. Leroux, 1845.

53. Nous nous référons à la nouvelle édition : *Œuvres de Spinoza*, traduites par E. Saisset, Paris, Charpentier, 1872, tome 1, Introduction critique, p. 1.

qu'il défigure et n'entend pas, contre la philosophie et la raison. Si le clergé, mieux inspiré et plus fidèle à ses traditions glorieuses, engageait sérieusement aujourd'hui contre le panthéisme de l'Allemagne une loyale et légitime lutte, les auxiliaires lui viendraient de toutes parts, et il les verrait sortir des rangs mêmes de ces philosophes qu'il calomnie et qu'il connaît si mal[54]. »

Dans les années 1860, un panthéisme vaguement hegelien se retrouve chez des auteurs tels qu'Ernest Renan, Hippolyte Taine et Étienne Vacherot. Ce dernier avait publié entre 1845 et 1851 une *Histoire critique de l'École d'Alexandrie*, puis en 1858 un livre sur *La métaphysique et la science*, et, à chaque fois, il avait rencontré la contradiction du père Gratry, réfutant la « sophistique contemporaine ». Dans son *Rapport sur la Philosophie en France au XIXe siècle*, rédigé à l'occasion de l'Exposition universelle de 1867, Félix Ravaisson impute à Renan, Taine et Vacherot, mais aussi à Renouvier, une même théorie sur les rapports du réel et de l'idéal. En récapitulant le progrès qu'elle peut constater, de la matière à la vie et de la vie à l'homme, l'intelligence humaine conçoit un idéal de perfection qu'elle nomme Dieu et qu'elle projette devant elle comme le terme inaccessible de ce progrès[55].

## *Lachelier et la philosophie réflexive*

L'un des enjeux des discussions philosophiques de l'époque, c'est donc bien l'existence d'un Dieu réel, non réductible à un simple « Idéal » humain, et c'est, corrélativement, l'immortalité de l'âme. Avant Ravaisson, Edme Caro avait réuni Renan, Taine et Vacherot dans son livre sur *L'idée de Dieu et ses nouveaux critiques*[56]. Or, si ce livre a sa valeur propre, son intérêt historique vient aussi de ce qu'il a fourni à Jules Lachelier la matière de ses premiers articles publiés en 1864 dans la *Revue de l'Instruction publique*. Traitant du rap-

54. *Essais sur la philosophie et la religion au XIXe siècle*, Paris, Charpentier, 1845, p. 78.

55. Cette interprétation de sa pensée rapproche quelque peu Vacherot de Feuerbach dont *L'essence du christianisme*, est traduit par J. Roy en 1864.

56. 1re édition, 1864 ; 7e édition, Paris, Hachette, 1883.

port des sciences positives avec la théologie spiritualiste, le jeune Lachelier regrette que cette dernière cherche à disputer aux sciences le terrain des causes secondes qui leur appartient : « à quoi bon relever sans cesse, sur le chemin de la science, une barrière sans cesse renversée, et offrir aux vulgaires le spectacle d'un Dieu chassé, pour ainsi dire, de positions en positions par les conquêtes successives de la physique et de la chimie [57] ? »

Jadis, Victor Cousin avait construit toute une politique de la philosophie sur la base de ses fonctions officielles. En particulier, il avait mis en œuvre les possibilités de choix que lui offrait la présidence du jury de l'agrégation de philosophie à partir de 1834. Cette agrégation sera supprimée en 1852, et lorsqu'elle sera rétablie en 1863, le président du jury sera Ravaisson. Lachelier le remplacera et il exercera cette présidence de 1900 à 1910. Moins politique que Cousin, Lachelier est un penseur beaucoup plus vigoureux. Il eût quand même pu n'être qu'un disciple de Ravaisson sans la lecture de Kant qui l'a en définitive orienté vers une philosophie réflexive, dont l'objectif est, comme le dit Lagneau, de « retrouver l'esprit dans ses œuvres ».

D'une manière générale, le spiritualisme de l'école fondée par Victor Cousin souffre de ne pas assumer le développement contemporain de la science et de la technique. Cette philosophie de la conscience se montre incapable de prendre en compte l'apparition d'une nouvelle psychologie avec notamment Théodule Ribot. C'est ce constat d'impuissance que Lachelier fait dans son article de 1885 : « Psychologie et métaphysique [58]. » Lachelier ne renonce ni au spiritualisme, ni au mode spécifiquement français de jonction entre la psychologie et la métaphysique, mais il se propose d'établir le spiritualisme sur des bases nouvelles et c'est ainsi qu'il ouvre la voie de cette philosophie réflexive que pratiqueront Lagneau, Brunschvicg, Alain, mais aussi Blondel, Nabert et Ricœur.

---

57. *Œuvres de Jules Lachelier*, Paris, Alcan, 1933, tome 1, p. 15.

58. Paru dans le *Revue philosophique* en mai 1885. repris en volume aux PUF, 1948. Dans un compte-rendu de cet article, le comte Domet de Vorges écrit de Lachelier : « Il a beaucoup pris d'Aristote, mais il se souvient trop de Kant ; de là des embarras, dont il ne se tire parfois que grâce aux séductions de son style », APC, juillet 1885, p. 415.

## *Ollé-Laprune et la certitude morale*

Le 8 février 1896, lors de l'inauguration d'un buste au Collège de Juilly, Léon Ollé-Laprune marquera sa reconnaissance à l'oratorien dans un vibrant *Éloge du P. Gratry*. Malgré la réédition récente de sa thèse sur *La certitude morale*[59], nous mesurons mal aujourd'hui le rayonnement qui fut celui d'un philosophe que nous traitons comme un simple précurseur de Blondel, alors que, pour les contemporains, au moins dans le milieu des jeunes catholiques, il était bien plutôt un chef d'école[60]. C'est ainsi que le considère Henri Bremond lorsqu'il écrit à Maurice Blondel le 22 mars 1897 : « Le grand bonheur intellectuel de ma vie a été de tomber, je ne sais comment, sur *La certitude morale* de M. Ollé-Laprune, de me laisser séduire par ce beau style, et par l'action de cette âme, et d'un peu réfléchir là-dessus. Mais si peu que rien. Vous sachant élève et ami de M. Ollé-Laprune, j'ai voulu lire *L'Action*, et je me suis retrouvé dans les impressions que m'avaient jadis laissées les livres de votre maître[61]. »

L'importance d'Ollé-Laprune vient de ce qu'il amorce une interrogation sur le type de vérité auquel peuvent correspondre des énoncés d'ordre moral (ou religieux). Sa thèse sur la certitude morale traite à fond le problème critique de la certitude en précisant le rôle de la volonté dans la croyance. La certitude morale, ce n'est pas une certitude affaiblie ou à moindres frais ; mais c'est le type de certitude qu'il est normal de viser et d'atteindre lorsqu'il s'agit de l'ordre spécifique dc vérité auquel appartiennent les vérités morales telles que le devoir, la liberté, l'existence de Dieu ou l'immortalité de l'âme. Dans ce cas, « la foi est une des conditions de la certitude ». Moins denses, les dernières publications d'Ollé-Laprune porteront sur la situation spirituelle de l'époque et sur le rôle normalement imparti au catholicisme intégral. Ainsi *La philosophie et le temps présent* (1890), *Les*

59. Paris, Éditions Universitaires, 1989. 1re édition, Paris, Belin, 1880.

60. Pour l'influence exercée sur le petit groupe réuni autour de Paul Renaudin, voir Pierre Colin : « Le contexte philosophique et l'influence de Maurice Blondel » dans *Marc Sangnier et les débuts du Sillon*, 1894, p. 11-25.

61. Henri Bremond- Maurice Blondel : *Correspondance*, tome I, p. 31.

*sources de la paix intellectuelle* (1892), *Le prix de la vie* (1894), *La vie intellectuelle du catholicisme en France au* XIXᵉ *siècle* (1896).

## *Les thèses de Blondel* [62]

Avec *Les données immédiates de la conscience* de Bergson (1889) et *La modalité du jugement* de Brunschvicg (1897), *L'Action* de Maurice Blondel (1893) fait partie des grandes thèses françaises de la fin du XIXᵉ siècle. Éditée peu après la soutenance, elle sera vite épuisée, mais Blondel sera découragé de la rééditer par les débats théologiques auxquels elle avait tout de suite donné lieu. Il en insérera la matière dans sa Trilogie comprenant : *La Pensée* [63], *L'Être et les êtres* [64], et enfin *L'Action* [65]. Mais, si importante qu'ait été cette reprise au regard de l'auteur, elle n'éclipse pas la rédaction première à laquelle il faut toujours revenir pour saisir la nouveauté et l'originalité de la pensée blondélienne.

*L'Action* de 1893 porte en sous-titre : « Essai d'une critique de la vie et d'une science de la pratique. » S'affirme ainsi la volonté de saisir philosophiquement ce que plus tard on appellera l'existence, ou l'engagement du sujet dans le monde naturel et social. S'affirme également le projet de donner à cette analyse existentielle la forme d'une « science de la pratique [66] ». Ce qui implique pour Blondel de saisir la totalité ordonnée des déterminations de l'existence afin de montrer comment la liberté humaine ne peut s'accomplir sans ratifier l'ensemble des conditions qui la rendent possible et sans épouser le mouvement qui la porte vers des fins à travers lesquelles elle poursuit l'adéquation de soi à soi.

62. Directeur des Archives Blondel à Louvain, Claude Troisfontaines a entrepris récemment la publication des *Œuvres complètes*. Le tome I s'intitule : *1893. Les deux thèses*. Nos citations se rapportent à cette édition, Paris, PUF, 1995.

63. 2 tomes, Paris, Alcan, 1934.

64. Paris, Alcan, 1935.

65. Paris, Alcan, tome 1, 1936 ; tome 2, 1937.

66. Nous avons insisté sur cette volonté de rigueur dans un article sur « La vérité de la philosophie selon Maurice Blondel » dans *La Vérité*, Collection « Philosophie », nº 8, Paris, Beauchesne, 1983.

Une telle méthode est commandée par un présupposé heuristique : la vie humaine est mue par un dynamisme interne qui lui donne une unité profonde et qui constitue également une norme immanente. Ce dynamisme, c'est la « volonté voulante » que Blondel distingue des projets particuliers et explicites qui tentent de la traduire et de la réaliser, projets constitutifs de la « volonté voulue ». La distinction s'impose lorsqu'on réfléchit sur des orientations contemporaines telles que le pessimisme d'un Schopenhauer ou le dilettantisme d'un Renan et de ses disciples. Blondel montre ainsi que le problème moral se réaffirme au sein même de sa négation et que la volonté affirmée du néant recèle un amour caché et déçu de l'être.

Si la voie du néant est barrée, au moins faut-il affirmer le phénomène : « Il y a quelque chose », ne serait-ce que l'immédiat sensible dont part en effet la partie centrale de la thèse qui parcourt en cinq étapes successives l'ensemble des conditions qui sont de fait ratifiées par le moindre acte de liberté. Plus nous avançons dans cette troisième partie, plus nous voyons se constituer un seul et même organisme comprenant les phénomènes sensibles qu'étudient les sciences positives, la vie intérieure de l'individu, la cité, la société humaine, la solidarité universelle, la république idéale des intelligences, le royaume moral des fins. Au terme de cette partie, « le phénomène universel ne semble exister que pour devenir le théâtre de la moralité, ou mieux encore pour être le corps même de la volonté » (p. 337).

Un humanisme s'arrêterait là, et c'est bien ce que fait Léon Brunschvicg dans cette *Introduction à la vie de l'esprit*[67] dont on n'a peut-être pas assez remarqué qu'elle est une réplique rationaliste à la métaphysique blondélienne du dépassement chrétien. Selon Blondel, la visée du vouloir transcende le droit, l'art, la morale, mais aussi la métaphysique et la religion. Pour le dire d'un mot, le principe premier et ultime du dynamisme spirituel, c'est l'idée de Dieu, en tant que « nous ne pouvons connaître Dieu sans vouloir le devenir en quelque façon » (p. 388). En définitive, nous voulons « être Dieu », mais l'homme agissant se trouve confronté à une alternative qui lui impose une option : être dieu sans Dieu et contre Dieu,

67. Paris, Alcan, 1900.

être Dieu par Dieu et avec Dieu. Dès le départ, l'amour de soi a été repéré comme l'élément moteur de la progression, mais, au terme, il s'agit de savoir si cet amour de soi s'accomplira dans la préférence absolue de soi ou dans le sacrifice de l'autonomie, permettant seul l'accueil de l'Autre.

Sous la présidence du Doyen Himly, le jury réuni pour la soutenance des thèses de Blondel était assez remarquable[68]. Interviennent sur la thèse principale Émile Boutroux, qui l'a dirigée, Paul Janet, ultime survivant du spiritualisme éclectique, Henri Marion qui enseigne à la Sorbonne la Science de l'éducation, Victor Brochard, excellent spécialiste de philosophie grecque, enfin Gabriel Séailles, que nous retrouverons souvent sur notre route. Brochard pose la question cruciale lorsqu'il dit au candidat : « J'aurais voulu pouvoir étudier et vérifier de près l'unité systématique de votre construction. Comme vous prétendez nous conduire fort loin, il est important de regarder si le fil ne se rompt pas en route et si la continuité que vous pensez constater partout n'est pas artificielle[69]. » Blondel aura en fait peine à convaincre son jury de l'intention proprement philosophique de son travail. Mais l'accrochage le plus sérieux aura lieu avec Gabriel Séailles qui se déclare agnostique, mais qui oppose à Blondel, avant de quitter brusquement la soutenance, sa propre image d'un Christ de miséricorde.

Malgré la reprise qu'en avait faite Blondel en 1930[70], la thèse latine *De vinculo substantiali et de substantia composita apud Leibnitium* n'avait jamais été publiée. Le premier tome des Œuvres complètes donne pour la première fois le texte latin et la traduction française de cette thèse, et il y est joint un compte-rendu de la soutenance préparé en 1893 par Élie Halévy et non publié. Plus encore qu'à la connaissance de Leibniz, cette thèse apporte à la connaissance de Blondel lui-même. Certes, son travail historique est très sérieux, mais l'essentiel aujourd'hui, c'est sans doute ce que nous perce-

68. Voir « Le Centenaire de *L'Action* de Maurice Blondel » dans *RICP*, n° 48, septembre-décembre 1993. Avec notre commentaire du compte-rendu de la soutenance publié en 1907 dans les APC.

69. *Les deux thèses*, p. 728.

70. *Une énigme historique. Le « Vinculum substantiale » d'après Leibniz et l'ébauche d'un réalisme supérieur*, Paris, Beauchesne, 1930.

vons, à travers le choix et le traitement de ce thème leibnizien, des orientations les plus profondes de la pensée blondélienne.

Si l'auteur des thèses de 1893 s'est orienté vers le thème de l'action, c'est pour répondre à une question fondamentale : quel est le lien qui unit les phénomènes et qui leur donne une consistance proprement ontologique ? En première analyse, le lien des phénomènes, c'est l'homme, et c'est plus précisément l'action humaine. La thèse secondaire et le dernier chapitre de la thèse principale dégagent ainsi le sens ontologique de l'analyse blondélienne de l'action. Mais la réponse ultime à cette question de la consistance des êtres dans l'être sera ce que Blondel lui-même appelle son *panchristisme*. Or, nous le verrons, c'est très précisément cette vue théologique qui commandera le jugement négatif porté par Blondel sur l'œuvre exégétique de Loisy.

### *Le dogmatisme moral de Laberthonnière*

Jeune oratorien, le père Lucien Laberthonnière avait été nommé en 1887 professeur de philosophie au collège de Juilly, mais dans les années suivantes, il poursuit sa propre formation en suivant des cours à la Sorbonne, dont ceux de Boutroux, de Brochard, de Séailles. C'est alors qu'il songe à une thèse qui serait intitulée « Critique du christianisme ». Or, en novembre 1893, *L'Action* de Blondel est publiée. Après l'avoir lue et relue, Laberthonnière se décide à écrire à l'auteur, dès avril 1894, pour lui exprimer son admiration : « Il me semble que c'est l'aurore d'une nouvelle et vivante philosophie, et aussi, je voudrais l'espérer, d'une théologie qui puisse reconquérir le premier rang dans les préoccupations intellectuelles et morales de ceux qui pensent [71]. » C'est le point de départ d'une amitié ponctuée par des travaux communs et par une longue correspondance, jusqu'à la rupture des années 20, provenant d'un désaccord sur la question fondamentale du surnaturel.

Supérieur du collège de Juilly, le père Laberthonnière

71. Maurice Blondel-Lucien Laberthonnière, *Correspondance philosophique*, présentée par Claude Tresmontant, Paris, Seuil, 1961, p. 66.

publie en 1901 sa *Théorie de l'éducation*[72]. Combattant l'individualisme des théoriciens de l'éducation laïque, il montre l'accord profond entre le catholicisme et les exigences d'une véritable éducation. Mais, en même temps, il élabore la conception des rapports de l'esprit et de la vérité qui inspirera toute son œuvre et toute sa pratique. Le catholicisme n'est pas, comme le prétendent ses adversaires, « un système oppresseur des esprits ». Seulement, pour donner effectivement tort à ces caricatures, il faut que ceux qui enseignent le christianisme s'inquiètent avant tout de l'enseigner chrétiennement (p. 96).

Les dogmes apparaîtront ainsi dans leur vérité : « Les dogmes ont à être pensés parce qu'ils ont à être vécus. Et à vrai dire, ils ne sont vraiment pensés, et par suite ils ne sont vraiment crus, qu'autant qu'ils sont vécus. Mais aussi ceux qui les pensent, qui les croient et qui les vivent aboutissent ou à les retrouver ou à les mettre dans la réalité de leur vie. Et il en résulte que, au lieu de les subir comme une vérité étrangère qui s'imposerait à eux despotiquement, ils y trouvent au contraire la vérité qui est leur vérité et à laquelle en définitive, ils peuvent et doivent adhérer du fond du cœur » (p. 78).

Le père Laberthonnière est, parmi les victimes de la crise moderniste, l'une des plus caractéristiques. Dès le 5 avril 1906, un décret de l'Index condamne deux de ses ouvrages : *Essais de philosophie religieuse* et *Le réalisme chrétien et l'idéalisme grec*[73]. En 1913, la nouvelle série des *Annales de Philosophie chrétienne* (1905-1913) dirigée par Laberthonnière et par Blondel est mise à l'Index, ainsi que deux brochures de l'oratorien. Le 30 juin de la même année le préfet de l'Index lui interdit de publier désormais sous peine de suspense *ipso facto*. En fin de compte, il sera pratiquement réduit au silence et sa métaphysique de la charité ne retentira sous les voûtes de Notre Dame de Paris que par le truchement du père Sanson (de 1925 à 1927)[74].

La controverse avec L'Action française a joué son rôle,

---

72. Paris, Bloud, Collection « Science et religion », n° 149, 1901. Nombreuses rééditions dont Paris, Vrin, 1935 que nous citons.

73. Parus respectivement en 1903 et en 1904, Paris, Lethielleux.

74. Sur tout ceci voir *Laberthonnière, l'homme et l'œuvre, Paris, Beauchesne, 1972.*

ainsi que l'opposition de Laberthonnière au thomisme, mais il faut aussi voir que, dès sa *Théorie de l'Éducation*, Laberthonnière a approché au plus près l'un des problèmes les plus difficiles de la crise moderniste. Il montre en effet que, s'agissant du christianisme, l'éducation doit respecter le caractère de la vérité chrétienne destinée à éclairer des esprits qui s'y soumettent en connaissance de cause et librement. C'est une justification de l'autorité, mais c'est aussi une indication capitale concernant son mode d'exercice et son esprit. Il ne suffit donc pas d'invoquer le caractère de la vérité chrétienne pour résoudre les problèmes de l'autoritarisme et du dogmatisme. Il faut que l'esprit de cette vérité inspire tout ce qui médiatise le rapport de l'esprit à la vérité. En particulier l'Église [75].

Outre les liens amicaux qui les ont longtemps unis, Blondel et Laberthonnière ont collaboré à la direction des APC entre 1905 et 1913. Laberthonnière a fait lui-même un « bilan » de cette collaboration : « Si certains milieux proprement philosophiques ont changé d'attitude relativement aux problèmes religieux, il semble bien que M. Blondel et le P. Laberthonnière y ont contribué pour une large part [...]. Leur manière de spéculer en ne séparant ni la philosophie de la religion, ni la religion de la philosophie, et ni l'une ni l'autre de la vie même — par où ils sont ramenés à ce qu'on a appelé jadis l'Augustinisme —, c'est, pour ceux qui l'accueillent, la pensée chrétienne qui redevient pour autant vraiment vivante, en s'insérant et en s'alimentant à la fois dans le dynamisme de la vie individuelle et de la vie sociale [76]. »

---

75. Voir notre article : « La liberté de l'esprit selon le P. Laberthonnière » dans *Les catholiques français et l'héritage de 1789*, Paris, Beauchesne, 1989, p. 71-82.

76. Contribution au volume de Lecanuet, *La vie de l'Église sous Léon XIII*, Paris, Alcan, 1930, p. 535.

# 6
# Le kantisme interdit

> « Je ne discuterai pas l'accusation de kantisme. Mieux vaut attendre pour cela qu'on ait lu et compris Kant : ce qui me laisse du loisir »
>
> Édouard Le Roy [1].

## *Discuter avec Kant*

Quelle que soit son appartenance religieuse, un philosophe contemporain peut s'inscrire dans la ligne de la problématique kantienne sans pour autant apparaître comme un disciple inconditionnel de Kant. En même temps qu'il se rallie à un « kantisme post-hegelien », Paul Ricœur ne craint pas de dénoncer les impasses kantiennes résultant du parallélisme artificiel que Kant a tenté de maintenir entre la *Critique de la raison pure* et la *Critique de la raison pratique* [2]. Kant est ainsi, à la fois, le philosophe dont on n'accepte pas tout et celui auquel on revient sans cesse [3]. Pour Blondel déjà, le fait

1. *Dogme et critique*, Paris, Bloud, 1907, p. 341.

2. Voir par exemple : *Du texte à l'action*, *Essais d'herméneutique*, *II*, Paris, Seuil, 1986, p. 249.

3. C'est par une reprise de Kant et notamment de sa philosophie de la

que Kant n'ait pas su articuler la raison spéculative et la raison pratique avait été un motif pour reprendre à frais nouveaux le problème kantien[4]. Mais, rien n'interdit de repérer dans la philosophie kantienne des difficultés aussi considérables, sans pour autant méconnaître le rôle capital de Kant dans l'histoire de la pensée philosophique, et sans revenir en deçà de la nouveauté kantienne.

Victor Delbos a beaucoup contribué au renouvellement des études kantiennes, avec notamment son ouvrage sur *La philosophie pratique de Kant*[5]. Or en lui accusant réception de son article sur « Le criticisme kantien » Delbos écrit au père Valensin, le 30 mars 1910 : « Je ne suis pas ému de vos réserves à l'égard de la doctrine. Je n'ai jamais cru, tant s'en faut, que Kant ait dit le dernier mot. Mais j'ai également peine à croire qu'Aristote ou saint Thomas l'aient dit davantage. Il me paraît impossible que l'évolution des sciences positives n'ait pas modifié la nature de nos conceptions ou affirmations métaphysiques, même si l'objet en demeure intact. L'idée d'une vérité qui serait en principe homogène pour les ordres de vérité les plus différents me paraît de plus en plus insoutenable mais ceci exigerait de longues explications »[6]. Delbos souligne en tout cas un point capital : même si l'on discute la manière dont Kant s'efforce de rendre compte de la pensée scientifique, celle-ci opère une rupture décisive du « discours unique », prétendant faire tenir ensemble des vérités scientifiques, métaphysiques, religieuses. Et c'est la conscience de cette rupture du discours unique qui fait de Kant « notre plus ancien "contemporain" philosophique[7]. »

---

religion que Ricœur constitue son « approximation philosophique de la liberté selon l'espérance ». *Le conflit des interprétations, Essais d'herméneutique*, Paris, Seuil, 1969, p. 401 sq.

4. En 1886, présentant à Boutroux son projet de thèse, il écrit : « Entre l'aristotélisme qui déprécie et subordonne la pratique à la pensée et le kantisme qui les détache et qui exalte l'ordre pratique au détriment de l'autre, il y a quelque chose à définir, et c'est d'une manière très concrète, par l'analyse de l'action, que je voudrais déterminer cela », *Lettres philosophiques*, p. 10.

5. Paris, Alcan, 1905.

6. Cité dans les notes de Blondel-Valensin, *Correspondance*, tome II, p. 72.

7. L'expression est de Gerhard Krüger dans *Critique et morale chez Kant*, tr. fr. Paris, Beauchesne, 1931, p. 27.

La véritable ligne de partage ne passe pas entre thomistes et non-thomistes, ni même entre kantiens et non-kantiens, mais elle sépare l'acceptation ou le refus de la problématique kantienne en tant que cette problématique exhibe les valeurs de la modernité. Certes, il existe aujourd'hui une critique post-moderne de ces valeurs. Mais les problématiques nouvelles ne dispensent pas d'un passage par la modernité, et donc par Kant. Il existe entre Kant et la modernité un lien assez fort pour qu'il soit difficile d'entrer dans une intelligence vive de la modernité sans au moins passer par Kant. Ce qui reste vrai aujourd'hui l'était encore plus à la fin du XIXe siècle. Réciproquement d'ailleurs, le refus de Kant peut signifier le refus conscient ou inconscient de la modernité. Le combat anti-kantien des adversaires catholiques de Kant est un combat anti-moderne, en même temps qu'il est un combat anti-protestant.

## I. POLÉMIQUE ANTI-KANTISTE

### *Inquiétudes romaines*

A propos de la question biblique, nous avons déjà vu l'importance de la Lettre encyclique, *Depuis le jour*, que Léon XIII adresse au clergé de France le 8 septembre 1899. Dans cette lettre qui concerne tous les aspects de la vie ecclésiale, le Pape rappelle, au sujet de l'enseignement dispensé dans les Petits et les Grands Séminaires, les prescriptions d'*Æterni Patris* et il exprime son inquiétude devant la séduction exercée par une philosophie dans laquelle il n'est pas difficile de reconnaître au moins un certain kantisme.

> « Nous réprouvons de nouveau ces doctrines qui n'ont de la vraie philosophie que le nom, et qui, ébranlant la base même du savoir humain, conduisent logiquement au scepticisme universel et à l'irréligion. Ce nous est une profonde douleur d'apprendre que, depuis quelques années, des catholiques ont cru pouvoir se mettre à la remorque d'une philosophie qui, sous le spécieux prétexte d'affranchir la raison humaine de toute idée préconçue et de toute illusion, lui dénie le droit de rien affirmer au-delà de ses propres

opérations, sacrifiant ainsi à un subjectivisme radical toutes les certitudes que la métaphysique traditionnelle, consacrée par l'autorité des plus vigoureux esprits, donnait comme nécessaires et inébranlables fondements à la démonstration de l'existence de Dieu, de la spiritualité et de l'immortalité de l'âme, et de la réalité objective du monde extérieur. Il est profondément regrettable que ce scepticisme doctrinal, d'importation étrangère et d'origine protestante, ait pu être accueilli avec tant de faveur dans un pays justement célèbre pour la clarté des idées et celle du langage [8]. »

L'occasion de cette diatribe semble avoir été la découverte dans l'un ou l'autre séminaire français de « livres kantiens [9] ». Lesquels ? on ne le sait pas, mais le texte du pape vise incontestablement Kant, ou mieux le kantisme, ou mieux encore une certaine idée du kantisme, correspondant d'ailleurs à celle qui est la plus répandue en France avant que Lachelier n'entreprenne une révision de cette idée courante assimilant la doctrine de Kant à un pur « idéalisme subjectif ». La lettre de Léon XIII prend à cet égard place dans un ensemble assez impressionnant de textes catholiques condamnant à des titres divers tout ce en quoi les auteurs de ces textes croyaient pouvoir discerner une influence malheureuse de Kant.

Faisant écho à la Lettre de Léon XIII, le recteur de l'Institut catholique de Paris, Mgr Péchenard, insiste, dans le rapport qu'il présente le 23 novembre 1899 à l'Assemblée solennelle des évêques sur le danger du kantisme et sur la nécessité de réagir à un climat philosophique qui l'inquiète : « La philosophie subjectiviste ou kantiste coule à pleins bords dans les écoles qui nous entourent ; l'esprit de doute et de négation infeste la plupart des intelligences dans les universités d'État, et son influence se fait sentir jusque dans notre milieu. » Le recteur conclut à la nécessité d'une Faculté fortement organisée et capable, pour combattre ce fléau, de « parler assez haut et avec assez d'autorité pour se faire écouter ».

L'année suivante, le 28 novembre 1900, le recteur revient devant les évêques fondateurs sur la question décisive : « Quelle direction convient-il d'imprimer aux jeunes ecclésiastiques que vous nous envoyez pour se préparer à enseigner

8. *Lettres apostoliques de Léon XIII*, tome 6, p. 94.
9. Voir Albert Houtin : *La crise du clergé*, Paris, Nourry, 1907, p. 106.

un jour la philosophie dans vos séminaires et dans vos collèges ? Est-il indifférent qu'ils se soient formés dans l'esprit de la philosophie contemporaine et universitaire et suivant ses méthodes ou dans l'esprit de la philosophie traditionnelle et chrétienne et selon les méthodes de saint Thomas ? La conquête d'un diplôme de l'État doit-elle être la raison déterminante du choix à faire [10] ? »

## *Les infiltrations kantiennes*

Auparavant, le soupçon de kantisme avait déjà été formulé à l'encontre de Blondel, notamment par le père Schwalm. Dans son article de 1896 sur « Les illusions de l'idéalisme et leurs dangers pour la foi [11] », le dominicain oppose à la *Lettre* de Blondel sur l'apologétique, qui « fourmille de propositions hérétiques, erronées ou téméraires », le décret de la Congrégation de l'Index du 11 avril 1827 prohibant la *Critique de la Raison Pure*, et les décrets du Concile du Vatican, qui condamnent implicitement le phénoménisme. Bref, le couperet tombe : « L'idéaliste, qui est, en philosophie, la mesure de sa pensée et du vrai, devient, en religion, sa règle de foi et son pape ; il n'y a plus pour sa raison de courant réel ni des idées scientifiques, ni de la foi catholique. Il marche à la déification de son sens propre ; et, auprès de cette apothéose, le libre-arbitre protestant, avec la Bible, tenue pour objective et réelle, n'est qu'un jeu timide » (p. 432).

L'appartenance confessionnelle de Kant autorise le rapprochement entre le protestantisme et le kantisme. Dans son livre sur *L'Allemagne moderne, son évolution* [12], Henri Lichtenberger écrit : « Ce n'est point à tort que les historiens de la pensée allemande s'accordent aujourd'hui en général pour voir en Kant le plus grand représentant moderne de la Réforme, le philosophe par excellence du protestantisme. » Pour certains catholiques, cette appartenance est justement le défaut de Kant : sa critique de la métaphysique s'inscrit ainsi dans la

10. Archives de l'ICP.
11. *Revue thomiste*, 1896, p. 413-441.
12. Paris, Flammarion, « Bibliothèque de philosophie scientifique », 1912, p. 263.

lignée moderne de la Réforme, du doute cartésien et de l'esprit des Lumières, également rejetés comme contraires à l'esprit du catholicisme. En 1899, l'ancien jésuite Julien Fontaine publie en diverses revues des articles qui seront réunies sous le titre : *Les infiltrations protestantes et le clergé français*[13]. Peu après, le kantisme figurera dans le titre d'un nouveau volume de ce controversiste fécond : *Les infiltrations kantiennes et protestantes et le clergé français. Études complémentaires*[14]. Caractéristique d'une conscience ecclésiastique de l'époque, le thème des « infiltrations » évoque la citadelle assiégée, trahie par les siens.

## *Le destructeur de la métaphysique*

Les objections que le kantisme suscite en milieu catholique portent en tout premier lieu sur la critique kantienne de la métaphysique spéculative. Il est vrai que Kant entend développer l'ensemble des conséquences qui résultent de la constitution de la science moderne, représentée pour lui par les *Principes mathématiques de la nature* de Newton. Kant ne pense pas pouvoir rendre compte de ce fait nouveau sans un changement radical de perspectives, ce qu'il appelle sa « révolution copernicienne ». Il entreprend de penser la connaissance en partant non de l'objet, mais du sujet, ce qui le conduit à reprendre d'une manière tout-à-fait nouvelle la question du rôle du sujet dans la connaissance. Or, la difficulté tient au fait que la même théorie justifie la physique mathématique et déclare l'impossibilité d'une métaphysique spéculative. A partir de là, ses critiques catholiques condamneront en Kant le « destructeur de la métaphysique ».

Ce type d'appréhension du kantisme pose au moins deux problèmes : qu'entend-on dans ce cas par « métaphysique » ? en quoi la ruine supposée de la métaphysique spéculative est-elle jugée préjudiciable à la théologie catholique ? Dans la ligne des références précédentes, écoutons

13. Paris, Victor Retaux, 1901.

14. Paris, Victor Retaux, 1902. Sur l'ensemble de la production de Julien Fontaine voir son livre récapitulatif : *La synthèse du modernisme*, Paris, Lethielleux, 1912.

Mgr Laborde, évêque de Blois. A l'Institut catholique de Paris, dans la séance solennelle du 27 novembre 1901, il avertit les professeurs :

> « Qu'ils se mettent surtout en garde, eux-mêmes, dans leur enseignement philosophique ou théologique contre la forme si répandue du rationalisme moderne — cette doctrine de l'immanence imaginée par le professeur de Koenigsberg. Qu'ils évitent en conséquence, dans leurs leçons, de donner la moindre part à je ne sais quelle apologétique nouvelle, substituée à l'apologétique traditionnelle. Ce serait pour leurs auditeurs le ver rongeur de la foi : en détruisant la *réalité objective* du monde créé, sur laquelle reposent les motifs de crédibilité, ils supprimeraient la seule autorité capable de dicter à leur raison le devoir d'adhérer au fait de la révélation [15]. »

Nous reviendrons dans notre chapitre neuvième sur l'apologétique de l'immanence, qui renvoie à une orientation générale de la philosophie moderne que l'on peut dire globalement kantienne. Mais l'argumentation de l'évêque de Blois suppose à la fois une certaine idée des procédures intellectuelles permettant à la foi chrétienne de se justifier en raison, et une certaine idée du kantisme. C'est sur ce dernier point que nous insisterons maintenant.

## *Les changements de l'interprétation*

On voit bien ce que redoutent les catholiques pour qui la philosophie kantienne représente un danger majeur : la crainte sous-jacente est celle d'une destruction de cette métaphysique que présupposent les certitudes de la foi. Mais cette destruction est-elle le fait de Kant ou relève-t-elle d'une interprétation sommaire de sa doctrine ? Il est en tout cas évident que, sous le nom de « kantisme », tous ceux qui le critiquent ne mettent pas la même chose. Évoquant Sartre et Althusser, Raymond Aron a parlé de « marxisme imaginaire [16] ». A plus forte raison peut-on dire que bien des critiques catholiques ne portent que sur un « kantisme imaginaire ». Tout simplement sans doute parce que, faute de se confronter au texte même de

15. Archives de l'ICP.
16. *Marxismes imaginaires*, Paris, Gallimard, Collection « Idées », 1970.

Kant, on appuie ses jugements sur des idées préconçues, ou sur une image simplifiée [17].

On comprendra mieux ces simplifications en se reportant à l'histoire de la réception française de Kant au XIXe siècle. Mais, il faut d'abord remarquer que, malgré la volonté systématique du philosophe allemand, son œuvre comporte des indéterminations importantes. Plusieurs interprétations du texte kantien sont possibles et l'histoire de la lecture et de l'interprétation de ce texte comporte en cours de route des infléchissements notables. En Allemagne, la pensée de Kant a fructifié chez ses successeurs, post-kantiens ou néo-kantiens, mais les préfixes manifestent une distance plus ou moins considérable par rapport au simple « kantisme ». En France, faute de traductions, l'idée du kantisme a été longtemps sommaire. C'est seulement à la fin du siècle, sous l'influence de Lachelier que l'on accédera à une véritable connaissance de l'œuvre kantienne. Un Émile Boutroux ou un Victor Delbos, par exemple, sont les premiers à écrire sur Kant des livres qui permettent encore aujourd'hui de s'initier à la pensée de ce philosophe. De même le *Kant* de Théodore Ruyssen, paru en 1900, est-il un livre honnête et bien documenté dont l'objectif est de restituer l'itinéraire intellectuel de Kant en ayant recours aux textes eux-mêmes plus qu'aux commentateurs [18].

Ces bons connaisseurs de Kant ne le considèrent pas comme un destructeur de la métaphysique. Pourtant, ils ne le lisent pas comme on le lit aujourd'hui. Un Émile Boutroux serait étonné par le titre sous lequel en 1980, François Marty, jésuite, publie l'ouvrage qu'il tire de sa thèse sur la notion kantienne d'analogie : *La naissance de la métaphysique chez Kant* [19]. Ce livre s'inscrit dans une tradition de « re-lecture » et d'interprétation de Kant assez récente, qui n'existait en tout cas pas au temps le plus vif de la crise moderniste et dont l'un

---

17. S'il n'est pas seul, le père Pierre Charles, jésuite, tranche quand même sur l'ensemble des catholiques lorsqu'en 1913, au début de sa série d'articles de la *Revue de Philosophie* sur « La métaphysique du kantisme », il pose cette déclaration liminaire : Plutôt que les commentateurs, « interroger Kant en personne, aborder son œuvre ».

18. Collection « Les grands philosophes », Paris, Alcan, 1900. Le Centenaire de la mort de Kant a aussi provoqué des études importantes. Voir la RMM en 1904.

19. Paris, Beauchesne, 1980.

des promoteurs est Éric Weil avec ses *Problèmes kantiens*[20]. Depuis quelques décades, la *Critique du Jugement* a pris, dans les commentaires de Kant, une place qu'elle n'occupait pas antérieurement, en tout cas en France. Les interprétations les plus récentes sont aussi celles qui prennent le plus sérieusement en compte l'intégralité de l'œuvre, y compris l'*Opus posthumum*.

## *Le vrai sens de la « critique »*

Même si l'on s'appuie surtout sur les deux premières Critiques, la *Critique de la raison pure* et la *Critique de la raison pratique*, le texte de Kant impose une limite à la pluralité des interprétations et toutes ne sont pas également légitimes. Prenons un seul exemple, central il est vrai : l'institution du « tribunal de la raison ». Dans la préface de la 1re édition de la *Critique de la raison pure*[21] Kant s'est clairement expliqué à la fois sur la situation intellectuelle de son temps et sur son projet. Il entend bien mettre fin à une crise de la métaphysique, devenue le terrain sur lequel se livrent des combats sans fin. Si Kant entre sur ce terrain et devient l'un des combattants, c'est pour faire cesser une polémique qui déconsidère la métaphysique, alors que celle-ci s'occupe des questions qui intéressent le plus les hommes, des questions qu'un homme véritable ne peut négliger. Kant est un combattant, mais il lutte pour supprimer la guerre. L'analogie politique est ici manifeste. Dans son opuscule *Vers la Paix perpétuelle*, Kant montre que la persistance des guerres signifie que les rapports entre les nations relèvent encore de l'état de nature ou ne sont pas encore entrés dans l'état civil. On n'a que des rapports de force qui peuvent provisoirement s'équilibrer et éviter la guerre grâce à des alliances, mais on n'a pas une union fondée sur la norme du droit. L'état civil existe à l'intérieur des nations, mais pas entre les nations.

Or, à l'intérieur du monde de la culture, la polémique est l'équivalent de la guerre et, pas plus que celle-ci, elle ne peut

20. Paris, Vrin, 1963.
21. Les références entre parenthèses renvoient à la traduction Tremesaygues et Pacaud, Paris, PUF, éd. de 1967.

engendrer un véritable état de paix dans lequel la raison serait en accord avec elle-même. La polémique est le fait du scepticisme dans son opposition au dogmatisme. Prise au sens kantien, la « critique » ne s'identifie pas à la « censure » sceptique (p. 519). Elle participe sans doute à son esprit de liberté, de libre examen, qui est l'esprit même de la raison (p. 507), mais elle ne reprend pas ses conclusions négatives. Au contraire, pour autant que la critique entre dans la polémique, elle ne se tourne pas moins contre le scepticisme que contre le dogmatisme (p. 508). Le but de la critique est de surmonter la polémique et de rétablir la paix ou l'accord de la raison avec elle-même dans une certitude. Dogmatisme, scepticisme, critique : entre ces trois positions, Kant établit toujours un ordre de succession. Lequel est parfois comparé aux âges de la vie : enfance, état intermédiaire (on n'ose pas dire adolescence, car cet état se caractérise par « la prudence du jugement affiné par l'expérience »), maturité. Certes, Kant ne peut refuser son adhésion au mouvement des Lumières, et il invite chaque homme à se servir de son propre entendement, selon la devise de ce mouvement, mais il a l'ambition de dépasser le côté seulement négatif de son siècle. Au moins en construisant une métaphysique de la raison pratique, prolongeant donc la morale.

L'histoire ultérieure de la philosophie montre que Kant n'est pas parvenu à y instituer une paix perpétuelle, c'est certain. Mais que vaudrait une interprétation de Kant qui ne commencerait pas par prendre au sérieux le dessein affirmé dans la préface de la 1ère édition de la *Critique de la raison pure*, autrement dit le dessein de constituer la métaphysique sur de nouvelles bases en supprimant par la critique les combats incessants entre le dogmatisme et le scepticisme ? En poursuivant l'analogie, les institutions internationales n'ont pas encore procuré aux hommes une paix perpétuelle. Faut-il pour autant contester le principe de leurs efforts ? De même pour le projet d'une « paix perpétuelle en philosophie ».

## *Kant accepté et discuté*

C'est bien cet avènement de la critique que vise Auguste Sabatier lorsque, dans son *Esquisse d'une philosophie de la religion*[22], il affirme qu'au sein de l'histoire de la philosophie, le kantisme représente un événement, par lequel l'après se divise de l'avant : « Les esprits qui pensent se peuvent aujourd'hui diviser en deux classes : ceux qui datent d'avant Kant et ceux qui ont reçu l'initiation et comme le baptême philosophique de sa critique. Ces deux sortes d'esprits auront toujours du mal à s'entendre. Les premiers sont dogmatiques ou pyrrhoniens. Les seconds ne comprennent plus ni le pyrrhonisme, ni le dogmatisme. Le point de vue, pour eux, s'est déplacé ».

Ce ralliement à l'idée critique n'empêche pas Sabatier de contester la pertinence de la philosophie kantienne de la religion. Trop rationaliste, réduisant la religion à la morale ; elle ne fait pas droit à la spécificité du religieux qui est, selon Sabatier, la prière. Pour sa part, Sabatier élabore une théorie, non-kantienne, de la connaissance religieuse. Cette connaissance est « subjective », mais elle ne l'est pas au sens de la subjectivité transcendantale de Kant, fondement de l'objectivité scientifique. Plus existentielle, la connaissance religieuse est surtout, en un sens que nous aurons à préciser, « symbolique ». Accepter le baptême philosophique de la critique kantienne, ce n'est donc pas s'inféoder inconditionnellement à la totalité du système kantien. Le philosophe allemand a fort bien vu la situation de l'homme moderne, écartelé entre la science et la morale : « Le déterminisme scientifique rend inintelligible l'activité morale et l'activité morale heurte le déterminisme de la science » (p. 362). Mais Kant n'a pas résolu de façon satisfaisante le problème qu'il a si bien repéré et formulé.

Pour sa part, la conscience catholique ne peut traiter à la légère les problèmes que lui pose Kant. En 1910, le père Auguste Valensin, jésuite, publie dans le DAFC un article sur « Le criticisme kantien ». Il y écrit ceci : « Il n'y a pas d'ingéniosité qui puisse concilier le Kantisme avec la vérité catholique. Ses thèses maîtresses sont la négation même du dogme[23]. » Son maître et ami, Maurice Blondel félicite Valensin pour la netteté, la sincérité objective, de l'exposé,

---

22. Paris, Fischbacher, 1re éd. 1897. Citation, p. 359.

23. Repris dans *A travers la métaphysique*, Paris, Beauchesne, 1925, p. 33.

pour le « jugement ferme, modéré et motivé, sur l'incompatibilité réelle du kantisme et du catholicisme ». Sans doute peut-on relever quelques simplifications, mais, précise Blondel : « Je ne prendrai pas la défense de Kant. Car vous savez qu'aucune doctrine, qu'aucun tempérament intellectuel ne m'est plus antipathique que la pensée et la méthode de cet "intellectuel" et de cet "abstracteur"[24]. »

Blondel ne revient pas en deçà de Kant, mais il refuse de s'inféoder au kantisme dont les déficiences l'ont incité à construire sa propre philosophie. On a dès lors peine à comprendre les attaques répétées contre le kantisme de Blondel. Et d'abord, celles du père Schwalm dont on se demande s'il a vraiment lu *L'Action*. Dans une note sur « Le Kantisme et M. Blondel[25] », Laberthonnière répond à ces attaques, mais aussi à celles du père Lagrange et de Mgr Batiffol. Le premier « applaudit aux flèches de sens commun que le père Fontaine décoche pour dissiper les "nuages du kantisme" », le second attribue « à M. Blondel et à ses amis » de vouloir « concilier le subjectivisme kantien avec le Catholicisme ». Laberthonnière rappelle à cette occasion « qu'il n'est pas de manière d'apologétique contre laquelle nous nous soyons élevés plus énergiquement que celle qui consiste à concilier le Catholicisme avec une philosophie donnée et acceptée d'avance, d'où qu'elle vienne et quelle qu'elle soit » (p. 322).

Le partage concret entre les deux classes d'esprit que distingue Sabatier n'est donc pas toujours aussi facile à faire qu'on le souhaiterait. Les thomistes qui font systématiquement retour à Aristote contre Kant appartiennent sans doute à la première classe, bien que la présence du kantisme oblige la néo-scolastique à élaborer une théorie de la connaissance que n'avait pas prévue saint Thomas d'Aquin. Parmi ces thomistes, nous accorderons une certaine importance à deux auteurs qui ont poursuivi avec Kant une discussion philosophique que l'on peut rétrospectivement juger sérieuse. Le premier est Charles Sentroul, auteur d'une thèse sur *L'objet de la*

---

24. Blondel-Valensin : *Correspondance*, tome 2, p. 106. Voir aussi tome 1, p. 60-63, tome 2, p. 183 pour les accusations de kantisme portées contre Blondel.

25. *Essais de Philosophie religieuse*, Paris Lethielleux, 1903, p. 321-325.

*métaphysique selon Kant et Aristote*[26]. Le second est H. Dehove, auteur d'un *Essai critique sur le réalisme thomiste comparé à l'idéalisme kantien*[27]. Ces philosophes se situent au niveau où se posent les véritables problèmes : comment peut-on à la fois accepter et discuter Kant ? comment des critiques apparemment semblables peuvent-elles relever de présupposés différents et conduire à des décisions intellectuelles également différentes ?

## II. KANT EN FRANCE AU XIXe SIÈCLE

### *Le manque de traductions*

Commençons par situer l'interprétation catholique la plus courante dans la ligne générale de la réception française de Kant. En France, à la fin du XIXe siècle, l'image la plus commune du kantisme renvoie d'une part à Madame de Staël, d'autre part à Victor Cousin. L'un des faits majeurs est celui d'une connaissance tardive et incomplète de l'œuvre kantienne. En fonction surtout d'un retard des traductions françaises. C'est en 1848 que Barni traduit la *Critique de la raison pratique*, en 1855 que Tissot traduit la *Critique de la raison pure*. Auparavant, si on ne lit pas l'allemand, on ne dispose que de la Dissertation latine de 1770 : *De mundi sensibilis atque intelligibilis forma et principiis*. Tout-à-fait significatif est le cas de Maine de Biran. En 1812, Ampère lui conseille de lire Kant et il le met en garde contre les déformations de sa pensée dans les ouvrages français qui la présentent. Or, que lira Maine de Biran, sinon la Dissertation de 1770 ?[28]. Celui que Lachelier nommera « notre Kant » n'en

---

26. 1905, réédition en 1913 sous le titre *Kant et Aristote*. Nos références renvoient à cette réédition.

27. Lille 1908. Le livre résulte d'une thèse soutenue le 7 décembre 1908 devant la Faculté des Lettres de Clermont-Ferrand. L'auteur était maître de conférences à l'Institut Catholique de Lille. Voir aussi son article « Idéalisme » dans le DAFC.

28. Voir Henri Gouhier : *Les conversions de Maine de Biran*, Paris, Vrin, 1948, p. 257.

discute pas moins sérieusement certaines thèses du kantisme. Mais lorsque Maine de Biran meurt en 1824, très peu de ses œuvres sont éditées. Son influence sur la philosophie française ne s'exercera que plus tard, avec les éditions de Victor Cousin (1834 et 1841), et surtout d'Ernest Naville [29].

Le démarrage initial avait pourtant été assez vif [30]. En 1801, trois ans avant la mort de Kant, Charles Villers publie *La philosophie de Kant ou principes fondamentaux de la philosophie transcendantale*. C'est ce livre que Madame de Staël utilise dans les deux chapitres que son grand ouvrage *De l'Allemagne*, consacre à Kant [31]. Madame de Staël n'ignore pas l'objection faite à Kant du discrédit porté sur la métaphysique par sa critique de la connaissance. Mais elle juge qu'en transportant la métaphysique sur le terrain de la morale, Kant soustrait les grandes affirmations spirituelles et les vérités religieuses aux discussions spéculatives pour les rapporter au sentiment (p. 450-451). Loin de détruire leur certitude, cette opération leur assure un fondement bien plus solide (p. 452-453). La réussite de Kant est d'avoir concilié la philosophie expérimentale et la philosophie idéaliste (p. 456).

## *L'idéalisme subjectif*

Dans la première moitié du XIXe siècle, l'image de Kant et du kantisme a été forgée par le livre de Madame de Staël, mais aussi par l'école de Victor Cousin. Or, ce dernier ne porte pas un jugement aussi positif sur la métaphysique de la raison pratique. Ainsi, dans ses *Fragments philosophiques*, Cousin écrit ceci de Kant :

> « Ce grand homme après avoir si bien vu toutes les lois qui président à la pensée, frappé du caractère de nécessité de ces lois, c'est-à-dire de l'impossibilité où nous sommes de ne pas les recon-

29. *Maine de Biran, sa vie et ses pensées*, 1857.

30. Voir l'étude récente de François Azouvi et Dominique Bourel : *De Königsberg à Paris. La réception de Kant en France (1788-1804)*, Paris, Vrin, 1991.

31. 1810, première édition interdite par Napoléon, 1813, publication en Angleterre, puis en 1814 à Paris. Nous citons la nouvelle édition, Paris, Charpentier, 1886.

naître et les suivre, crut voir précisément dans ce caractère un lien de dépendance et de relativité à l'égard du moi, dont il était loin d'avoir approfondi le caractère propre et distinctif. Or une fois les lois de la raison abaissées à n'être plus que des lois relatives à la condition humaine, toute leur portée est circonscrite à la sphère de notre nature personnelle, et leurs conséquences les plus étendues, toujours marquées d'un caractère indélébile de subjectivité, n'engendrent que des croyances irrésistibles, si l'on veut, mais non des vérités indépendantes. Voilà comment cet analyste incomparable, après avoir si bien décrit toutes les lois de la pensée, les frappe d'impuissance et, avec toutes les données de la certitude, aboutit à un scepticisme ontologique contre lequel il ne trouve d'autre asile que l'inconséquence sublime de prêter aux lois de la raison pratique plus d'objectivité qu'à celles de la raison spéculative [32]. »

C'est Victor Cousin qui a vulgarisé l'idée suivant laquelle la philosophie kantienne est un « idéalisme subjectif ». Entendons la forme d'idéalisme suivant laquelle l'idée n'est qu'une simple forme logique et subjective, qui ne dépasse pas les limites de la pensée et ne permet pas d'atteindre l'être ou la réalité des choses. L'idéalisme subjectif est opposé comme tel d'une part à l'idéalisme modéré de Platon, d'autre part à l'idéalisme absolu de Hegel [33]. Cette interprétation du kantisme ne sera véritablement remise en cause qu'avec Lachelier retrouvant le sens kantien de l'idéalisme transcendantal comme fondement du réalisme empirique.

Avant ce renouvellement opéré par Lachelier, l'interprétation de Victor Cousin persiste et c'est dans un esprit tout-à-fait semblable que la problématique kantienne est énoncée dans l'article « Idéalisme » du *Dictionnaire des sciences philosophiques* d'Adolphe Franck : « Kant, après avoir établi l'existence de certaines notions, de certaines lois primitives de la pensée, se demande si ces notions, si ces lois, correspondent à des objets et à des êtres réels. Ses recherches sur ce point le conduisirent à ce résultat que ces notions n'ont qu'un usage logique, qu'elles règlent la pensée, qu'elles lui donnent le moyen de classer les phénomènes, de les lier entre eux et

32. Préface de la 1re édition, p. 22.
33. *Histoire de la philosophie*, p. 565.

de les ramener à une certaine unité, mais qu'en dehors d'elles, il n'y a pas de réalité qui leur corresponde [34]. »

## *L'argument du sens commun*

Pour Victor Cousin, cette position kantienne est la ruine de la métaphysique. Dans le livre où sont repris ses cours, *Du Vrai, du Beau et du Bien* [35], Victor Cousin rencontre la difficulté lorsqu'il s'interroge sur l'origine et la valeur de ces principes universels et nécessaires dont nous nous servons constamment et sans lesquels il n'y aurait pas de science. Il s'agit de savoir si ces notions ont une simple valeur subjective ou si elles nous permettent d'affirmer la réalité en soi du Vrai, du Beau, du Bien. L'enjeu est considérable puisqu'il concerne en définitive la position rationnelle de Dieu, principe des principes, source des valeurs, fondement ultime de la vérité absolue (p. 70-71). Or, à la différence de Kant, qui réfléchit sur les conditions de possibilité de la physique mathématique, Victor Cousin part de la conscience et des notions présentes à la conscience. Son seul argument est dès lors de dire que la conscience ne se reconnaît pas dans le statut attribué par Kant aux principes de notre connaissance : « En effet, quand nous parlons de la vérité des principes universels et nécessaires, nous ne croyons pas qu'ils ne soient vrais que pour nous ; nous les croyons vrais en eux-mêmes et vrais encore quand notre esprit ne serait pas là pour les concevoir » (p. 58).

A quelles conditions cet appel à la croyance suffirait-il à réfuter le « scepticisme de Kant » ? Au moins faut-il s'adosser à un universel en montrant que ce scepticisme contredit la croyance même du genre humain. L'objection ultime, c'est que Kant anéantit ce que la philosophie présuppose, à savoir le sens commun, qu'elle ne peut éclairer que si d'abord elle se laisse guider par lui. Nous avons déjà signalé le livre du père Garrigou-Lagrange : *Le sens commun, la philosophie de l'être et les formules dogmatiques*. Encore faut-il préciser que le plus célèbre des pourfendeurs du modernisme s'inscrit dans une problématique inaugurée par un jésuite du XVIIIe siècle, le

34. Nous citons Paris, Hachette, 1885.
35. 1re édition 1853. Nos références renvoient à l'édition de 1879.

Père Buffier[36]. Cette problématique est reprise par Jouffroy dans son fameux article de 1824 : « De la philosophie et du sens commun », et elle est illustrée par le second tome de l'*Essai sur l'indifférence en matière de religion* de Lamennais.

Sans doute, comme le montre bien l'article « sens commun » du *Dictionnaire* de Franck, la philosophie n'est pas, pour l'école de Victor Cousin, une simple répétition du sens commun. Pourtant, celui-ci impose sa norme. La philosophie des philosophes s'égare si elle ne respecte pas cette « autre philosophie », dont Jouffroy dit qu'elle est « antérieure à la philosophie proprement dite, puisqu'elle se trouve spontanément au fond de toutes les consciences, indépendamment de toute recherche philosophique ». La sanction de cet écart n'est d'ailleurs rien d'autre que le ridicule. Selon Fénelon : « Quand j'examine si le néant peut penser, au lieu de l'examiner sérieusement, il me prend envie de rire[37]. »

En 1886, lors d'une réunion de la Société de Saint-Thomas d'Aquin, fondée par Mgr d'Hulst, Marcel Hébert avait tenté de rapprocher « thomisme et kantisme[38] ». Dans une séance antérieure, le comte Domet de Vorges avait déclaré que « le kantisme est le ver rongeur de la philosophie moderne ». Or, après avoir entendu le plaidoyer de Marcel Hébert, le philosophe thomiste maintient cette déclaration : « Admettons, dit-il, que Kant n'ait pas été aussi loin que ses disciples, admettons qu'il fût aussi modéré que M. Hébert affecte de le croire. Toujours est-il qu'en s'inspirant de ses doctrines, certaines personnes arrivent à un scepticisme effréné. On en est venu à traiter le sens commun comme un étranger dans la science. De l'évidence on ne se préoccupe plus[39]. »

En fait, se contenter d'invoquer le sens commun pour réfuter la critique kantienne, c'est méconnaître que celle-ci tente d'assimiler le fait d'une science qui progresse précisément

36. Publié initialement en 1717, son *Traité des premières vérités et de la source de nos jugements* sera réédité en 1822 sous le titre *Doctrine du sens commun*.

37. Voir Pierre Colin, « La philosophie et le sens commun », dans *La Croyance*, Collection « Philosophie », n° 7, Paris, Beauchesne, 1982, p. 52.

38. APC, tome XIII, janvier 1986, p. 364-384.

39. APC, tome XIII, février 1886, « La théorie de la connaissance », p. 470-471.

dans la mesure où elle remet en cause les données immédiates du sens commun, lequel n'est d'ailleurs pas aussi immuable qu'on le présuppose. Les grands changements culturels affectent ce « sol de croyance » dont parle Husserl. Et l'une des grandes questions du modernisme est justement de savoir si les protagonistes de la crise ne sont pas les uns et les autres engagés avec plus ou moins de clairvoyance dans un remaniement profond du sol de croyance, ce dont témoigne au premier chef, le type de crédit attribué à l'expérience.

Pour illustrer ce point, citons Cazelles, le traducteur du livre de Stuart Mill : *La philosophie de Hamilton*, qui écrit en 1869 dans sa préface :

> « Autrefois les esprits en suspens devant une difficulté, avant de prendre parti sur une opinion controversée, demandaient à la seule autorité alors reconnue le mot d'ordre qu'ils devaient suivre : que dit l'Église ? et le verdict théologique tranchait toute discussion. Plus tard, on s'est demandé dans des conjonctures semblables : que dit la raison ? que dit le sens commun ? Aujourd'hui, la seule question qu'on se pose et qu'on ne peut plus esquiver, c'est : que dit l'expérience ? Devant ce nouveau mode de juger, les mots qui ne changent pas de forme, changent peu à peu de sens : Vérité et réalité qui, pour une école naguère puissante et qui compte encore beaucoup de représentants, ne signifiaient pas toujours la même chose, se confondent aujourd'hui et signifient conformité à l'expérience actuelle ou possible dans les conditions présentes telles qu'on les connaît : c'est là le plus haut degré de certitude ».

Le critère de l'expérience prend néanmoins des significations différentes suivant la manière dont on comprend la constitution de l'expérience. Celle-ci se confond-elle avec un donné brut qui s'impose comme tel à la pensée, ou bien la pensée joue-t-elle un rôle dans l'élaboration même du fait ? Par sa double inspiration, positiviste et criticiste, la philosophie de Renouvier apporte un éclairage intéressant sur ces questions, et, corrélativement, sur le sens du kantisme.

## *Le néo-criticisme de Renouvier*

Charles Renouvier occupe dans la philosophie française du XIXe siècle une place très particulière. Élève d'Auguste Comte à l'École Polytechnique, il commence par fréquenter les saint-simoniens. S'il vient ensuite à la philosophie, et à Kant, son néo-criticisme représente une tentative de conciliation entre le kantisme et le positivisme. De ce dernier, il retient un principe fondamental : « La philosophie doit se borner elle-même à l'étude des phénomènes et à la recherche de leurs lois en tant qu'elle vise à se donner une constitution scientifique [40]. » Le principe positiviste engage dès lors Renouvier dans un phénoménisme qu'il veut intégral et au nom duquel il critiquera l'illogisme par lequel Kant maintient la « chose-en-soi », tout en la déclarant inconnaissable.

Toutefois, le kantisme de Renouvier l'empêche d'être intégralement positiviste. Comme l'écrit Roger Verneaux : « Sa fidélité à Comte influe manifestement sur son interprétation de Kant, mais sa fidélité à Kant lui fait écarter la philosophie de Comte » (p. 20). Il reproche aux positivistes de méconnaître que les phénomènes nous sont donnés dans une représentation, laquelle suppose le rapport d'un sujet et d'un objet. Auguste Comte néglige ce que Kant a au contraire mis en valeur : le rôle du sujet ou des formes sous lesquelles nous saisissons le sensible et qui sont notre fait, ces manières de comprendre qu'après Aristote, Kant nomme les catégories. Bref, ce qui manque au positivisme, c'est une véritable critique de la connaissance.

Seulement, Renouvier reproche à Kant de n'avoir pas été fidèle jusqu'au bout à son idée critique. C'est ainsi qu'il cite pour le discuter le fameux texte de la Préface à la 2^e^ édition de la *Critique de la raison pure* : « Bien que nous ne connaissions pas ces objets comme choses en soi, du moins devons-nous pouvoir les penser. Autrement, en effet, il en résulterait cette proposition absurde qu'il y aurait un phénomène sans rien qui apparaisse. » La distinction du connaître et du penser qui intervient ici joue un grand rôle dans l'interprétation d'un Éric Weil. Mais ce n'est pas du tout ce que retient Renouvier, lequel marque son profond désaccord avec Kant : « Ces mots : *rien qui apparaisse* sont ambigus, car il y a bien quelque chose qui apparaît, au dire même de celui qui nie la chose-en-soi, c'est le phénomène, dont la propre nature, on ne le niera pas, est d'apparaître. La proposition que *rien d'autre*

40. Cité par Roger Verneaux : *Renouvier, disciple et critique de Kant*, Paris, 1945.

*n'apparaît* n'est donc pas absurde. Bien plus, car l'argumentation se rétorque victorieusement, c'est la proposition du défenseur de la chose-en-soi qui sera absurde, si nous la formulons ainsi, comme nous en avons le droit : *la chose-en-soi qui paraît dans les phénomènes est une chose qui ne paraît point*[41]. »

Selon Renouvier, le tort de Kant est de poser au principe de la manifestation phénoménale quelque chose qui fonde cette manifestation, sans pour autant apparaître lui-même. La seule interprétation valable de l'argumentation kantienne, c'est l'interprétation phénoméniste : il y a bien quelque chose qui apparaît, mais c'est justement le phénomène. Et au-delà, il n'y a rien. Dans la position kantienne de la chose-en-soi, Renouvier voit un exemple de la méthode de réalisation des idées abstraites. La chose-en-soi kantienne relève de la fiction réaliste de la substance ou des substances, où il s'agit toujours « d'un sujet dont l'idée est obtenue par voie d'abstraction, que l'on pose comme réel, et que l'on définit par la négation de toute qualité qui pourrait servir à le définir, en même temps qu'on met des phénomènes sous sa dépendance[42] ». Kant n'avoue-t-il pas lui-même que l'on ne peut donner le moindre énoncé sur la chose-en-soi qui peut servir de fondement au phénomène ? Maintenir la chose-en-soi, c'est en fin de compte se rallier à l'agnosticisme : « Le noumène = x de Kant, qui soutient avec le monde phénoménal une relation quelconque (sans cela, que serait-il pour nous ?), mais indéfinissable par définition, et que Kant ne pouvait même pas lui attribuer légitimement aux termes de sa méthode, ce noumène est la même chose que l'absolument inconnaissable de Spencer » (p. 45).

## *Accord et désaccord des thomistes*

Parce qu'ils s'accordent sur certains points avec Renouvier, nous revenons maintenant à ces contradicteurs de Kant dont nous avons dit le sérieux : un Dehove ou un Sentroul. Leur

41. *Critique Philosophique*, 1878, I, p. 376, cité par Verneaux, p. 55 (souligné par l'auteur).

42. *Les dilemmes de la métaphysique pure*, Paris, Alcan, 1901, p. 95.

discussion avec Kant porte sur la question posée par l'école de Victor Cousin, la question de la valeur ontologique des principes de la raison : sont-ils seulement des principes de notre pensée ou bien sont-ils aussi des principes de l'être lui-même ? Cette dernière position est celle du réalisme que Dehove défend après l'avoir ainsi défini : « Toute doctrine qui considère les principes rationnels, non pas comme de simples formes de la connaissance, ou des choses en tant que nous les pensons, mais comme l'expression des lois de la réalité ou des choses telles qu'elles subsistent en elles-mêmes, indépendamment de notre pensée[43]. » Le réalisme implique que soit remise en cause la révolution copernicienne, c'est-à-dire la prétention kantienne de rapporter la connaissance au sujet en la détachant de l'être.

Les thomistes de l'époque ne s'attachent guère à l'examen critique de l'idée de Dieu auquel Kant se livre dans la partie de la *Critique de la raison pure* consacrée à la « Dialectique transcendantale ». En revanche, ils soulignent la difficulté que représente, à l'intérieur du système, la position de la chose-en-soi moyennant un usage transcendant du principe de causalité. Comme le montre son article « Idéalisme », Dehove est d'ailleurs conscient de reprendre une objection classique. Du vivant même de Kant, la chose-en-soi était déjà une « question disputée » ainsi qu'on le voit dans le livre de Victor Delbos professé en 1909, et publié avec une Préface de Maurice Blondel : *De Kant aux postkantiens*[44].

Qu'en est-il de la réalité ? Insistant sur une intention réaliste qu'il pense être celle de Kant, Sentroul ratifie le raisonnement par lequel Kant conclut de la réceptivité sensible du sujet pensant à la dépendance de la représentation à l'égard des choses extérieures. Le phénomène suppose un quelque chose qui apparaît. L'objection ne porte pas sur la valeur intrinsèque du raisonnement, mais sur le droit de Kant à l'utiliser. Valable chez Aristote, il ne l'est plus chez Kant, « tel qu'il fait corps avec tout le reste de son système » (p. 157). D'abord parce que manque le sujet substantiel, exigé pour une bonne démonstration de la réalité objective. Ensuite parce que Kant s'est retiré le droit d'user du principe de causalité pour

43. Dehove, *op. cit.*, p. 7.
44. Paris, Aubier, 1940.

dépasser l'ordre des phénomènes et conclure à la chose-en-soi : « De quel droit en effet l'a-t-il invoqué ? Qu'Aristote y fasse appel, soit ! Mais Kant ne l'a-t-il pas ruiné d'avance ? N'a-t-il pas brisé entre ses mains ce puissant moyen de l'explication des choses, internes ou externes ? » (p. 164). Pour rétablir ce rapport de la connaissance aux choses qui définit son objectivité et sa vérité, il faut donc remettre en cause la séparation kantienne du phénomène et de la chose-en-soi.

Pour les néo-thomistes, Kant a raison de rapporter le donné sensible à son fondement métaphysique : la chose-en-soi. Mais, le raisonnement kantien n'est valable que si l'on admet un usage métaphysique du principe de causalité, comme le font Aristote et saint Thomas d'Aquin. Or, Kant s'est précisément privé de cette ressource en limitant le principe de causalité à l'ordre de l'expérience. On assiste dès lors à d'étranges conjonctions et disjonctions entre les thomistes et un néo-kantien tel que Renouvier. Les uns et les autres s'accordent sur deux points : d'abord, invoquer, comme le fait Kant, la chose-en-soi, c'est fonder la connaissance sur l'Inconnaissable, puisque le propre de cette chose-en-soi est de n'apparaître jamais en personne ; ensuite, la position même de la chose-en-soi comme fondement du phénomène est contraire aux principes de Kant.

Mais, à partir de là, les opinions divergent. Pour un néo-kantien tel que Renouvier, c'est au nom même de l'idée critique qu'il faut dénoncer la trahison de cette idée que constitue le maintien de la chose-en-soi. La seule issue logique du kantisme est le phénoménisme et c'est d'ailleurs ce qui permet à Renouvier d'opérer une certaine jonction entre le kantisme et le positivisme [45]. On comprendra aisément que la position des néo-thomistes soit tout-à-fait différente. Ce qui les gêne chez Kant, ce n'est pas le réalisme de la chose-en-soi, c'est le fait que Kant se soit retiré les moyens de le justifier. Autrement dit, il faut faire retour de l'idéalisme subjectif de Kant vers le réalisme aristotélicien de saint Thomas.

Nous disons bien « le réalisme aristotélicien ». Le titre de

45. La description que l'encyclique *Pascendi* fait de l'agnosticisme présuppose d'ailleurs une jonction de ce type, comme nous le verrons plus loin.

l'ouvrage de Sentroul et son contenu sont significatifs d'un fait : nous avons affaire avec lui, mais pas seulement avec lui, à des philosophes pour lesquels saint Thomas d'Aquin est avant tout un disciple d'Aristote. La confrontation instituée par Sentroul joue entre *Kant et Aristote*. Le résultat — ou le principe ? — général en est le suivant : chaque fois que Kant a bien posé un problème, celui-ci avait déjà été résolu par Aristote et Kant a tort de ne pas suivre la solution aristotélicienne ; chaque fois que Kant s'écarte d'Aristote, il pose de faux problèmes et il s'engage dans des impasses.

## *Le père Gardeil et les cours de Boutroux*

Parmi les thomistes, le père Ambroise Gardeil cherche à s'informer. Il suit les cours qu'Émile Boutroux donne à la Sorbonne en 1895-1897. A la suite de quoi, il écrit dans la *Revue thomiste* un article intitulé *Après le cours de M. Boutroux*[46]. Qu'en retient-il, sinon l'acte de décès du kantisme ? « C'était la coutume en Égypte de juger solennellement les morts. N'est-ce pas un devoir de cette sorte que vient de remplir M. Boutroux à l'égard de Kant ? Son cours des deux années universitaires 1895 et 1896 n'est-il pas comme la stèle justificative qui défendra le grand mort devant un tribunal plus redoutable que celui d'Osiris, la postérité ? »

Voyons plus en détail ce que Gardeil retient du cours professé en Sorbonne. A la question : « Le problème est-il bien posé par Kant ? » Boutroux répond : « non ». Il remet en cause la position kantienne qui consiste à traiter la morale et la science comme données de prime abord comme faits, en sorte que la tâche de la philosophie serait uniquement de rechercher les conditions de leur possibilité. Surtout, Boutroux confronte le thème des jugements synthétiques a priori et l'état actuel de la science. Conclusions, toujours d'après Gardeil : 1°) il se peut que la thèse de Kant soit contestable en ce qui concerne la physique, mais elle paraît subsister en ce qui concerne les mathématiques ; 2°) ce qui est *a priori*, c'est un travail de l'esprit accompli d'une façon originale. Les choses ne fournissent que l'occasion, non l'exemple ou le

46. 1897, p. 1-30.

modèle de ce travail. Voilà ce que nous retenons de la doctrine kantienne ; 3°) ce qui reste obscur, c'est la question de savoir ce qu'est au juste le travail de l'esprit. A-t-il le caractère de nécessité que lui attribue Kant ? Affirmons-nous de fait une liaison nécessaire ? Cette affirmation sommes-nous absolument nécessités à la faire ? La science ne se contente-t-elle pas d'une nécessité relative ?

En résumé, Gardeil est confirmé dans son idée suivant laquelle la méthode de Kant est loin d'être originale. Dans sa partie acceptable, elle est un emprunt à la philosophie de l'École. L'idée de ne pas s'arrêter au fait, de l'analyser métaphysiquement, de ne pas séparer la psychologie de la métaphysique, le caractère *a priori* de la faculté qui conçoit les jugements universels, sans recourir à l'innéité, la distinction irréductible de la sensibilité et de l'entendement, le rôle de la première de ces facultés, la possibilité d'un usage non-empirique de la raison, tout cela est pure doctrine d'École. Nous ne dirons pas que nous retenons de Kant ces théories : nous les lui reprenons, ou plutôt nous ne les lui avons jamais abandonnées. Par elles, nous nous distinguons des dogmatistes ontologistes et cartésiens. Mais, ce que nous ne pouvons admettre, c'est le point de départ préconçu, l'idée phénoméniste à la base du système et se retrouvant, naturellement, à l'arrivée, ce sont les déformations subies par le système, si parfaitement un, d'Aristote, à qui tout cela est emprunté, en vue de ces fabuleux principes synthétiques, comme tels *a priori* (p. 28).

L'article de Gardeil s'achève par un assez admirable morceau de style :

> « Aussi, dans la dernière leçon de ce cours de deux années, à l'heure des *ultima verba*, lorsque l'accent du professeur se faisant plus pénétrée, l'attitude de l'auditoire plus attentive et comme plus religieuse, Kant, le philosophe sans ancêtre, sans généalogie d'auparavant, fut confié au vieux fleuve qui garde les dépouilles d'autrefois comme le Nil gardait les tombeaux des Pharaons — *quaedam perennis philosophia* ! — il nous semble voir la Critique s'enfoncer dans le lointain horizon d'une bibliothèque immense, où l'attendaient les in-folio et les in-8° des philosophes d'antan, pyramides et hypogées de ces nécropoles intellectuelles. Elle prenait sa place dans un mausolée grandiose : sur la porte était écrit, comme sur une stèle accusatrice et justificative tout à la fois,

la conclusion du Cours de M. Boutroux. Cependant Kant commençait son sommeil de momie, tandis que le fleuve continuait sa marche, indifférent à refléter une pyramide de plus, et que, là-bas, sur la rive orientale, dans la populeuse cité des philosophes, la vie reprenait plus intense, comme si le Pharaon n'était pas jugé et enterré de la veille. Nul de ceux que son sceptre avait ambitionné de régir à jamais ne prononçait plus le nom de Kant que pour parler de le dépasser ».

## *Idéalisme et objectivité*

En 1926, Étienne Gilson a publié sous le titre *La Philosophie de Kant* les leçons de Boutroux [47]. Nous sommes donc à même de contrôler les impressions du père Gardeil. Or, il est vrai que le cours est à la fois un exposé du kantisme et une interrogation sur sa valeur. Mais, si plusieurs thèses de Kant sont contestées, c'est en fonction du développement des sciences depuis Newton. Boutroux montre que ce développement oblige à réviser l'idée kantienne de la science, et à produire une conception différente des rapports de la théorie et de l'expérience. Mais cela ne veut pas dire que la problématique kantienne soit dans son ensemble remise en cause.

La lecture que Boutroux fait de Kant rentre dans le cadre de la redécouverte du kantisme opérée par Jules Lachelier. C'est avec ce dernier que la philosophie française s'était véritablement mise à l'école de Kant, en reprenant à la base la notion de l'objectivité, telle que Kant avait cherché à la fonder. A l'occasion du *Vocabulaire* préparé sous la direction d'André Lalande, Lachelier cerne avec la plus grande précision possible cette idée kantienne de l'objectivité, à laquelle lui-même se rallie. D'abord par une exclusion : « A partir de Kant (et quel qu'ait pu être sur ce point le flottement de la langue de Kant lui-même), *objet* et *objectif* ne peuvent avoir qu'un sens : ce n'est pas ce qui est en soi, hors de notre esprit et de tout esprit, car ce qui ne serait *pour* personne serait nul et non avenu pour tout le monde et même, ce me semble, totalement inexistant ». Vient ensuite la précision décisive : « Que sera-ce donc ? Ce ne peut être, ce me semble, que ce qui est

47. Paris, Vrin, 1926.

*le fondement même de l'accord des esprits*, c'est ce qui est EN SOI *dans notre esprit et dans tout esprit*. C'est, en un mot, une représentation *de droit*, par opposition à une représentation *de fait*[48]. »

III. LA LIBERTÉ MORALE

## *Vers la métaphysique par la morale*

Beaucoup des objections faites à Kant présupposent qu'il a volontairement ruiné la métaphysique. Or, ce que l'on peut dire — et qui n'est pas du tout la même chose — c'est que Kant a pris acte de la situation culturelle au sein de laquelle la métaphysique ne peut plus poursuivre en quelque sorte naïvement son cours sans avoir à s'inquiéter de la force de conviction de ce qu'elle affirme. Le but de Kant est au contraire de chercher des voies nouvelles pour la métaphysique. De fait, ces voies nouvelles, Kant pense les trouver en entrant sur le terrain de la morale et en construisant une métaphysique de la raison pratique.

Pour Kant, la loi morale est un « fait de la raison », qui porte en lui-même sa justification, sans aucun besoin d'une métaphysique préalable. Cette remarque préliminaire est importante, car c'est elle qui justifie la référence kantienne des partisans de la « morale indépendante ». Entendons une morale qui tient par elle-même, indépendamment des considérations d'ordre métaphysique et/ou religieux qui se prétendraient seules capables de justifier le principe et le contenu d'une morale. Comme nous l'avons déjà vu, c'est ce type d'enseignement de la morale qui se substitue à l'enseignement religieux dans l'école de Jules Ferry.

Mais, si la morale ne dépend pas de la métaphysique, en revanche la morale exige un achèvement métaphysique. Kant entend montrer comment la logique interne de la vie morale conduit aux trois « postulats de la raison pratique » : la liberté,

48. Dans le *Vocabulaire technique et critique de la Philosophie* de Lalande, au mot « Objectif » (souligné dans le texte).

l'existence de Dieu, l'immortalité personnelle. Par une alliance de mots fort audacieuse, Kant fait de ces trois réalités les objets d'une « foi rationnelle ». Pourquoi « rationnelle » ? S'il y a un « intérêt spéculatif » de la raison, qui est d'obtenir une liaison totale des phénomènes dans un système complet, il y a aussi pour Kant un « intérêt pratique » de la raison, qui est de poursuivre la réalisation d'un but final et complet[49]. Cette fin ultime, hors de laquelle nous en resterions à une mauvaise tragédie sans dénouement, c'est l'accord de la vertu et du bonheur, ce que les morales classiques, d'Aristote à saint Augustin et à saint Thomas d'Aquin, nommaient le Souverain Bien.

Les discussions du temps de la crise moderniste portent sur la question de savoir ce que vaut cette métaphysique de la raison pratique. En toute hypothèse, les thomistes ne sont pas prêts à se résigner à l'abandon d'une métaphysique spéculative fondée sur les principes de la raison. Et ils ne sont pas plus satisfaits que ne l'était Victor Cousin par le déplacement opéré par Kant lorsqu'il cherche le fondement de la métaphysique dans les postulats de la raison pratique. A l'inverse de Madame de Staël, dont nous avons vu qu'au début du siècle, elle avait manifesté son intérêt pour cette démarche kantienne.

## *Sens du déplacement kantien*

Le livre *De l'Allemagne* approuvait Kant d'avoir soustrait la métaphysique à la raison spéculative pour la soumettre à la raison pratique. Pour Madame de Staël, les vérités métaphysiques doivent relever du « génie du sentiment », car « il n'y a que lui qui puisse porter la conviction au delà des limites de la raison humaine » (p. 442). En effet, les arguments rationnels conduisent à la discussion et celle-ci au doute, sur quelque sujet que ce soit (p. 451). Cette référence montre que se préparent de très loin les oppositions que l'on retrouvera dans l'encyclique *Pascendi*. En effet, celle-ci reproche aux modernistes de chercher à compenser leur agnosticisme métaphysique par une philosophie du sentiment religieux. Comme nous le verrons bientôt, la discussion catholique du kantisme est

49. *Critique de la raison pratique*, trad. Picavet. Paris, PUF, p. 129.

engagée dans une discussion plus large sur la valeur de l'expérience religieuse, discussion dans laquelle le protestantisme libéral d'un Auguste Sabatier suscite des oppositions catholiques, mais aussi des dissensions au sein même du protestantisme. Le primat kantien de la raison pratique ne pourrait signifier que la primauté du subjectif sur l'objectivité morale, ou encore la primauté du sentiment sur la raison.

Or, l'intérêt des philosophes français pour le déplacement kantien se retrouve à la fin du XIXe siècle. En 1877, la section de philosophie de l'Académie des sciences morales et politiques met au concours le sujet suivant : *De la métaphysique considérée comme science*[50]. En 1878, le premier prix est décerné à Louis Liard, professeur à la Faculté des Lettres de Bordeaux. En 1879, son mémoire sera publié sous le titre : *La science positive et la métaphysique*[51]. L'ouvrage entend bien établir le statut de la métaphysique dans un monde culturel où les sciences revendiquent le monopole de la connaissance. Ce problème de style kantien est traité en fonction des données nouvelles : développement des sciences, naissance du positivisme et de la doctrine de l'évolution. Toujours en style kantien, Louis Liard montre pourquoi l'objet de la métaphysique est inaccessible à la science. Or, après les phénomènes, nous voulons connaître l'absolu, après les conditions,

50. Voici le programme indiqué aux candidats : « 1°) Les concurrents rechercheront quelle est la nature, quelles sont les conditions et les lois de ce qu'on doit appeler science et ils se demanderont si, et jusqu'à quel point, cette dénomination peut être appliquée à la métaphysique elle-même ; 2°) après cette recherche préliminaire, ils examineront si l'esprit humain est capable de connaître autre chose que des phénomènes et des rapports de phénomènes et si ce qu'on nomme cause, substance, espace, temps, infini, absolu, parfait, sont des notions sans valeur et sans signification ; 3°) en supposant que, après l'examen précédent, les concurrents aient reconnu aux notions précitées au moins une réalité subjective, ils auront à chercher si elles ont en outre une valeur objective ou si elles ne sont que des lois de l'esprit humain ; enfin les concurrents se demanderont, en terminant, pour quelle raison la métaphysique, dès son origine, s'est trouvée divisée en systèmes opposés et, depuis lors, toujours renaissants ; si cette division est nécessaire et si elle se reproduira dans l'avenir comme dans le passé, ou s'il y a lieu d'espérer, par des recherches plus exactes et une étude plus approfondie de ces mêmes systèmes, l'établissement d'une métaphysique une et définitive. » *Compte-rendu des Séances et Travaux*, tome X, 1878, 2e semestre.

51. Paris, Alcan, 1re éd. 1879, 3e éd. 1893.

nous demandons la raison de l'existence. Si les voies de la science sont fermés à la métaphysique, d'autres chemins ne lui sont-ils pas ouverts ? Comme le fera bientôt Blondel dans sa thèse, Liard passe de la science de l'objet à celle du sujet, conscient, actif, libre, orienté vers le Bien. Il parvient ainsi à poser les bases de cette « métaphysique morale » qui a été inventée jadis par Socrate et que Kant a restaurée.

Comme Louis Liard est séparé de Madame de Staël par un siècle — ou presque — de progrès scientifiques, leur interprétation de Kant ne peut être identique. Pourtant il y a un schéma commun : 1°) on accepte les résultats de la critique kantienne de la connaissance qui dénonce l'impuissance de la raison théorique à poser des affirmations métaphysiques ; 2°) on reconnaît que Kant ne s'est pas arrêté là et que toute son ambition à été de construire une métaphysique de la raison pratique ; 3°) on apprécie de façon positive le résultat de cet effort, ouvrant un nouvel accès à la métaphysique. Dans un style différent, plus soucieux de l'argumentation rationnelle, Louis Liard estime, lui aussi, que Kant a eu raison de restituer à la métaphysique ce terrain moral sur lequel l'avait déjà établie Socrate. Déjà, dans *L'idée de Dieu et ses nouveaux critiques*, Edme Caro avait salué cette perception kantienne : « Si le devoir est absolu, il ne peut l'être que par son rapport à Dieu. Voilà ce que Kant a profondément aperçu, voilà ce qui l'a décidé à cette belle évolution de la pensée, se retournant d'un vaillant effort contre elle-même et relevant la métaphysique de ses ruines » (p. 88).

### *Oppositions catholiques*

Le milieu catholique résiste pourtant à cette appréciation positive. Pour les thomistes, il est inutile de suivre le chemin qui conduit Kant vers une métaphysique de la raison pratique. La seconde *Critique* ne rachète pas les négations de la première. De Kant, Mgr d'Hulst écrit en 1881 : « Vainement a-t-il cru pouvoir réédifier par la conscience morale l'édifice qu'il avait ruiné par la raison. Ses successeurs ont fait justice de cette inconséquence [52]. » De même dans un article sur

52. Cité par Baudrillart, *Vie de Mgr d'Hulst*, tome 2, p. 85-86.

« Criticisme et néo-criticisme », Joseph Gardair écrivait en 1901 : « La croyance rationnelle (Renouvier) ne nous satisfait guère plus que la foi doctrinale ou morale (Kant). C'est un *savoir*, vrai quoique limité, que nous prétendons acquérir en métaphysique, qu'il s'agisse de la nature, de l'homme ou de Dieu [53]. »

Dès lors deux solutions seulement restent possibles. Ou bien l'on suit Kant jusque dans son échec et l'on succombe au scepticisme qu'il entendait surmonter en supprimant par la critique la guerre entre le dogmatisme et le scepticisme. Ou bien il faut revenir en arrière, vers la *Critique de la raison pure* pour en contester les conclusions. Autrement dit, il faut refuser la théorie kantienne de la connaissance pour faire d'une manière ou d'une autre retour au dogmatisme [54].

Selon Charles Sentroul, le kantisme résulte d'une interversion entre l'intellectuel et l'affectif : « Pour Kant, c'est de la Loi que découle la Vérité ; pour Aristote, c'est de la Vérité que découle la Loi ; l'une et l'autre sont réunies dans l'idée transcendantale de l'Être qui se reflète d'abord dans l'intelligence et puis dans la volonté » (*op. cit.*, p. 333). La discussion catholique avec Kant porte sur la question de la valeur d'une métaphysique de la raison pratique, mais pas seulement sur cette question. Plus en profondeur, la discussion porte sur le rôle que Kant attribue à la liberté dans la constitution de la morale. En effet, l'interversion soulignée par Sentroul fait que la Loi ne relève que de la Liberté de la Raison. L'inconditionnalité de la loi morale et celle de la liberté coïncident. En tant qu'hommes, nous sommes soumis au devoir, ainsi que le montrent les *Fondements de la métaphysique des mœurs*. Mais, en tant que nous participons à la liberté de la raison, nous sommes législateurs dans l'ordre moral. Ce qui est très précisément désigné par le terme kantien d'autonomie.

---

53. *Revue de Philosophie*, 1er décembre 1901 (souligné par l'auteur). L'influence de Renouvier se retrouve dans le *Cours élémentaire de Philosophie* d'Émile Boirac, Paris, Alcan, 1898 : « Toute la science, toute la connaissance humaine reposent sur un fait, l'acte de foi de la raison en elle-même » (p. 433). Ce Manuel a été en usage au moins dans certains séminaires.

54. « De Kant à saint Thomas d'Aquin » : c'est le chemin que le Comte Domet de Vorges pense pouvoir tracer à l'intention de George Fonsegrive, *Revue de Philosophie*, 1er juillet 1909.

## *La liberté de la raison*

Kant est aussi, surtout, le philosophe qui a dégagé le principe de l'Aufklärung : « Aies le courage de te servir de ton propre entendement. » C'est ce que retient Paul Desjardins lorsque, dans le *Bulletin de l'Union pour l'action morale*[55], il présente des extraits de la *Critique de la raison pure* sous le titre « Les règles de la vraie Liberté d'esprit d'après Emmanuel Kant. » Selon Desjardins : « Pour être venus au monde après Kant, nous sommes à même de penser plus honnêtement, plus exactement, plus vigoureusement. Mesurer le degré de notre certitude, et ne jamais la surfaire ; défendre la vérité non contre les autres seulement, mais contre nous aussi ; faire consister le devoir de sincérité, non seulement à mettre notre parole d'accord avec notre pensée, mais encore à mettre autant que possible notre pensée d'accord avec elle-même — voilà l'essentiel, non pas du *Criticisme*, auquel on peut se refuser, mais de *l'esprit critique* auquel il faut bien se soumettre » (p. 400-401).

Les théologiens s'opposent-ils seulement au criticisme, ou bien refusent-ils l'esprit critique ? Chaque cas mérite l'examen, mais on relèvera une opposition générale à l'affirmation kantienne de la liberté du sujet dans l'ordre cognitif et dans l'ordre éthique. Ainsi, dans la *Revue néo-scolastique de Louvain*, E. van Roey s'interroge sur « L'influence du kantisme sur la théologie protestante[56]. » Mais il commence par considérer le système même de Kant et son rapport à la Réforme. Le point de jonction, c'est la double autonomie de la raison théorique, affranchie des « choses-en-soi » et législatrice de l'expérience, et de la raison pratique, indépendante de tout mobile extérieur ou étranger à l'accomplissement de sa propre loi. Ou encore, « En résumé, la raison autonome, érigée en législatrice souveraine des choses et de nos actions, voilà le dernier mot du kantisme ! C'est l'individualisme à outrance, l'apothéose de la raison individuelle, la revendication, au nom de la philosophie, de l'absolue indépendance de l'homme vis-à-vis de tout ce qui n'est pas lui » (p. 405-406).

La conclusion de van Roey est dès lors simple :

---

55. 1er mars 1902, p. 400-401.
56. 1899, p. 404-411.

« Or, ne voit-on pas que ce principe nouveau, appelé à régir les luttes philosophiques du XIXe siècle, a d'étroites affinités avec les idées organiques de la Réforme ? Comme le philosophe allemand, Luther flatte l'orgueil de la pensée, il glorifie la valeur personnelle de l'homme et ne soumet celui-ci qu'aux inspirations de son for intérieur. Cependant le réformateur religieux est dépassé en hardiesse par le novateur philosophique. Pour Luther, l'indépendance de la conscience individuelle à l'égard du monde extérieur n'entame en rien la soumission originelle de l'homme vis-à-vis de Dieu, de l'Évangile et des grandes manifestations de la pensée et de la volonté divines à travers l'histoire. En brisant ces derniers liens qui enchaînaient l'homme à l'absolu, Kant a hissé la raison humaine au sommet le plus élevé où l'on pût rêver jamais de l'établir. Il a formulé dans leurs conséquences extrêmes les principes du protestantisme : sa philosophie est la continuatrice et l'héritière de la Réforme » (p. 406).

## *La religion rationnelle*

Non seulement Kant n'assure pas les bases rationnelles de la foi, non seulement sa métaphysique de la raison pratique ne compense pas l'échec déclaré de la métaphysique spéculative, mais, en outre, Kant prend à l'égard de la religion une position philosophique qui heurte les théologiens. D'après son livre sur *La religion dans les limites de la simple raison*, la religion morale, élaborée par le philosophe, est le critère permettant de juger ce qu'il y a de valable dans toute religion, y compris le christianisme. La véritable foi religieuse s'oppose ainsi à la foi ecclésiastique. Et, dans *Le conflit des Facultés*, Kant attribue au philosophe la responsabilité ultime dans la détermination du sens de la Bible [57].

En langage théologique, la critique religieuse de Kant est rapportée au « rationalisme ». Par considération de ce qu'elle est dans les œuvres de Kant, mais aussi par considération de l'influence qu'elle a exercée. Soit sur la critique biblique protestante, soit sur certaines formes de la théologie catholique de langue allemande. Parmi les textes qui serrent de près la

57. Voir Jean-Louis Bruch : *La philosophie religieuse de Kant*, Paris, Aubier, 1968 et Henri de Ternay : *Traces bibliques dans la loi morale de Kant*, Paris, Beauchesne, 1986.

théorie kantienne de la religion, on notera l'article d'Auguste Valensin sur « Le criticisme kantien[58] ». Le jésuite montre que, d'une façon générale, la religion historique n'est, dans la pensée kantienne, qu'un véhicule de la religion rationnelle, ce qu'un théologien catholique ne peut accepter. Mais Valensin s'intéresse à la position originale que Kant prend à l'égard du Christ : « La philosophie peut accepter, dit Kant, qu'on rattache le salut des hommes à la personne et à l'histoire du Christ. » En effet, celui qui représente l'idéal de la perfection morale peut être appelé « Fils de Dieu », au moins en un sens symbolique[59].

Un nouveau rapport de la théologie catholique à Kant sera rendu possible par l'avènement d'une philosophie de l'existence, comportant à la fois un nouveau thème philosophique (l'homme en tant qu'être-au-monde), et un nouveau type de rapport de la pensée à l'expérience humaine. La pensée devient une transformation intra-existentielle, elle est engagée dans l'existence qu'elle réfléchit. Les thomistes du début du siècle parlaient de « sens commun », mais ils en construisaient le contenu à partir de leur ontologie. La philosophie de l'existence rejoint un véritable « sens commun » en ce sens qu'elle permet à l'homme de réfléchir sa situation fondamentale, son insertion dans le monde par son corps, son rapport à autrui dans la société. Bref, ce qui constitue la condition humaine.

Plus tard viendra, surtout avec Karl Rahner, une théologie catholique préoccupée de s'inscrire dans la perspective « anthropologique et transcendantale » ouverte par Kant. Mais, au temps le plus vif de la crise moderniste, la problématique anthropologique de Kant apparaît à la plupart des philosophes et des théologiens catholiques comme une exaltation quasi-prométhéenne de l'homme, contraire à la soumission que la créature doit à son Créateur. C'est ce que nous retrouvons par exemple dans l'article « Philosophie » du DTC, où Gaston Rabeau présente ainsi la doctrine de Kant :

> « Le principe de l'autonomie de la pensée, latent chez Descartes, prend chez Kant une ampleur monstrueuse. Tout le monde

58. Texte de 1910, repris dans *A travers la métaphysique*, p. 30.
59. Voir Xavier Tilliette, *La christologie idéaliste*, Paris, Desclée, 1986.

sait que Kant a prétendu opérer, dans la théorie de la connaissance, un renversement analogue à celui qu'avait opéré Copernic en astronomie : au lieu que la connaissance tourne autour des choses, les choses reçoivent leurs lois du sujet pensant. Source de subjectivisme très inquiétant. Mais surtout principe de l'absolue suffisance de la raison humaine ou, pour mieux dire, de sa divinisation. Rien ne peut être accepté qu'en tant que requis par la pensée. L'impératif catégorique, expression de la raison en ce qui concerne la pratique, est donc la première valeur. Dieu n'intervient que comme adjuvant de la morale ; il est, peut-on dire, rigoureusement subordonné à la morale, puisque son rôle est simplement d'en rendre l'accomplissement possible. La philosophie issue de Kant sera donc, pendant tout le XIXᵉ siècle, l'adversaire le plus redoutable du christianisme. En Allemagne, elle opère une dissolution du protestantisme, dont nous n'avons pas à retracer l'histoire. En France, elle inspire les doctrines qui travaillent directement à la ruine du catholicisme ; et cependant, elle s'infiltre quelquefois chez des catholiques et l'on a pu reconnaître son influence dans le modernisme. Si l'Église n'a pas mené contre le kantisme la même lutte qu'elle a engagée contre le modernisme, c'est parce que, comme le dit saint Paul, elle n'a pas à condamner "ceux du dehors". »

## *Kant et la politique*

Sur le plan politique, la crainte manifestée à l'égard de Kant n'est pas sans rapports avec la situation du catholicisme français à la fin du XIXᵉ siècle et au début du XXᵉ siècle. Des objections plus sourdes tiennent en effet à la manière dont Kant illustre le sens moderne des libertés publiques. S'il n'approuve pas tout dans la Révolution française, Kant pense quand même dans la ligne de ces « Principes de 1789 » si discutés dans le catholicisme du XIXᵉ siècle [60]. La philosophie politique de Kant pose en effet les trois principes d'une constitution républicaine, seule capable d'accorder la liberté, la loi et le pouvoir. Ces trois principes sont : la liberté de chaque membre de la société politique en tant qu'homme ; l'égalité de chacun avec tout autre comme sujet de la loi ; enfin l'indépendance de chaque membre de la communauté politique en tant que citoyen.

60. Voir Eric Weil, *Problèmes kantiens*, Paris, Vrin, 1963 (3ᵉ partie) et André Tosel : *Kant révolutionnaire*, Droit et politique, Paris, PUF, 1988.

La résistance au kantisme n'est par certains côtés qu'un épisode de la réaction négative de l'Église catholique à l'héritage de la Révolution française [61]. Et l'opposition se creuse d'autant plus que nous sommes à l'époque où l'école républicaine de Jules Ferry doit se pourvoir d'un enseignement laïque de la morale. Or, la référence kantienne s'impose aux promoteurs de la morale républicaine. En effet, Kant leur apparaît comme le philosophe qui a détaché la morale de la religion, qui l'a même rendue indépendante de toute métaphysique préalable, mais c'est aussi le philosophe qui a éclairé l'un par l'autre le problème moral et le problème politique.

Nous retrouvons ici les excès de Julien Fontaine, pour lequel le kantisme s'introduit comme un « virus » dans les organismes sociaux dont il dissocie tous les éléments. Prenant l'autonomie individuelle pour principe fondamental, il exige, d'après Fontaine, l'égalité absolue de tous, ce qui impliquerait dans l'ordre économique « des coopératives de production exclusivement ouvrières d'où le capitalisme et l'autocratisme patronal seront absolument bannis [62] ». Quant à l'ordre politique, les disciples de Kant « ont fait des idées de Rousseau et des idées kantiennes une sorte d'amalgame qui devait nécessairement aboutir à l'établissement d'une démocratie universelle et socialiste » (p. 86). Au total :

> « Tout serait réglé à l'avance par la constitution même du socialisme. La part de chacun serait proportionnée à ses besoins, comme la tâche qu'il aurait à remplir au degré exact de ses forces. Les biens consomptibles, propriété de tous, seraient ainsi répartis tout naturellement et chacun irait au travail qui convient à ses goûts et à ses aptitudes. La société serait une grande famille où tous les frères auraient également le même sort, et, à mesure que ce régime s'étendrait, la terre redeviendrait un grand paradis. L'humanité transfigurée se gouvernerait dans une autonomie absolue que rien n'entraverait, pas même le souvenir des divinités anciennes, supplantées par la raison pratique, marchant à de nouvelles conquêtes. Ce serait le triomphe définitif du kantisme qui se trouve être la systématisation philosophique du *Contrat social* » (p. 93).

---

61. Voir les actes de notre colloque : *Les catholiques français et l'héritage de 1789*, Paris, Beauchesne, 1989.

62. *La synthèse du modernisme*, Paris, Lethielleux, 1912, p. 88.

## *Le « personnalisme » de Renouvier*

Plus sereine, et surtout plus juste, la discussion de Laberthonnière avec le néo-kantisme de Renouvier ne marque pas moins une opposition forte au laïcisme. Dans notre perspective, l'intérêt de Renouvier vient aussi de l'influence qu'il a exercée sur la formation d'une pensée républicaine, avec en 1848 le *Manuel républicain de l'homme et du citoyen*[63], et avec la revue qui paraîtra entre 1872 et 1889 : *La Critique philosophique, politique, scientifique, littéraire*[64]. Celui que Taine loue en l'appelant « un Kant républicain » publie en 1869, *La science de la morale*[65], livre dans lequel il construit une morale pure, indépendante de la religion. Le remaniement des postulats kantiens de la raison pratique conduit Renouvier à affirmer la liberté, comme condition de la morale, l'immortalité comme droit des personnes à un progrès indéfini et l'existence de Dieu, dépouillé des attributs métaphysiques indûment ajoutés par les théologiens aux attributs moraux et ramené à l'ordre moral du monde.

Dans une fameuse controverse avec Secrétan, Renouvier oppose aussi la justice à l'amour[66]. En 1902, il accéde dans *Le personnalisme*[67] à une doctrine proprement théiste de la création et à un nouvel essai de justification du mal existant dans le monde. A quatre-vingt huit ans, il trouvera encore la force de rassembler toutes ses idées. Dans ses *Derniers entretiens*, publiés par son disciple Louis Prat[68], il rappelle comment en 1876 il avait préconisé de « s'inféoder au protestantisme pour échapper au papisme », et il prône en définitive une « religion laïque » opposant au dieu des théologiens, le « dieu selon la justice ».

---

63. Réédition dans « Les classiques de la politique », Paris, Garnier, 1981, avec une introduction et des notes de Maurice Agulhon.

64. Voir Pierre Barral : *Les fondateurs de la III^e^ République*, Paris, A. Colin, 1968, p. 24.

65. Voir Georges Weill : *Histoire de l'idée laïque au* XIX^e^ *siècle*, Paris, Alcan, 1929, p. 203.

66. *Correspondance de Renouvier et de Secrétan*, Paris, 1910. Voir sur cette discussion, Gabriel Madinier : *Conscience et amour, Essai sur le « nous »*, Paris, PUF, 1938.

67. Paris, Alcan, 1902.

68. Paris, Vrin, 1930.

Mais, le changement des dernières années est mineur pour Laberthonnière, qui critique le « système laïciste » de ce « doctrinaire de l'anticléricalisme sous la IIIe République [69] ». Selon l'oratorien : « Renouvier élimine le Dieu infini, la perfection éternellement réalisée, sous prétexte que la personne humaine ayant à vivre sous la domination de cette perfection, ne pourrait que s'y absorber mystiquement et s'y perdre. Comment n'a-t-il pas compris que cette perfection pouvait être amour, et qu'en exigeant que nous l'aimions elle nous fait sortir de nous-mêmes pour que nous nous retrouvions en elle, plus haut que nous-mêmes ? » (*op. cit.*, p. 42).

## *Responsabilités de Kant ?*

Les adversaires de Kant ne se trompent pas quand ils voient dans ce philosophe le promoteur de la liberté de la pensée. Dans l'ordre de la morale, mais aussi de la politique et de la religion, Kant pose en effet le droit de chaque individu au jugement personnel. C'est une question de savoir comment ce principe de liberté peut s'accorder avec le principe de la solidarité sociale et les penseurs de la République se doivent de prendre en charge ce problème. C'est aussi une question de savoir comment un catholique peut se reconnaître dans cette position kantienne de la liberté individuelle du jugement et les philosophes et les théologiens catholiques se doivent de prendre en charge ce problème.

En revanche, comment recevoir le discours que Mgr Izart, archevêque de Bourges prononce à la Séance de rentrée de l'Institut catholique de Paris, le 25 novembre 1917 ? Évoquant les ruines accumulées de la guerre, l'orateur émet le vœu que « la France victorieuse sorte du champ de bataille résolue à briser l'idole qui a fait son malheur. Cette idole, c'est le Kantisme ». Tout le discours mériterait d'être cité, mais nous retenons au moins ceci qui introduit une analyse de « l'égocentrisme intellectuel » de Kant :

---

69. *Critique du laïcisme ou comment se pose le problème de Dieu*, publié par Louis Canet, Paris, Vrin, 1948, p. 41.

« Pouvait-on mesurer dans toute son étendue, avant cette nouvelle invasion des barbares, le mal causé à l'esprit humain par la philosophie allemande kantienne, si bien flétrie par Benoît XV du nom de "philosophie insensée" ? Le philosophe de Koenigsberg avait conquis toutes les chaires de nos Universités officielles ; il y enseignait en souverain ; et, jusque dans les plus humbles écoles publiques, sous le couvert du laïcisme, c'est le maître allemand qui empoisonnait l'âme française. Sans doute, sa doctrine nuageuse était en opposition complète avec les qualités natives de l'esprit français, fait de clarté et de franchise. Mais, à la faveur des désastres de "l'année terrible" et de la victoire allemande, elle avait bénéficié du prestige qui s'attache au vainqueur. La mode était donc au kantisme, et notre enseignement libre lui-même avait trop souvent sacrifié à la mode. N'a-t-on pas défini le Modernisme, dont les ravages faillirent être si grands parmi nous, "une sorte de nuée kantienne qui avait obscurci le dogme catholique" ? [70] »

Le ton de l'archevêque de Bourges se distingue par sa véhémence, mais le thème de la responsabilité philosophique n'est pas nouveau. En 1915, au moment où le conflit armé s'adjoint des deux côtés une lutte idéologique, l'Université catholique de Paris avait répondu au Manifeste des représentants de la science et de l'art allemand, et sa réponse mettait en cause nommément Kant, Hegel et Nietzsche :

« Que de fois l'Église mère et maîtresse nous a mis en garde par la bouche de ses pontifes Pie IX, Léon XIII et Pie X, contre les erreurs « d'origine étrangère », c'est-à-dire en fait germaniques, qui tendaient à altérer, même dans des pays comme le nôtre, de religion catholique et de culture latine, la véritable et saine doctrine catholique ! On ne voit que trop aujourd'hui la conséquence de ces erreurs. La philosophie allemande, avec son subjectivisme de fond, avec son idéalisme transcendantal, avec son dédain des données de sens commun, avec ses cloisons étanches entre le monde du phénomène et celui de la pensée, entre le monde de la raison et celui de la morale ou de la religion, n'a-t-elle pas

70. *Bulletin de l'ICP*, 1917, p. 313. Une note précise que « si Kant a posé des principes qui ont permis de systématiser les conséquences, il est lui-même, ainsi que Luther d'ailleurs, un produit du vieil esprit allemand ». D'autre part, une citation faite par Mgr Izart montre que son discours s'inspire du livre d'Henri Vaugeois, de l'Action française, sur *La morale de Kant dans l'Université de France*, Paris, Nouvelle Librairie Nationale, 1917.

préparé le terrain aux prétentions les plus extravagantes d'hommes qui pleins de confiance en leur propre esprit et se tenant eux-mêmes pour des êtres supérieurs, se sont cru le droit de s'élever au-dessus des règles communes ou de les faire plier à leur fantaisie [71]. »

71. Dans *La guerre allemande et le catholicisme*, sous la direction de Mgr Baudrillart, Paris, Bloud et Gay, avril 1915, p. 284.

# 7
# L'invention du modernisme dans l'Encyclique *Pascendi*

## I. LES DOCUMENTS ROMAINS

### *Vers un nouveau Syllabus*

Avant sa mort, l'ancien député catholique de Belfort, Émile Keller, avait préparé une nouvelle édition de son livre : *L'encyclique du 8 décembre 1864 et les Principes de 1789 ou L'Église, l'État et la Liberté*[1]. La nouvelle version sera publiée en 1910 par son fils sous le titre : *Les Syllabus de Pie IX et de Pie X et les Principes de 1789*[2]. L'ancien texte s'était enrichi d'un chapitre nouveau, présentant le décret *Lamentabili* et l'encyclique *Pascendi* comme le *Syllabus* de Pie X. La mise en série des documents pontificaux fait apparaître le modernisme comme une suite du libéralisme du XIXe siècle. C'est toujours la même erreur : on prétend réconcilier l'Église avec la Révolution et avec les idées modernes, en la séparant de l'État, et en lui faisant accepter et bénir un nouvel ordre social fondé sur « les faux dogmes de 1789 ».

1. Paris, Poussielgue, 1866.
2. Paris, 1910.

Pour s'en réjouir ou pour s'en attrister, la perspective d'un nouveau *Syllabus*, était depuis quelque temps bien présente dans les esprits, lorsque paraît le décret du Saint-Office *Lamentabili*, daté du 3 juillet 1907, qui dresse une liste de 65 propositions réprouvées et proscrites [3]. Nous reviendrons sur le statut exact de ces propositions, mais nous remarquons tout de suite l'intérêt de la comparaison avec le *Syllabus* de Pie IX. Celui-ci restait présent à la mémoire des catholiques et il avait donné lieu à des études récentes en France. Ainsi le livre du père Lucien Choupin, jésuite, paru au tout début de l'année 1907 : *Valeur des décisions doctrinales et disciplinaires du Saint Siège* [4]. Nous laissons dans cet ouvrage ce qui concerne le procès de Galilée pour retenir l'exposé des discussions théologiques concernant le caractère infaillible du *Syllabus*. Au terme de cet exposé, l'auteur conclut qu'il est impossible de dire que le document en question est garanti dans toutes ses parties par l'infaillibilité de l'Eglise. Cependant « il est au moins sans contredit, un acte du Souverain Pontife, une décision doctrinale du Pape, faisant autorité dans *l'Église universelle*, à laquelle par conséquent tous les fidèles *doivent* respect et obéissance [5] ». L'auteur renvoie d'ailleurs aux encycliques de Léon XIII que les Évêques ont reçues et proposées aux fidèles « comme des directions doctrinales auxquelles il faut se conformer ». Il ne s'ensuit pas que ces encycliques soient des documents infaillibles

Derrière ces précisions juridiques se profilent des questions beaucoup plus fondamentales. D'abord, la justification et la délimitation théologiques du dogme de l'infaillibilité pontificale promulgué au premier Concile du Vatican ne dispensent pas d'une mise en perspective historique de cette promulgation [6]. Ensuite, le rapprochement de *Lamentabili* avec le *Syllabus* manifeste la continuité de la défense pontificale de la vérité catholique contre les erreurs modernes. La crise moder-

3. Le Décret est approuvé par le pape le 4 juillet et publié par l'*Osservatore Romano*, du 17 juillet.

4. Paris, Beauchesne, 1907 (avec un Imprimatur de novembre 1906). L'ouvrage sera réédité en 1929.

5. *Op. cit.*, p. 122. Souligné par l'auteur.

6. On la trouve dans un article de Claude Langlois : « L'infaillibilité, une idée neuve au XIX$^{E}$ siècle », dans *Église infaillible ou intemporelle ?*, *Recherches et Débats*, n° 79, Desclée de Brouwer, Paris, 1973.

niste présuppose comme toile de fond la possibilité et l'obligation d'un recours à l'autorité doctrinale du Souverain Pontife, dont le principe n'est pas contesté par les catholiques, même alors que se trouve sérieusement posée la question du rapport entre une telle autorité d'une part et d'autre part la nécessaire liberté du travail scientifique.

Il reste qu'un tel rapprochement met en quelque sorte entre parenthèses le style nouveau donné aux interventions pontificales par Léon XIII. Cette nouveauté avait été signalée par exemple en janvier 1888 par le père de Scorraille dans un article d'*Études* sur « Léon XIII et la défense de la vérité ». L'auteur relevait ce qui lui apparaissait comme un nouveau style de gouvernement intellectuel : « Les papes précédents ne parlaient guère sans qu'une nécessité impérieuse les y contraignit, ou sans qu'une occasion particulière les y invitât. Alors, s'ils ne faisaient pas de polémique, car l'Église enseigne et ne discute pas, ils signalaient du moins et condamnaient les erreurs qu'on leur avait dénoncées. Leur but était de défendre la vérité catholique. Celui de Léon XIII est plutôt de l'exposer et de la faire resplendir de tout son éclat. Aussi n'attend-il pas qu'on le provoque à parler ; il choisit l'heure et le sujet de ses enseignements d'après la fin qu'il poursuit et le plan qu'il s'est tracé. »

On peut se demander si la Curie romaine, avec *Lamentabili*, et Pie X lui-même, avec *Pascendi*, ne reviennent pas au type de documents qui caractérisait les pontificats de Grégoire XVI et de Pie IX plutôt que celui de Léon XIII. Si l'on considère le trouble des consciences catholiques en France notamment, on comprendra que les deux interventions du Saint Siège en 1907 soient provoquées par le sentiment d'une « nécessité impérieuse ». Mais, il est en tout cas clair que le but est d'abord défensif. On écarte le danger plus qu'on ne montre la voie d'une solution positive aux problèmes du temps[7].

Revenons à Émile Keller dans la nouvelle édition de son livre : « Grâce à Dieu…, nous avons dans la personne de Pie X un pontife qui veille au dépôt sacré de la Foi, à la vertu et à la sincérité des prêtres chargés de le transmettre. Ce n'est

7. Ce qui n'était pas en 1893 le cas de l'Encyclique *Providentissimus*, de Léon XIII, plus prospective.

heureusement pas à nous, laïques, qu'appartient le gouvernement de l'Église, comme on voulait nous le donner par les associations cultuelles, et le libéralisme, qui produit de si tristes fruits dans l'ordre civil, ne pénétrera pas dans le domaine religieux. Là demeure, à l'abri des fluctuations de l'opinion, une autorité qui vient de Dieu et qui parle en son nom. Son interprète suprême, le Pape, a vu le danger qui nous menaçait. D'une main sûre, il a porté le scalpel dans la plaie, et montré avec la dernière évidence par quelle pente glissante les modernistes arrivent à la pire des hérésies, à l'athéisme. Cet avertissement solennel arrêtera les jeunes prêtres tentés par l'attrait des nouveautés et charmés par le verbiage des faux savants » (p. 347-348). Le moins qu'on puisse dire est que ce type de réception des documents pontificaux ne fait pas l'unanimité des catholiques français. Nous verrons plus loin la réaction différente d'un Maurice Blondel, pourtant profondément ancré dans la communauté ecclésiale.

## *Loisy de 1903 à 1907*

La source lointaine du décret *Lamentabili* se trouve dans un mémoire remis en octobre 1903 au cardinal Richard pour qu'il le transmette à Rome. Œuvre d'un jésuite, Pierre Bouvier, et d'un sulpicien, Georges Letourneau, ce mémoire dressait une liste de trente-trois propositions condamnables, tirées de *L'Évangile et l'Église* et de *Autour d'un petit livre*. Auparavant, le 17 janvier 1903, le cardinal Richard avait censuré *L'Évangile et l'Église*, et, si, dans son ensemble, l'épiscopat français avait préféré s'abstenir, l'archevêque de Paris avait reçu plusieurs soutiens dont celui de son collègue d'Autun, le cardinal Perraud. C'est à ces censures que Loisy ripostait en publiant la même année *Autour d'un petit livre*. Pourtant, les démarches entreprises à Rome en vue d'obtenir la condamnation de Loisy n'eurent d'abord pas d'effet, mais la mort de Léon XIII (20 juillet 1903) et l'élection de Pie X (4 août 1903) changèrent la situation.

Le 4 octobre, dès sa première encyclique, *E supremi apostolatus*, le nouveau pape dénonçait « les manœuvres fallacieuses d'une certaine science nouvelle qui se pare du masque de la vérité et qui, à la faveur de raisonnements trompeurs et perfides, s'efforce d'ouvrir la voie aux vues du rationalisme et du semi-rationalisme[8] ». Pour le moment néanmoins, l'intervention romaine se borne à un décret du Saint-Office du 16 décembre, mettant à l'Index des livres prohibés cinq ouvrages de Loisy[9]. Après un long temps d'hésitation et des démarches jugées insuffisantes, Loisy finit par se laisser arracher la soumission complète qu'on lui demandait[10].

De 1904 à 1907, ayant renoncé à son enseignement à l'École Pratique des Hautes Études, Loisy se retire à Garnay, dans le diocèse de Chartres. Si ses positions exégétiques restent au centre de la controverse qui continue à se développer, c'est surtout par leur impact christologique[11]. Notre chapitre sur « Le développement dogmatique » reviendra sur cette controverse à laquelle participent notamment Maurice Blondel, le baron von Hügel, l'abbé Werhlé, et dont l'une des pièces maîtresses est le texte de Blondel sur *Histoire et dogme*[12]. Mais, il faut déjà signaler l'émergence de nouveaux foyers d'inquiétude, sur lesquels nous reviendrons beaucoup plus longuement en traitant les dossiers qui s'ouvrent à partir de l'encyclique *Pascendi* : l'agnosticisme, l'immanence, le statut du dogme, et en fin de compte le réformisme des modernistes.

## *1905-1907 : du côté des philosophes*

Sur un plan philosophique et théologique, la crise moderniste est relancée, par l'article « Qu'est-ce qu'un dogme ? », publié par Édouard Le Roy dans la *Quinzaine* du 16 avril 1905. L'interrogation du mathématicien et philosophe portait

8. Cité par Émile Poulat, *Histoire, dogme...*, p. 245.

9. Sont condamnés : *La Religion d'Israël* (1901), *Études évangéliques* (1902), *L'Évangile et l'Église* (1902), *Autour d'un petit livre* (1903), *Le Quatrième Évangile* (1903). Le même décret prohibe deux livres d'Albert Houtin : *La question biblique chez les catholiques de France au XIX<sup>e</sup> siècle* (1902) et *Mes difficultés avec mon évêque* (1903).

10. Cf. *Alfred Loisy, sa vie, son œuvre*, par Albert Houtin et Felix Sartiaux, Manuscrit annoté et publié par Émile Poulat, Paris, Éditions du CNRS, 1960, p. 112-127.

11. Voir le dossier réuni par René Marlé dans *Au cœur de la crise moderniste*, Paris, Aubier, 1960.

12. Articles de *La Quinzaine*, janvier et février 1904.

sur le sens que les dogmes peuvent revêtir pour un esprit moderne formé par la science. Très vite, l'article devient l'objet de discussions passionnées, dont Le Roy publiera le dossier au début de l'année 1907, sous le titre *Dogme et critique* [13]. Concernant le statut du langage religieux et le problème de la vérité, cette controverse ne rejoint pas directement les problèmes posés par l'œuvre exégétique de Loisy. Pourtant, les interférences ne manquent pas. Tout se passe en effet comme si la même structure dogmatique était attaquée à la fois sur le terrain de l'histoire et sur le terrain philosophique, et comme si ces attaques étaient convergentes.

Le livre de Le Roy, *Dogme et critique*, sera mis à l'Index le 26 juillet 1907. L'année précédente, la même mesure avait frappé deux ouvrages du père Laberthonnière : *Essais de philosophie religieuse* et *Le réalisme chrétien et l'idéalisme grec* [14]. Cette première condamnation de l'oratorien coïncide avec des mesures d'un ordre différent, relatives à la situation politique de l'Église de France. La Loi de Séparation des Églises et de l'État avait été votée le 6 décembre 1905. Pie X l'avait condamnée dans l'encyclique *Vehementer* du 11 février 1906. De même le pape rejettera-t-il, le 10 août, le système des associations cultuelles. Or, l'abbé Lemire, député d'Hazebrouck depuis 1893 était favorable à la Séparation et aux associations cultuelles. De fortes oppositions se manifestent dans la presse intransigeante, et des intrigues ecclésiastiques, qui ne seront en fin de compte pas couronnées de succès, visent à lui interdire de se présenter de nouveau aux élections de 1906 [15].

Parmi bien d'autres témoignages, une lettre de Maurice Blondel à Henri Bremond du 18 avril 1906 montre comment

---

13. Paris, Bloud et Cie, 1907.

14. Sont condamnés en même temps, le 4 avril 1906, *Il Santo* d'Antonio Fogazzaro et *L'infaillibilité du pape et le Syllabus* de Paul Viollet. Paru en Italie en 1905, le roman de Fogazzaro avait été très vite traduit en français (*Le Saint*, Paris, Hachette, 1906). Bien qu'il s'intéresse peu au mouvement exégétique, Fogazzaro, qui est un ami personnel de Tyrrell, exprime un intense besoin de rénovation du catholicisme, surtout sur le plan moral : « Travaillons à faire sentir universellement le besoin de rénover tout ce qui, dans notre religion, est vêtement et non corps de la vérité, même si cette rénovation doit être douloureuse pour certaines consciences » (p. 54).

15. Voir Jean-Marie Mayeur : *Un prêtre démocrate, l'abbé Lemire (1853-1928)*, Paris, Casterman, 1968, p. 327-335.

les acteurs sentent l'entrecroisement des mesures disciplinaires : « Nous voici donc en pleine Terreur noire, à la veille d'un second Syllabus, sous la férule permanente. Aujourd'hui l'abbé Lemire se voit interdire toute candidature. Demain on peut contraindre le P. Laberthonnière à cesser de tenir une plume. Mais il faut posséder nos âmes dans la paix ; et faire comme vous dans ce bel et bon article sur *Lex credendi*[16] : parler avec la simplicité et le calme et la hardiesse de celui qui ignorerait tout des véhémences de l'heure présente[17]. »

Cette sérénité ne pouvait être qu'exceptionnelle. D'autres échos montrent davantage d'amertume. Ainsi, le 7 avril 1906, après la mesure concernant Laberthonnière, l'abbé Wehrlé écrivait à Blondel : « L'Index, plus malade que ceux qu'il condamne, achève de se discréditer, en étalant les hontes secrètes de ses passions et de ses ignorances. Mais l'épreuve est dure tout de même et les *Annales*[18] sont frappées par ce coup droit. Mgr Turinaz est l'auteur de cette condamnation, certainement. *C'est sa réponse* et elle est digne de lui. mais comment ne pas reconnaître que nous devons indirectement ce bienfait signalé à l'ami Le Roy, à sa philosophie sophistiquée et à son incontinence de plume[19] ? »

Soulignons un instant la gêne ainsi manifestée, car elle montre bien la complexité de la crise moderniste, irréductible à l'opposition de deux camps. Pour Mgr Turinaz, Laberthonnière et Sertillanges font cause commune avec Le Roy[20]. Devant les Évêques protecteurs de l'Institut catholique de

16. Il s'agit d'un article sur le jésuite anglais Tyrrell qui paraîtra dans *Demain*, le 4 mai 1906, et que Bremond avait soumis à Blondel. Le 1er février 1906, Tyrrell avait été exclu de la Compagnie de Jésus avant d'être privé des sacrements l'année suivante.

17. Henri Bremond, Maurice Blondel : *Correspondance*, établie, présentée et annotée par André Blanchet Paris, Aubier Montaigne, 1971, tome II, p. 71.

18. En juillet 1905, après la mort de l'abbé Charles Denis, Laberthonnière avait pris la direction des APC dont Maurice Blondel avait acquis la propriété. La nouvelle série (1905-1913) sera mise à l'Index le 8 mai 1913, en même temps que la *Sainte Chantal* de l'abbé Bremond.

19. Blondel-Wehrlé : *Correspondance*, commentée et annotée par Henri de Lubac, Paris, Aubier Montaigne, 1969, tome I, p. 341 (souligné dans le texte).

20. Voir *Une très grave question doctrinale : qu'est-ce qu'un dogme ?* Nancy-Paris, 1905.

Paris, dans la séance du 23 novembre 1905, l'évêque de Nancy avait expliqué pourquoi il avait publié sa dernière brochure en réponse à M. l'abbé Sertillanges. Il déclarait reconnaître un courant dangereux, une influence de la philosophie dite de l'immanence dans certaines revues auxquelles collaborent plusieurs professeurs des Facultés canoniques, et il citait en particulier *La Quinzaine*, les *Annales de philosophie chrétienne*, la *Revue du clergé français*, la *Revue catholique des Églises*, la *Revue pratique d'apologétique*, qui ont, disait-il, « plus ou moins complètement adhéré aux théories énoncées par M. E. Leroy dans *La Quinzaine* du 16 avril 1905 [21] ».

Or, les correspondances aujourd'hui publiées montrent que, si Blondel et Laberthonnière respectent Le Roy, ils se méfient de ses initiatives. Sur le fond, ils ne sont pas complètement d'accord avec sa problématique et, comme il ne tient pas assez compte des réactions prévisibles du milieu catholique, ses interventions leur paraissent souvent inopportunes, voire compromettantes. De même Blondel échange-t-il avec Werhlé des propos assez amers à l'égard du soutien à leur sens maladroit que Fonsegrive apporte à Le Roy. Ce soutien leur apparaît dangereux et, de fait, l'enquête diligentée par la *Quinzaine* sera fatale à la revue qui cessera de paraître le 16 mars 1907.

## *Le Décret Lamentabili*

Après les mises à l'Index dont nous avons parlé, l'étau se resserre. Sur un plan local, les Évêques protecteurs de l'Institut catholique de Paris décident d'interdire aux ecclésiastiques de leurs diocèses respectifs de collaborer à la *Revue d'histoire et de littérature religieuse* de l'abbé Loisy (mai 1907). A Rome, dans l'allocution qu'il adresse aux nouveaux cardinaux le 17 avril 1907, Pie X stigmatise « cet assaut qui ne constitue pas une hérésie, mais le résumé et le suc vénéneux de toutes les hérésies, qui tend à miner les fondements de la foi et à anéantir le christianisme ». Le 3 juillet 1907, le décret *Lamentabili* est promulgué. Sa présentation générale en indique bien l'esprit : la recherche systématique des nou-

21. Archives de l'ICP.

veautés fait tomber dans des erreurs qui sont d'autant plus graves qu'elles concernent l'interprétation de la Sainte Écriture et les principaux mystères de la foi. Et il est « vivement déplorable » que ces excès se rencontrent même parmi les catholiques. Pour éviter que de telles erreurs, qui se répandent chaque jour parmi les fidèles, ne s'implantent dans leur esprit et n'altèrent la pureté de leur foi, il a plu au Pape de « faire noter et réprouver les principales d'entre elles par le ministère de la Sainte Inquisition romaine et universelle ».

Ainsi a-t-on rassemblé dans le décret *Lamentabili* une liste de propositions réprouvées, sans que leur soit même donnée une qualification théologique plus précise. Ce sont des erreurs, mais alors que la théologie dispose d'un système de « notes » très précis, la nature exacte de ces « erreurs » n'est pas déterminée. Sont-elles « hérétiques », « proches de l'hérésie » ou relèvent-elles d'une autre qualification dans l'échelle des notes théologiques ? On ne le sait pas et, faute de précisions de ce type, nous avons affaire à une condamnation globale à partir de laquelle il n'est guère facile de déterminer le contenu positif qui serait à promouvoir.

Appliquant à ce document la méthode d'analyse rédactionnelle, Pierre Grelot souligne le fait : « La doctrine que contient une proposition de ce genre, dans les limites exactes de son interprétation littérale, est proscrite comme contraire à la foi catholique. Mais la condamnation ne dit pas en quoi elle lui est contraire, ni comment il faut la redresser pour exprimer le point de dogme qu'elle défigure [22]. » A cet égard, il faut établir une différence stricte entre la forme littéraire du décret *Lamentabili* et les canons conciliaires. Dans ce dernier cas, les canons « sont précédés de textes plus amples qui exposent le contenu de la doctrine catholique » et « les erreurs anathématisées sont formulées de telle façon que, pour connaître les vérités définies, *il faut prendre les propositions contradictoires de celles qui sont repoussées* [23] ». Or, il n'en va pas de même pour les propositions de *Lamentabili*, comme semble le croire Loisy. Pierre Grelot critique en conséquence le procédé

22. « Du bon usage des documents du "Magistère" », dans *Humanisme et foi chrétienne*, Paris, Beauchesne, 1976, p. 537.
23. *Op. cit.*, p. 536, souligné par l'auteur.

grâce auquel ce dernier ridiculise les « vérités officielles » présupposées selon lui par le décret[24].

Autre problème : aucune différenciation autre que leur numéro d'ordre n'est établie entre les propositions condamnées. Elles ne sont pas réparties en chapitres comme l'étaient les propositions du *Syllabus*. Plusieurs tentatives de regroupement raisonné ont été faites, et c'est ainsi que, dans son livre sur *Le modernisme dans l'Église*[25], Jean Rivière tente de les regrouper en deux catégories, afin de mieux dégager les vues dogmatiques que le Décret veut préserver en condamnant les 65 propositions en cause. Dans la première catégorie, il range les propositions qui tendent « à maintenir dans toute sa rigueur et à préserver contre de sourdes menaces la notion fondamentale d'une révélation objective, dont l'Écriture inspirée contient le principal dépôt et dont l'Église a mission d'assurer la sauvegarde » (p. 340). La seconde catégorie « répond au besoin tout nouveau de préserver contre les négations de la critique historique l'origine des dogmes qui constituent pour ainsi dire l'ossature du christianisme catholique et, sans nier qu'ils aient pu faire l'objet d'un développement, d'en rapporter le principe initial à la pensée même de Jésus » (p. 341). Les tentatives de ce type sont légitimes, mais ce ne sont jamais que des interprétations aléatoires.

---

24. L'exemple que retient et discute Grelot est particulièrement important puisqu'il s'agit de la proposition 36 concernant la Résurrection du Christ. En voici le texte : « La résurrection du Sauveur n'est pas proprement un fait d'ordre historique, mais un fait d'ordre purement surnaturel, ni démontré, ni démontrable, que la conscience chrétienne a peu à peu déduit d'autres faits. » Et voici la contradictoire dégagée par Loisy : « La résurrection du Sauveur est proprement un fait d'ordre historique, non un fait d'ordre purement surnaturel ; elle est démontrable et démontrée, et ce n'est pas la conscience chrétienne qui l'aurait déduite peu à peu d'autres choses. » *Simples réflexions*, p. 138-139. Grelot montre qu'aucune des deux propositions ne définit la compétence réelle de la science historique à l'égard des faits surnaturels.

25. *Le modernisme dans l'Église. Étude d'histoire religieuse contemporaine*, Paris, Letouzey et Ané, 1929. Sur la position d'ensemble de ce livre, voir les critiques d'Émile Poulat : *Histoire, dogme et critique dans la crise moderniste*, Paris, Casterman, 1962, p. 289-295.

## *L'encyclique* Pascendi

Après le Décret du Saint Office, Pie X intervient lui-même, de façon solennelle, en promulguant, le 8 septembre 1907, l'encyclique *Pascendi Dominici Gregis*[26]. Le genre littéraire est évidemment tout autre que celui du Décret *Lamentabili* et, quelle que soit la diversité des auteurs qui ont contribué à sa rédaction, la synthèse construite par l'encyclique est si impressionnante que l'on peut considérer ce texte comme la véritable invention du « modernisme ».

Ce n'est évidemment pas ainsi que l'encyclique se présente. Tel qu'elle l'affirme, son propos est de débusquer les modernistes et de dégager le système caché qui commande leurs différentes interventions. En effet, d'après *Pascendi*, les modernistes réunissent en eux divers personnages, dont le premier est le philosophe, et le dernier le réformateur. Rien n'est épargné par la « manie réformatrice » des modernistes, qui voudraient transformer aussi bien les structures internes de l'Église que ses rapports avec l'État et la Société. Mais, puisque les erreurs modernistes résultent toutes d'une erreur philosophique, il n'est pas étonnant que la volonté réformatrice des modernistes s'applique en tout premier lieu à l'enseignement des séminaires et des universités où l'on substituera la philosophie moderne à la scolastique. Réciproquement, l'encyclique pose que le thomisme sera le meilleur instrument de défense contre le modernisme.

En parlant d'initiatives individuelles non concertées, c'est donc la thèse de l'encyclique que nous contredisons d'emblée. Et ce porte-à-faux est déjà caractéristique de la crise moderniste en tant qu'elle est constituée par la complicité du soupçon et de la dissimulation. En effet, la systématisation opérée par l'encyclique est une entreprise délibérée, qui se présente comme une riposte à la stratégie de dissimulation imputée aux modernistes. Il s'agirait d'une hérésie protéiforme, qui cache l'unité d'un dessein sous une multiplicité de personnages : le croyant, le théologien, l'historien, le critique, l'apologiste, le réformateur. Pris isolément, ces personnages exercent une séduction, que l'on combattra en montrant le lien qui les unit

26. Nous citerons le texte et la traduction officielle publiés par les Éditions des *Questions actuelles*, Paris, 1907.

souterrainement et qui fait du modernisme une attaque recouvrant et menaçant tout l'ensemble de la pensée chrétienne.

> « Comme une tactique des modernistes (ainsi les appelle-t-on communément et avec beaucoup de raison), tactique en vérité fort insidieuse, est de ne jamais exposer leurs doctrines méthodiquement et dans leur ensemble, mais de les fragmenter en quelque sorte et de les éparpiller çà et là, ce qui prête à les faire juger ondoyants et indécis, quand leurs idées, au contraire, sont parfaitement arrêtées et consistantes ; il importe ici et avant tout de présenter ces mêmes doctrines sous une seule vue, et de montrer le lien logique qui les rattache entre elles » (p. 7).

Ce thème de la logique interne du modernisme est capital et l'on peut dire que la manière dont l'encyclique dénonce la logique cachée du modernisme est en fin de compte significative de sa propre logique. C'est en réalité le fonctionnement sous-jacent d'un « système doctrinal » qui permet à l'encyclique de systématiser le modernisme. Nous y reviendrons, mais entrons d'abord dans la perspective de *Pascendi*. dont l'ambition est de manifester le risque mortel que l'on court dès que l'on met le doigt dans l'engrenage moderniste. Jusqu'où la logique cachée du modernisme entraînera-t-elle ceux qui acceptent d'entrer, si peu que ce soit, dans un tel mouvement ?

Ainsi pourrait-on construire un premier résumé de l'encyclique : les modernistes présentent leur critique historique comme purement « scientifique ». Autrement dit, ils demandent à bénéficier de la liberté de la science, de son indépendance à l'égard du magistère ecclésiastique. Et ils justifient cette demande en disant que, purement scientifique, la critique historique n'empiète nullement sur les droits de la pensée théologique. Or, il s'agit de dissiper cette apparence fallacieuse. Si l'on réfère cette critique à ses présupposés philosophiques, alors on s'aperçoit qu'elle ne peut pas ne pas avoir des conséquences dogmatiques, et même des conséquences redoutables pour l'intégrité du dogme.

## II. L'ERREUR PHILOSOPHIQUE ET SES CONSÉQUENCES

Entreprenons une première lecture de l'encyclique en suivant un fil conducteur nettement indiqué dans le texte. A savoir, le modernisme est un système parce qu'il comporte une logique interne, en fonction de laquelle des conséquences découlent inexorablement des principes initiaux, qui sont d'ordre philosophique. Quoi que veulent et quoi que fassent ceux qui posent ces principes, ils seront plus ou moins vite conduits aux conséquences néfastes que pourtant ils souhaitent éviter.

### *L'agnosticisme*

Le principe de l'agnosticisme définit le moderniste comme philosophe :

> « Pour commencer par le philosophe, les modernistes posent comme base de leur philosophie religieuse la doctrine appelée communément *agnosticisme*. La raison humaine, enfermée rigoureusement dans le cercle des phénomènes, c'est-à-dire des choses qui apparaissent, et telles précisément qu'elles apparaissent, n'a ni la faculté, ni le droit d'en franchir les limites ; elle n'est donc pas capable de s'élever jusqu'à Dieu, non, pas même pour en connaître, par le moyen des créatures, l'existence : telle est cette doctrine. D'où ils infèrent deux choses : que Dieu n'est point objet direct de science ; que Dieu n'est point un personnage historique. Qu'advient-il, après cela, de la *théologie naturelle*, des *motifs de crédibilité*, de la *révélation extérieure* ? Il est aisé de le comprendre. Ils les suppriment purement et simplement et les renvoient à l'intellectualisme, système, disent-ils, qui fait sourire de pitié, et dès longtemps périmé » (p. 7, souligné dans le texte).

Cette simple citation ouvre déjà plusieurs dossiers importants, auxquels nous reviendrons plus tard. Ainsi le dossier de l'intellectualisme. Pour l'instant, notons un point de contact textuel. Dans *Autour d'un petit livre*, Loisy écrit ceci : « Bien que Dieu soit partout dans le monde, on peut bien dire qu'il n'est nulle part l'objet propre et direct de la science. Il est aussi partout dans l'histoire de l'humanité, mais il n'est pas plus un personnage de l'histoire qu'il n'est un élément du monde physique » (p. 10). Il s'agit très précisément ici de la séparation méthodologique que Loisy entend bien établir entre la science historique et la théologie. Ou encore il s'agit de ce qu'on peut appeler « l'athéisme méthodologique de la science ». Nous réservons à un chapitre ultérieur la question de savoir s'il est légitime de rapporter à un agnosticisme philosophique cette réserve de l'historien à l'égard de l'action divine dans le monde et dans l'histoire. Pour le moment précisons la nature de cet « agnosticisme ».

La manière dont l'encyclique évoque la limitation de la connaissance renvoie à un phénoménisme communément imputé à Kant. Parmi les conditions de possibilité de la construction systématique du modernisme, il faut bien évidemment compter l'hostilité de la pensée catholique envers Kant et les kantiens. A cet égard, la restauration du thomisme par Léon XIII avec l'encyclique *Æterni Patris* est l'un des présupposés de la crise moderniste. Mais il faut remonter encore plus haut dans la série des initiatives magistérielles concernant la philosophie. En effet *Pascendi* renvoie au premier Concile du Vatican affirmant comme une vérité de foi la possibilité d'une connaissance rationnelle de Dieu par le moyen des créatures. Directement, l'agnosticisme atteint la légitimité d'une théologie naturelle. Mais, comme le montre Ambroise Gardeil dans *Le Donné révélé et la théologie*, l'enjeu de la discussion, c'est d'abord la possibilité d'une preuve de l'existence de Dieu, mais c'est aussi la possibilité d'attribuer à tout l'ensemble du discours théologique une valeur de connaissance du réel. L'agnosticisme s'oppose à l'analogie des noms divins et celle-ci concerne aussi bien la théologie fondée sur la révélation que la théologie naturelle [27].

En d'autres termes, ce qui est d'abord en cause, c'est le pouvoir métaphysique de la raison, réaffirmé par Vatican II : « L'intelligence ne se borne pas aux seuls phénomènes ; elle est capable d'atteindre, avec une authentique certitude, la réalité intelligible, en dépit de la part d'obscurité et de faiblesse que laisse en elle le péché [28]. » Kant est visé dans la mesure où il apparaît comme le tenant d'un « idéalisme subjectif » niant la possibilité d'une véritable connaissance métaphysi-

27. 1re éd. 1909. Nous citons la réédition de 1932, avec une Préface du père Chenu, Juvisy, Cerf, 1932.
28. *Gaudium et Spes*, n° 15 § 1.

que. On n'ignore pas que Kant laisse subsister l'hypothèse de la « chose-en-soi », mais elle est inconnaissable. Or, c'est très exactement la définition, à l'époque, de l'agnosticisme. En tout cas celui de Spencer. Mais Kant n'est pas seul visé. De son côté, le positivisme limite également la connaissance à l'ordre phénoménal. Ce qui est au-delà est, pour Comte et pour Littré, « incognoscible ». Selon une définition purement négative. On ne pose pas un « quelque chose » qui demeurerait inconnu, comme le fait Spencer, mais on élimine les questions qui ne peuvent faire l'objet d'un traitement scientifique.

Donc, en tant que philosophe, le moderniste professe un agnosticisme, dont les conséquences immédiates sont la destruction de la théologie naturelle, et « l'athéisme de la science ». Par delà ces conséquences directes, esquissons tout de suite le trajet de l'encyclique vers des conséquences philosophiques plus lointaines. Bien que le moderniste tende à s'en préserver, il marche inexorablement vers le panthéisme, lequel est instable et conduit en définitive à l'athéisme. On retrouve ici la crainte du panthéisme qui reste, à l'époque, un mobile intellectuel fort dans le catholicisme.

## *L'immanence*

Un second principe définit le moderniste comme croyant. Cherchant à éviter la dérive vers le panthéisme, puis l'athéisme, le moderniste doit donner à la foi un statut compatible avec l'agnosticisme initial auquel il ne renonce pas. Il dispose à cet effet de deux moyens, lesquels ne sont, pour l'encyclique, que des expédients, qui n'évitent pas la dérive vers l'athéisme et qui provoquent de nouvelles difficultés. En premier lieu, le moderniste professe la séparation radicale de la science (historique) et de la foi, séparation qui vise à assurer leur indépendance réciproque. La référence à Loisy est ici directe. Pour lui, la science historique se déploie tout entière dans son ordre propre, sans rencontrer le problème de Dieu, qui lui est, par principe, étranger. Moyennant quoi le problème de Dieu reste disponible pour la foi et pour la théologie.

Selon l'encyclique, cette séparation est la source de graves erreurs. Elle entraîne en effet un dualisme qui divise toutes les réalités chrétiennes, y compris la réalité du Christ, scindée entre un Jésus de l'histoire et un Christ de la foi. Le maintien de cette distinction est ce qui conditionne pour le croyant la possibilité d'appliquer aux réalités de sa foi les méthodes des sciences humaines de la religion. Mais c'est une vraie question de savoir si l'encyclique n'atteint pas un processus réel, par lequel une distinction en principe méthodologique se trouverait de fait projetée sur le plan ontologique.

Le second expédient par lequel le moderniste tente de concilier sa foi et son agnosticisme, c'est la théorie de l'immanence religieuse, greffée sur une théorie générale de l'immanence vitale. On ne considère plus la foi comme un acte du jugement, une adhésion de la pensée à la vérité. Mais on rapporte la foi à un besoin affectif, d'ordre vital, qui est le germe commun de toutes les religions, y compris la religion chrétienne (de sorte que s'estompe tout-à-fait la différence du naturel et du surnaturel, de la raison et de la révélation). Si le moderniste comme croyant se distingue du moderniste comme philosophe, c'est par la certitude que « Dieu existe en soi, indépendamment de lui », mais les modernistes n'appuient cette certitude sur rien d'autre que sur l'expérience individuelle : « Ils se séparent ainsi des rationalistes, mais pour verser dans la doctrine des protestants et des pseudo-mystiques » (p. 19).

Pour le débat ainsi ouvert sur la question de l'expérience religieuse, la référence centrale reste à l'époque le protestantisme libéral d'Auguste Sabatier, qui vise à séparer la religion chrétienne de son armature intellectuelle (à la fois philosophique et théologique). Ainsi Georges Michelet écrira-t-il dans *Dieu et l'agnosticisme contemporain*[29]. « On ne peut nier que la forme la plus authentique, la plus aiguë et aussi la forme primitive de cette immanence, ne se trouve dans les théologiens protestants libéraux. Leur thèse centrale consiste, on le sait, dans ce principe que la religion diffère essentiellement de la métaphysique ; car elle se ramène à des dispositions intérieures, sans impliquer une adhésion intellectuelle à une doctrine déterminée » (p. 185).

Remarquons le tout de suite : la controverse moderniste provoquera des discussions théologiques sur la nature de

29. Paris, Gabalda, 1909.

l'acte de foi, avec la problématique des rôles respectifs de l'intelligence, de la volonté, de la grâce. Pour sa part, l'encyclique *Pascendi* oblige à choisir entre un exclusivisme intellectuel et un exclusivisme affectif. Sans que figure un concept capable de réunir ces deux composantes. Ce que peut faire le concept pascalien — et biblique — de « cœur », principe spirituel d'option qui domine la dualité de l'intellectuel et de l'affectif.

## *Le théologien*

Le système de principes ainsi constitué commande toutes les autres positions — ou tous les autres personnages — modernistes. Comme théologien, le moderniste développe surtout les conséquences de l'immanentisme religieux. Le point nodal est la thèse de la variation substantielle des dogmes. L'encyclique poursuit son raisonnement pour montrer que cette thèse résulte logiquement des principes initiaux : l'agnosticisme et l'immanentisme. Dans ce cadre en effet, on ne peut accorder aux formules dogmatiques qu'une valeur symbolique et instrumentale. Dès lors, ces formules ne sont plus tournées vers le réel pour le dire en sa vérité. Mais elles permettent seulement au croyant d'exprimer son sentiment religieux.

> « Comme symboles, elles (les formules religieuses) sont des images de la vérité, qui ont à s'adapter au sentiment religieux dans ses rapports avec l'homme ; comme instruments, des véhicules de vérité, qui ont réciproquement à s'accommoder à l'homme dans ses rapports avec le sentiment religieux. Et comme l'absolu, qui est l'objet de ce sentiment, a des aspects infinis, sous lesquels il peut successivement apparaître ; comme le croyant, d'autre part, peut passer successivement sous des conditions fort dissemblables, il s'ensuit que les formules dogmatiques sont soumises à ces mêmes vicissitudes, partant sujettes à mutation » (p. 17).

En d'autres termes, la thèse de la relativité historique des dogmes présuppose la thèse de leur relativité métaphysique, et elle en résulte nécessairement. Cette problématique est fortement articulée par le père Ambroise Gardeil dans le livre que nous avons déjà cité (p. 117). Impossible d'attribuer un caractère définitif, irréformable, aux dogmes si l'on ne s'assure pas d'abord de leur valeur de connaissance et de vérité. Dans *Autour d'un petit livre*, Loisy fait lui-même la distinction : « Les anciens s'arrêtaient volontiers à l'idée d'une relativité métaphysique, tenant les dogmes pour une représentation inférieure à leur objet, et ils n'avaient peu ou point d'égard à leur relativité historique, au travail incessant de l'intelligence croyante pour s'approprier cette représentation défectueuse et l'adapter aux conditions nouvelles de la pensée humaine » (p. 204). Selon Loisy, les anciens n'ont pas tiré la conclusion normale de la relativité métaphysique des dogmes, à savoir leur relativité historique.

Un dossier important est donc ouvert : celui du statut du dogme et conjointement celui de l'évolution des dogmes. Dès maintenant, nous pouvons dire que Loisy interprète la doctrine des médiévaux en fonction de sa propre conception de la connaissance religieuse. Pour faire bref, l'analogie des noms divins est, selon Loisy, une thèse de relativisation du langage dogmatique, réfléchissant sa propre inadéquation à la réalité qu'il vise. En revanche, selon Gardeil, on entre dans la voie de la relativisation métaphysique et historique des dogmes dès que l'on se méprend sur le sens véritable de la doctrine de l'analogie. A l'inverse de ce que pense Loisy, cette doctrine assure la valeur métaphysique du langage humain. Et donc la possibilité pour la Révélation divine de s'inscrire dans ce langage, de façon à y exprimer, sur un mode humain, la science que Dieu a de lui-même. Ce qui serait impossible si le langage humain ne pouvait correspondre à la réalité divine. A un autre niveau, nous retrouvons donc la question cruciale de la valeur métaphysique de la raison.

Selon *Pascendi*, du statut que les modernistes attribuent au langage de la foi découlent un ensemble de conséquences théologiques ou, plus exactement, dans la perspective de l'encyclique, un ensemble d'erreurs théologiques. On ne trouve plus dans la Bible le recueil des vérités divinement révélées, mais le simple recueil des expériences religieuses faites dans le peuple juif, puis par Jésus. Dès lors, l'inspiration biblique se réduit à un phénomène aussi vague que celui de l'inspiration poétique. Quant à la tradition, elle a, certes, utilisé et canonisé des formules intellectuelles, mais, privées de leur valeur de vérité, celles-ci n'ont pas d'autre but que de permettre la propagation, la diffusion, du sentiment religieux. Par une communication affective, qui est la Vie même de la religion, et sa Vérité (de telle sorte que sont « vraies » également toutes les religions qui sont vivantes dans l'histoire). Enfin, en ce qui concerne le développement du dogme, l'encyclique oppose l'idée d'un développement « d'ordre rationnel et logique » — qu'elle tient pour valable — et l'idée, moderniste, d'un développement vital, commandé par les seules exigences du sentiment religieux (p. 31).

## *L'historien, le critique et l'apologiste*

Comme historien et comme critique, le moderniste développe surtout les conséquences du principe de séparation entre la science et la foi. Nous rencontrons ici la distinction, repoussée par l'encyclique, entre le Jésus de l'histoire et le Christ de la foi (p. 45). Mais cette distinction n'est que le point culminant d'un dualisme généralisé. En tout et partout, le moderniste oppose à la lecture croyante de la Bible, de l'histoire chrétienne etc., une autre lecture, scientifique, qui ne retient que les facteurs humains et qui lui applique l'opposition systématique des deux forces de conservation et d'évolution dont nous parlerons.

Comme apologistes, les modernistes appliquent à la diffusion de la foi les principes posés en définissant son statut. Fonctionne toujours la réduction de la vérité à la vie. Dès lors on ne se propose pas d'éclairer l'intelligence en fournissant des preuves objectives, mais on tente d'amener le non-croyant à faire l'expérience des possibilités de vie que lui offre la religion catholique, « expérience qui est, d'après leurs principes, le seul vrai fondement de la foi » (p. 53). L'encyclique distingue à cet égard deux voies.

En suivant la voie historique, on montrera comment la vie et le développement de l'Église renvoient à une inconnue sans laquelle ils ne s'expliqueraient pas. L'encyclique réinterprète ici *L'Évangile et l'Église*, en insistant sur le sens proprement apologétique d'une tentative qui vise à manifester la capacité de l'Église à se transformer sans perdre son identité. De fait, Loisy avait jadis posé la question à propos du développement du sentiment religieux et moral, dans la religion israélite, puis dans la religion chrétienne : « Est-il possible de comprendre cet effort perpétuel vers le mieux dans l'ordre de la connaissance religieuse et de la vie morale, effort toujours couronné de succès, bien qu'il soit toujours combattu et semble même toujours vaincu, si l'on n'implique l'action de Dieu même et dans l'effort et dans le succès[30] ? »

Une autre démarche apologétique suit la voie psychologique de l'immanence. L'encyclique n'ignore pas la distinction de Blondel entre la doctrine et la méthode d'immanence, mais avec quelques nuances, les deux sont réprouvées. Même entendue comme méthode, l'apologétique de l'immanence s'égare, car elle attribue à la nature humaine, à l'égard de l'ordre surnaturel, « non pas seulement une capacité et une connivence — choses que de tous temps les apologistes catholiques ont eu soin de mettre en relief — mais une vraie et rigoureuse exigence » (p. 57-59).

## *Le réformateur*

Le dernier personnage, c'est le moderniste comme réformateur. L'encyclique dresse une liste de réformes préconisées par les modernistes. Elles témoignent d'une véritable « manie réformatrice » à laquelle n'échappe aucune des structures ou des institutions de l'Église (p. 59). Le point est si capital qu'il nous engage à reprendre dans cette perspective l'ensemble de l'encyclique. Mais avant de nous engager dans cette seconde lecture, il convient de fixer les articulations du système doctrinal auquel nous avons déjà fait allusion, et qui constitue selon nous la structure de pensée en fonction de laquelle la théologie classique de l'époque aborde les initiatives philosophiques et/ou exégétiques des « modernistes ».

En effet, on peut penser que c'est à partir d'un système opposé, présent notamment dans la théologie romaine, que l'encyclique *Pascendi* a imposé au modernisme la forme d'un système. Le modernisme trouve indirectement une unité du fait que, selon des perspectives différentes, c'est toujours le même système doctrinal qui se trouve mis en cause. L'unité

30. *Autour d'un petit livre*, p. 197. Loisy rappelle ce texte dans *Simples réflexions*, p. 35.

compacte de ce système confère de l'extérieur une unité à toutes les démarches qui en menacent l'intégrité. Pour défendre sa propre intégrité, le système doctrinal fait des interrogations modernistes une autre totalité incompatible avec la sienne. En définitive, la discussion est bloquée par l'extraposition de deux systèmes, sans communication.

## III. LE SYSTÈME DOCTRINAL

### *Constitution de la doctrine*

Bien entendu, nous n'entendons pas par « système doctrinal » le simple fait de posséder et de proposer une doctrine, mais un certain mode de constitution et d'interprétation de la doctrine[31]. Les éléments constitutifs de la doctrine sont définis et articulés de telle sorte que cette doctrine trouve son expression principale dans la théologie, elle-même comprise comme science déductive, procédant à partir du « donné révélé » pour en tirer des « conclusions théologiques ». Pour illustrer cette compréhension de la théologie, nous utiliserons le livre du père Gardeil sur *Le donné révélé et la théologie*. Parce qu'il cherche à tenir compte des objections modernistes, il ne présente certes pas la forme la plus radicale du système doctrinal, mais il en reste une expression significative.

Certes, la théologie scolastique avoue sa dépendance radicale à l'égard de ce que lui donne la Révélation. Soit à l'égard du « dépôt révélé », constitué de façon définitive avant la mort du dernier apôtre, et confié à la garde de l'Église. Soit à l'égard du dogme, avec lequel la théologie se trouve en contact direct et par l'intermédiaire duquel elle est, selon le père Gardeil, « en communication avec le Dépôt de la Révélation ou donné révélé proprement dit[32] ». D'ailleurs cette dépendance établit la théologie dans son statut scientifique

31. Nous reprenons un thème déjà traité dans notre article sur « Le kantisme dans la crise moderniste » dans *Le modernisme*, Paris, Beauchesne, 1980, p. 24-27.

32. *Le donné révélé et la théologie*, p. XXII

propre, comme science subalternée à la Science divine, à laquelle elle emprunte, grâce à la révélation, ses prémisses. Toujours selon Gardeil : « Une science déductive n'est science qu'à la condition que les points de départ de ses conclusions soient connus avec évidence. Le point de départ des conclusions théologiques est le dogme. Le dogme est pour nous objet de foi, mais il est pour Dieu objet évident. Le vrai point de départ de la science théologique est en réalité la science que Dieu a de lui-même » (p. 203).

On se demande pourtant si ce n'est pas à partir d'elle-même et en fonction de ses propres procédures que cette science théologique définit la révélation et le dogme à l'égard desquels elle affirme sa dépendance et sur lesquels elle fonde sa certitude. Expliquons-nous.

Sous sa forme première, le donné révélé se présente sous la garantie d'une Écriture inspirée. Or, l'état scripturaire de la révélation se caractérise à la fois par sa richesse à inventorier et par « un état d'indétermination et de confusion relatives » (p. 164). Rapporté à son exploitation théologique ultérieure, le dépôt révélé est pris comme un ensemble de données, parmi lesquelles on distingue des énoncés concernant des faits et des assertions doctrinales plus ou moins formées. Il est difficile, dans cette perspective, de saisir l'originalité d'une expression de la foi dont l'objectif est autre que celui de la pure position doctrinale, même si elle s'oriente aussi vers cette dernière. Nous sommes encore loin de ce qui se présentera plus tard comme « théologie biblique ».

Dans le cadre du système doctrinal, la lecture théologique de l'Écriture est commandée par une logique de rétrospection dont Henri de Lubac a bien démonté le mécanisme. Méconnaissant que « si les Apôtres étaient déjà des catéchistes, ils sont plus fondamentalement des témoins (l'un et l'autre d'ailleurs indissolublement) » on cherche dans l'Écriture des assertions qui auraient déjà la forme du dogme ultérieur. Mais il est illégitime « d'oublier le long travail auquel nous nous sommes livrés à partir de leur témoignage et de mettre le résultat de notre analyse et de nos abstractions, si justifié qu'il soit, à la place de la réalité sur laquelle elles se sont exercées [33] ». Pris dans toute sa rigueur, le système doctrinal exigerait que le développement du dogme suive le processus d'une déduction logique. Rare, cette position extrême se trouve dans l'étude théologique du père Tuyaerts sur *L'Évolution du dogme* dont le père de Lubac cite cette phrase caractéristique : « La nature du dogme et celle de notre esprit ne rendent possible qu'un seul procédé dans l'évolution dogmatique : le procédé dialectique ou du raisonnement [34]. » Dans cette hypothèse, toutes les conclusions théologiques, et seules les conclusions théologiques, pourraient donner lieu à une définition dogmatique.

Pour sa part, le père Gardeil est beaucoup plus sensible à la « foi vivante et socialisée de l'Église », de sorte que cette position extrême représente pour lui « un beau cas de théologisme ». Il n'empêche que lui-même n'assure « l'homogénéité » du dogme à la révélation que moyennant ce qu'il appelle, en la distinguant des systèmes théologiques, « la Science théologique », dont l'une des fonctions est « de fournir au dogme, grâce à la validité du procédé analogique, des transpositions équivalentes, mais en style plus précis, plus spéculatif, de la pensée divine révélée [35] ».

Cette transposition spéculative implique que l'on introduise dans la formulation du dogme des concepts philosophiques. Ainsi dans le dogme christologique, les concepts de « nature » et de « personne ». La solution habituelle est de dire que ces concepts sont alors pris selon le « sens commun ». Le père Gardeil nuance cette solution traditionnelle : les concepts intégrés au dogme doivent en effet être désolidarisés d'une philosophie particulière, mais ils ne sont pas pour autant privés de caractère philosophique. Ces différentes exigences se concilient lorsqu'on admet qu'ils relèvent de la « philosophie du sens commun », c'est-à-dire de la *philosophia perennis*, consubstantielle à l'esprit humain. Ainsi s'opère, sous le patronage de la Science théologique, le

33. « Le problème du développement du dogme » dans RSR, janv.-mars 1948, p. 155.

34. Art. cit., p. 130-131. L'ouvrage du P. Tuyaerts a été publié à Louvain en 1919.

35. P. 260. On consultera le compte rendu que le père Garrigou-Lagrange fait du livre de Gardeil dans la *Revue thomiste*, 1910, p. 263-269.

blocage du dogme et d'une philosophie ontologique assez définie pour qu'ils soit facile d'en reconnaître l'expression privilégiée dans la philosophie de saint Thomas d'Aquin.

Allant jusqu'au bout de cette position, le père Garrigou-Lagrange professe qu'il existe une « philosophie de l'Église ». Si elle n'est pas un système proprement dit, cette philosophie « n'en a pas moins sa solution sur les principaux problèmes philosophiques, sur la connaissance sensible et intellectuelle, sur Dieu, sur l'âme humaine, sur la substance corporelle [36] ». On comprend que, dans cette perspective, une philosophie catholique autre que le néo-thomisme soit rigoureusement impensable. Mais on comprend aussi la réaction de Maurice Blondel dans une lettre de 1896 au père Schwalm, que nous avons déjà citée : « Le principe de nos divergences me paraît tenir à ceci : vous tendez à faire participer les explications rationnelles à la certitude du dogme et à faire descendre l'absolu de la théologie dans l'ordre philosophique. » Dès lors, poursuit Blondel, « vous êtes conduit à ne tolérer aucune dissidence dans vos principes d'école, justement parce qu'ils vous semblent liés à ces vérités dogmatiques qui ne comportent ni divergence, ni discussion [...] C'est-à-dire que vous vous attribuez, en philosophie, une infaillibilité véritable que les théologiens n'ont pas même en théologie [37] ».

## *Interprétation de la doctrine*

Le système doctrinal se caractérise aussi par un certain mode d'interprétation de la doctrine, tendant à identifier la foi à son contenu, c'est-à-dire aux vérités que Dieu révèle et que l'Église enseigne. Procédons *a contrario*. Pour saint Thomas d'Aquin, l'objet de la foi est Dieu, la Vérité première. En lui-même, cet objet est simple, mais la discursivité de l'intelligence humaine fait que la foi ne peut se dire sans se morceler en une pluralité d'énoncés. Elle ne reste alors fidèle à sa visée fondamentale que si, à travers ces énoncés, elle tend vers la

36. *Le sens commun, la philosophie de l'être et les formules dogmatiques*, Paris, Beauchesne, 1909, p. 205.

37. *Lettres philosophiques de Maurice Blondel*, Aubier, Paris, 1961, p. 96-97.

chose même [38]. D'où vient que, lors de sa parution en volume l'étude du chanoine Mouroux : *Je crois en Toi, structure personnelle de la foi*, ait semblé si neuve, si libératrice [39] ? Elle s'accordait sans doute au climat existentiel de l'après-guerre, mais que faisait-elle d'autre sinon mettre à jour les éléments personnalistes de la théorie de la foi de saint Thomas d'Aquin ? Or, ceux-ci étaient presque tombés dans l'oubli, par le fait d'une théologie qui tendait à confondre la foi avec ce que Mouroux appelle son « matériel intelligible » (p. 16).

Caractéristique du « système doctrinal », cette confusion empêche de penser un « sens de la foi » qui constituerait pour le développement dogmatique un principe irréductible à la pure dialectique d'une théologie déductive. De même empêche-t-elle toute tentative pour articuler la foi, prise comme acte personnel, à l'ensemble de la vie et de la pensée du sujet croyant. Nous retrouverons ces conséquences en voyant les réactions à la *Lettre sur l'apologétique* publiée par Maurice Blondel en 1896. Telle que la présente le système doctrinal, la doctrine accepte d'avoir à fournir au sujet une justification extrinsèque : démonstration apologétique du fait de la révélation et de l'autorité divine de l'Église catholique, gardienne du dépôt révélé. Mais elle n'accepte pas l'idée d'une justification intrinsèque, mettant les vérités de la foi en rapport avec l'attente et le désir du sujet humain.

Le système doctrinal exclut par principe ce que nous proposons d'appeler la structure de « l'échange du sens » : le message de la foi donnant sens à la vie du croyant, à la condition de prendre lui-même sens pour et par le croyant. En termes plus actuels, on parlera de la dépendance mutuelle entre une herméneutique de l'existence et une herméneutique des dogmes. Or, plus qu'à cette exigence de signification, le système doctrinal répond à un besoin de certitude [40]. Il faut

38. Cf. *Somme de théologie*, II. II. q. 1 art. 2 ad 2m.

39. Paris, Éditions de la Revue des Jeunes, 1949, mais l'étude avait été publiée dans les RSR en 1938.

40. En ce sens, il s'inscrit dans le cadre de ce que Martin Heidegger appelle la « métaphysique des temps modernes ». Comme quoi une réaction anti-moderniste peut, dans une perspective plus serrée, apparaître comme un effet de la modernité. C'est d'ailleurs, pour le dire en passant, ce qui

que le croyant sache, de façon exacte, à quelles vérités il doit croire et qu'il soit assuré par l'autorité de la Révélation et de l'Église de la certitude incontestable de ces vérités. mais n'est-il pas aussi essentiel, pour la vérité religieuse, de manifester son sens pour le sujet auquel elle est destinée ?

## IV. LA VOLONTÉ DE RÉFORMER L'ÉGLISE

Il faut d'abord noter que le mot « réforme » est, dans ce contexte, d'emblée péjoratif. Il n'est pas question de distinguer, en se référant au titre d'un livre du père Congar une « vraie » et une « fausse » réforme dans l'Église. Le principe, c'est que l'Église catholique n'a justement pas besoin d'une réforme. A plus forte raison n'a-t-elle aucun besoin de celle que proposent les modernistes en fonction de principes erronés. *Pascendi* dresse une liste des revendications spécifiques des modernistes. A première vue, cette liste de réformes ne donne pas l'impression d'un programme cohérent. En réalité, il faut dépasser cette première impression. Pour l'encyclique, il y a bien un système des réformes modernistes, un système qui procède de principes. Mais, pour découvrir ceux-ci, il faut relire dans une perspective nouvelle l'ensemble de l'encyclique. Que découvre-t-on alors ?

### *Le rôle majeur de la philosophie*

Selon l'encyclique, le modernisme est tout entier contenu dans sa philosophie. Les modernistes sont donc conséquents avec eux-mêmes lorsqu'ils font dépendre la réforme des études ecclésiastiques d'une réforme de la philosophie enseignée dans les Universités catholiques et dans les Séminaires. On prend ainsi le contre-pied de l'encyclique *Aeterni Patris* en proposant de substituer la philosophie moderne à la philosophie scolastique (p. 59). D'où résultera une réforme géné-

sépare le néo-thomisme de la philosophie de saint Thomas d'Aquin lui-même.

rale de l'enseignement chrétien. Allant jusqu'au catéchisme, mais en partant de la théologie universitaire, qui prendra pour base la philosophie moderne, et l'histoire des dogmes enseignée selon les principes de la méthode historique. Moyennant quoi, l'encyclique estime que la seule défense efficace contre le modernisme est au contraire le strict maintien de la philosophie scolastique, base de tout édifice théologique (p. 73). Et les mesures disciplinaires qui seront prises viseront justement à ce maintien.

## *Le principe de l'évolution*

Les modernistes succombent au prestige de l'idée moderne suivant laquelle tout est entraîné dans le mouvement de l'évolution, qui est la loi même de la vie, de sorte que ce qui n'évolue pas meurt. Ainsi est-on conduit à valoriser le changement par principe et dans tous les ordres — dogmatique, cultuel, institutionnel. De plus les modernistes rapportent la marche de l'évolution au jeu de deux forces antagonistes, l'une qui tend à la conservation, l'autre qui tend au changement, au progrès. Et, toujours selon l'encyclique, les modernistes estiment que la force conservatrice est représentée par l'autorité religieuse, ecclésiastique, dont le seul objectif est de maintenir les structures institutionnelles et dogmatiques du passé.

En marge de notre lecture, avouons que Rome joue de fait ce rôle. Sa politique est bien d'affirmer la permanence du dogme, de l'Église, et plus profondément de la vérité révélée. Seulement Rome ne peut accepter l'image que le modernisme lui renvoie d'elle-même, c'est-à-dire l'image d'une force rétrograde. Comment la récuse-t-elle ? Le qualificatif « rétrograde » ne se justifierait que si l'on admettait justement la loi d'évolution que *Pascendi* repousse. Le maintien du passé n'apparaît rétrograde que s'il s'oppose à des transformations jugées par ailleurs inévitables et d'ailleurs souhaitables. Or, ce souhait se fonde sur un postulat : la valorisation du changement en fonction de la loi d'évolution. Supprimez celle-ci, l'accusation tombe. Ce qu'il fallait démontrer.

De façon corrélative, il existe une force de progrès, représentée par les consciences individuelles (y compris — scandale suprême ! — celles des laïcs, p. 41). Volontiers les modernistes s'identifient à cette force évolutive sans l'action de laquelle l'organisme ecclésial serait voué à la stagnation et à la mort. En ce sens, la volonté réformatrice n'est pas une conséquence secondaire des principes modernistes. Mais elle commande tout l'ensemble. Et d'abord, la volonté des modernistes de rester à l'intérieur de l'Église pour y travailler à modifier, peu à peu, la conscience commune. En effet, leur ambition est d'agir dans l'Église et sur l'Église pour la transformer en fonction des exigences de la société moderne dont ils se font le porte-parole au sein de l'Église, laquelle se trouve ainsi minée de l'intérieur. D'où le soupçon d'une action plus ou moins cachée, visant une désagrégation interne (p. 43).

## *La liberté*

Les modernistes posent, au nom de la science, un principe d'indépendance intellectuelle à l'égard de l'autorité ecclésiale. L'interprétation de la Bible et de la tradition chrétienne est soustraite à l'autorité de l'Église puisque la science historique n'admet pas d'autre contrôle que celui de la rigueur méthodologique. Un raccourci de Loisy dans *Simples réflexions* montre les implications politiques de cette compréhension moderne de la science : « Les modernistes plaidaient l'autonomie de la conscience religieuse et ils reconnaissaient l'autonomie de la science à l'égard de la théologie, celle de la société civile à l'égard de l'Église » (p. 150). Or, *Pascendi* perçoit bien qu'à travers ce projet d'indépendance scientifique, ce qui est en, cause, plus au fond, c'est ce que nous appellerions aujourd'hui la conscience libertaire de l'homme moderne (p. 35).

La revendication libertaire des modernistes se porte, selon l'Encyclique sur deux points principaux, et elle entraîne donc deux séries de conséquences. La première série concerne l'exercice du magistère ecclésiastique (p. 59). Selon le principe de l'immanence religieuse, c'est toujours à un besoin vital que l'on réfère l'existence et l'organisation de l'Église. Parce qu'elle vise à se communiquer, la foi demande une organisation sociale et, aussi bien, dans cette société, une autorité dirigeante. Les modernistes ne méconnaissent donc pas la nécessité d'une autorité ecclésiastique, mais ils lui donnent une justification d'ordre sociologique qui en limite singulièrement la portée. Et qui ouvre surtout la voie à une transformation radicale de son exercice.

En effet, alors que l'institution divine confère au magistère ecclésiastique une structure irréformable, la simple nécessité sociologique ne peut plus jouer ce rôle. N'ayant plus une justification interne, indépendante du corps ecclésial actuel, l'autorité doit accepter de plier les formes de son exercice à l'esprit du temps. Ou encore, ce n'est qu'un « service public », qui devrait, comme tel, adopter son fonctionnement aux exigences démocratiques de la conscience moderne. Si une organisation monarchique a pu être nécessaire dans le passé, elle ne se justifie plus dans les conditions d'un monde dans lequel les hommes ont pris conscience de leur liberté (p. 35).

Une seconde série de conséquences concerne le rapport de l'Église et de l'État. L'ordre classique des rapports entre le pouvoir spirituel et le pouvoir temporel repose sur la fondation divine de l'Église. Or, la perspective moderniste altère tout. Alors que l'Église catholique a souffert en France de cette Séparation des Églises et de l'État qui lui a été imposée, le programme des modernistes comporte cette même Séparation, qu'il valorise en tant qu'elle implique une totale liberté du catholique comme citoyen. Cette volonté d'indépendance est évidemment condamnée par l'encyclique. Retournant d'ailleurs la perspective, *Pascendi* estime que la Séparation risque surtout de soumettre l'Église à l'autorité de l'État, en tout cas dans toutes ses manifestations extérieures (p. 37).

## *Deux options face au monde moderne*

L'encyclique *Pascendi* ne se borne pas à définir et à dénoncer des erreurs. Elle commence à organiser tout un système de répression de la pensée destiné à faire barrage au modernisme. Ce barrage s'oppose pratiquement à toute novation, comme si toute entreprise de réforme était inéluctablement compromise avec les erreurs doctrinales graves dénoncées auparavant. L'une des pièces maîtresses de la défense anti-moderniste sera mise en place par le Motu proprio *Sacrorum antistitum* publié le 1er septembre 1910, et qui impose aux formateurs du clergé et au clergé lui-même la prestation du Serment antimoderniste.

L'encyclique laissait néanmoins entrevoir la hauteur d'un conflit qui oppose en définitive deux conceptions du rapport de l'Église catholique à la société moderne. En effet elle discerne aussi chez les modernistes l'idée suivant laquelle ce n'est pas en se liant à l'État que l'Église sera le plus à même de pénétrer la société de son esprit. Ainsi s'amorce une confrontation qu'il nous faut au moins esquisser entre deux politiques ecclésiales à l'égard du monde moderne : la position officielle et la position « moderniste ». En prenant pour conclure quelque distance par rapport au texte de *Pascendi*, nous pouvons en effet opposer deux manières de comprendre le monde moderne et le rapport que les catholiques sont susceptibles d'entretenir avec lui. *Pascendi* impute aux modernistes la volonté de transformer l'Église pour l'adapter au monde moderne. Il faut voir ce qu'il en est réellement d'un tel projet chez les différents auteurs qualifiés de « modernistes ».

Mais, ce que nous a montré la lecture de l'encyclique, c'est que le modernisme heurte une position officielle de l'Église catholique à l'égard du monde moderne. Certes, cette position officielle ne se présente pas comme une « politique », mais comme la simple et pure défense de la vérité. Pourtant, sans donner au mot « politique » un sens nécessairement négatif, il faut bien reconnaître que la doctrine et sa vérité sont présentées en fonction d'une certaine volonté d'influer sur les rapports entre l'Église et la Société moderne, donc en fonction d'une certaine politique. Ce que le « modernisme » rencontre dans l'Église, ce n'est pas une simple indifférence au monde moderne et aux problèmes qu'il pose aux croyants. C'est bien plutôt une position déterminée à l'égard de ces problèmes, position suivant laquelle il appartient à l'Église catholique de dresser, contre les fluctuations du monde moderne, le solide rempart de la stabilité d'une Église fermement assurée de sa structure et de son dogme.

Il en résulte deux préoccupations majeures. D'abord, maintenir fermement l'unité interne d'une Église hiérarchique, bien groupée autour de l'autorité suprême et indiscutée du Pontife romain, selon les normes de Vatican I. Avec la crainte corrélative de tout ce qui ouvre une brèche dans ce bloc : soit l'indépendance d'une méthode scientifique ; soit, plus gravement, l'affirmation d'une autonomie spirituelle de type kantien. Ensuite, s'opposer de façon nette à tout ce qui menacerait l'intégrité d'un édifice dogmatique qui est le bien propre de l'Église catholique et le rempart qu'elle élève contre l'évolutionnisme intellectuel de la société moderne. Et cela en vue du bien de cette société [41].

On ne pouvait évidemment attendre de *Pascendi* qu'elle saisisse de l'intérieur l'exigence des « modernistes » en ce qui concerne une nouvelle manière d'exercer le pouvoir spirituel dans l'Église. Mais qu'en est-il du côté des « modernistes » eux-mêmes ? Ou encore, de quel modernisme parlons-nous si nous disons que le « modernisme » représente une autre politique à l'égard du monde moderne ? Il s'agit en tout cas d'une politique qui vise aussi l'affermissement du pouvoir spirituel de l'Église dans la société, mais qui entend donner à ce pouvoir spirituel une tout autre forme. Tout simplement parce qu'est d'abord reconnue l'existence d'autorités intellectuelles (méthode scientifique) et spirituelles (la philosophie) distinctes de l'autorité ecclésiale, ayant leur consistance propre et une autonomie au moins relative. D'où l'une des formulations possibles du problème qui est au fond de la crise moderniste : comment concevoir la présence et l'exercice d'un pouvoir spirituel dans une société pluraliste ? [42]

---

41. On rejoint les motivations de Léon XIII dans *Æterni Patris*.

42. Voir notre article « Religion » dans le *Dictionnaire de Philosophie politique*, Paris, PUF, 1996, p. 554-559.

# 8

# L'agnosticisme, la métaphysique et l'histoire

## I. DU POSITIVISME À L'AGNOSTICISME

### *L'échec des demi-mesures*

Selon l'encyclique *Pascendi*, toutes les erreurs des modernistes viennent d'un point de départ philosophique : l'agnosticisme. Dans ses articles de la *Revue Thomiste*, en 1910 et 1911, sur « La philosophie moderniste », le père Fr. Cazes joint l'évolutionnisme à l'agnosticisme, ce qui n'a d'ailleurs rien de discordant par rapport à l'encyclique. A cette imputation, il faut opposer que ni Maurice Blondel, ni Lucien Laberthonnière, ni même, bien que la chose soit déjà plus complexe, Édouard Le Roy, ne correspondent au portrait ainsi tracé du « philosophe moderniste ». Mais, d'un autre côté, il reste vrai que l'agnosticisme est avec le scientisme l'un des grands problèmes posés à la conscience religieuse à la fin du XIXe siècle.

En 1908 est publié en Italie *Le programme des modernistes*, qui se présente comme une « Réplique à l'encyclique de Pie X : *Pascendi Dominici Gregis* [1]. » Selon cet ouvrage,

1. Nous citons la 2e édition française, Paris, Émile Nourry, 1908. Pour les

il faut situer le modernisme au terme d'une séquence historique comportant le positivisme matérialiste, l'agnosticisme et le dépassement de l'agnosticisme : « Notre apologie a été justement un effort pour sortir de l'agnosticisme et pour le dépasser, en donnant une théorie de la connaissance, de même que l'agnosticisme lui-même avait marqué un progrès sur le positivisme matérialiste » (p. 113). Nous aurons à voir ce qu'il en est de ce dépassement de l'agnosticisme, que, pour sa part, l'encyclique juge irréalisable : selon *Pascendi* commencer par l'agnosticisme, c'est se condamner à finir dans l'athéisme.

L'année suivante, en 1909, un professeur de Toulouse, Georges Michelet, publie un ouvrage intitulé : *Dieu et l'agnosticisme contemporain*[2]. Pour critiquer le modernisme, l'auteur commence par le situer dans l'ensemble des courants intellectuels de l'époque. Son ambition est de refaire au début du XXᵉ siècle l'analyse que Caro avait faite, près d'un demi-siècle auparavant, dans *L'Idée de Dieu et ses nouveaux critiques*. Et cela, en partant d'une conviction fondamentale : on ne peut se défendre contre l'athéisme par des demi-mesures, telles que celles de Kant ou de Spencer, mais seulement par la présentation intégrale de l'idée catholique de Dieu. Michelet condamne en ce sens toutes les tentatives de la philosophie française du XIXᵉ siècle, à commencer par celle du spiritualisme éclectique.

> « Certes des esprits avaient cru trouver dans le spiritualisme déiste une position très ferme entre les négations athées et les affirmations du surnaturel. Le christianisme mis à part, ils s'efforçaient de maintenir la foi en Dieu. mais cette voie moyenne ne représentait que la timidité ou l'imprévoyance de leur critique. Déjà ils diminuaient la vie religieuse, en limitant le rapport concret de l'homme avec Dieu et l'intervention de Dieu dans le monde. Leur Dieu était si loin de l'humanité et si peu occupé d'elle qu'il fallait prévoir qu'à son tour l'humanité s'accoutumerait à se passer tout-à-fait de lui ; et si le déisme kantien était impuissant, devant le flot montant de l'idéalisme, à sauvegarder la personnalité de l'Être divin, la conception de la religion spencérienne et son adoration de l'Inconnaissable n'avaient pas plus d'efficacité vis-à-vis du maté-

---

auteurs et les éditions voir Émile Poulat, *Histoire, dogme et critique*, p. 674-675.

2. Paris, Gabalda, 1909.

rialisme. Cette nouvelle diminution de la divinité la faisait échapper totalement à la connaissance de l'homme, et par suite à son amour. Le chrétien demeurait seul à pouvoir parler de Dieu » (p. IX-X).

Un peu comme on parle aujourd'hui des trois maîtres du soupçon : Marx, Nietzsche et Freud, Michelet regroupe les trois maîtres de l'agnosticisme contemporain : Kant, Comte et Spencer. Cette mise en série fait ressortir l'une des objections fondamentales contre Kant : l'idée qu'ayant déplacé le problème de Dieu en le faisant passer de l'ordre spéculatif à l'ordre pratique, il n'a pu éviter la déperdition du contenu traditionnel de l'idée de Dieu. En ce sens, l'un des reproches fait à Kant, c'est qu'il prépare la voie à Spencer. Pourtant, à la différence d'Auguste Comte, Kant et Spencer sont considérés l'un et l'autre comme ayant essayé de s'opposer à la montée du positivisme matérialiste. mais leur tentative a été vaine. Car ce positivisme matérialiste ne peut être combattu victorieusement que par l'affirmation proprement théologique de Dieu.

## *Le repérage de Paul Bourget*

Vingt ans auparavant, en 1889, Paul Bourget avait publié son roman : *Le disciple*, qui avait sérieusement ébranlé les formes les plus récentes de la théorie de l'art pour l'art et qui avait fortement contribué à établir la responsabilité morale et sociale de l'écrivain. Or cet ouvrage mettait en scène un philosophe, Adrien Sixte, auquel l'auteur prêtait des positions tout-à-fait significatives au moins d'une certaine orientation de la pensée de l'époque. Ce « philosophe moderne » est censé avoir écrit une *Psychologie de Dieu* « alliant l'éloquence de Taine à la pénétration de Ribot ». Auraient suivi deux autres livres : une *Anatomie de la volonté* et une *Théorie des passions*. L'auteur de ces trois traités se distingue par un radicalisme que Paul Bourget définit en le situant par rapport à Herbert Spencer et à sa théorie de l'Inconnaissable. Selon le romancier, « beaucoup d'excellents esprits entrevoient dès aujourd'hui une réconciliation probable de la Science et de la Religion sur le terrain de l'Inconnaissable. Pour M. Sixte, c'est là une des dernières formes de l'illusion métaphysique et qu'il s'est acharné à détruire avec une énergie d'argumentation que l'on n'avait pas admiré à ce degré depuis Kant ».

Paul Bourget dispose ainsi quelques points de repère significatifs : Kant, Taine et Ribot, Spencer[3]. La même année 1870 avait vu paraître *De l'Intelligence* de Taine, *La psychologie anglaise contemporaine* de Ribot et la traduction française des *Principes de la Philosophie* de Spencer. Les deux premiers auteurs représentent la philosophie associationniste que Bergson combat en 1889 dans sa thèse sur *Les données immédiates de la conscience*. Et l'on sait que la réflexion bergsonienne sur l'évolution a été mise en mouvement par l'insatisfaction ressentie devant l'évolutionnisme de Spencer. Mais Adrien Sixte appartient à un stade de la pensée française antérieur à la rénovation bergsonienne.

## *Le positivisme de Comte et Littré*

En parlant de « la doctrine communément appelée *agnosticisme* », l'encyclique *Pascendi* admet bien que les modernistes n'ont créé ni le terme — forgé par Huxley en 1869 — ni la doctrine qui est bien plutôt un lieu commun de l'époque. Or, confronté aux affirmations théologiques, l'agnosticisme apparaît comme un déficit. En revanche, par rapport à un strict positivisme, il représente un effort pour sauver quelque chose de la religion, mise à mal par sa confrontation avec la science. C'est, en tout cas, nous le verrons, le sens de l'agnosticisme de Spencer.

Auparavant, il faut fixer la position d'un positivisme rigoureux, tel que le vulgarise Émile Littré, qui se présente à cet égard comme le strict disciple d'Auguste Comte. Dans ses articles de 1844, réunis sous le titre : *De la philosophie positive*, Littré écrit ceci : « L'étude des sciences positives qui, aujourd'hui, embrasse un si vaste domaine, crée chez les modernes des habitudes mentales qui deviennent impérieuses et ne laissent plus d'accès à une autre méthode. Pour les esprits ainsi formés, tout ce qui ne peut être démontré par

3. Sur le rapport personnel de Bourget à Spencer, voir Victor Giraud : *Les maîtres de l'heure*, Paris, Hachette, 1914, p. 260.

les procédés scientifiques est une hypothèse hors de portée, et qu'il serait vain de réfuter[4]. »

L'école positiviste attend beaucoup de sciences déjà existantes, comme les mathématiques ou la physique, et de sciences encore en formation, comme la biologie ou la sociologie. Mais accéder à « l'âge positif », c'est aussi bien prendre conscience des limites de la science. Celle-ci définit son champ de compétence en excluant ce qui dépasse la portée de l'esprit humain. Pour opérer cette répartition et cette exclusion, deux éléments entrent en jeu, que nous devons distinguer. Le premier élément, c'est une certaine évaluation du possible et de l'impossible. Celle d'Auguste Comte est très restrictive, et le progrès ultérieur des sciences transgressera des limites qui lui paraissaient infranchissables.

Ainsi, dans *Sagesse et illusions de la philosophie*[5], Jean Piaget distingue toujours deux domaines, mais il se sépare du positivisme en tant qu'il se refuse à établir entre eux une limite stricte. Une question reste « philosophique » tant qu'on n'a pas trouvé les moyens de lui appliquer une procédure de vérification. Lorsque ces moyens sont découverts, la question passe dans le domaine de la certitude objective. L'extension de ce domaine n'est pourtant pas indéfinie. Des questions comme celles de l'existence de Dieu ou de l'immortalité de l'âme en resteront toujours exclues.

## *Une décision intellectuelle*

Intervient donc, en toute hypothèse, le second élément. Il s'agit d'une décision intellectuelle : les questions que l'on ne peut traiter scientifiquement ne méritent pas qu'on s'en occupe. Tel est en tout cas l'avis de Littré, plus strict sur ce point que son maître, lequel a reconnu la valeur du besoin religieux et tenté de constituer une « religion de l'humanité ». Littré écrit dans le même article : « Laissant de côté une enquête sur les causes premières et finales, la philosophie positive renonce à une ambition incompatible avec la portée

---

4. Nous citons le recueil *Conservation, Révolution, Positivisme*, Paris, Librairie philosophique De Ladrange, 1852, p. 38.

5. Paris, PUF, 1965.

de l'esprit humain, et elle se place dans l'ordre des questions qu'il est possible d'aborder et de résoudre. » Ou, de façon plus tranchante : « Ce qui ne peut être connu ne doit pas être cherché » (p. 39).

Bien que le mot n'existe pas encore, ce refus des questions ultime conduit bien à une certaine forme d'agnosticisme. On se désintéresse des affirmations religieuses, trop incertaines, sans les remplacer, du moins en principe, par des négations athées. Citons une dernière fois l'article de Littré : « Nier ou affirmer, ce serait déclarer que l'on a une connaissance quelconque de l'origine des êtres et de leur fin. Ce qu'il y a d'établi présentement, c'est que les deux bouts des choses nous sont inconnaissables et que le milieu seul, ce qu'on appelle en style d'école le relatif, nous appartient » (id.).

Ce refus de prendre en compte les questions métaphysiques pourrait relever d'un principe épistémologique d'auto-limitation de la science. Mais, si le positivisme refuse les questions ultimes, c'est pour mieux assurer à la science son autorité exclusive dans l'ordre de la vérité. Or, pour qu'un tel privilège soit justifié, il faudrait que la valeur de vérité ne s'attache qu'aux propositions qui se prêtent à une vérification faisant intervenir le raisonnement et l'expérience. Mais, n'y-a-t-il pas un ordre de vérités supérieur à ce type de rationalité ? La religion révélée prétend bien se situer sur le plan d'une Vérité dont le fondement se trouve dans l'entendement divin, et dont l'homme acquiert le savoir grâce à la Révélation. Du point de vue théologique, c'est donc au niveau du Savoir de la Vérité que se situe le conflit de la science et de la foi. Au moins en est-il ainsi du point de vue d'une certaine théologie, car on peut se demander si ce système dogmatique n'est pas le produit d'une rationalisation discutable. En tout cas, la thèse, l'antithèse et leurs conflits sont parties intégrantes de la crise moderniste.

## *La lutte pour le pouvoir spirituel*

Mais ce débat intellectuel en cache un autre. Au XIXe siècle, l'Église catholique n'est pas seule à réagir contre la libération anarchique de la parole et contre le règne de la subjectivité critique. L'école positiviste d'Auguste Comte est loin d'approuver la « liberté illimitée de conscience » prônée par le XVIII<sup>e</sup> siècle, et elle s'accorde avec le catholicisme pour admettre la nécessité d'un pouvoir spirituel distinct du pouvoir temporel. Pour Auguste Comte, la doctrine médiévale du pouvoir spirituel est une conquête décisive, mais la vraie question est maintenant de repérer la forme de pouvoir spirituel qui est appropriée à la nature de la civilisation moderne [6]. Il ne peut plus s'agir de la forme de pouvoir spirituel exercée jadis par le catholicisme. Celui-ci est définitivement périmé. Donc, le pouvoir spirituel est vacant et, pour achever la période révolutionnaire et fonder une société nouvelle, il faut procéder à un véritable transfert du pouvoir spirituel autrefois détenu par l'Église catholique.

C'est en particulier le souci de son disciple Émile Littré. Il écrit en 1849 : « Reste toujours le grand problème de la rénovation totale et définitive qui doit clore la révolution. Quiconque examinera les conditions de stabilité des sociétés à une époque donnée se convaincra que cette stabilité dépend nécessairement d'une communauté de croyances fondamentales entre les hommes et, réciproquement, que la révolution commence quand, par le progrès spontané des sciences et des notions qui en dérivent, cette communauté se dissout [7]. » Dès lors, c'est de la philosophie positive que Littré attend l'établissement d'un nouveau pouvoir spirituel, accomplissant les deux tâches qui sont de son ressort : « Au fond, l'ordre spirituel a pour objet de satisfaire à deux besoins principaux, le besoin intellectuel et le besoin moral : il doit nous donner une conception générale du monde, voilà pour l'esprit, et un idéal qui nous dirige, voilà pour le cœur [8]. »

Malgré la volonté affichée d'une continuité entre l'ancien et le nouveau pouvoir spirituel, la problématique positiviste représente une forte distorsion par rapport aux problématiques classiques. Auguste Comte retient le principe médiéval de la distinction des pouvoirs et elle lui paraît essentielle. Mais ce qu'il définit comme spirituel ne correspond plus à la défini-

6. *Du pouvoir spirituel*, choix de textes réunis par Pierre Arnaud, Paris, Le Livre de poche, 1978, p. 298.
7. *Conservation, révolution et positivisme*, Paris, Librairie philosophique de Ladrange, 1852, p. 74.
8. *Op. cit.*, p. 275.

tion médiévale. C'est un spirituel étranger à l'idée de surnaturel et il est tout-à-fait immanent à la vie présente. Confronté aux catégories théologiques, ce « spirituel » rentre en fait dans le « temporel » en tant que ce dernier ne s'identifie nullement au « matériel » mais comprend aussi bien la dimension morale de la société terrestre.

Du côté de la religion, il est vrai que le catholicisme a été affaibli par la Révolution française et par la résistance prolongée des catholiques français aux Principes de 1789. Mais Léon XIII a rendu à l'Église un prestige incontestable, notamment avec l'encyclique *Rerum novarum* (1891). En face, la science positive a l'avantage de la nouveauté et de l'efficacité, mais elle ne dispose pas d'un support institutionnel aussi solide. Victor Cousin avait parfaitement compris que le renouveau philosophique dont il se voulait le promoteur supposait une politique universitaire. Et il a menée cette dernière de façon systématique. Mais s'il a détaché la philosophie de la religion, il n'a pas pour autant rapproché la philosophie et la science. De sorte que sa tentative pour constituer un nouveau pouvoir spirituel s'est soldée par un échec, même si elle a fortement contribué à donner à la philosophie universitaire les assises institutionnelles de son indépendance intellectuelle. Quant au positivisme, si son influence sur la société française a été considérable, ce n'est pas la philosophie universitaire qui a été le canal de sa diffusion.

## *L'Inconnaissable de Spencer*

Il existe d'autres agnosticismes que celui dont nous avons jusqu'alors parlé. Dans le *Vocabulaire technique et critique de la philosophie* de Lalande la définition de l'agnosticisme se présente sous la forme d'une alternative. Ce mot signifie : « soit l'habitude d'esprit qui consiste à considérer toute métaphysique (ontologique) comme futile, soit l'ensemble des doctrines philosophiques, d'ailleurs très différentes entre elles à d'autres égards, qui admettent l'existence d'un ordre de réalité inconnaissable par nature ».

La position de l'Inconnaissable ouvre, par rapport au strict positivisme, une perspective nouvelle. Orné d'une majuscule, ce mot renvoie à deux mouvements complémentaires.

D'abord, on repère une réalité suprême, ou tout au moins une région supérieure de la réalité, qui n'est pas sans rapport avec ce que les religions nomment Dieu ou le divin. Ensuite, on exclut que ce domaine offre prise à la connaissance. Pourtant, on en parle et on s'y réfère comme à une réalité. Il y a bien, sinon Quelqu'un, du moins Quelque chose, qui transcende notre expérience, et, si nous ne pouvons le qualifier, au moins pouvons-nous le nommer. Il faut donc bien distinguer deux formes d'agnosticisme, qui ont en commun de refuser le « dogmatisme », mais qui n'en sont pas moins différentes. D'un côté, on se détourne de spéculations jugées creuses, pour s'occuper uniquement des questions qui sont accessibles à notre science. De l'autre côté, un agnosticisme différent s'attache, de façon positive, à cet Inconnaissable dont la présence-absence peut susciter un véritable intérêt, voire soutenir une interrogation vive.

Au premier plan des théories de l'Inconnaissable, figure celle qu'Herbert Spencer développe dans son livre *Les premiers principes*. Traduit dès 1870 par E. Cazelles, cet ouvrage a exercé en France une forte influence [9]. Le propos de Spencer est de réconcilier la science et la religion, dans la perspective d'un évolutionnisme dont l'esprit est très différent de celui qui animait la « loi des trois états » d'Auguste Comte. Selon cette loi, l'humanité passe par trois états successifs : l'âge des explications religieuses, l'âge des explications métaphysiques, l'âge des explications positives. Dans une telle hypothèse, l'avènement des sciences positives relègue dans un passé révolu les religions traditionnelles, mais aussi bien les métaphysiques qui avaient tenté de prendre leur relève.

Herbert Spencer voit les choses tout autrement. D'après lui, l'esprit humain a toujours posé la question de la Cause, et il a toujours cherché à la résoudre par les deux voies de la religion et de la science. Or, sur l'une et l'autre de ces voies, l'historien enregistre une évolution et un progrès. Le bond prodigieux que la science a fait dans les Temps modernes ne doit pas empêcher de voir que la religion a elle-même progressé. Née de l'imagination du « double », la religion est passée du plus grossier fétichisme au polythéisme, puis au monothéisme. A l'intérieur de ce dernier, elle a continué à progres-

9. Nous citons la 11ᵉ édition, Paris, Alcan, 1907.

ser en dépouillant Dieu de ses attributs anthropomorphiques. Au terme, comme le note le traducteur de l'ouvrage : « La religion prend définitivement conscience de l'impossibilité de douer l'objet de son culte d'un attribut quelconque, en un mot de le déterminer. » Or, selon Spencer la science touche de son côté l'Inconnaissable. En établissant des lois, elle dégage l'armature intelligible du réel, mais, ce faisant, elle n'atteint pas le fond même de ce réel. Sans doute le vise-t-elle, mais les mots qu'elle emploie, tels que « Matière », « Vie », « Mouvement », ne désignent rien d'autre que les manifestations, les symboles, de la Réalité fondamentale, qui demeure en elle-même inconnaissable.

Si Spencer a beaucoup contribué à la diffusion de l'idée évolutionniste, sa tentative de conciliation entre la science et la religion ne semble pas avoir eu le même succès. Dans son livre : *Science et religion dans la philosophie contemporaine* [10], Émile Boutroux note la réaction négative des partisans d'un positivisme radical. Pour eux « l'Inconnaissable de Herbert Spencer n'est pas un principe scientifique : c'est un résidu, une dernière survivance de cette entité imaginaire qui, sous le nom de Dieu ou de cause première, a de tout temps fait le fond des religions et des métaphysiques » (p. 108). Pourtant, malgré la diversité interne de son œuvre, malgré les oppositions que celle-ci a suscitées, Spencer reste une référence majeure et une étude sérieuse de la « réception » de sa pensée en France serait importante pour une meilleure connaissance du milieu intellectuel de la fin du siècle.

## II. AGNOSTICISME ET SYMBOLISME

### La connexion des thèmes

L'encyclique *Pascendi* établit un lien logique entre trois thèses « modernistes » : l'agnosticisme, l'immanentisme, l'idée d'une « variation substantielle des dogmes ». Le point de départ de cette dernière idée serait la thèse suivant laquelle

10. Paris, Flammarion, 1905.

les formules religieuses ne sont, par rapport à la foi que « des signes inadéquats de son objet, vulgairement des symboles ». Toujours selon l'encyclique, c'est ce déficit spéculatif qui entraîne l'idée de « la variation substantielle des dogmes ». Bien des questions sont ouvertes par ce texte. A commencer par la question du rapport entre les présupposés de l'encyclique et la doctrine des noms divins élaborée par saint Thomas d'Aquin. Ce dernier prend soin de ne pas confondre l'analogie avec le symbole. Mais il ne dirait pas pour autant que le langage analogique est « adéquat » à la réalité divine.

Nous reprendrons le problème de la lecture néo-thomiste de saint Thomas d'Aquin, Mais il faut d'abord compléter une référence à Spencer dont l'importance vient de ce que sa théorie de l'Inconnaissable implique une réflexion sur le statut du langage religieux. Selon *Les Premiers Principes* : « Les idées religieuses dernières, aussi bien que les idées scientifiques dernières, se réduisent à n'être que de purs symboles et non des notions du réel » (p. 60). Ou encore : « Il est très probable qu'on sentira toujours le besoin de donner une forme à ce sens indéfini d'une existence dernière qui fait la base de notre intelligence. Nous serons toujours soumis à la nécessité de la considérer comme *quelque* manière d'être, c'est-à-dire de nous la représenter sous *quelque* forme de pensée, si vague qu'elle soit. En obéissant à ce besoin, nous ne nous égarerons pas, tant que nous ne verrons dans les notions que nous formons que des symboles absolument dénués de ressemblance avec ce qu'ils représentent » (p. 99).

On voit ainsi se constituer, dans le milieu culturel de l'époque, une séquence proche de celle que repère l'encyclique : 1°) limitation de la connaissance proprement dite à l'ordre phénoménal (par une certaine jonction du kantisme et du positivisme) ; 2°) position d'un Inconnaissable transphénoménal ; 3°) substitution du langage symbolique à un langage qui dirait la chose même ; 4°) libre variation des formules symboliques évitant justement de leur attribuer une valeur métaphysique à laquelle elles ne peuvent prétendre. La philosophie de Spencer illustre clairement cette séquence, en partant du principe que le langage symbolique nous permet de dire quelque chose de l'Inconnaissable alors qu'un langage direct, disant la chose même, est en l'occurrence impossible.

## De Sabatier aux modernistes

La même structure se retrouve chez Auguste Sabatier, lorsqu'il évoque le caractère symbolique de la connaissance religieuse : « Cela veut dire que toutes les notions qu'elle forme et qu'elle organise, depuis la première métaphore que crée le sentiment religieux, jusqu'à l'idée la plus abstraite de la spéculation théologique, seront nécessairement inadéquates à leur objet et ne pourront jamais en être données comme l'équivalent, ainsi que cela arrive dans les sciences exactes [11]. » Ce texte est, parmi bien d'autres, significatif de la manière dont la question du symbole rentre, dès cette époque, dans la cadre général d'une confrontation entre le langage de la science et le langage religieux.

La jonction de l'agnosticisme et du symbolisme se retrouve-t-elle chez les auteurs qui sont visés par l'encyclique sous le terme générique de « modernistes » ? Pour Édouard Le Roy la question sera reprise dans le chapitre sur le statut du dogme. Mais qu'en est-il pour Alfred Loisy ? Il serait vain de chercher dans ses premiers livres une théorie de la connaissance religieuse aussi élaborée que celle de Sabatier. Loisy ne prétend d'ailleurs pas être « philosophe » et il proteste lorsqu'on tente de lui montrer que son exégèse présuppose une philosophie.

Pourtant, certains textes prennent position à l'égard du langage religieux. Ainsi, dans *Autour d'un petit livre*, au sujet des notions mises en œuvre dans l'enseignement de Jésus, Loisy écrit ceci :

> « Le caractère essentiellement religieux et moral de ces notions fait qu'elles sont universelles d'esprit et de principe. Elles n'en sont pas moins déterminées très particulièrement et relativement au milieu et au temps où l'historien les voit se manifester. Les conditions de la connaissance religieuse, même dans l'ordre de la révélation, qui ne change pas la qualité de l'esprit humain, ni les formes de son activité, ne permettent pas que la représentation des vérités les plus essentielles soit autre chose que relative et imparfaite, enfermée qu'elle est dans des symboles qui ne figurent ces vérités que par analogie, sans les exprimer adéquatement. Saint

11. *Philosophie de la religion*, p. 390.

Paul n'emploie-t-il pas à ce propos les mots de mirage et d'énigme ? » (p. 142-143).

Malgré ce qu'il faut bien appeler son flou conceptuel, ce texte n'en montre pas moins l'entrecroisement de deux problématiques. L'objectif premier est de faire admettre le fait que, même dans sa visée de l'universel, l'enseignement évangélique reste engagé dans la particularité du milieu culturel et religieux, auquel appartenaient Jésus et ses disciples. Problème de relativité historique posé par l'historien. Cependant, bien qu'il insiste sur la distinction des compétences, le théologien n'est jamais très loin chez Loisy et c'est lui qui se préoccupe de constituer l'horizon à partir duquel il devient possible de reconnaître la relativité historique de l'enseignement de Jésus.

S'esquisse alors une théorie générale des conditions de la connaissance humaine dans l'ordre des vérités de foi, théorie qui insiste sur l'inévitable inadéquation de la connaissance religieuse. En se référant aux articles signés Firmin, on notera d'ailleurs que, pour Loisy, au moins à cette époque, la relativité des symboles de la foi suppose la régulation doctrinale d'une Église infaillible. « De la contradiction que présentent ou semblent présenter la nécessité d'une foi religieuse absolue et la relativité inévitable des symboles, le caractère individuel de la foi et la communauté indispensable de la croyance, on ne sort que par le moyen d'une Église infaillible, c'est-à-dire ayant pleine autorité pour régler les symboles, les expliquer, les adapter aux conditions variables des milieux et des temps. Autrement, rien ne pourra empêcher la religion de se pétrifier dans des formes sans vie ou de s'évanouir dans l'anarchie complète des croyances et de la société religieuses [12]. »

## *Le* Jean Barois *de Martin du Gard*

Le caractère intermédiaire et instable du « compromis symbolique » est bien montré dans le roman que Roger Martin du Gard publie en 1913 et dans lequel il met en scène l'histoire

12. « Les preuves et l'économie de la Révélation », RCF, 15 mars 1900, p. 152.

d'un jeune homme qui vient étudier la biologie à Paris et dont les convictions religieuses se trouvent ébranlées d'abord par des objections métaphysiques, puis par la découverte des problèmes exégétiques. Il expose sa situation religieuse à un prêtre suisse qui fait à Paris les mêmes études que lui. D'abord, sur le plan philosophique : « Au fond des choses, on se heurte à un sophisme : on veut me prouver la puissance et la bonté de Dieu en faisant l'apologie de l'ordre universel ; et dès que je veux faire remarquer combien cet ordre est imparfait, on me refuse le droit de porter un jugement parce qu'il est l'œuvre de Dieu [13]. »

Vient ensuite la découverte des problèmes exégétiques : date tardive des Évangiles, doutes concernant l'idée que Jésus pouvait avoir de lui-même, longue incubation du dogme. Un article sur « Les rapports de la raison et de la foi » lui apprend « qu'on a mis très longtemps à édifier et à préciser le dogme de la Trinité, et qu'il a fallu plusieurs réunions de conciles pour fixer la double nature du Christ, faire la part de son humanité et de sa divinité [...]. Bref : qu'il a fallu des années de controverses pour constituer ce dogme et le rattacher avec quelque vraisemblance à des paroles prononcées par Jésus ; alors qu'au catéchisme, on nous l'enseigne, ce dogme de la Trinité, dès les premières leçons, comme une vérité élémentaire, toute simple, révélée par Jésus lui-même [14] ».

Aucun étonnement chez le prêtre suisse auquel sont faites ces confidences. Cet impact de la science sur la foi, il l'a connu lui-même, et il a résolu le problème en séparant la raison qui rejette le dogme et la sensibilité religieuse qui ne peut se passer de Dieu. Selon cet abbé : « Il y a dans le sentiment religieux deux éléments tout-à-fait séparés par leur nature. Premièrement le sentiment religieux dans sa pureté, qui est, si je puis dire, l'alliance conclue avec le divin, et, en même temps, les rapports intimes et privés qui s'établissent entre Dieu et les âmes religieuses. Bien. Secondement : l'élément, je dirai dogmatique, les affirmations théoriques sur Dieu, et les rapports — non plus intimes, mais cultuels, entre l'homme

13. Nous citons Le livre de Poche, Paris, p. 44.

14. P. 49. Ce même type d'objection se trouvait déjà chez l'un des personnages du roman d'Édouard Estaunié : *L'Empreinte*, Paris, Perrin, 1896. Ce roman se situe au seuil de la crise moderniste.

et Dieu » (p. 55). Cet élément dogmatique, il ne s'agit pas de le récuser, mais il s'agit de l'interpréter, c'est-à-dire de lui attribuer une portée seulement symbolique.

Le héros du livre ne se satisfera pas longtemps de ce « compromis symbolique » et il passera à la négation radicale. Avec des amis, il créera un périodique : *Le Semeur*, que les événements amèneront à se concentrer de plus en plus sur l'Affaire Dreyfus. En fin de compte, Jean Barois reviendra à la foi, mais dans des conditions psychologiques qui feront douter, non pas de la sincérité, mais de la force de ce retour. Un écrivain ami prononce ce jugement qui est sans doute aussi celui de l'auteur : « Tous n'arrivent pas à fortifier suffisamment leur raison pour qu'elle reste jusqu'au bout victorieuse » (p. 491).

## *Marcel Hébert et l'idéalisation de la foi*

Roger Martin du Gard avait été à l'École Fénelon l'élève de l'abbé Marcel Hébert. Tout en reconnaissant que certains éléments de son livre pouvaient blesser sa sensibilité religieuse, l'auteur manifeste sa reconnaissance à ce prêtre en lui dédicaçant son livre : « Votre nom, au seuil de ces pages, n'est pas seulement le témoignage du respectueux et vivace attachement que je vous porte depuis vingt ans. Je suis assuré qu'il me vaudra, de tous ceux qui connaissent la noblesse de votre pensée et le riche apport critique de votre œuvre, une attention plus grave et comme un reflet de cette estime qui entoure l'éloquent renoncement de votre vie ».

L'expression de « compromis symbolique » exprime bien la position de cet homme que Maurice Blondel met en garde dans une lettre du 27 février 1905 : « Ne confondons pas inadéquation et relativisme [15]. » Prêtre du diocèse de Paris, nommé en 1895, directeur de l'École Fénelon, Marcel Hébert avait dû quitter celle-ci en 1899, après ses *Souvenirs d'Assise*, brochure d'abord publiée sans nom d'auteur et qui avait été dénoncée à l'archevêché de Paris. En 1902, un article de la RMM présentait la personnalité divine comme « La dernière

15. Voir *Au cœur de la crise moderniste*, Paris, Aubier, 1960 « L'affaire Hébert » est traitée dans les pages 323-338 ; la lettre citée se trouve p. 330.

idole ». En 1905, dans *L'Évolution de la foi catholique*[16], Marcel Hébert exposait de façon systématique une thèse de l'idéalisation progressive de la foi chrétienne, idéalisation au cours de laquelle se dévoile le caractère purement symbolique des représentations religieuses.

D'après Albert Houtin, Marcel Hébert aurait précédé Auguste Sabatier sur la voie du « symbolo-fidéisme[17] ». D'une certaine manière tout était déjà contenu dans les propos que l'auteur de *Souvenirs d'Assise* prêtait à un vieux moine capucin. Ainsi : « Je ne suis pas agnostique, puisque j'affirme le Divin, mais qu'est-ce que le Divin ? La conception que j'en formule est imparfaite [...]. Dès lors, je ne saurais non plus trouver l'absolu et le définitif dans le Christ lui-même ou dans l'Église qui le représente [... ]. La vérité est dans le Christ et dans l'Église [...], mais elle n'y réside que dans l'orientation générale donnée à la pensée et à l'activité » (p. 53).

Dans son livre sur *L'évolution de la foi catholique*, Hébert applique au développement de la christologie néo-testamentaire la loi psychologique de l'évolution des sentiments. Le départ est d'ordre émotionnel, mais tout sentiment tend à s'exprimer et à s'appliquer. Il le fait en deux étapes : d'abord, en employant des images, des comparaisons, des mythes ; ensuite, en se servant d'idées générales qui ont une valeur expérimentale, scientifique (p. 7-11). Le sentiment religieux passe aussi par la phase des images et des mythes. Puis on voit ceux-ci se moraliser, se spiritualiser. Hébert évoque l'exemple grec (p. 11 note 1). Mais il en tire une loi générale qui est en définitive pour lui une loi d'évolution du divin. Celui-ci est d'abord conçu selon la ressemblance physique de l'homme, puis selon sa ressemblance psychique, jusqu'au moment où va être critiquée « la dernière idole », celle de la personnalité divine. Dès lors « Dieu » n'est plus considéré que comme « l'aspect idéal de la divinité ».

Selon Hébert, le processus de la christologie néo-testamentaire, illustre le moment de la spiritualisation du mythe avec le passage du Messie à la Sagesse personnifiée de Paul et au Logos de Jean. Dans le Nouveau Testament lui-même, un pas décisif est franchi avec l'abandon du mode de pensée juif au

16. Paris, Alcan, 1905.
17. *Un prêtre symboliste. Marcel Hébert*, Paris, Rieder, 1925, p. 223.

profit du mode de pensée grec, bref par une hellénisation de Jésus comparable à l'hellénisation de Yahweh par Philon d'Alexandrie [18]. Par la suite, la pensée théologique passera de l'image au concept et elle créera un véritable « mythe métaphysique [19] ».

Destitué de son poste en 1901, Marcel Hébert prendra acte de sa séparation de l'Église catholique, incurablement « despotique [20] », et il se retirera en Belgique où il enseignera à l'Université nouvelle de Bruxelles. Parmi les personnalités socialistes qu'il fréquente, figure Émile Vandervelde, dont il partage la conviction suivant laquelle : « Le sentiment religieux, au sens le plus large, survivra aux religions prétendues révélées, parce qu'il trouvera toujours des éléments nouveaux dans le mystère qui nous entoure de toutes parts [21]. » Selon Hébert lui-même, au terme du progrès effectué dans l'histoire par la conscience chrétienne, il appartient à la conscience moderne de réaliser un ultime progrès : « Il s'agit d'extraire de l'antique image d'un Dieu personnel ce qu'elle renfermait de vrai, à savoir la foi au Bien, à l'Idéal, et de sauvegarder vivante, joyeuse et efficace cette foi, tout en renonçant à l'image elle-même, survivance de la vieille idolâtrie, superstition introduite avec bien d'autres par l'esprit oriental dans le christianisme. Il s'agit de les remplacer par la mise en pratique enfin loyale et rigoureuse de cette justice, de cette solidarité qu'avaient entrevues le paganisme, et que la religion chrétienne a nettement affirmées, tout en les déguisant et étouffant sous trop de symboles » (p. 210).

---

18. *Op. cit.*, p. 28. Ce que nous avons dit de la problématique de l'allégorisation chez Loisy montre qu'elle prend le conre-pied de celle d'Hébert.

19. *Op. cit.*, p. 12. On remarquera que, si Hébert approuve globalement la théorie kantienne de la religion, il reproche cependant à Kant de ne pas avoir rendu justice à cette symbolisation métaphysique : « Notre seul regret, c'est que Kant se soit confiné dans un symbolisme purement moral et n'ait pas vu — en cela il était l'esclave du "primat" de la "raison pratique" — que les dogmes sont aussi bien des symboles de nos hypothèses métaphysiques, des mythes représentatifs hypothétiques » (*op. cit.*, p. 151).

20. Voir l'article de 1903 sur « La faillite du catholicisme despotique » cité par Poulat, *op. cit.*, p. 320 sq.

21. Article sur « Les énigmes de l'univers » paru dans *Le Peuple* du 22 juillet 1903, cité dans *L'évolution de la foi catholique*, p. 214.

III. LES ENJEUX THÉOLOGIQUES

## *Rappel de Vatican I*

La critique d'un Marcel Hébert met donc en cause à la fois le système d'autorité du catholicisme et la légitimité d'un discours positif sur la personnalité divine. Ce dernier problème nous oblige à entrer dans un tout autre niveau d'analyse. Quand elle accuse les modernistes de succomber à l'agnosticisme ambiant, l'encyclique *Pascendi* ouvre un débat théologique dont les enjeux sont essentiels puisqu'ils concernent 1°) la démonstration rationnelle de l'existence de Dieu ; 2°) la valeur ontologique des noms divins.

Entre le suspens agnostique de toute métaphysique et l'affirmation chrétienne de Dieu, il y a évidemment une opposition irréductible. Mais la discussion autour du modernisme porte sur un point beaucoup plus précis. A supposer qu'au sein de leur agnosticisme, les modernistes trouvent un moyen détourné d'affirmer quand même Dieu, cette affirmation fondée sur l'expérience religieuse n'aurait pas, selon les thomistes, la valeur d'une démonstration rationnelle[22]. Or, en 1910, Pie X exigera de tous les membres du clergé qu'ils prêtent le Serment antimoderniste, lequel parle d'une véritable « démonstration », à partir des « choses visibles[23] ».

La référence nécessaire est ici le premier Concile du Vatican. La Constitution *De fide catholica* rappelle d'abord que

> « La Sainte Église catholique apostolique et romaine croit et affirme qu'il y a un seul Dieu vrai et vivant, Créateur et Seigneur du ciel et de la terre, tout puissant, éternel, immense, incompréhensible, infini en intelligence, en volonté et en toute perfection, qui, étant une substance spirituelle unique et singulière, absolument simple et immuable, doit être déclaré réellement et essentiellement distinct du monde, souverainement bienheureux en lui-

22. Nous verrons, dans le chapitre suivant sur « Approches de l'expérience religieuse », que ce moyen détourné, c'est, d'après l'encyclique, la théorie de l'immanence, substituant à la régulation par la connaissance rationnelle la régulation par l'expérience religieuse.

23. Texte latin dans Denzinger, *Enchiridion Symbolorum*, n° 2145.

même et par lui-même, et ineffablement élevé au-dessus de tout ce qui est et peut se concevoir en dehors de lui-même[24]. »

Le Concile pose ensuite, comme une vérité de la foi catholique, ce principe : « La même Sainte Église, notre mère, tient et enseigne que Dieu, principe et fin de toutes choses, peut être connu avec certitude par la lumière naturelle de la raison humaine à partir des choses créées[25]. » La vérité ainsi rappelée concerne le pouvoir de la raison, et elle s'oppose au fidéisme, mais il s'agit d'une vérité de foi, dont la justification relève des autorités générales de la théologie. Le Concile fait ainsi rappel de Rm 1,20 : « Depuis la création du monde, ses perfections invisibles se laissent voir à l'intelligence par ses œuvres. »

Quelles sont les limites précises de l'affirmation ? Le Concile parle d'un « pouvoir ». Il se prononce sur le principe d'une compétence de la raison, non sur les mises en œuvre effectives de ce pouvoir. Autrement dit l'affirmation conciliaire ne cautionne aucune preuve particulière de l'existence de Dieu. Ensuite, le texte parle de « certitude », mais non comme le fera le Serment anti-moderniste de « démonstration ». Rien n'empêche qu'une telle certitude soit acquise non par raisonnement, mais par intuition[26]. Le mot *cognosci* (être connu), complété par l'adverbe *certo* mérite cependant attention : il s'agit d'un acte intellectuel, non d'une quelconque « atteinte » de Dieu ou d'un pressentiment tel que celui

24. Denzinger, n° 1782. On notera que la foi catholique en un Dieu créateur s'exprime par une liste d'attributs, qui sont d'origine biblique et/ou philosophique, mais qui concernent tous le Dieu unique, sans mention de la Trinité divine. L'état de la théologie présupposé par cette lacune a pesé sur la crise moderniste.

25. Denzinger, n° 1785.

26. Les ontologistes estimeront n'être pas visés par le texte de Vatican I. Pourtant l'ontologisme pourrait être condamné dans la mesure où il serait lui-même exclusif, posant que seule une intuition directe peut nous donner la certitude de l'existence de Dieu. Voir Vacant : *Études théologiques sur les Constitutions du Concile du Vatican d'après les Actes du Concile*, p. 297. Le mot *cognosci* a l'avantage de ne pas trancher entre ceux qui suivent les doctrines de Platon et de Descartes et ceux qui suivent les doctrines de saint Thomas. On rappellera que la renaissance du thomisme dans la ligne d'*Æterni Patris* s'opère, pour une part non négligeable aux dépens de l'ontologisme.

dont parle saint Thomas à propos du désir du bonheur [27]. Enfin, l'indication « à partir des choses créées » reste plus indéterminée que celle du Serment anti-moderniste. En introduisant le mot *visibilia*, celui-ci exclura du même coup un point de départ cartésien (l'idée de Dieu présente en nous) ou certaines tentatives de « preuves psychologiques », telles que celles que proposera l'abbé de Broglie [28].

Le Concile ne peut se dispenser de justifier le fait que la vérité de l'existence de Dieu, normalement accessible à la raison, soit pourtant comprise dans la Révélation. A cet effet, il invoque la condition présente du genre humain : « C'est bien grâce à cette révélation divine que tous les hommes doivent de pouvoir, dans la condition présente du genre humain, connaître facilement, avec une ferme certitude et sans aucun mélange d'erreur, ce qui dans les choses divines n'est pas de soi inaccessible à la raison [29]. »

La lutte contre le fidéisme est reprise au temps de la crise moderniste. Mais elle a commencé bien avant, et l'on citera notamment les condamnations de Bautain et de Bonnety. Très caractéristique est la déclaration que Bautain doit signer en 1844 sur l'injonction de Rome. Il promet de ne jamais enseigner : « Qu'avec les seules lumières de la droite raison, abstraction faite de la révélation divine, on ne puisse donner une véritable démonstration de l'existence de Dieu » ; « qu'avec la raison seule on ne puisse démontrer la spiritualité et l'immortalité de l'âme ou toute autre vérité purement naturelle, rationnelle ou morale » ; « qu'avec la raison seule on ne puisse avoir la science des principes ou de la métaphysique, ainsi que des vérités qui en dépendent, comme science tout-à-fait distincte de la théologie surnaturelle qui se fonde sur la révélation divine » ; « que la raison ne puisse acquérir une vraie et pleine certitude des motifs de crédibilité, c'est-à-dire de ces motifs qui rendent la révélation divine évidemment croyable, tels que sont spécialement les miracles et les prophéties, particulièrement la résurrection de Jésus-Christ ».

---

27. *Somme de théologie*, Ia q. 2 art. 1 ad 1m.

28. *Les preuves psychologiques de l'existence de Dieu*, Paris, Bloud, 1905.

29. Ce texte est repris dans la Constitution dogmatique *Dei Verbum* de Vatican II au nº 6.

L'objectif du Concile est de fournir une théorie équilibrée des deux modes de connaissance de Dieu, fondés l'un sur la raison naturelle, l'autre sur la révélation surnaturelle. Or, en même temps qu'elle pose la distinction de ces deux ordres, la Constitution *Dei Filius* pose avec la même force le principe d'un accord entre ces deux ordres. La vérité est une, le vrai ne peut contredire le vrai. Il n'est pas légitime d'admettre une « double vérité ». D'ailleurs, la raison et la révélation proviennent du même Dieu qui ne peut ni se tromper, ni nous tromper. Il ne peut y avoir de conflit réel entre la révélation et la droite raison. Si des conflits apparaissent, ils ne sont qu'apparents et il doit toujours être possible de les résoudre. On notera que sur cette même base, deux attitudes opposées sont possibles. Première attitude : la raison philosophique se sent assez assurée d'elle-même pour porter un jugement définitif sur tout ce qui se présente comme provenant d'une révélation divine. C'est la position de Kant. Ce n'est évidemment pas celle du Concile. Comme le *Syllabus*, Vatican I pose, au nom de l'unité du vrai, le principe théologique de la soumission de la philosophie elle-même (et non seulement du philosophe) à l'autorité de l'Église.

## *Les preuves de l'existence de Dieu*

En 1898, le père Sertillanges avait présenté au Congrès scientifique international des catholiques un Mémoire sur *La preuve de l'existence de Dieu et l'éternité du monde*. Professeur à l'Institut catholique de Paris, depuis 1900, il publie, en août 1904, *Les sources de la croyance en Dieu*[30]. Prenant au sérieux la science moderne, et en particulier la théorie de l'évolution, le jeune dominicain se proposait de combattre le naturalisme, le positivisme, l'idéalisme et en fin de compte l'école critique qui « garde Dieu », mais en le réduisant à la « catégorie de l'idéal ». Selon cette école, « on admet l'absolu ; mais on le vide aussitôt de son contenu d'être. On parle d'infini ; mais on le dépouille soigneusement de toute substance. Sans cesse on invoque « l'au-delà » ; mais c'est un

30. Le livre a eu de nombreuses éditions. Nous citons celle de 1931 à La librairie académique Perrin. On y retrouve la Préface du 1er août 1904.

au-delà de rêve, et l'Idéal suprême n'est que la limite imprécise, irréelle de la réalité » (préface, p. 4).

On retrouve ici un souci constant de la théologie catholique : que la démarche par laquelle la raison affirme l'existence de Dieu respecte la personnalité divine et la distinction radicale entre le Créateur et les créatures. Autrement dit, la tentation rémanente, et qu'il faut toujours écarter, c'est le panthéisme. La Constitution *Dei Filius* de Vatican I est sur ce point très nette. En témoignent le canon 3 : « Si quelqu'un dit que la substance ou l'essence de Dieu et de toutes les choses est une et identique, qu'il soit anathème », et le canon 4 : « Si quelqu'un dit que les choses finies, soit corporelles, soit spirituelles, ou au moins les spirituelles, sont émanées de la substance divine ou que l'essence divine devient toutes choses en se manifestant ou en évoluant, ou enfin que Dieu est l'être universel ou infini qui en se déterminant constitue l'universalité des choses, distincte en genres, espèces et individus, qu'il soit anathème. »

Sans doute est-ce dans cette crainte du panthéisme qu'il faut chercher l'explication d'un fait. A savoir l'importance que les philosophes et les théologiens néo-thomistes attachent au rôle nécessaire du principe de causalité dans la démonstration de l'existence de Dieu. Nous y reviendrons, mais tout se passe comme si l'intervention de ce principe était la seule garantie valable contre le panthéisme.

## *Symbole et analogie*

La simple raison nous permet de connaître avec certitude que Dieu est, mais que savons-nous de ce qu'il est ? Autrement dit quelle est la portée réelle des affirmations par lesquelles nous qualifions la nature divine ? Nous avons déjà cité ce texte de Loisy : « Les conditions de la connaissance religieuse, même dans l'ordre de la révélation, qui ne change pas la qualité de l'esprit humain, ni les formes de son activité, ne permettent pas que la représentation des vérités les plus essentielles soit autre chose que relative et imparfaite, enfermée qu'elle est dans des symboles qui ne figurent ces vérités que par analogie, sans les exprimer adéquatement. » Même si de fait ils l'ont été, les thomistes n'auraient pas dû être inquiétés par le thème de l'inadéquation. Ce thème est présent chez saint Thomas et c'est même la conscience de l'impossibilité de l'adéquation du langage humain à l'objet divin qui provoque chez lui la construction de sa théorie de l'analogie des noms divins. Encore faudrait-il suivre l'histoire des lectures successives de l'œuvre thomiste pour voir comment la question a fini, non sans mal, par se clarifier, notamment avec Étienne Gilson.

En tout cas, pour un esprit formé à l'école de saint Thomas d'Aquin, le texte de Loisy que nous avons cité présente une grande confusion puisqu'il semble mettre sur le même plan l'analogie et le symbole. Moyennant quoi le risque est de faire verser l'analogie dans la métaphore soigneusement distinguées dans la *Somme de théologie*[31]. Connaissance inadéquate, l'analogie est quand même une véritable connaissance. Quand nous disons de Dieu qu'il est intelligent, puissant, nous atteignons l'être même de Dieu, même si nous sommes obligés de reconnaître que nous ne saisissons pas le mode propre — infini, absolu — de l'intelligence ou de la puissance divines.

La crainte des thomistes sera toujours que, sous le couvert du « symbole » on ne revienne de l'analogie à la simple métaphore. Citons Léonce de Grandmaison :

> « Ce qui importe ici, c'est de réaliser la différence qui existe entre une notion analogique et un pur symbole. Le second tient la place d'un objet, sans en manifester aucunement la nature intime (telles les lettres par lesquelles on désigne les différentes parties d'une figure géométrique) ; aussi est-il entièrement conventionnel. La notion analogique, au contraire, représente l'objet, et suppose donc une ressemblance, fondée en réalité, entre cet objet et notre concept. Symbole si l'on veut, mais non pas purement verbal et conventionnel ; symbole approprié, et, dans une certaine mesure, révélateur d'une réalité distincte[32]. »

31. Ia q. 13 art. 3 ad 1m.
32. *Le dogme chrétien*, Paris, Beauchesne, 1928, p. 293. Le texte cité date de 1908.

## *Le débat Sertillanges/Gardair*

Nous reviendrons, dans le chapitre sur le statut du dogme, aux débats suscités à partir de 1905 par l'article d'Édouard le Roy : « Qu'est-ce qu'un dogme ? Après d'autres interventions concernant cet article, le père Sertillanges publie dans la *Revue de Philosophie*, en février 1906, un article sur : "Agnosticisme ou anthropomorphisme" [33] ? » Nous avons déjà vu que cet article suscite une réponse de Joseph Gardair : « L'être divin », et, qu'en fin de compte se prolonge, entre ces deux auteurs, une controverse qui ne se terminera qu'en février 1907. Or, Sertillanges et Gardair se réfèrent l'un et l'autre à saint Thomas d'Aquin, mais ils diffèrent sur l'interprétation de ses textes. Que l'affirmation : « Dieu est », soit certaine et vraie, aucun ne le discute, mais cela veut-il dire que, pour saint Thomas, Dieu soit connaissable ou inconnaissable et en quel sens ? Ou encore comment situer l'analogie par rapport à l'opposition de l'univocité et de l'équivocité ?

La méthode d'éminence pratiquée par saint Thomas d'Aquin se distingue sans doute de la théologie négative, mais elle comporte un élément capital de négativité. Et la question de fond est celle de savoir si l'on peut faire droit à cet élément de négativité, essentiel à l'analogie, sans méconnaître la possibilité et la légitimité d'un langage sur Dieu atteignant d'une certaine manière la chose même. A l'époque, la simple mention de « l'Inconnaissable divin » attire le soupçon d'un agnosticisme coupable. Opposant l'un à l'autre deux thomistes, le débat de 1906-1907 entre Sertillanges et Gardair concerne sans doute la signification obvie des textes, mais il manifeste aussi le contraste des options prises à l'égard de l'actualisation de la pensée de saint Thomas d'Aquin. D'un côté une fidélité littérale, de l'autre un effort pour repenser la doctrine de saint Thomas [34]. Toujours est-il qu'au terme de son livre sur *Les sources de la croyance en Dieu*, Sertillanges considère que saint Thomas d'Aquin a fait une mise au point définitive lorsqu'il a dit : « Les choses mêmes que veulent désigner nos louanges appartiennent bien vraiment à Dieu ;

33. *Revue de Philosophie*, février 1906, p. 129-165.
34. Voir le texte déjà cité : *Revue de Philosophie*, tome X, 1907, p. 107-108.

mais la façon dont elles le signifient s'adresse à leur réalisation temporelle, et celle-ci implique des limites qu'il serait impie d'attribuer à *Celui qui est*[35]. »

## *La valeur de l'affirmation humaine*

Dans les conférences qu'il prononce en 1908-1909, à l'Institut catholique de Paris[36], le père Ambroise Gardeil cherche à répondre aux questions sérieuses posées par le modernisme, sans retomber dans l'erreur moderniste. La grande question de l'ouvrage est celle du développement du dogme incluant la question des rapports de la théologie avec le dogme. Mais la préoccupation initiale de Gardeil est de fonder l'ensemble de l'édifice dogmatique sur une théorie de la connaissance qui permettra d'éviter un relativisme historique toujours dépendant d'un relativisme métaphysique.

D'où la première partie du livre, qui se propose de fonder « la valeur de l'affirmation humaine » et qui retrouve l'alternative de Sertillanges : agnosticisme ou anthropomorphisme, mais en se proposant à son tour de surmonter cette double erreur grâce à la théorie thomiste de l'analogie. « La question, dit le père Gardeil, est celle-ci : "Entre l'agnosticisme nominaliste qui exalte la transcendance divine au point de ne voir dans les idées que nous émettons au sujet de Dieu que de purs mots, et l'anthropomorphisme inconscient et grossier, s'imaginant définir Dieu avec des idées extraites des choses matérielles, ou qui ne peuvent vivre dans l'esprit qu'en se référant à des images, est-il possible d'intercaler un mode de connaissance qui, pour atteindre le Divin, utilise la pensée de l'homme, telle qu'elle est, en échappant aux limites et aux contingences des conceptions humaines" ? » La réponse du père Gardeil est que le mode de penser adéquat est bien repéré par la philosophie traditionnelle : c'est la méthode d'analogie (p. 121).

Un thomiste tel que Gardeil a pointé quelque chose

35. *Somme de Théologie*, 1a, q. 13 art. 3 ad 2m. Cité dans l'ouvrage de Sertillanges, p. 562.

36. Ce sont ces conférences que nous retrouvons dans *Le donné révélé et la théologie*.

d'essentiel pour le théologien, peut-être aussi pour le philosophe. A savoir la connexion intime entre d'une part la possibilité de l'affirmation métaphysique de Dieu, d'autre part la consistance intellectuelle du dogme chrétien. Les deux choses sont liées en profondeur, c'est-à-dire au niveau d'une compréhension d'ensemble des rapports de l'intelligence humaine avec le réel. C'est en effet la même intelligence qui est capable d'affirmer raisonnablement Dieu et qui trouve dans le dogme quelque chose à penser.

## *Quelle analogie ?*

Le recours à la thèse thomiste de l'analogie ne suffit pas à résoudre les problèmes, car elle suscite elle-même des discussions qui sont loin d'être terminées à l'époque que nous étudions. En 1926 dans les *Renseignements techniques* qui font suite à sa traduction du traité de Dieu de la *Somme théologique* [37], le père Sertillanges reprendra ainsi la question. « Cette affirmation : Dieu est, est une affirmation vraie, non comme qualifiant Dieu au titre de l'être ; mais comme exigeant Dieu en se fondant sur l'être. *Celui qui est*, le meilleur de ses noms, n'est donc pas proprement son nom ; ce n'est qu'un nom de créature, et tous les autres noms que nous lui donnons ne sont aussi que des noms de créatures » (p. 384).

Dans *Les Degrés du savoir*, Jacques Maritain qualifie cette formule de « tout-à-fait équivoque [38] ». Mais, dans son livre sur *Le thomisme* [39], Étienne Gilson rendra justice au dominicain : « Pour échapper à "l'agnosticisme de concept", auquel certains se résignent mal lorsqu'il s'agit de Dieu, ce n'est pas dans un concept plus ou moins imparfait de l'essence divine qu'il faut chercher refuge, mais dans la positivité des jugements affirmatifs qui, à partir des effets multiples de Dieu, situent, pour ainsi dire, le lieu métaphysique d'une essence que nous ne pouvons absolument pas concevoir. » Ce texte de Gilson fait allusion à la différence qui sépare de saint Thomas

37. *Somme Théologique, Dieu*, tome 2, Éditions de la Revue des Jeunes, Paris, Tournai, Rome, 1926.
38. Paris, Desclée de Brouwer, 1932, p. 841.
39. Nous citons l'édition de Paris, Vrin, 1942, p. 156.

d'Aquin ces commentateurs que sont Cajetan et Suarez. Des thomistes tels que Gardeil et surtout Garrigou-Lagrange dépendent en réalité de ces scolastiques postérieurs pour qui l'analogie est une propriété du concept en tant que représentation. On parlera alors du concept analogique d'être, à l'intérieur d'un « conceptualisme thomiste » dont Henri Bouillard montre, dans son livre sur Karl Barth, qu'il déforme la véritable pensée de saint Thomas d'Aquin [40].

## IV. CRITIQUE HISTORIQUE ET AGNOSTICISME

### *Le conflit des histoires*

Professeur à Iéna depuis 1874, Rudolf Eucken sera, durant l'époque moderniste, un lien entre la France et l'Allemagne. En 1896, le baron von Hügel le présente à Blondel en même temps qu'il engage Eucken à lire *L'Action* [41]. En juillet 1897, la RMM publie un article du philosophe allemand sur « La relation de la philosophie au mouvement religieux du temps présent. » Réfléchissant sur la position nouvelle assignée au sujet par les Temps modernes, Eucken pose une question : « Comment la religion peut-elle, par la simple immobilité dans les formes établies, fournir à l'humanité ce que celle-ci réclame d'elle aujourd'hui ? ».

Dans ses *Problèmes capitaux de la philosophie de la religion au temps présent*, Eucken développe le thème de « l'action destructive de la critique historique [42] ». Certes, il est impossible à la religion de se soustraire à un changement capital, provoqué par la nouvelle manière de considérer l'histoire. Mais il ne faut pas se dissimuler la profondeur du problème ainsi posé à la religion. En effet, « un conflit particu-

---

40. *Karl Barth, Parole de Dieu et Existence humaine*, Paris, Aubier, 1957, tome III, p. 209.

41. Voir Blondel-Valensin, *Correspondance*, tome I, p. 40. Voir aussi l'article de J.M. Bernard dans *Demain*, 16 mars 1906 : « M. Rudolf Eucken. Sa philosophie de la religion. »

42. Trad. fr. Lausanne, Payot, et Paris, Fischbacher, 1910, p. 49 sq.

lièrement violent naît entre l'ancien et le nouveau, par le fait que l'ancien renferme une méthode historique spéciale, tout à fait différente de la moderne et à laquelle il semble inséparablement lié ». Le terrain sur lequel prend position l'histoire scientifique n'était pas vierge, mais il était occupé par une autre histoire, au sein de laquelle « la religion descendait vers nous d'un sommet qui domine de haut toute capacité et toute activité humaines, auquel chacune des époques subséquentes devait regarder avec une vénération illimitée afin de s'orienter sur sa propre voie » (p. 50). Maintenant, sous l'empire de la scientificité historique, tout est changé, soit à l'intérieur de chaque religion, soit dans les rapports entre les religions.

## *Dieu, personnage de l'histoire ?*

Ce conflit entre l'histoire sainte et l'histoire scientifique est incontestable et il a joué dans la crise moderniste un rôle qui mérite toute notre attention. Mais nous en avons déjà parlé dans un chapitre précédent. Pourquoi y revenir dans ce chapitre consacré à l'agnosticisme ? La jonction n'est pas notre fait, mais celui de *Pascendi*. D'après l'encyclique, de ce que l'on peut appeler leur « phénoménisme », les modernistes « infèrent deux choses : que Dieu n'est point objet direct de science ; que Dieu n'est pas un « personnage historique[43] ». La question est donc de savoir dans quelle mesure les erreurs doctrinales dont on a fait reproche à Loisy, relèvent ou non d'une philosophie agnostique que l'exégète aurait de fait professée, sans vraiment l'avouer. Plus largement, la question est de savoir s'il est légitime d'imputer à une position philosophique, l'agnosticisme, des effets qui semblent tenir à l'exercice le plus commun de la critique historique ? Même si les liaisons établies par *Pascendi* sont discutables, elles témoignent d'une mentalité de l'époque et elles ont pesé sur la crise moderniste.

Le Décret *Lamentabili* condamne cette proposition : « L'exégète, s'il veut s'adonner utilement aux études bibliques doit avant tout écarter toute opinion préconçue sur l'ori-

43. La traduction française renvoie au texte même de Loisy. Le latin parle de « subjectum historicum ».

gine surnaturelle de l'Écriture sainte et ne pas l'interpréter autrement que les autres documents purement humains. » Ce que le document romain réprouve, Loisy l'admet complètement. Il écrit dans ses *Simples réflexions* : « L'intelligence d'un livre, quel qu'il soit, ne peut être que faussée si, avant tout examen, l'on se fait une idée de son caractère à laquelle les conclusions de l'examen postérieur devront coûte que coûte se conformer. C'est ce qui arrive si l'on apporte à la critique de la Bible l'idée commune du livre inspiré et rempli de toute vérité. Il faut torturer les textes pour en adapter l'interprétation à ce concept absolu et sans réalité [44]. »

Dans sa radicalité négatrice, ce texte laisse entrevoir l'une des questions décisives que pose au croyant la pratique universitaire des sciences religieuses. S'il est vrai que ni l'existence, ni l'intervention de Dieu, n'entrent dans le champ de la science historique, comment l'historien croyant pourra-t-il accorder sa foi personnelle en l'inspiration divine des Écritures et la discipline méthodologique qui lui enjoint d'appliquer aux livres bibliques l'analyse littéraire et historique la plus communément pratiquée à l'égard de tous les textes humains, y compris les textes religieux ? Le débat est sérieux, même si l'argumentation philosophique prend le plus souvent, à l'époque moderniste, un ton purement polémique.

## *L'apologétique classique*

Derrière les imputations d'agnosticisme, il faut bien reconnaître un fait : du point de vue théologique, tout se passe comme si les innovations « modernistes » menaient une opération concertée contre l'apologétique classique, laquelle comporte précisément deux parties, l'une philosophique, l'autre historique. Dans sa partie philosophique, l'apologétique ne doit pas seulement établir l'existence de Dieu, mais il lui incombe surtout d'établir que « Dieu, Vérité suprême et cause de toute intelligence créée, peut manifester à l'homme des vérités qui dépassent la portée native de sa rai-

44. *Simples réflexions*, p. 49.

son, de même qu'il peut l'élever à une perfection et à une fin supérieure aux forces et aux exigences de sa nature[45] ».

Quel est le rôle de la partie historique de l'apologétique ? La philosophie ayant établi la possibilité de la révélation, il revient à l'histoire d'établir ce que les théologiens appellent le fait de la révélation : « Dieu a communiqué aux hommes, en la personne de Jésus-Christ et des apôtres, une révélation désormais normative de la vraie religion, et de cette révélation l'Église a été constituée dépositaire et gardienne. » Une telle démonstration fait en tout cas appel à des critères externes, prophéties et miracles, que le Concile du Vatican considère comme « des signes très certains et appropriés à l'intelligence de tous ». Ce sont, selon le même article, « des faits sensibles, extraordinaires, distincts de la révélation elle-même, dont ils prouvent l'origine divine, à titre de témoignages surnaturels authentiquant la doctrine ou la mission de l'apôtre qui l'annonce » (col. 229).

A partir du moment où toute l'apologétique repose sur la démonstration du fait de la révélation, la critique historique s'attaque à son principe même lorsqu'elle met en cause les textes fondateurs. Le récit des prophéties et des miracles est contenu dans la Bible. Mais l'apologétique se trouve par rapport à celle-ci dans une situation complexe. C'est seulement au terme de sa démarche que la Bible pourra être considérée comme le réceptacle de la Révélation divine et comme norme de la foi catholique. Au départ, la Bible doit être considérée sous l'angle d'un livre purement humain, auquel on demande les garanties normales d'authenticité et de véracité, propres à tous les documents historiques. Autrement dit, la lecture apologétique devrait se confondre avec la lecture historique. Or, c'est précisément ce qui fait question : pratiquée dans sa perspective propre, la lecture historienne ne semble pas rejoindre les présupposés de l'apologétique.

La difficulté est d'ordre intellectuel, mais elle rejaillit sur l'existence. L'apologétique était destiné à justifier la foi, mais ses échecs la ruinent. Albert Houtin décrit la situation du séminariste ou du prêtre qui cherche à s'informer : « Les points d'interrogation, puis les négations s'accumulent. »

45. X. M. Le Bachelet, article « apologétique » dans le DAFC, Paris, 1911, col. 227-228.

Parmi les miracles de l'histoire ecclésiastique, il en est qui sont mal attestés, d'autres qui s'expliquent naturellement. « Le jour où le prêtre découvre cet ensemble de ruines est un jour affreux. On lui a enseigné qu'il ne pouvait pas douter sans commettre un crime, et voilà qu'il se sent en train de perdre totalement la foi. On lui avait dit que, pour rejeter un seul dogme, on est hérétique et damné, et voilà qu'il découvre plusieurs points faux ! Le système lui-même tout entier ne s'expliquerait-il pas naturellement [46] ? »

## *Renan et le surnaturel*

S'agirait-il du conflit entre deux types de présupposés induisant des lectures différentes des mêmes textes ? Avant même la crise moderniste, la question avait été posée à propos de Renan. François Laplanche cite un texte programmatique qui affirme le principe d'une rigoureuse neutralité : « Proclamons-le hardiment : les études relatives aux origines du christianisme ne diront leur dernier mot que quand elles seront cultivées dans un esprit purement laïque et profane, selon la méthode des hellénistes, des arabisants, des sanskritistes, gens étrangers à toute théologie, qui ne songent ni à édifier, ni à défendre les dogmes, ni à les renverser [47]. »

Cette neutralité affichée était-elle réelle ? Après la parution de la *Vie de Jésus*, Ernest Havet, publie dans la *Revue des deux mondes* un article retentissant, dans lequel il félicite Renan pour la publication de son livre. Mais, il décrit ainsi les présupposés de son enquête historique : « L'impossibilité et le néant essentiel du miracle, l'indéfectibilité des lois naturelles, la nature toujours pareille à elle-même dans le monde moral aussi bien que dans le monde physique, la naissance du christianisme et l'apparition de Jésus, purs phénomènes historiques, magnifiques phénomènes à la bonne heure, mais phénomènes comme les autres, et dont l'étude doit se faire

46. *La crise du clergé*, Paris, Nourry, 1907, p. 52-53.
47. *La Bible*..., p. 164.

suivant les mêmes procédés que toute autre étude, voilà le fond solide sur lequel le livre est bâti [48]. »

Le statut exact de ces présupposés reste incertain [49]. Mais on se demande si, pour prendre ses distances à l'égard de l'interprétation théologique, Renan n'est pas obligé de passer par une interprétation contraire. Autrement dit, pour traiter scientifiquement les textes évangéliques, ne juge-t-il pas nécessaire de procéder à une négation dogmatique du miracle au prix de devoir mutiler ces textes ? A supposer qu'une telle disposition soit prise, quel est son statut ? N'est-elle pas plus « philosophique » que « scientifique » ? Mais, réciproquement, une étude de la Bible peut-elle, sans cesser d'être scientifique, s'inscrire dans un projet apologétique ? Bref, nous posons de nouveau la question : un catholique peut-il satisfaire à la fois aux exigences de la critique moderne et à celles de son Église ?

## *Deux interventions de Mgr Batiffol*

Recteur de l'Institut catholique de Toulouse depuis 1898, Pierre Batiffol fait écho, dans son discours de rentrée du 3 novembre 1899 à la Lettre de Léon XIII au clergé de France : « J'ai vu, messieurs, j'ai vu tomber presque à mes côtés tel de ces prêtres qui « ont fait verser des larmes amères à leurs évêques et à leurs frères dans le sacerdoce » et dont la chute a retenti jusque dans le cœur du père commun des fidèles. Mais je ne sais s'il n'est pas plus troublant d'en rencontrer d'autres qui, tenant à la vie catholique comme à l'âme de leur âme, croient pouvoir mettre à part la vie de leur esprit et parler de positivisme catholique, de kantisme catholique, pour un peu de protestantisme catholique. Le voilà, Messieurs, le fruit empoisonné de l'individualisme [50] ».

---

48. *Revue des Deux-Mondes*, 1er août 1863, cité par G. Weill, *Histoire de l'idée laïque...*, p. 160.

49. Pour une étude du « philologique » chez Renan, voir François Laplanche : « Philologie et histoire des religions en France au XIXe siècle » dans *Cent ans de sciences religieuses en France à l'École pratique des Hautes Etudes*, Paris, Cerf, 1987, p. 33-48.

50. RCF, 15 novembre 1899, p. 564. Le commentaire que Poulat fait de

L'année suivante, en novembre 1900, le recteur de Toulouse accumule les mises en garde en soulignant la confusion, voire le désarroi que provoque « l'application par des catholiques des méthodes les plus modernes aux matières mêmes de leur foi ». Un premier courant regroupe des recherches apologétiques. Ainsi, des esprits qui avaient été formés à l'école de Spencer ou de Taine reviennent au catholicisme et cherchent à élaborer une « apologétique expérimentale » : le « romancier psychologue » n'est pas nommé, mais chacun y reconnaîtra Paul Bourget. Autre tentative, digne du plus grand intérêt, mais non satisfaisante au regard de « notre foi historique et métaphysique » : « des esprits, formés à l'école de Kant et des philosophes français qui s'inspirent de Kant, ont abouti à une philosophie de l'action, qui s'applique à trouver une issue à la pensée religieuse hors du subjectivisme, et à dégager de la nature même de l'homme l'exigence du surnaturel chrétien ».

Le second courant est celui de la critique religieuse. Certes, l'orateur admet que l'investigation historique manifeste « combien l'Inspiration et la Tradition sont conditionnées dans leur fixation et leur développement par des circonstances contingentes et des solidarités tout humaines, circonstances et solidarités qui ne sauraient pourtant engager le fond même de la religion ». Mais cette investigation historique ne saurait avoir le même sens pour les théologiens protestants et pour les théologiens catholiques. Les premiers s'en accommodent aisément parce qu'ils mettent l'essence de la religion dans une foi qui, n'étant pas d'ordre intellectuel, est indépendante des faits et ne se reconnaît pas dans les dogmes. L'antinomie de la vie chrétienne et de la théologie scientifique se résout « par une abdication du caractère intellectuel de la foi ». Or, poursuit Batiffol : « C'est l'étonnement de ces derniers mois que pareille abdication ait été proposée par des écrivains ecclésiastiques dans des revues ecclésiastiques, inaugurant parmi nous, une attitude non pas expectative, mais agnostique [51]. »

---

ce texte montre bien tout ce qui est alors impliqué sous ce terme d'individualisme, voir *Histoire, dogme et critique*, p. 369.

51. « La triple fonction de notre enseignement », RCF, novembre 1900, p. 33-35.

## *Loisy et l'apologétique en 1900*

La diatribe de Batiffol vise les articles de Loisy, signés Firmin et parus dans la RCF en 1898-1900. Il importerait de relire sérieusement ces articles, tels qu'ils sont, indépendamment des réinterprétations ultérieures de Loisy. En particulier l'article sur « Les preuves et l'économie de la Révélation [52] ». Lorsque Loisy pose que la vraie religion est « faite pour être connue, expérimentée, vécue », ses références sont moins Sabatier que Newman et même Ollé-Laprune. La certitude de la foi est ainsi « ramenée à son véritable caractère, qui est d'être une certitude de foi et non une certitude scientifique » (p. 142-143).

Quel sera dès lors le rôle de l'apologétique ? Loisy montre le déplacement qui s'est opéré en fonction de l'état d'esprit des contemporains : « L'apologétique des derniers siècles a vu surtout dans la vérité de la religion une thèse à défendre par des raisonnements bien déduits, comme ses adversaires y voyaient une thèse à renverser par le même procédé. Le positivisme contemporain exige qu'on la lui propose comme un fait à constater. Pour admettre le caractère unique et extraordinaire du christianisme catholique, il veut que la divinité du catholicisme lui apparaisse, "non point en vertu d'une idée préconçue, mais vraiment d'une certitude objective et positive ou positiviste" (Brunetière) » (p. 139).

En ce qui concerne le rôle de l'historien par rapport aux miracles et aux prophéties, qui sont justement les faits divins invoqués par ce type d'apologétique, l'article de 1900 est nuancé : « Les miracles évangéliques, par exemple, ne sont pas expliqués par la science comme faits naturels ; ils se présentent néanmoins devant la science même comme des faits réels, et, vu les conditions où ils se sont produits, comme des faits extraordinaires dont il n'y a pas d'autre explication plausible que celle d'une action surnaturelle, d'une action divine » (p. 133). Il reste qu'aucun fait, pris séparément, ne contient « l'évidence absolue de son caractère divin ». Ce qui est extraordinaire, c'est « le développement religieux tout entier, dans son ensemble et dans ses détails, dans la personne de ses agents principaux, dans leurs discours et dans

52. RCF, 15 mars 1900, p. 126-153.

leurs gestes ». En vérité : « Le grand fait divin, est la religion même dans son progrès continu, depuis ses humbles et lointaines origines jusqu'au Sauveur Jésus, et depuis Jésus dans l'Église » (p. 131).

## *Au temps de Pascendi*

En cours de route, Loisy a été conduit à durcir la séparation entre l'histoire et la théologie par le fait même des objections qui lui étaient faites et qui ne lui paraissaient pas se situer sur le véritable terrain dès lors que des considérations théologiques intervenaient pour limiter la recherche historique. Dans une lettre du 8 janvier 1904, il écrit : « Je sais fort bien que mes opinions sont imparfaites, pleines de lacunes et même d'erreurs ; je les corrige moi-même tous les jours. Mais je ne puis les corriger dans l'ordre de l'histoire que par le progrès de mes recherches. La tradition de l'Église me vient en aide pour interpréter religieusement l'histoire ; elle ne peut changer devant mon esprit les conditions réelles des témoignages concernant le passé de la religion et la vie de Jésus[53]. »

L'encyclique de Pie X nous pose la question de savoir s'il est légitime de rapporter à un agnosticisme philosophique la réserve de l'historien à l'égard de l'action divine dans le monde et dans l'histoire. A ce sujet, *Pascendi* se réfère à un texte de Loisy que nous citerons maintenant de façon plus complète :

> « L'histoire ne saisit que des phénomènes, avec leur succession et leur enchaînement ; elle perçoit la manifestation des idées et leur évolution ; elle n'atteint pas le fond des choses. S'il s'agit des faits religieux, elle les voit dans la limitation de leur forme sensible, non dans leur cause profonde. Elle est, à l'égard de ces faits, dans une situation analogue à celle du savant devant les réalités de la nature, petites et grandes. Ce que le savant perçoit est un infini d'apparences, une manifestation de forces ; mais la grande force cachée derrière tous les phénomènes ne se laisse pas toucher directement par l'expérience. Dieu ne se montre pas au bout du téle-

53. *Quelques lettres sur des questions actuelles et sur des événements récents*, Paris, chez l'auteur, 1908, p. 22.

scope de l'astronome. Le géologue ne l'exhumera pas en fouillant l'écorce de la terre. le chimiste ne pourra pas l'extraire du fond de son creuset. Bien que Dieu soit partout dans le monde, on peut bien dire qu'il n'est nulle part l'objet propre et direct de la science. Il est aussi partout dans l'histoire de l'humanité, mais il n'est pas plus un personnage de l'histoire qu'il n'est un élément du monde physique [54]. »

L'argumentation repose sur un parallélisme et sur une disjonction. Cette dernière sépare deux approches de la réalité, celle de l'historien et celle du théologien. Il est normal que ce dernier considère Dieu comme un personnage de l'histoire, mais il s'agit alors de l'histoire sainte ou de l'histoire du salut. Or, une telle perspective ne saurait être celle de l'histoire, prise, ainsi que le précise Loisy, comme « discipline particulière ». En tant que science, l'histoire ne saurait être autre chose qu'une « expérience faite sur les réalités observables ». En ce point, l'argumentation met en œuvre le parallélisme entre les sciences de la nature et les sciences de l'esprit. Or, ce parallélisme fait quand même problème. La situation épistémologique de l'historien est-elle identique à celle du physicien ? D'autre part, Loisy ne se satisfait-il pas trop vite d'une séparation des méthodes et des objets, sans s'interroger sur les points de rencontre ou de divergence entre les deux perspectives ?

## *L'exigence épistémologique*

Si l'on veut distinguer, comme le demandait Loisy, la perspective de l'historien et celle du théologien, il faut bien justifier cette distinction au plan d'une épistémologie et l'on rejoint ainsi une exigence tout-à-fait fondamentale du kantisme, même si, à la différence de ce que fera plus tard un Dilthey, Kant n'a pas lui-même appliqué sa réflexion transcendantale aux sciences de l'esprit. Or, les enjeux étaient, de part et d'autre, trop importants et trop mal élucidés. D'un côté, la théologie catholique demandait à l'histoire d'assurer les bases d'un certain type d'apologétique sans s'interroger sur la

54. *Autour d'un petit livre*, p. 10. La citation est reprise dans *Simples réflexions...*, p. 136.

compatibilité de cette exigence avec la pratique historienne. De l'autre côté, la neutralité métaphysique de l'historien était bien moins complète qu'elle ne prétendait l'être, car, dans un contexte polémique, la revendication de cette neutralité cachait des présupposés mal explicités. Mais les objections adressées à l'historien n'étaient pas toujours beaucoup plus claires.

Les préjugés se retrouvent chez les meilleurs esprits. Dans ses conférences de Toulouse sur *La méthode historique*, le père Lagrange attribue lui-même à une influence kantienne les dérives d'une certaine exégèse catholique :

> « Si on rejette le dogme de la divinité de Jésus-Christ — quelquefois sans le dire trop haut —, ce n'est pas qu'il soit absent de l'Écriture et étranger à la foi des premiers chrétiens. Si on n'aime pas à parler de la vie future, de l'immortalité de l'âme et de la résurrection de la chair, des peines éternelles, de la gloire du royaume de Dieu, ce n'est point que Jésus-Christ se soit tu sur ces choses. C'est parce qu'on a rejeté toute certitude [...]. Nous sommes donc purement et simplement en présence d'une tentative de la philosophie subjectiviste pour introduire le relatif dans l'exégèse après en avoir imprégné toute la théologie protestante [...]. Nous ne voulons pas qu'on mêle notre cause à celle du kantisme. Tout cela n'a rien à faire avec la méthode historique [55]. »

Plus tard, dans *Loisy et le modernisme* [56] le père Lagrange prend acte des *Mémoires* de Loisy pour réitérer l'argument polémique : là où Loisy prétend se comporter en pur historien, il faut entendre que les textes lui servent « pour appliquer son dogme fondamental qui, lui, était d'origine philosophique, celui de l'évolution et du relativisme de toutes choses » (p. 168). Il serait contraire à toute l'intention de notre enquête de refuser l'examen de ce que Blondel appelle « les lacunes philosophiques de l'exégèse moderne ». Mais les oppositions et les malentendus de la crise moderniste montrent que l'on se trouvait alors dans une quasi-impossibilité de pousser à fond l'éclaircissement épistémologique qui eût été nécessaire.

En tout cas, un tel examen suppose justement que l'on ne

55. Nous citons la réédition dans la collection « Foi vivante » Paris, Cerf, 1966, p. 45-46.
56. Paris, Cerf, 1932.

ratifie pas d'emblée la jonction que l'encyclique *Pascendi* opère entre l'agnosticisme métaphysique et ce que l'on peut appeler tout simplement « l'athéisme méthodologique de la science ». Cette expression signifie que ni la réalité de Dieu, ni son intervention dans l'histoire des hommes, ne sont des faits historiques. Mais il y a des hommes qui croient en Dieu et en son intervention dans l'histoire humaine. Cette foi rentre dans l'objet de la science historique et il faut s'interroger sur les conditions qui permettent à l'historien de la saisir et de l'interpréter, sans méconnaître sa spécificité.

C'est sur ce point capital que Blondel et Laberthonnière fournissent des suggestions importantes. Nous retrouverons, au sujet du Christ, l'article de Blondel sur « Histoire et dogme » qui montre en particulier comment seule une philosophie de l'action permet de penser l'histoire comme histoire humaine. Mais nous pouvons dès maintenant évoquer la critique que Laberthonnière fait d'une histoire prétendant à « une sorte de neutralité ou d'indifférence transcendante ». Pour l'oratorien, l'histoire religieuse est l'histoire d'hommes qui ont cherché Dieu et elle a du sens pour nous en tant qu'elle concerne d'une manière ou d'une autre le problème fondamental de notre propre existence : « Le passé [...] se présente à nous comme une série d'efforts sans cesse renouvelés pour trouver théoriquement et pratiquement la solution du problème que la vie pose en nous. Mais si, sous prétexte d'impartialité, en étudiant le passé, on ne cherche pas soi-même cette solution, et si, rien qu'en la cherchant, on ne l'ébauche pas au moins par une croyance naissante — car chercher c'est croire au moins qu'on peut trouver, et c'est déjà s'orienter —, on reste comme un étranger en face de ce qui s'est fait et de ce qui s'est dit[57]. »

Si Laberthonnière critique le positivisme de l'historien, il ne critique pas moins le positivisme des théologiens qui estiment que l'on peut constater l'authenticité de la parole de Dieu comme on constate l'authenticité des discours de Démosthène ou de Cicéron : « Si l'histoire nous apporte des paroles de Dieu, c'est toujours sous forme de paroles humaines. Nous n'atteignons le divin qu'à travers l'humain.

---

57. *Le réalisme chrétien et l'idéalisme grec*, Paris, Lethielleux, 1904, p. 141.

Nous ne le *constatons* pas empiriquement ; nous ne pouvons que le *reconnaître* dans ce que nous constatons. Il n'y a à le voir ou à l'entendre que ceux qui savent le voir ou l'entendre [58]. »

## *Le surnaturel et la question du miracle*

La question du surnaturel inclut celle du miracle, mais elle ne s'y réduit pas. Dans le *Vocabulaire* de Lalande l'intervention de Blondel demande que l'on donne au mot « surnaturel » son sens plein : « Ce qui, procédant d'une condescendance gratuite de Dieu, élève la créature intelligente à un état qui ne saurait être *l'état de nature* d'aucun être créé, à un état qui ne saurait être ni réalisé, ni mérité, ni même conçu expressément par aucune force *naturelle*, car il s'agit de la communication de l'intime vie divine. » Pris en ce sens, le surnaturel pose des problèmes philosophiques et théologiques qui dépassent notre propos actuel.

En un sens plus large, est « surnaturel » ce qui dépasse l'ordre habituel des choses. C'est en ce sens que l'on prend en général le mot lorsqu'on dit que le miracle pose le problème du surnaturel. Au point de vue des rapports entre la théologie et la science des religions, la question du miracle est en tout cas cruciale. De quelque manière qu'on le définisse, le miracle se situe à la jointure de l'enquête historique et de la vue de foi. Même si l'on admet que le miracle n'est en définitive reconnu que par le croyant, il n'empêche que celui-ci est sollicité par des phénomènes insolites qui sont par principe accessibles à l'historien. Ou encore, lorsque l'apologétique s'appuie sur des signes, tels que le miracle, ces signes ne peuvent être probants que dans la mesure où ce sont des faits avérés, ce qui les soumet comme tels à l'approbation de l'historien, lequel ne devrait pas pouvoir se dire incompétent à leur égard, même si l'on admet que leur signification religieuse ultime lui échappe par principe.

Entre 1896 et 1911, la question du miracle a provoqué des discussions dont nous devrions rendre compte s'il n'était pos-

---

58. *Dogme et théologie*, Paris-Gembloux, Duculot, 1977, p. 101, souligné par l'auteur.

sible de renvoyer à l'étude sectorielle fort bien documentée que nous offre François Rodé dans son livre sur *Le miracle dans la controverse moderniste*[59]. L'auteur récapitule ainsi le parcours de la controverse : « Provoquée par Blondel, elle entre d'emblée dans une phase passionnée, par l'intervention de deux redoutables polémistes : le père Schwalm et Laberthonnière, puis s'enlise dans un débat d'un intérêt plus restreint avec Mano, Péchegut et l'abbé Gayraud. L'article de Loisy et les réactions qu'il suscite, élèvent son niveau théologique. Plus tard, Le Roy la transporte au plan de la recherche philosophique, et elle s'achève par une discussion académique entre professeurs d'université à la Société française de Philosophie[60]. »

Discussion académique, certes, si l'on prend égard à la courtoisie des interlocuteurs et à la qualité des débats. Mais ceux-ci n'en vont pas moins au fond de la question. En particulier la remarquable intervention du père Laberthonnière montre dans le miracle le signe grâce auquel Dieu nous arrache à notre illusion de maîtrise totale sur la nature, en même temps qu'il nous laisse entrevoir la réalité effective de l'amour en lequel se fonde notre espérance.

## *Conclusion et transition*

L'imputation d'agnosticisme qui fonctionne à l'époque pour disqualifier la critique historique est évidemment inadéquate. Mais dire cela, ce n'est pas résoudre de façon définitive, le problème philosophique des présupposés de l'exégèse moderne. Dans la mesure où elle entre dans le cadre des sciences religieuses, celle-ci pratique la mise entre parenthèses de la réalité divine et de ses manifestations dans l'histoire. Or, il est en tout cas certain que, ce faisant, la critique historique bouleversait des idées traditionnelles concernant la

---

59. Paris, Beauchesne, 1965.

60. *Op. cit.*, p. 269. Précisons que le point de départ blondélien est la *Lettre sur l'apologétique* de 1896, que l'article de Loisy est celui que nous avons cité plus haut sur « Les preuves et l'économie de la révélation », que la séance de la Société française de Philosophie consacrée au miracle, à partir d'un texte d'Édouard Le Roy, s'est tenue le 28 décembre 1911.

religion, la révélation, la lecture et l'interprétation de la Bible, bref, toute une économie de la pensée catholique. Les travaux qui opèrent ce bouleversement suscitent la gêne, la méfiance, voire l'indignation et le rejet. Dès lors, les praticiens de la critique biblique doivent s'expliquer, montrer que celle-ci oblige à réviser des habitudes de pensée qui se sont greffées sur la grande tradition ecclésiale et qui semblent faire corps avec elle. Depuis le début du siècle, l'exégèse scientifique de la Bible a conquis son droit à exister dans l'Église catholique. Mais le temps du modernisme nous oblige à déceler des connexions plus subtiles entre l'agnosticisme et une certaine conception du langage religieux. En effet, il ne suffit pas d'admettre l'athéisme méthodologique de l'histoire pour résoudre le problème des rapports entre les sciences religieuses et la théologie. Reste à envisager la question des rapports entre l'expérience religieuse et le dogme.

En 1911, le père Janvier traite, dans ses conférences de Carême, de *La foi : son objet et ses actes*. Posant au départ la question de la réalité de l'objet de la foi, le conférencier dénonce une erreur courante : « Parmi les philosophes contemporains, plusieurs concèdent que la foi trouve son objet dans le réel. Mais pour eux, ce réel est le fond invisible des choses : ce qui se cache derrière les apparences, ce qui s'étend au-delà des phénomènes, ce qui appuie le relatif et que le relatif postule impérieusement. C'est l'inconnaissable dont on peut tout dire et dont il vaut mieux ne rien dire. » Conséquence de cette erreur : « Elle relègue la foi dans un royaume que chacun sent à sa manière, expérimente suivant le caractère de ses aspirations. Toutes les croyances y trouvent leur pâture, toutes les religions si diverses d'origine, d'idées, de formes, de culte, s'y rejoignent pour communier à quelque chose de profondément vague, de confusément vivant où nous ne pouvons rien discerner de net, rien affirmer de certain [61]. »

Autrement dit, l'agnosticisme entraîne une prévalence du sentiment religieux sur le dogme et, corrélativement, l'absence des distinctions légitimes entre les religions. Dans le langage de l'époque, nous passons du problème de l'agnosticisme au problème de l'immanence.

61. Paris, Lethielleux, 1911, p. 5-6.

# 9

# Approches de l'expérience religieuse
# Philosophie, théologie, sciences de la religion

## LA QUERELLE DE L'IMMANENCE

### *Agnosticisme et immanence selon Pascendi*

Comme nous l'avons vu dans le chapitre qui lui a été consacré, l'encyclique *Pascendi* établit un lien entre l'agnosticisme d'une part et d'autre part une philosophie de l'expérience religieuse considérée comme immanentiste. Georges Michelet fait écho à cette thèse en disant des modernistes : « Voilà donc le processus de leur système : affirmation de l'agnosticisme ; puis, comme expédient, recours à l'immanence. La doctrine de l'immanence est donc conditionnée par une théorie générale de la connaissance dont les éléments sont empruntés à Kant, à Comte et à Spencer ; et leur philosophie religieuse représente une tentative désespérée pour retrouver par l'expérience religieuse le réel inconnaissable par la raison[1]. »

La thèse de *Pascendi*, ainsi reprise, pose de multiples problèmes. Comment, en quel sens, l'appel à l'immanence reli-

1. *Dieu et l'agnosticisme contemporain*, p. 191.

gieuse peut-il être considéré comme le moyen, d'ailleurs désespéré, dont le moderniste se servirait pour tenter de sauver sa foi sans renoncer à l'agnosticisme qu'il professe ? Y-a-t-il des appuis textuels permettant de repérer ce passage de l'agnosticisme à une doctrine de l'immanence chez tel ou tel « moderniste » ? Enfin, quelle est la cohérence interne du lien ainsi établi ? Y a-t-il entre agnosticisme et immanentisme une consécution logique ?

Il est d'abord certain que le mot « immanence » a joué un trop grand rôle dans la controverse pour que nous l'évitions. Mais nous ne pouvons évoquer ce qu'il est permis d'appeler la querelle de l'immanence sans entrer dans l'une des zones intellectuellement les plus ténébreuses de la crise moderniste, et sans devoir affronter des problèmes qui, même avec le recul du temps, restent très difficiles à débrouiller. Il était légitime de se demander si la philosophie et l'apologétique de Blondel respectent le surnaturel chrétien, et l'examen de cette question pouvait faire avancer la réflexion théologique. En revanche, l'historien ne peut se laisser imposer par l'encyclique *Pascendi* les confusions que celle-ci opère grâce au mot « immanence » entre des problématiques qu'il importe de bien distinguer si l'on veut apporter quelque clarté rétrospective aux débats de l'époque. L'analyse réflexive de Blondel n'a aucun rapport avec la thèse « moderniste » suivant laquelle la religion découlerait du sentiment religieux jaillissant par immanence vitale de la subconscience.

Nous commencerons à prendre la mesure des malentendus en consultant le *Vocabulaire technique et critique de la philosophie* publié sous la direction d'André Lalande. Les entrées « Immanence » et « Immanent » comportent des annotations précieuses de Blondel et de Laberthonnière. Mais lorsqu'on arrive au mot « Immanentisme », les difficultés s'aggravent. C'est, dit-on, « un néologisme qui joue un grand rôle dans les discussions contemporaines de philosophie religieuse. Les "modernistes" et leurs adversaires s'accordent à désigner ainsi la doctrine que les premiers défendent et que les seconds condamnent ». L'article continue en exposant le point de vue de l'encyclique *Pascendi*, puis celui du *Programme des modernistes*, pour en définitive conclure : « Un terme si vague paraît bien peu recommandable. Il est d'ailleurs expressément repoussé par les partisans de la "méthode d'immanence[2]." »

Ce désaveu philosophique est tout-à-fait significatif, mais l'historien de la crise moderniste ne peut en rester là. Car le vocable nourrit les controverses. En 1912, l'abbé G. Lenert, curé de Saint Nicolas du Chardonnet à Paris, publie Trente-deux instructions, sous le titre ponctué d'un point d'exclamation : *Moderniste sans le savoir !* C'est une glose de *Pascendi*, mais elle est assortie d'une rhétorique destinée à faire ressortir l'horreur des propos modernistes.

> « La religion selon les modernistes, découle du sentiment religieux jaillissant par immanence vitale des profondeurs de la subconscience. Or, ce sentiment informe à l'origine est allé progressant et donna naissance aux diverses religions, y compris, disent-ils, la religion catholique, dont le berceau fut la conscience de Jésus-Christ, homme de nature exquise, comme il n'en fut ni n'en sera jamais. On croirait entendre parler Renan ou Strauss ! Ce qui est particulièrement effrayant, c'est que des catholiques, des prêtres même parlaient ainsi, proférant avec une aisance véritablement stupéfiante ce monstrueux blasphème, prétendant expliquer par leur principe naturel de l'immanence vitale l'origine de la religion du Christ, et cela, avec la folle prétention de rénover l'Église[3]. »

Le ton est caractéristique des polémiques de l'époque. Les passions qui s'y manifestent rendent difficile l'identification des vrais problèmes. Entre 1893 et 1905, c'est-à-dire avant l'intervention d'Édouard Le Roy, le débat s'est concentré sur les implications apologétiques et théologiques de la philosophie de Blondel. Or, dès le départ, les discussions ont été handicapées par des blocages terminologiques. Il est vrai que Blondel présente l'immanence comme une exigence fondamentale de la pensée moderne. Mais, outre qu'il distingue avec soin la doctrine et la méthode d'immanence, sa philosophie est on ne peut plus éloignée de celle qu'évoque l'encyclique *Pascendi* lorsqu'elle parle de la réduction moderniste de la religion à l'immanence religieuse et en fin de compte à

2. Nous citons la 8e éd. Paris, PUF, 1960.

3. *Moderniste sans le savoir !*, Paris, A. Tralin éditeur, 1912, p. 25-26. Sous le titre : *Condamnées parce que condamnables*, le même auteur publie quarante-quatre instructions sur le *Syllabus* de Pie IX.

l'immanence vitale. Si nous voulons commencer à clarifier, autant que possible, le débat, il nous faut reprendre le point de départ blondélien de la querelle de l'immanence.

## *Problématique blondélienne*

Blondel a fortement insisté sur la distinction entre la doctrine de l'immanence et la méthode d'immanence. Comme l'écrit l'abbé Wehrlé : « Une méthode d'immanence ne pourra être agréée que dans la mesure même où elle sera exclusive d'une doctrine du même nom [4]. » Mais il ne suffit pas de faire cette distinction pour clarifier les problèmes. En effet, *Pascendi* n'ignore pas la distinction, et elle ne traite pas de la même manière la doctrine, qu'elle réprouve, et la méthode, qu'elle accepte à certaines conditions. Seulement, la distinction de l'encyclique ne coïncide pas avec celle de Blondel. Dès lors il faut reprendre entièrement la question de fond qui est de savoir si la méthode d'immanence préconisée et pratiquée par Blondel s'accorde ou non avec la théologie catholique du surnaturel.

C'est bien cette question qui sera posée à Blondel et à ses amis les plus proches par les condamnations romaines. Leurs réactions au Décret *Lamentabili* (8 juillet 1907) et à l'Encyclique *Pascendi* (8 septembre 1907) sont fort caractéristiques. Au premier moment, c'est la stupeur. Laberthonnière écrit à Blondel le 17 septembre : « Je viens de lire d'un trait. Je reste stupide. » Le même jour, Blondel écrit à Wehrlé : « Je succombe sous l'encyclique [5]. »

Lorsqu'elles dépassent l'affectivité globale, les réactions de Blondel et de ses amis se concentrent sur la question de l'immanence. Dès le 22 septembre, Blondel exprime à Wehrlé le sentiment qu'il a de voir clair. Deux points sont condamnés par l'encyclique : 1°) « l'erreur fondamentale de *l'émergence*, la thèse de *l'efférence* du surnaturel surgissant de l'homme ou à travers l'homme, d'en bas exclusivement » ; 2°) « la thèse

4. *La méthode d'immanence*, Paris, Bloud & Cie, 1911, p. 8.

5. Voir Blondel-Wehrlé, *Correspondance*, tome II, p. 377. Voir aussi le dossier établi par Henri de Lubac dans Blondel-Valensin, tome I, p. 359-361.

d'après laquelle le surnaturel « paraîtrait » venir de notre connaissance par une méthode d'immanence qui prétendrait se suffire ». Or, Blondel est très conscient de n'avoir « jamais dit ni pensé rien de semblable », mais en même temps, il se rend compte que « si ce que j'ai effectivement affirmé n'a pas été compris et admis, il y a de cette méconnaissance, des causes profondes ». Au premier rang desquelles « l'idéologie scolastique[6] ». Il nous faut donc étudier la formation et le sens de la distinction blondélienne. Ce qui nous obligera d'ailleurs à considérer les circonstances qui ont obligé Blondel, sinon à sortir du strict terrain philosophique pour entrer sur le terrain de l'apologétique, du moins à accepter de prendre en charge les implications apologétiques de sa philosophie.

## *Blondel provoqué par Brunschvicg*

Du simple point de vue chronologique, une chose est en tout cas certaine. Ce n'est pas dans sa thèse, mais très tôt après la publication de celle-ci en 1893, que Maurice Blondel a été conduit à parler de l'immanence dans un contexte philosophique où la question de l'agnosticisme n'était pas directement présente. On consultera sur ce point le livre de René Virgoulay : *Blondel et le modernisme*[7]. Il montre bien comment tout commence avec le compte-rendu de la thèse publié par la RMM en novembre 1893, compte-rendu non-signé, mais dont on sait qu'il est l'œuvre de Léon Brunschvicg. On y lit cette phrase dont Blondel a plus tard repris à son compte la déclaration initiale :

> « Le rationalisme moderne a été conduit par l'analyse de la pensée à faire de la notion d'immanence la base et la condition même de toute doctrine philosophique. S'attacher tout au contraire à l'action pour faire voir en tout acte une inévitable transcendance… voilà le but que s'est fixé M. Blondel… Il trouvera parmi les défenseurs des droits de la raison, des adversaires courtois mais résolus[8]. »

6. *Op. cit.*, p. 381.
7. Paris, Éditions du Cerf, 1980.
8. Virgoulay, *op. cit.*, p. 23-24.

Quel est, pour Brunschvicg lui-même le sens de ce principe d'immanence, qu'il rapporte en tout cas au rationalisme ? En janvier 1893, il avait publié dans la même revue un article « Sur la philosophie d'Ernest Renan[9]. » Or, cet article s'efforce surtout de comprendre la déception provoquée par une œuvre qui a cru pouvoir concilier les inconciliables et dont l'ambition critique reste en définitive prékantienne : « Celui qui a été regardé parfois en France comme le chef de l'école critique s'arrête là précisément où commence la *Critique de la raison pure*. Il a pu s'inspirer de certaines idées de Hegel ; au fond, il est antérieur à Kant » (p. 194). La thèse sur *La modalité du jugement*[10], que Brunschvicg soutiendra en 1897, suit une voie déjà ouverte dans l'article de 1893 : « Vérité signifie intelligibilité et non réalité. Le véritable progrès de la pensée, c'est donc une analyse de plus en plus profonde qui dégage, par la réflexion sur les lois de notre activité intellectuelle, la condition de cette intelligibilité, et juge le réel à la mesure de cette intelligibilité. » (*art. cit.*, p. 196).

On trouvera chez René Virgoulay une étude détaillée de la réponse de Blondel au compte-rendu de Brunschvicg dans une lettre à la RMM, publiée par celle-ci en janvier 1894[11]. Certes, avant et surtout après la *Lettre* de 1896, Blondel devra s'engager dans des discussions indéfinies avec les théologiens. Nous en suivrons au moins les grandes lignes, mais, auparavant, il importe de s'attarder quelque peu à la discussion proprement philosophique de l'année 1894. En effet, bien plus que la controverse sur l'apologétique, c'est cette discussion philosophique, centrée sur Spinoza, qui permet de cerner la véritable problématique bondélienne de l'immanence. On retrouve d'ailleurs Brunschvicg qui avait signé en septembre 1893 dans la RMM un article sur « La logique de Spinoza » et qui publie en mai 1894 un premier livre sur *Spi-*

9. Article repris dans *Écrits philosophiques*, tome second, Paris, PUF, 1954.

10. Paris, Alcan, 1897, p. 196. Henry Dumery montre que, si le mot n'est pas alors prononcé, les premières pages de la thèse de 1897 illustrent bien le principe d'immanence tel que l'entend Brunschvicg, voir *Raison et religion dans la philosophie de l'action*, Paris, Seuil, 1963, p. 302.

11. Virgoulay, p. 27-35. Voir aussi dans les *Lettres philosophiques* la lettre personnelle à Xavier Léon accompagnant l'envoi de la réponse de Blondel (p. 38-39).

*noza*[12]. Notons aussi que le congrès de Philosophie tenu à Paris en 1900 donnera à Blondel et à Brunschvicg l'occasion de confronter leurs vues sur l'idéalisme contemporain. Ils s'accorderont sur un point de départ : l'esprit est une activité vivante et il n'est pas tout entier lumineux pour lui-même, et sur un but commun : il faut répandre autant que possible sur le développement de l'esprit la clarté de la réflexion[13].

## *Sur le Spinoza de Victor Delbos*

Mais, par rapport à Blondel, l'ouvrage le plus important est celui qui parait en même temps que sa propre thèse, en novembre 1893, le livre de Victor Delbos sur *Le problème moral dans la philosophie de Spinoza et dans l'histoire du spinozisme*[14]. Blondel et Delbos avaient été condisciples à l'École normale supérieure et leur amitié sera sans failles jusqu'à la mort prématurée de Delbos en 1915. Blondel avait suivi la rédaction du mémoire de son ami et il l'avait encouragé notamment à dégager toutes les implications métaphysiques de la morale de Spinoza. Quelques mois après la parution du livre de Delbos, en juin et juillet 1894, sous la signature de Bernard Aimant, Maurice Blondel publiait, dans les APC, deux articles importants : « Une des sources de la pensée moderne, L'Évolution du spinozisme[15]. » On ne trouve évidemment pas dans ces articles un simple compte-rendu, mais une étude qui reprend et prolonge le mouvement de pensée de Delbos.

Pour Blondel, l'enjeu de cette étude est double. Le premier objectif est de repérer un principe permettant de comprendre l'unité profonde de la « pensée moderne », unité qui n'est d'ailleurs pas statique, mais qui se fait à travers un développement. A cet égard, Delbos lui propose le concept de « spinozisme ». Ce dernier est bien évidemment déterminé par la

---

12. Alcan. Édition ultérieure complétée sous le titre *Spinoza et ses contemporains*, Paris, Alcan, 1923.

13. Voir le compte-rendu du congrès dans la RMM, septembre 1900, p. 570-575.

14. Paris, Alcan, 1893.

15. Repris dans *Dialogues avec les philosophes*, Paris, Aubier, 1966, p. 11-40. Nos citations se rapportent à cette édition.

doctrine de Spinoza, mais il ne s'y réduit pas. Le spinozisme se transforme et il se renouvelle grâce aux contradictions qu'il rencontre et qu'il assume. Comme l'écrit Blondel à la suite de Delbos : « C'est après avoir rencontré dans l'idéalisme transcendantal une apparente contradiction que cette pensée, par un puissant effort auquel Fichte, Schelling et Hegel ont attaché leur nom, a tenté la reconstruction d'un Spinozisme nouveau » (p. 21).

Mais là n'est pas pour Blondel le seul enjeu de la relecture qu'il opère, à travers Delbos, de l'histoire de la pensée moderne. Son objectif est aussi de trouver dans le mouvement même de cette pensée le principe d'une critique immanente, de façon à préparer « un renouvellement du problème philosophique entier » (p. 13). Selon Blondel, la dialectique qui a déjà produit une transformation interne du spinozisme devrait conduire à des révisions beaucoup plus radicales, portant sur le projet philosophique lui-même. En ce sens, on peut dire que sa réflexion sur le *Spinoza* de Delbos lui permet de situer la philosophie de l'action dans le mouvement d'ensemble de la philosophie moderne. Ce qui veut dire à la fois que Blondel prétend bien insérer sa pensée dans l'actualité la plus vive de ce mouvement et y revendiquer son originalité.

## *Critique blondélienne de la doctrine d'immanence*

Or, le mouvement philosophique dans lequel Blondel inscrit sa pensée propre, c'est un mouvement de réforme radicale de la philosophie, acceptant, certes, le principe d'une méthode d'immanence, mais condamnant radicalement la doctrine d'immanence. Pour comprendre un nœud qui est tout-à-fait capital pour Blondel, il faut joindre l'article sur Spinoza et la seconde partie de la *Lettre* de 1896 dont nous rappelons le titre complet car on ne retient souvent que la première partie : *Lettre sur les exigences de la pensée contemporaine en matière d'apologétique et sur la méthode de la philosophie dans l'étude du problème religieux*[16].

Toute la seconde partie de la *Lettre* propose une réforme de

16. APC, janvier à juillet 1896. Nous citons la réédition des PUF, *Les premiers écrits de Maurice Blondel*, Paris, 1956.

la philosophie justement destinée à combattre la doctrine d'immanence. Sous ce terme, Blondel désigne la prétention de la philosophie à résoudre par les seules forces de la raison le problème total de l'homme ou le problème de son salut. Selon Blondel, cette tendance à une stricte autonomisation rationnelle trouve son expression la plus rigoureuse dans le spinozisme, mais elle se manifeste déjà dans l'antiquité grecque et notamment chez Aristote. Que vise exactement la critique de la philosophie grecque contenue dans la *Lettre* de 1896 ? Lisons : « Par sa méthode, par toute son aspiration, cette philosophie antérieure tendait à envelopper l'ordre entier de la pensée et de la réalité, pour se prononcer absolument sur la vérité des objets de toute nature, pour préposer ou substituer la théorie à la pratique, et pour trouver en soi, avec le premier et le dernier mot des choses, une sorte de suffisance divine » (p. 55).

C'est donc chez Aristote que l'on voit se former la conjonction entre d'une part la prétention à une autonomie radicale de l'homme et d'autre part un certain intellectualisme faisant de la philosophie elle-même le salut. Ainsi :

> « Sans doute Aristote parle d'une vie plus qu'humaine à laquelle il nous est donné parfois d'atteindre, en faisant les dieux [...]. Seulement c'est l'acte de la contemplation intellectuelle qui constitue cette vie divine en l'homme, un acte qui a son origine et son terme en nous ; et c'est la métaphysique qui est la pleine science de l'être, qui enferme l'être, qui procure l'être et, si l'on peut dire, le salut même. En sorte que, loin de voir ici comme une pierre d'attente pour le surnaturel, il faut reconnaître que, d'avance, c'en est l'exclusion explicite, et qu'il y a, dans cette hautaine et sublime doctrine, comme la candidature permanente de la philosophie au rang suprême, quelque haut qu'on le mette » (p. 56-57).

La *Lettre* de 1896 confirme à cet égard les intuitions développées dans les articles sur le *Spinoza* de Delbos. En relisant, à travers Delbos, l'histoire de la pensée moderne, Blondel s'est confirmé dans une thèse qui est pour lui capitale. Il y a toujours une jonction entre d'une part le primat du spéculatif, d'autre part la volonté d'autonomisation de l'homme. Aucune philosophie indépendante de la religion ne peut à bon droit se donner pour la solution suffisante du problème de l'homme. Mais si l'on peut se faire à cet égard une certaine illusion, c'est dans la mesure où l'on commence par s'établir sur le terrain spéculatif en le détachant de la pratique, et en cherchant la solution ultime dans la spéculation.

Le nœud capital de la pensée blondélienne est ici manifeste. La proposition d'un idéal purement spéculatif va de pair avec l'affirmation d'auto-suffisance de l'homme. L'une et l'autre relèvent de la même idolâtrie métaphysique, à laquelle l'homme ne peut échapper que s'il renonce à se définir comme pure pensée. Ainsi se comprend, et se justifie, pour Blondel, le déplacement stratégique qu'il avait opéré de façon tout-à-fait consciente en intégrant la pensée à l'action. Seul le cadre d'une philosophie de l'action permet de poser correctement le problème religieux sans se fermer d'emblée à la sollicitation de la grâce.

## *La controverse apologétique*

Combattre la doctrine par la méthode : il n'est pas faux de résumer ainsi le programme blondélien concernant l'immanence. Mais, encore faut-il préciser que la méthode d'immanence peut se prendre chez Blondel selon deux significations qui sont l'une et l'autre légitimes, mais dont la différence de niveau doit être respectée. Pour atteindre la véritable distinction blondélienne de la doctrine et de la méthode, il faut dépasser le niveau rhétorique et situer la méthode à son niveau le plus radical, là où il est vraiment question de cette « volonté voulante » qui anime et juge tout le dynamisme de l'action humaine.

Or, Blondel sera très vite engagé dans une controverse théologique qui le conduira à insister sur un aspect de sa problématique de l'immanence qui est réel, qu'on ne peut négliger, mais qui n'est pas non plus l'aspect le plus profond. A ce niveau, que nous disons rhétorique, il s'agit de l'idée suivant laquelle pour convaincre les philosophes de s'intéresser au problème religieux, et de le poser correctement, il faut partir de l'entendement commun de l'époque et tenter de le faire évoluer. Or, en un premier sens, qui est réel, mais non exhaustif, la méthode d'immanence consiste bien à partir de la vie concrète, telle que l'appréhendent les contemporains, pour les convaincre que la question religieuse les concerne de telle façon qu'ils se diminueraient en refusant de la poser.

Lorsque Blondel prend position sur le terrain de l'apologétique avec la *Lettre* de 1896, son initiative s'inscrit dans un mouvement déjà commencé, qui semble aller dans son sens, mais dont il se démarquera pourtant. En remontant plus en arrière, on citera par exemple Mgr Bougaud. En 1874, dans la Préface de la 1ère édition de son ouvrage : *Le christianisme et les temps présents*, celui-ci dénonce les insuffisances de la méthode externe et il propose de lui adjoindre une « méthode intime [17] ». Cette proposition s'appuie sur l'œuvre apologétique de Mgr Dechamps, évêque de Malines, qui avait publié en 1857 : *Le libre examen de la vérité de la foi. Entretiens sur la Démonstration Catholique de la Révélation chrétienne* [18].

En 1895, George Fonsegrive fait au Séminaire d'Issy une conférence sur « Les conditions de l'apologétique moderne [19] ». Il y parle de Blondel et la question est dès lors posée de la portée apologétique de *L'Action* de 1893. C'est ainsi que l'abbé Charles Denis publie dans les APC son article sur les « Nouvelles tendances de l'apologétique philosophique : MM. Ollé-Laprune, Fonsegrive, Blondel [20]. » Blondel sera provoqué à intervenir par ce qu'il considère comme une approbation malencontreuse. Mais la Lettre de 1896 n'en finira pas de provoquer des controverses dont on trouvera le dossier, fort bien constitué et commenté, dans le livre de René Virgoulay (p. 65-92). Les principaux protagonistes sont, du côté des partisans de l'apologétique traditionnelle, les pères Schwalm, Gardeil, Garrigou-Lagrange, l'abbé Gayraud, et, pour finir, le père de Tonquédec ; du côté des « concours éclairés », Laberthonnière, Werhlé, Auguste Valensin. Mais Virgoulay souligne « l'enchevêtrement des polémiques », « la violence du ton et la ténacité des adversaires bloqués inconditionnellement sur leurs positions », enfin « la faible qualité des discussions » (p. 79).

---

17. Nous citons la 9e éd. Paris, Poussièlgue, 1905, p. 31-50.

18. Paris, M. Louis Vivès, 1857. C'est seulement en 1905 que Blondel découvrira l'œuvre de Dechamps. Voir Blondel/Valensin : *Correspondance*, tome 1, p. 235-236.

19. Reprise dans *Le Catholicisme et la vie de l'esprit*, Paris, 1899.

20. APC, septembre 1895, p. 653-656.

Sans donc revenir sur ces débats, nous retiendrons un texte de l'abbé Gayraud récapitulant les principales objections faites à Blondel : « Ce que les adversaires de l'apologétique nouvelle combattent, c'est la critique de la méthode apologétique de la Constitution *De Fide*, critique faite, non pas relativement à l'état de la pensée contemporaine, mais *objectivement et en soi* ; c'est la prétention de se passer de la démonstration du *fait historique* ; c'est la négation de la discernabilité et de la force probante intrinsèque du miracle ; c'est enfin l'argumentation qui veut faire du surnaturel un *postulat nécessaire* de la vie[21]. »

Un autre écho, venant de l'épiscopat, nous sera fourni par un discours prononcé par Mgr Laborde, évêque de Blois, lors de l'Assemblée des Évêques fondateurs de l'Institut catholique de Paris du 27 novembre 1901, à propos de l'apologétique de l'immanence : « Parmi les professeurs spiritualistes de l'Université de notre France, dignes de notre respect à tant de titres, les partisans de ce système sont légion. En dehors du clergé, nos philosophes chrétiens partent trop souvent de ce faux principe, dans leurs essais d'apologie du christianisme. De très bonne foi sans doute, ces chrétiens convaincus, mais privés de bases théologiques sérieuses, et faute de consulter des ecclésiastiques compétents, apportent à la défense de la foi une collaboration défectueuse, peut-être plus dangereuse qu'utile. »

L'orateur parle ensuite du rapport sur le Prix Hugues, décerné par la Faculté de Théologie. Cette année, le sujet du concours était le suivant : « Rechercher si les données de la philosophie moderne depuis Kant sont de nature à offrir à l'apologétique traditionnelle quelques ressources nouvelles pour l'explication raisonnée de la genèse et des caractères de l'acte de foi surnaturelle[22]. » Mgr Laborde cite les conclusions du rapport : « L'auteur du premier mémoire se prononce pour l'apologétique du cœur (en d'autres termes pour le subjectivisme). L'auteur d'un second se déclare peu compétent en théologie. Un troisième enfin est un défenseur passionné

21. « Encore un mot sur la méthode d'immanence », RCF, tome XXV, décembre 1900-février 1901, p. 634-636 (souligné par l'auteur).

22. L'explication du sujet fait appel à une citation de Blondel sur « la pensée moderne » mais sans le nommer et sans donner de référence.

de la philosophie de l'immanence. » Le mémoire primé est celui de l'abbé Gombault du diocèse de Blois dont il est dit qu'il « s'était prononcé pour la valeur de la méthode traditionnelle enrichie de toutes les découvertes modernes et contre les tentatives faites pour lui substituer la méthode nouvelle de la philosophie de l'immanence ». Le lauréat est nommé chanoine honoraire de Blois [23].

## *Questions de fond*

Il conviendrait aujourd'hui de sortir du marécage et de mettre en exergue les questions de fond. Elles me semblent se ramener à deux. La première question, la plus controversée à l'époque de la crise moderniste, est théologique. Il s'agit de savoir si Blondel n'a pas « naturalisé » le surnaturel. Certes, la *Lettre* de 1896 refuse toute solution qui minimiserait l'opposition entre le principe philosophique de l'immanence et le surnaturel dont Blondel dit : « Ne point l'avoir comme reçu et donné, mais comme trouvé et issu de nous, c'est ne point l'avoir du tout : et c'est cela qui est le scandale de la raison » (p. 35).

Pour les critiques de la méthode d'immanence, il ne suffit pas de dire que le surnaturel n'est pas au pouvoir de l'homme. La difficulté théologique revient dès lors que l'on prétend, comme le fait Blondel, que le surnaturel est « nécessaire » à l'achèvement de l'action. Dans une période ultérieure, deux auteurs chercheront à justifier Blondel, mais selon des modalités fort différentes : le père Henri Bouillard dans *Blondel et le Christianisme* [24], Henry Duméry dans *Raison et Religion dans la Philosophie de l'action* [25]. D'après Bouillard, la nécessité dont parle Blondel porte sur le « surnaturel indéterminé ». Duméry, reconnaît que Blondel a employé une fois cette expression, mais elle ne saurait pas pour autant rendre compte de sa démarche. L'idée philosophique du surnaturel n'est certes qu'une idée, mais son

23. Archives de l'ICP.
24. Paris, Seuil, 1961.
25. Paris, Seuil, 1963.

contenu n'est pas différent de l'idée dogmatique du surnaturel chrétien.

Pour Blondel, selon Duméry :

> « Rien de fini n'apaisant le vouloir humain, l'idée s'impose de lui assigner comme but l'infini en personne, la vie intime de Dieu. C'est la seule manière de saturer un dynamisme que rien ne borne. Mais il est clair, d'autre part, qu'entreprendre sur Dieu mène à l'idolâtrie, ramène au naturalisme. Dès lors, il n'est possible de posséder Dieu que si Dieu se donne. Voilà la fin qui est conçue, nécessairement conçue par la raison pour mettre l'action en adéquation avec elle-même. Cette fin est nécessaire, inévitable, puisqu'elle est nécessairement pensée. Mais rien n'indique qu'elle est réelle, rien ne prouve qu'elle est nécessairement réelle. Au contraire, dans le temps où éclate la nécessité de son concept, éclate aussi l'impossibilité pour l'homme de le réaliser lui-même : sa *réalité* ne peut être que gratuite ; elle ne devient réelle que si Dieu la rend telle, que si Dieu en fait le terme réel de l'action vécue, que s'il y joint les modes de réalisation appropriés [26]. »

## *La méthode réflexive*

Outre la question théologique du surnaturel, les controverses apologétiques autour de Blondel posent une seconde question, qui concerne le principe même d'une apologétique philosophique. Quelle place convient-il de faire à une apologétique de l'immanence montrant comment le problème religieux s'inscrit dans la logique de l'action ? Nous avons déjà dit que, si la méthode blondélienne d'immanence ne prétend pas empiéter sur le terrain proprement théologique, elle ne se réduit pas pour autant à un simple moyen rhétorique de persuasion. Il est légitime de parler d'une « apologétique philosophique », mais, au total, il vaut mieux dire que, si *L'Action* de 1893 a une portée apologétique, c'est dans la mesure même où elle commence par se dégager de toute préoccupation apologétique immédiate.

L'étude que Blondel fait de l'action dans sa thèse est systématique. Il s'agit pour lui de construire la « science de la pratique », c'est-à-dire de manifester la cohérence interne qui

26. *Op. cit.*, p. 62, souligné par l'auteur.

unit la totalité des éléments de l'action humaine. Or, ceci nous conduit à une signification beaucoup plus profonde de la méthode d'immanence. Selon cette méthode, la norme judicatoire de nos actes ne réside pas dans une loi qui nous serait imposée de l'extérieur. Au contraire, « toute conscience recèle le secret et la loi de la vie[27] ». L'analyse réflexive de l'action doit permettre de découvrir dans l'action elle-même un principe interne de jugement. Ce principe, c'est ce que Blondel appelle la « volonté voulante », que nous découvrons en analysant les contradictions internes de notre vouloir et en dégageant l'exigence sous-jacente de l'adéquation de soi à soi.

L'application effective de la méthode, nous la trouvons déjà dans les deux premières parties de *L'Action* de 1893, lorsqu'il s'agit de montrer comment le vouloir de l'être est impliqué dans ce qui semble le nier : soit le dilettantisme qui prétend supprimer le problème moral, soit le pessimisme selon lequel notre vouloir tend en définitive au néant. C'est à partir de là que Blondel dégage la volonté voulante et l'inadéquation de la volonté voulue à la volonté voulante. Il ne s'agit donc pas ici d'une simple adaptation psychologique, encore moins d'une complaisance rhétorique, mais de la méthode philosophique la plus rigoureuse. L'on comprend que Blondel ait réagi négativement lorsqu'avec d'excellentes intentions, l'abbé Charles Denis a présenté *L'Action* comme un effort « pour ramener l'apologétique chrétienne sur le terrain psychologique[28] ». En revanche, Dumery a raison de parler à ce propos d'analyse réflexive, en sachant que cette expression rapproche Blondel notamment de Lachelier et de Lagneau.

En 1952, trois ans après la mort de Blondel, et lorsque les controverses se seront apaisées, Joseph Vialatoux n'aura pas tort d'illustrer la méthode réflexive par une séquence historique comprenant : la dialectique platonicienne, la « méditation » cartésienne, la « réflexion » biranienne, la réflexion

27. *L'Action de 1893*, p. XXII. C'est en ce sens que Blondel félicite Delbos d'avoir su pratiquer une « critique immanente », suivant le mouvement même d'une pensée pour trouver en elle le principe du jugement à porter sur la doctrine.

28. Voir Virgoulay, *op. cit.*, p. 81.

philosophique de Ravaisson sur la psychologie de l'habitude, la dialectique blondélienne de l'action, l'analyse du « sentiment de pudeur » par Soloviev [29]. Les rapprochements sont caractéristiques et Blondel est sûrement plus à sa place dans cet ensemble que dans les conjonctions hasardeuses avec le pragmatisme.

## *L'intériorité du Dieu d'Amour selon Laberthonnière*

Lucien Laberthonnière intervient très vite dans la controverse suscitée par la *Lettre sur l'apologétique*. Dès 1897, l'oratorien publie une étude sur « Le problème religieux [30] », qui provoque une réplique du père Schwalm : « La crise de l'apologétique [31]. » En 1898, Laberthonnière reprend le problème en profondeur avec son « Dogmatisme moral [32] », auquel Schwalm répond de nouveau, en particulier avec son article sur « Le dogmatisme du cœur et celui de l'esprit [33] » Laberthonnière sera ainsi conduit à fournir des « Éclaircissements sur le dogmatisme moral [34] ».

Les interventions de Laberthonnière visent à conforter la position de Blondel et elle réagissent en particulier contre l'accusation de kantisme portée contre lui. Cela ne veut pas dire que l'accord soit total entre les deux amis. Le dissentiment qui éclatera beaucoup plus tard, dans les années vingt, s'amorce dès cette époque. Dans ses lettres, Blondel manifeste d'ailleurs quelques réticences à l'égard du « dogmatisme moral » : le texte de Laberthonnière ne lui paraît pas faire suf-

29. *L'intention philosophique*, Paris, PUF, 1952.

30. APC, février et mars 1897. Repris dans *Essais de Philosophie religieuse*, Paris, Lethielleux, 1903, p. 151-190.

31. *Revue thomiste*, 1897, p. 239-270 et 338-370.

32. APC, août-septembre, octobre et novembre 1898. Repris dans *Essais*..., p. 17-110.

33. *Revue thomiste*, 1898, p. 578-619. Le dominicain défend saint Thomas contre ce qu'il considère comme une interprétation réductrice de sa pensée : « Le dogmatisme de saint Thomas, intellectuel et moral tout à la fois [...] n'est point une philosophie partiale de la volonté, comme le dogmatisme moral inspiré de Kant ; il est une philosophie de toute l'âme, de tout l'homme. »

34. Sous ce titre les *Essais de Philosophie religieuse* reprennent l'article paru dans APC janvier 1900 sous le titre « Pour le dogmatisme ».

fisamment droit à une dialectique intellectuelle qui devrait être intégrée à la dialectique morale [35]. Une lettre précédente montre que, pour Blondel, ce discrédit jeté sur les termes inférieurs du déterminisme mental conduit à méconnaître la « certitude d'être » du damné [36]. La remarque est propre à nous rappeler que l'objectif majeur de *L'Action* de 1893 est de justifier le double aboutissement possible du choix humain : la vie de l'action ou le ciel, la mort de l'action ou l'enfer, avec, en ce qui concerne cette dernière hypothèse, la « conception privative de l'être », autrement dit l'impossibilité de se détacher d'un être que l'on s'est rendu incapable d'atteindre.

Par ailleurs, Luigi Pazzaglia remarque les annotations portées par Laberthonnière sur son exemplaire de la *Lettre* de 1896, et il note ceci : « En bas de la page dans laquelle, examinant le développement de la conscience philosophique, Blondel s'efforçait d'expliquer comment la méthode d'immanence devait exclure la doctrine d'immanence, Laberthonnière observait en effet que cette exclusion vaut absolument pour la thèse panthéiste qui identifie Dieu avec l'homme, mais non pour la conception selon laquelle Dieu serait intérieur à l'âme à travers un don de charité. On le voit, sur ce point, l'oratorien éprouvait le besoin de souligner par rapport à Blondel le principe de la réelle présence par laquelle le Dieu de l'Évangile (il n'y en a pas d'autre) agit au plus intime de la créature spirituelle, pour se faire reconnaître dans sa vérité [37]. »

Laberthonnière ne s'attarde pas à la question du rapport du surnaturel avec le naturel. Ou plus précisément, il écarte cette question dans la mesure où la manière même dont elle est formulée implique la présupposition de deux ordres hétérogènes. Ce qui lui importe, c'est l'homme concret et c'est la possibilité offerte à celui-ci de reconnaître en lui-même la présence intérieure de Dieu, présence à laquelle nous accédons par le recueillement et par une action qui n'est pas seulement notre action : « Avoir la foi, la foi vive et complète, c'est posséder Dieu. Mais nous ne pouvons posséder Dieu qu'en nous don-

35. Lettre du 29 octobre 1898. *Correspondance* éditée par Tresmontant, p. 126-127.

36. Lettre du 2 octobre 1898. *Op. cit.*, p. 124.

37. Pazzaglia dans *Laberthonnière, l'homme et l'œuvre*, p. 112.

nant à lui ; et nous ne pouvons nous donner à lui que parce qu'il se donne à nous. La foi apparaît ainsi comme la rencontre de deux amours et non comme la liaison de deux idées [38]. »

Il faut se reporter aux controverses du XIXe siècle pour comprendre qu'en ce point Laberthonnière doit affronter et réfuter l'accusation de revenir à l'ontologisme. Voyant le danger, Blondel lui écrit le 8 décembre 1899 : « Peut-être en effet serait-il bon d'exposer, avec beaucoup de sérénité, et avant qu'on vous ait imposé un silence au moins provisoire sur ces points, l'inanité du reproche d'ontologisme qui semble être au fond des accusations qu'on dirige contre vous [39]. » Après plusieurs menaces, c'est en fait le 5 avril 1906 qu'un décret de l'Index condamnera deux ouvrages de Laberthonnière : *Essais de philosophie religieuse* et *Le réalisme chrétien et l'idéalisme grec*.

## II. LES THOMISTES ET L'IMMANENCE

### *Le diagnostic de G. Michelet*

Nous connaissons bien le livre de Georges Michelet : *Dieu et l'agnosticisme contemporain*. Le professeur de Toulouse recense trois variétés de l'agnosticisme religieux contemporain : la théorie sociologique, le pragmatisme religieux, enfin « l'immanence religieuse ». C'est ce dernier dossier qui nous intéresse pour le moment, puisqu'il traite de la forme proprement théologique de l'agnosticisme ou d'une conception agnostique de la foi chrétienne. On rejoint donc le passage que l'encyclique *Pascendi* opère du moderniste comme philosophe au moderniste comme croyant, puis comme théologien. De même que dans l'encyclique, l'immanentisme religieux est présenté comme « une tentative désespérée pour retrouver par l'expérience religieuse le réel inconnaissable par

38. *Essais*, p. 166.

39. *Correspondance*, p. 138. Sur l'ontologisme français, voir Louis Foucher : *La philosophie catholique en France au XIXe siècle*, Paris, Vrin 1955, chapitre septième.

la raison » (p. 191). Il présuppose donc l'agnosticisme, mais il tente de conjurer le processus logique qui conduit celui-ci à l'athéisme par le panthéisme. Expédient inefficace, de sorte que la réfutation consiste à montrer que l'immanentisme conduit bien au panthéisme et à l'athéisme. Dieu est si bien rapproché de l'homme, si bien intériorisé, qu'en fin de compte la différence de Dieu et de l'homme s'efface.

Comment se construit chez Michelet l'exposé des formes diverses de l'immanence religieuse ? Distinction est faite de la doctrine et de la méthode successivement exposées, puis critiquées. La doctrine se trouve d'abord chez les protestants libéraux et singulièrement chez Sabatier, qui fournit le prototype de ce système qui est « l'affirmation littérale du "Dieu intérieur" » (p. 184). Elle se trouve aussi chez les modernistes catholiques. Les citations proviennent soit de Loisy, soit du *Programme des modernistes*. L'objectif est de montrer que l'on y retrouve toutes les thèses du protestantisme libéral, de sorte que dans la critique, Michelet ne fera même plus la différence.

Quant à la méthode, il s'agit d'affirmer le Dieu transcendant en partant des données de la vie intérieure : « Qui adhère à la doctrine se penche sur la conscience pour y surprendre les vérités religieuses et chrétiennes dont elle est la source unique ; il se place dès le début en lui-même, mais pour s'y enfermer ; le recueillement lui suffit pour découvrir la vérité qu'il porte en lui. Qui pratique la méthode demande à l'observation intérieure de lui fournir le point de départ de sa démonstration ; il prend son point d'appui dans les affirmations de la vie intérieure, mais pour s'élever au-dessus d'elle, pour en dégager, par voie d'induction, des connaissances nouvelles ; il part de soi, mais pour en sortir » (p. 202).

Seulement, la méthode ne part pas toujours du même donné. Suivons les distinctions de Michelet : c'est à l'expérience psychologique que l'abbé de Broglie applique le principe de causalité pour construire une preuve originale de l'existence de Dieu ; c'est à l'expérience morale que s'applique l'analyse blondélienne de l'action, qui cherche dans la pratique le fondement de la certitude de Dieu ; enfin, c'est l'expérience chrétienne, qui manifeste, selon Laberthonnière, l'action de la grâce et, par elle, l'existence de Dieu. Reste la philosophie de l'expérience religieuse d'Édouard Le Roy, mais, dans ce cas, la méthode se distingue-t-elle encore de la doctrine ? D'ailleurs, d'une façon générale, exception faite de la première forme, la méthode d'immanence est jugée insuffisante comme méthode apologétique et dangereuse par sa proximité avec la doctrine.

Sur quel terrain se situe Michelet ? Lorsqu'il parle de Sabatier, il signale que celui-ci identifie religion et révélation. Mais il ne s'attarde pas à ce problème spécifiquement théologique qu'un Gardeil prendra au contraire en charge. Son terrain, c'est la métaphysique, sur la base de laquelle il entend construire à son tour une théorie de l'origine psychologique et de la nature de la religion. Or, un fait est significatif de ses présupposés : c'est l'appréciation positive qu'il porte sur l'argumentation de l'abbé de Broglie dans son livre sur *Les preuves psychologiques de l'existence de Dieu*[40]. Tout est sauvé parce que l'expérience psychologique est alors prise comme le point de départ d'un raisonnement fondé sur le principe de causalité. Une fois de plus, nous retrouvons le rôle du raisonnement causal dans la connaissance de Dieu. L'importance attribuée au principe de causalité fait partie des structures philosophiques qui sous-tendent l'argumentation anti-moderniste des thomistes.

## *Le Dieu intime*

Comment, dans ce contexte, comprendre l'immanence divine ? Que Dieu soit présent au cœur de l'homme, c'est ce que, malgré sa répugnance à l'égard de l'immanence, l'encyclique *Pascendi* doit bien admettre. Elle concède elle-même que « prise en un certain sens », la proposition suivant laquelle « Dieu est plus présent à l'homme que l'homme n'est présent à lui-même » est irréprochable (p. 29). Et Michelet va plus loin, en avouant que « l'habitude de considérer la transcendance de Dieu nous fait méconnaître pratiquement son immanence » (p. 230).

En deçà du problème spécifiquement théologique de la révélation, les thomistes sont bien obligés de reconnaître, avec saint Thomas d'Aquin aussi bien qu'avec saint Augustin,

40. Paris, Bloud, 1905.

que Dieu est immanent à ses créatures. La question philosophique qui se pose à partir de là, c'est la question de savoir si une telle immanence constitue, pour les créatures intelligentes que nous sommes, le fondement d'une connaissance de Dieu. Qu'en pense saint Thomas ? admet-il une présence de Dieu à l'âme humaine ? lui reconnaît-il le caractère d'une expérience ? cherche-t-il à fonder une connaissance véritable de Dieu sur cette présence et sur cette expérience ? Bref, comment s'articulent chez lui présence, expérience et connaissance ?

Si le mot abstrait « immanence » n'appartient pas au langage de l'Aquinate, celui-ci pose que, d'une certaine manière, les créatures existent en Dieu et Dieu dans ses créatures. L'immanence des choses en Dieu est impliquée dans l'idée que saint Thomas se fait de la science de Dieu. Si Dieu connaît toutes choses en lui-même, dans sa propre essence, c'est qu'elles préexistent en lui (comme des participations possibles de cette essence). Ce qui permet d'ailleurs à saint Thomas d'intégrer le thème platonicien/augustinien des Idées divines[41]. Si les choses ne préexistaient ainsi en Dieu, l'immanence de Dieu à lui-même ne serait pas parfaite. Encore faut-il évidemment distinguer l'existence que les choses ont ainsi en Dieu et l'existence qu'elles ont en elles-mêmes, *in se*[42]. Sinon ce serait le panthéisme ou tout au moins le panenthéisme.

S'agit-il maintenant de l'immanence de Dieu à ses créatures ? Saint Thomas reprend les distinctions du *Livre des Sentences*[43] : *a)* Dieu existe en toutes ses créatures par sa puissance, sa présence et son essence ; *b)* Dieu habite par sa grâce dans les âmes saintes ; *c)* enfin Dieu habite dans le Christ par la grâce d'union. Le thème est traditionnel et l'on en trouvera une expression théologique contemporaine par exemple dans le livre du père dominicain Barthélémy Froget : *De l'habitation du Saint Esprit dans les âmes justes d'après la doctrine de saint Thomas d'Aquin*[44]. L'ouvrage s'intéresse d'abord à la présence commune et ordinaire de Dieu en toute

41. *Somme de Théologie*, Ia q. 15 art. 1.
42. *Op. cit.*, Ia q. 18 art. 4 ad 3m.
43. *Op. cit.*, Ia q. 8 art. 3.
44. Paris, Lethielleux, 1900, réédition 1936.

créature, mais son principal objectif est de traiter de la présence spéciale de Dieu ou de l'habitation du Saint-Esprit dans les âmes justes. Nous retrouverons ce second thème à propos de la connaissance mystique, mais par rapport à notre problématique actuelle, ce qui importe c'est le thème de la « présence d'immensité », thème traditionnel que saint Thomas reprend à sa manière, en fonction de son ontologie.

Créer, c'est donner l'être. Cet effet, le plus universel de tous, ne peut venir que d'une Cause elle-même universelle [45]. C'est pourquoi il appartient à Dieu seul de créer. Mais d'autre part l'être est en chaque chose ce qu'il y a de plus intime. Dieu, dont la présence demeure dans les choses pour autant qu'il les crée est donc en chacune et en toutes « d'une manière intime [46] ». Ici, nous sommes évidemment au cœur de la pensée thomiste. Car, si Dieu est la cause universelle de l'être créé, c'est en tant qu'il est lui-même *l'Ipsum esse subsistens*. Or, en ce point central, la pensée de saint Thomas voisine dangereusement le panthéisme. En disant que Dieu est l'être même, ne risque-t-on pas de le confondre avec cet être qui est en chaque chose ce qu'elle a de plus intime ? Question que le langage de l'époque traduit en ces termes : Dieu est-il l'être formel de toutes choses [47].

La réponse est évidemment négative, mais la question est de savoir ce qui lui permet d'être telle. Or, ce qui oblige à admettre la présence intime de Dieu à toutes ses créatures est aussi ce qui empêche de confondre l'être de Dieu et l'être des créatures. A savoir la causalité divine. C'est elle qui crée l'intimité entre Dieu et ses créatures et c'est elle qui les sépare irréductiblement. On peut dès lors comprendre le fait sur lequel nous avons déjà porté notre attention, à savoir l'insistance des thomistes sur le raisonnement métaphysique fondé sur le principe de causalité. C'est, pensent-ils, le seul moyen efficace pour se préserver de ce panthéisme que l'encyclique *Pascendi* considère comme une étape sur le chemin qui conduit le moderniste de l'agnosticisme à l'athéisme.

---

45. *Op. cit.*, Ia q. 45 art. 5.
46. *Op. cit.*, Ia q. 8 art. 1.
47. *Somme Contre les Gentils*, I ch. XXVI.

## *Garrigou-Lagrange et le désir naturel*

Parmi les thomistes, le père Réginald Garrigou-Lagrange est l'un des plus combatifs à l'égard de tout « modernisme ». Sa lutte se poursuivra fort longtemps, puisqu'en 1946, le professeur de l'Angélique publie encore un article incendiaire : « La nouvelle théologie où va-t-elle ?[48]. » Mais c'est aussi un esprit rigoureux, qui se préoccupe de répondre aux questions posées par les publications de Blondel ou de Laberthonnière.

D'un côté, Garrigou-Lagrange entend bien affirmer et faire reconnaître le pouvoir métaphysique de la raison humaine : les preuves de Dieu se rattachent au principe de non-contradiction par l'intermédiaire du principe de raison suffisante, qui englobe le principe de causalité et qui se déduit lui-même du principe d'identité[49]. D'un autre côté, le dominicain fait fond sur l'existence d'un désir naturel de Dieu, mais sans lui attribuer le même rôle que dans une philosophie de l'immanence. D'abord, il distingue rigoureusement la certitude spéculative et la certitude pratico-pratique, de façon à priver quelqu'un comme le père Laberthonnière des ressources que celui-ci penserait pouvoir trouver chez saint Thomas (p. 21). Ensuite, il refuse de mêler ce qui relève de la raison spéculative et ce qui fait appel à un tout autre niveau de vie surnaturelle : « De grâce, ne confondons pas cette expérience religieuse des dons, qui suppose la charité, avec la foi qui est supposée par la charité, et surtout avec la connaissance naturelle de Dieu, qui est encore antérieure à la foi surnaturelle » (p. 23).

Commentant la 4^e^ voie de saint Thomas, Garrigou-Lagrange indique que l'on peut partir soit des biens finis, soit du désir naturel que les biens finis ne parviennent pas à satisfaire, mais, dans les deux cas, seule une dialectique intellectuelle prouve l'existence d'un bien infini. Certes la dialectique de l'amour « peut engendrer en celui qui l'éprouve une certitude *subjectivement suffisante* et *objectivement insuffisante*, comme la foi morale de Kant ». Mais, pour atteindre « la certitude *objectivement suffisante* », il faut dépasser la méthode

48. Dans *Angelicum*, n° 23, 1946.
49. *Les preuves de Dieu rattachées au principe de non-contradiction*, Paris, Beauchesne, 1910, p. 84.

d'immanence et reconnaître « la valeur ontologique et transcendante des premiers principes rationnels d'identité, de raison d'être, de causalité efficiente et finale[50] ».

## III. L'EXPÉRIENCE RELIGIEUSE SELON SABATIER

### *Le danger*

La discussion précédente nous a fait quitter la controverse apologétique, mais nous sommes restés sur le terrain philosophique et nous n'avons pas encore abordé la question proprement théologique qui concerne le statut général de la foi et ses rapports avec l'intelligence d'une part, l'affectivité d'autre part[51]. La notion la plus controversée est alors la notion d'expérience religieuse. Ce dont témoigne le caractère défensif de l'article consacré à cette notion en 1913 dans le DTC. Le père Henri Pinard prévient son lecteur que le mot est délibérément pris « non en rigueur théologique », mais selon l'usage courant qui lui fait signifier « toute impression éprouvée dans les actes ou états que l'on a coutume de dénommer religieux ». Cette mise à l'écart de la théologie permet à l'auteur de prendre pour objet de son article les conceptions déviantes de l'expérience religieuse, celles qui, à des titres divers, méconnaissent le rôle de la raison et de la liberté humaines. Sur le plan spéculatif, on aura des théories qui tendent à « remplacer la justification rationnelle des dogmes par leur appréciation affective ou par la critique des émotions auxquelles ils correspondent ». D'autres théories « cherchent à expliquer jusqu'aux phénomènes mystiques les plus relevés par des causes toutes naturelles, ou même pathologiques » Selon le père Pinard, ces théories opposées sont pourtant « en étroite dépendance historique » (col. 1787).

Même si l'on ne partage pas tous les jugements de l'auteur, il n'a sûrement pas tort d'évoquer un contexte historique au

50. *op. cit.*, p. 191-192, souligné par l'auteur.

51. On se reportera d'ailleurs aux mises au point fort pertinentes faites par Roger Aubert dans *Le Problème de l'acte de foi*, 2e éd. Louvain, 1950.

sein duquel s'opèrent des conjonctions idéologiques dont il faudrait dénouer quelque peu la complexité. Nous reviendrons à ce contexte qui comporte toutes sortes d'éléments plus ou moins discordants les uns vis-à-vis des autres. La constitution de la psychologie comme science coexiste avec la multiplication des expériences de suggestion hypnotique. Le spiritisme est en plein développement, mais c'est aussi le temps d'un renouveau de l'occultisme et de l'ésotérisme, comme le montre bien le livre de Nicole Edelman : *Voyeurs, guérisseurs et visionnaires en France* (1785-1914)[52]. L'expérience religieuse et mystique est étudiée et interprétée par des philosophes, ou des théologiens, mais aussi par des psychiatres qui s'efforcent d'en rendre compte par le subconscient.

Partant des premiers temps de la Réforme, la ligne historique suivie par Henri Pinard, montre la majoration du rôle de l'expérience religieuse chez Kant, Schleiermacher et Ritschl[53]. Après, viendront le symbolo-fidéisme et le modernisme, puis le pragmatisme. L'expression de « symbolo-fidéisme » est classique pour désigner la théorie de la connaissance religieuse élaborée par Auguste Sabatier[54] et son collègue Eugène Ménégoz[55]. Or, c'est dans le cadre de cette théorie que s'opère de la façon la plus nette, le renversement par lequel l'expérience religieuse prend le pas sur le dogme. Parmi les positions que *Pascendi* impute aux modernistes, plusieurs ont été de fait soutenues par le doyen de la Faculté de Théologie protestante de Paris, lequel accueillait d'ailleurs volontiers prêtres et séminaristes dans son bureau

---

52. Paris, Albin Michel, 1995.

53. Dans son article sur « Lectures et réception de Ritschl parmi les francophones », Bernard Reymond indique qu'à cette époque, Ritschl « n'a pas été de ceux qui étaient susceptibles d'intéresser vraiment les théologiens catholiques, même modernistes ». Voir P. Gisel éd. *Albrecht Ritschl*, Genève, Labor et fides, 1991, p. 184. La seule exception que signale Reymond est le chapitre de Boutroux sur « Ritschl et le dualisme radical » dans *Science et religion.*

54. Voir Bernard Reymond : *Auguste Sabatier et le procès théologique de l'autorité*, Lausanne, 1976.

55. Voir, de ce dernier : *Publications diverses sur le fidéisme*, Paris, Fischbacher, 1900. Sur la portée exacte du « fidéisme » de Sabatier, voir Jean Deprun : « La pensée religieuse d'Auguste Sabatier » dans les Annales de la Faculté des Lettres d'Aix, tome XLIV, p. 369-382.

du Boulevard Arago[56]. D'où le problème : l'encyclique confond-elle Sabatier et les modernistes, ou bien présuppose-t-elle une telle influence du premier sur les seconds que la clé de positions modernistes moins avouées se trouverait dans les livres du théologien protestant ?

## *La philosophie de la religion*

En inscrivant sa recherche sous le signe de la philosophie de la religion, Sabatier marque son appartenance à une discipline qui est spécifiquement moderne, en ce sens qu'elle présuppose l'expérience que la raison moderne fait d'elle-même dans et par l'activité scientifique, productrice de la physique mathématique, mais aussi dans et par la rationalisation de l'activité économique. Ayant ainsi pris possession d'elle-même, la raison interroge la religion pour discerner ce qu'il y a en elle de raisonnable, en renvoyant le reste à l'ordre de l'imaginaire, voire de la superstition.

Telle qu'elle se constitue aux XVIIe et XVIIIe siècles, notamment avec Spinoza, la philosophie de la religion représente un décentrement considérable par rapport à la théologie. Certes, la théologie chrétienne met en œuvre les moyens de la raison. Mais elle les utilise en fonction de son but propre : l'intelligence d'une foi définie par ailleurs, dans les confessions de foi, dans les propositions dogmatiques. Le théologien apparaît ainsi comme le membre d'une communauté ecclésiale. Il est au service de la foi de son Église. Ce qui signifie, dans le contexte des Temps classiques, au service d'une confession chrétienne déterminée. Quant à elle, la philosophie de la religion ne reconnaît pas l'autorité comme telle, sinon celle de la raison, avec sa visée de l'universel. Les liens qu'elle garde avec l'Écriture et la Tradition ne sont plus des liens de soumission à une autorité. Bien plutôt s'agit-il de mettre à l'épreuve d'un examen rationnel les contenus hérités. Or, ce faisant, la philosophie de la religion représente la mise à l'écart de la théologie, au profit d'un certain type d'alliance

56. Ce que déplore Charles Maignen dans *Nouveau catholicisme et nouveau clergé*, p. 411 sq.

entre la réflexion philosophique d'une part, l'expérience religieuse d'autre part,

C'est cette alliance que l'on retrouve dans l'*Esquisse d'une philosophie de la religion d'après la psychologie et l'histoire* [57]. Cet ouvrage est divisé en trois livres : le premier définit « l'essence de la religion », le second définit l'essence du christianisme ou le « principe chrétien », le troisième s'interroge sur la possibilité de restituer au dogme sa valeur religieuse compromise par les structures dogmatiques. Ce qui est donc mis en cause par Sabatier, c'est la théologie dogmatique et l'instrument de cette critique est la philosophie. Mais il s'agit d'une philosophie qui s'appuie sur la psychologie et sur l'histoire et qui commence par restituer à la religion sa valeur proprement religieuse.

Écrit en 1899, le livre sur *Les religions d'autorité et la religion de l'Esprit* a été publié après la mort de Sabatier en 1901 [58]. Construit sur une opposition fondamentale entre le principe spirituel et le principe d'autorité, l'ouvrage se divise en trois livres : le dogme catholique de l'autorité, le dogme protestant de l'autorité, la religion de l'Esprit. Cette dernière institue entre l'homme et Dieu un rapport d'intimité qui exclut qu'intervienne dans ce rapport un pouvoir de l'homme sur l'homme, donc un « pouvoir spirituel » au sens classique de l'expression. Or, dans l'histoire, les Églises finissent toujours par substituer un principe d'autorité au principe de la liberté de l'esprit. Même le protestantisme, qui est pourtant né d'un retour au principe chrétien originel. L'autorité n'est plus tant celle d'une institution que celle du Livre lui-même. L'histoire du protestantisme montre comment la Bible finit par être intégrée à un système d'autorité. Mais subsiste, pour Sabatier, une différence essentielle entre le catholicisme et le protestantisme. Tandis que le premier est par nature une religion d'autorité, le second est infidèle à son propre principe lorsqu'il retombe dans la religion d'autorité.

57. Paris, Fischbacher, 1897.
58. Paris, Fischbacher, 1904.

## *Religion et révélation*

Dans sa *Philosophie de la Religion*, Sabatier partait d'une définition de la religion qui déconcertait déjà les tenants du dogmatisme. Pour le théologien protestant, la religion est, par essence, un rapport personnel avec Dieu qui se réalise dans la prière : « C'est un commerce, un rapport conscient et voulu, dans lequel l'âme en détresse entre avec la puissance mystérieuse dont elle sent qu'elle dépend et que dépend sa destinée. Ce commerce avec Dieu se réalise dans la prière » (p. 24). Le rôle de la prière dans la religion vécue était difficilement contestable. Mais, pour la théologie catholique, la question était de savoir quel était le statut de cette définition et quel type de rapport elle instituait entre la prière et la foi dogmatique.

Le titre du livre de Sabatier montre qu'il a recours à l'histoire et à la psychologie pour la description des phénomènes religieux. Il ne s'agit pas, pour Sabatier d'une « explication », psychologique ou sociologique, qu'il jugerait réductrice. Mais ces ressources sont mises en œuvre pour construire une philosophie de la religion. Et ce mot indique l'intention de dire la religion en vérité. Autrement dit, même si le problème de la vérité de la religion (de sa correspondance au réel) n'est pas tranché, au moins cherche-t-on à définir ce par quoi une religion est véritablement une religion. Et cette problématique suppose que l'on distingue soigneusement des éléments essentiels : le noyau d'expérience interne, et des éléments inessentiels : dogmes et rites. La définition de Sabatier prend dès lors un caractère axiologique. Elle permet d'établir une hiérarchie des religions, suivant la place qu'elles font à la prière personnelle. De plus, à l'intérieur d'une même religion, elle permet de penser un progrès vers l'essentiel en fonction d'une exigence de purification. La définition de la religion joue ainsi le rôle d'un principe critique que Sabatier applique d'une part à la notion de révélation, d'autre part à la structure du dogme.

Pour Sabatier, « La religion n'est rien si elle n'est pas l'acte vital par lequel l'esprit tout entier s'efforce de se sauver en se rattachant à son principe » (p. 24). Or, cet acte n'est complet que si le sujet avoue que l'initiative divine précède et guide tout l'élan de sa prière. Remarquons qu'un tel aveu se rencontre dans des philosophies religieuses de type réflexif sans que l'on parle à ce propos de révélation. Mais, pour Sabatier, nous découvrons la révélation dès lors que nous rapportons à l'initiative de Dieu, qui nous a aimés le premier, le mouvement par lequel nous nous dirigeons vers Lui. Dans ce mouvement, c'est Dieu qui se manifeste, qui se donne à connaître. La spécificité de Sabatier sera de professer l'unité fondamentale de la religion et de la révélation : « Les idées de religion et de révélation restent donc corrélatives et religieusement inséparables. La religion n'est rien d'autre que la révélation subjective de Dieu dans l'homme, et la révélation c'est la religion objective en Dieu. C'est le rapport de la forme et de l'objet, de l'effet et de la cause organiquement unis ; c'est un seul et même phénomène psychologique, lequel ne peut subsister ni se produire que par leur rencontre. Il est aussi impossible de les isoler que de les confondre » (p. 34).

## *De la mythologie à la psychologie*

Telle que Sabatier la formule, cette thèse implique une révision complète des idées sur la révélation. D'abord, il n'y a plus lieu de faire un partage entre les religions révélées et les autres. Toute religion fait d'une manière ou d'une autre référence à une révélation. Des différences subsistent néanmoins, et l'on doit même opérer un nouveau partage en fonction d'un fait : « Si les hommes ont toujours entretenu quelque rapport et commerce avec la divinité, ils ne se sont pas toujours représenté de la même manière le mode des communications qu'ils en recevaient. La notion de la révélation a progressé avec les lumières de l'esprit et la nature de la piété » (p. 35). L'histoire des représentations comporte, selon Sabatier, trois étapes principales :

En premier lieu, la notion mythologique de la révélation. L'imagination humaine s'éveille avant la raison. « Les hommes d'autrefois, craintifs et naïfs comme des enfants, voyaient partout des signes matériels par lesquels ils croyaient que se manifestait la volonté des dieux » (p. 37). Les vues de Sabatier sur ce point ne sont ni très originales, ni très développées. Ce qui est le plus intéressant, c'est ce qu'il dit de la Bible : celle-ci partage au départ la notion mythologique, mais un progrès s'opère vers l'idée d'une révélation intérieure et morale. Ce progrès passe par les prophètes, et il s'achève dans l'âme de Jésus (p. 39-41).

En second lieu, la notion dogmatique de la révélation. En l'insérant ici, Sabatier s'empêche de concevoir une évolution historique rectiligne, allant toujours dans le même sens. En effet, la notion dogmatique est en régression par rapport à l'avancée des prophètes et de Jésus. Comme organisation sociale et comme principe d'autorité, l'Église produit une notion nouvelle de la révélation, qui n'est pas mythique, mais qui nous éloigne aussi du progrès spirituel accompli dans la Bible. Éminemment représentée dans le catholicisme, cette notion dogmatique est le produit de l'alliage du rationalisme grec et du surnaturalisme hébraïque. C'est la notion d'« une doctrine divine légitimée par des signes divins ou miracles » (p. 42). D'après cet intellectualisme, l'objet de la révélation, c'est le dogme. Or, « faire du dogme, c'est-à-dire d'une donnée intellectuelle, l'objet de la révélation, c'est tout d'abord lui enlever son caractère religieux en la séparant de la piété, et c'est ensuite la mettre en un conflit irréductible avec la raison qui progresse toujours » (p. 43). Sensible au conflit moderne de la foi et de la raison, Sabatier est animé d'une conviction profonde : c'est en se purifiant intérieurement, dans la ligne de ses exigences constitutives que la religion chrétienne deviendra capable de régler positivement ses rapports avec la modernité.

En troisième lieu, la notion psychologique de la révélation. Qui dit « psychologique » dit renvoi à l'expérience que nous faisons aujourd'hui, expérience à partir de laquelle nous pouvons discerner ce qu'il y a de proprement religieux jusque dans une religion qui se pense sur le mode mythique ou sur le mode dogmatique. Or, ce qui est proprement religieux, c'est l'intériorité. Et ceci parce que l'intériorité spirituelle est en ce monde le seul point de contact avec Dieu. Selon Sabatier, la révélation » sera intérieure parce que Dieu, n'ayant pas d'existence phénoménale, ne se peut révéler qu'à l'esprit et dans la piété que lui-même inspire » (p. 52).

Pour établir dans toute sa force cette notion psychologique, il faut selon Sabatier critiquer les « distinctions scolastiques » qui empêchent d'identifier religion et révélation. Ainsi refuse-t-il de distinguer une révélation naturelle et une révélation surnaturelle : « La révélation est une, avec des formes différentes et des degrés divers. Elle est toujours surnaturelle et naturelle à la fois : surnaturelle par la cause qui l'engendre dans les âmes et qui, restant toujours invisible et transcendante, ne s'épuise et ne s'emprisonne jamais dans les phénomènes qu'elle produit ; naturelle par ses effets parce que, se réalisant dans l'histoire, ils y apparaissent toujours conditionnés par le milieu historique et par les lois qui régissent l'esprit humain » (p. 60).

Le même processus s'applique à d'autres oppositions telles que : universel/particulier, médiat/immédiat. En transcendant la première de ces oppositions, Sabatier critique l'idée d'une révélation historique donnée une fois pour toutes, dans une aire culturelle déterminée (le peuple de la Bible) et dans un temps clos (par la mort du dernier apôtre). Dans la théologie catholique, c'est la révélation historique ainsi déterminée qui est la révélation universelle. Celle-ci est complète, de telle sorte que ne peuvent désormais se produire que des révélations particulières, lesquelles n'ont pas la même autorité dogmatique. Dans ces conditions, l'accès des hommes actuels à la révélation divine est médiatisé par ce qui en témoigne pour nous : l'Écriture et la Tradition. Seuls ont eu un accès immédiat à la révélation divine ses premiers récepteurs.

Sabatier s'oppose très directement à ce système théologique en déclarant que toute révélation est à la fois immédiate et médiate, particulière et universelle. D'abord, même si toute révélation est médiate en tant que le sujet la reçoit et l'interprète en fonction d'une culture et d'une tradition, toute révélation n'en est pas moins immédiate en tant que chaque homme religieux est le sujet d'une expérience spirituelle par laquelle il touche directement Dieu. De même, toute révélation est particulière, ou mieux singulière, en ce sens que la révélation ne peut exister que dans l'intériorité d'une conscience individuelle, même si elle engendre ensuite un discours transmissible. Engendrement qui atteste d'ailleurs la destination universelle de toute révélation : à partir de l'homme qui la reçoit, elle tend à se répandre, à se communiquer à tous. Les deux affirmations de Sabatier se complètent : « Toute révélation spéciale, si elle est vraiment de Dieu, est humaine et tend à devenir universelle ; toute révélation générale s'est trouvée individuelle une fois, car elle n'a pu se faire que dans une individualité » (p. 60-61).

## *Dogme et piété*

Lorsqu'il traite du dogme, Sabatier le rapporte au caractère social de la religion, mais aussi au fait que les sociétés religieuses sont des sociétés morales. Se recrutant par adhésion libre, elles doivent se définir, expliquer leur raison d'être : « On appelle dogme, au sens strict, une ou plusieurs propositions doctrinales qui sont devenues, dans une société religieuse, par l'effet des décisions de l'autorité compétente, objet de foi et règle des croyances et des mœurs » (p. 263). C'est donc par la structure ecclésiale que Sabatier justifie le fait dogmatique, mais il se préoccupe surtout de marquer son caractère second par rapport à la religion vécue. L'élément premier, c'est toujours la piété, qui est l'âme de toute religion positive (cf. p. 265-266).

Or, justement parce qu'il est une réalité ecclésiale, le dogme varie suivant l'idée que les églises se font d'elles-mêmes. L'une des préoccupations majeures de Sabatier est de différencier le schéma catholique et le schéma protestant du dogme. Selon notre auteur, le catholicisme intellectualise la révélation dans laquelle il voit essentiellement la communication faite par Dieu à l'Église de vérités sanctionnées par l'autorité divine. Sur cette base s'édifie le schéma catholique du dogme : à partir de la révélation objective se construit la formulation dogmatique qui définit le contenu de la vérité révélée ; puis vient la piété subjective, qui se guide sur la formule dogmatique et qui l'intériorise. Par opposition, le protestantisme « fait de la foi du cœur, du rapport immédiat et personnel de l'âme avec Dieu, le principe même de toute justification et de toute vie religieuse » (p. 267). Dès lors, selon le schéma protestant du dogme, le phénomène religieux comporte trois moments qui se succèdent toujours dans le même ordre : « la révélation intérieure de Dieu, laquelle produit la piété subjective de l'homme, laquelle à son tour engendre les formes religieuses historiques, rites, formules de foi, livres sacrés, créations sociales que nous pouvons connaître et décrire comme des faits extérieurs » (p. 268).

L'important est donc, pour Sabatier, de maintenir entre les éléments du dogme un ordre d'origine et de dépendance. L'élément premier, générateur, c'est l'élément affectif, par lequel le dogme s'enracine dans l'expérience religieuse. L'élément intellectuel est toujours dérivé : son seul rôle est de tenter d'exprimer, de formuler, l'expérience de Dieu faite dans la piété. Celle-ci est l'élément permanent, tandis que la formulation dogmatique est l'élément variable, « servant à la fois d'enveloppe et d'expression » à l'élément mystique et pratique qui est l'élément proprement religieux (cf. p. 304). Sabatier est conscient de l'objection que lui adresseront nombre de chrétiens qui « s'imaginent que Dieu nous a révélé des dogmes dans la Bible » (p. 307). Mais, justement, c'est d'une tout autre manière qu'il faut se représenter la révélation : « Dieu, entrant en commerce et en contact avec une âme d'homme, lui a fait faire une certaine expérience religieuse, d'où, ensuite, par réflexion, le dogme est sorti. Ce qui constitue donc la révélation, ce qui doit être la norme de notre vie, c'est l'expérience religieuse créatrice et féconde, faite tout d'abord dans l'âme des prophètes, du Christ et des apôtres » (p. 308).

## *Tradition et liberté*

Poussée jusqu'au bout, la thèse ferait éclater l'idée d'une tradition privilégiée telle que la tradition judéo-chrétienne, avec ses fondateurs et la continuité des reprises successives de leur esprit. En fait, Sabatier ne refuse pas de distinguer des personnalités religieuses dont l'expérience propre connaît un plus large rayonnement. Et, s'il exclut le thème catholique d'un dépôt à inventorier, constitué avec la mort du dernier apôtre, si même il ne donne pas à la Bible l'autorité qu'elle a généralement dans le protestantisme, il conserve l'idée d'une lignée privilégiée, le long de laquelle se produit un progrès religieux décisif.

> « Ainsi Dieu se révèle dans les grandes consciences que son Esprit fait surgir l'une après l'autre, qu'il emplit et qu'il illumine ; elles forment une théorie sainte à travers les âges de l'histoire et y tracent un sillon lumineux » (p. 54). Ou encore : « La révélation

intérieure devient consistante et objective dans l'histoire ; elle forme chaîne, tradition continue, et, s'incarnant dans chaque génération humaine, reste non seulement le plus riche des héritages, mais la puissance historique la plus féconde » (p. 56).

Tout cela étant dit, reste que chaque homme religieux est le sujet d'une expérience spirituelle dans laquelle il touche directement Dieu. Et c'est le point décisif, car ce contact direct est le seul critère permettant à chacun de reconnaître la valeur religieuse des autres expériences spirituelles, y compris celle de Jésus :

«Demandez-vous à quel critère vous reconnaîtrez, dans les livres que vous lisez et dans les choses qu'on vous enseigne une révélation authentique de Dieu ? Écoutez ; un seul critère est infaillible et suffisant ; toute révélation divine, toute expérience religieuse vraiment bonne pour nourrir et sustenter votre âme, doit pouvoir se répéter et se continuer comme révélation actuelle et expérience individuelle dans votre propre conscience. Ce qui ne peut entrer ainsi à titre permanent et constitutif, dans la trame de votre vie intérieure, pour l'enrichir, l'affranchir et la transformer en une vie plus haute, ne saurait être pour vous une lumière, ni par suite, une révélation divine » (p. 58).

Le « libéralisme », c'est bien en définitive, dans ce contexte, la prédominance de la conscience individuelle qui peut tout accueillir, mais qui reste juge, dans son autonomie, de tout apport historique, qu'il soit ecclésial ou biblique. Le principe vaut pour notre référence à Jésus et à la tradition qui en est issue. Mais aussi bien, comme le montre le livre de Sabatier sur *Les religions d'autorité et la religion de l'Esprit*, c'est en Jésus que se trouve le modèle parfait de l'intériorité. Si la conscience religieuse de Jésus ne diffère pas en nature de celle des autres hommes. elle s'en distingue néanmoins par la pureté, la perfection et la plénitude de son intériorité. Jésus est bien en ce sens le sommet de la religion et de la révélation (p. 508). C'est Jésus qu'il faut regarder pour saisir l'adéquation complète d'un enseignement spirituel et d'une expérience vécue. En lui et par lui, nous découvrons le Dieu qui parle en nous. Parce que Jésus en est le vrai fondateur, c'est par lui que nous pouvons entendre ce qu'est la religion de l'Esprit : « C'est le rapport religieux réalisé dans la pure spiritualité. C'est Dieu et l'homme conçus l'un et l'autre sous la catégorie de l'Esprit et se pénétrant l'un l'autre, pour arriver à une pleine communion ». Ce n'est rien d'autre que la religion de l'amour (p. 440-441).

## *La réaction de Loisy*

Les articles publiés sous le nom de Firmin dans la RCF entre 1898 et 1900 sont en partie consacrés à la critique de l'individualisme religieux de Sabatier. L'article du 1er janvier 1900 porte sur « L'idée de la révélation ». Suivons les deux mouvements qui se discernent dans ce texte. Premier mouvement : Loisy proteste contre la réduction de la foi chrétienne au sentiment religieux et il s'oppose à la thèse de Sabatier sur l'identité de la religion et de la révélation. Lui-même se refuse à dissoudre le prophétisme judéo-chrétien dans une notion générale de la révélation qui serait en fin de compte commune à toutes les religions.

Ce premier mouvement conduit donc Loisy à discerner l'un des enjeux philosophiques du débat :

> « La psychologie des nouveaux docteurs est d'ailleurs un peu ondoyante et leur théologie plus ou moins élastique. On ne voit pas clairement jusqu'à quel point Dieu y est distinct de l'âme : celle-ci a presque l'air d'être le mouvement que Dieu fait en se révélant, à moins que Dieu lui-même ne soit l'image que l'âme contemple en se réfléchissant dans sa propre pensée. Non seulement religion et révélation seraient les deux noms du même phénomène psychologique ; mais Dieu et âme seraient aussi deux noms, inégalement grands, de la même entité spirituelle. Il faut pourtant, si l'on ne veut renoncer en même temps à la saine philosophie et au principe fondamental de la religion, maintenir la distinction essentielle de Dieu et de l'homme » (*art. cit.*, p. 257).

Le texte de Loisy comporte un second mouvement, qui concerne les trois conceptions de la révélation distinguées et hiérarchisées par Sabatier. Loisy récuse la conception purement psychologique — et individualiste — de Sabatier, mais il ne se rallie pas pour autant à l'idée que celui-ci se fait de la conception dogmatique du catholicisme. Selon Loisy, il ne faut pas identifier le catholicisme à des habitudes de pensée qui sont de fait assez solidement ancrées, mais qui ne sont pas inébranlables. Ou encore, « il ne faut pas confondre, quand il s'agit de révélation, la « vérité » avec la « doctrine » (p. 251). Il est normal que l'intelligence réfléchisse sur le contenu de la foi et qu'elle constitue des doctrines théologiques qui deviennent, lorsqu'elles sont sanctionnées officiellement par l'Église, des dogmes. Mais « les vérités de la révélation sont vivantes dans les assertions de la foi avant d'être analysées dans les spéculations de la doctrine ; leur forme native est une intuition surnaturelle et une affirmation de la foi, non une considération abstraite et une définition systématique de leur objet » (p. 254). C'est d'ailleurs parce qu'il en est ainsi que la révélation a pu se développer dans l'histoire en fonction même des expériences du peuple d'Israël.

Loisy ne dissocie pas la vie religieuse et le dogme, mais il ne les confond pas non plus. Or, cette position d'équilibre semble relever de deux exigences qui se combinent. L'une provient de l'approche spécifique des sciences religieuses. L'autre manifeste une réflexion proprement théologique sur la foi chrétienne. Et l'on imagine volontiers que le pari initial de Loisy était de manifester la compatibilité de ces deux exigences. Peut-on dire qu'il a échoué et, s'il en est ainsi, d'où provient l'échec ?

## IV. LA RELIGION, OBJET DE SCIENCE

### *L'essor des « sciences philosophiques »*

L'un des effets durables de la crise moderniste sera de tenir en suspicion le concept même d'expérience religieuse. Il faudra un tout autre contexte philosophique et théologique pour qu'en 1952, Jean Mouroux présente comme « introduction à la théologie » une étude des structures constitutives de *L'Expérience chrétienne*[59]. Bien auparavant, la *Revue de Philosophie* avait publié en 1912 et 1913 deux fascicules spéciaux sur *L'expérience religieuse dans le catholicisme*. Or, le présentateur du premier fascicule se déclare conscient des objections que suscitera l'application au catholicisme de ce

59. Paris, Aubier, 1952.

concept d'expérience religieuse. Il maintient pourtant que l'on doit pouvoir traiter comme des faits d'expérience, analogues aux autres phénomènes psychiques et sociaux, l'ensemble des faits qui constituent ou expriment la vie intime de l'âme humaine dans ses relations avec Dieu et le monde surnaturel.

La multiplication des disciplines s'occupant directement ou indirectement de la religion est un phénomène caractéristique de cette période durant laquelle la philosophie voit se détacher d'elle des « sciences philosophiques » particulières. Nous avons déjà évoqué le rapport qu'Émile Boutroux présente en 1908, au Congrès international de philosophie de Heidelberg, sur « La philosophie en France depuis 1867 [60] ». Il enregistre ce détachement de sciences philosophiques qui se veulent autonomes et il cite la psychologie, la sociologie, la logique des sciences, voire l'histoire de la philosophie. Ce n'est d'ailleurs pas sans une certaine inquiétude que le philosophe constate un phénomène qui pourrait signifier l'abolition complète de la philosophie et son remplacement pur et simple par les sciences. Ce qui le rassure, c'est le fait que ces nouvelles disciplines « maintiennent les droits de l'expérience vivante et complète, en face de l'expérience artificielle et systématique qu'institue la science » (p. 189).

Le statut de ces « sciences philosophiques » n'est pas clair. La psychologie et la sociologie sont encore loin de bénéficier de l'autonomie universitaire qui sera bien plus tard la leur. Elles sont dites « scientifiques » dans la mesure où elles ne sont peut-être déjà plus tout-à-fait « philosophiques ». Mais suffit-il de quitter la philosophie pour entrer dans la science ? Il faut sans doute prendre au sérieux la volonté de scientificité affichée dans les déclarations programmatiques de leurs promoteurs. Mais les prendre au sérieux ne signifie pas les prendre pour argent comptant. A l'époque de notre enquête, nous avons affaire à des pratiques encore incertaines de leur objet, de leur méthode, de leur statut. Mais cette incertitude n'est que l'envers d'une créativité intellectuelle qui sera de fait féconde. Or, ces disciplines nouvelles s'intéressent à la religion. A tel point qu'elles ne vont pas tarder à inquiéter ceux qui se considèrent comme les seuls gestionnaires autorisés de

60. *Nouvelles études d'histoire de la philosophie*, Paris, Alcan, 1927, p. 139-193.

cet objet religieux dont s'emparent l'histoire des religions, mais aussi la psychologie et la sociologie.

## *Histoire et science des religions*

La « science des religions » se développe d'abord en Hollande où, sur le plan universitaire, elle se substitue en 1877 aux chaires de théologie réformée. L'un des principaux promoteurs en est Cornelius Petrus Tiele [61]. Définie comme le rapport entre l'homme et les puissances surhumaines auxquelles il croit, la religion est un fait psychologique qui s'est manifesté sous diverses formes chez les peuples et dans les races. Conformément à un schéma évolutionniste, inspiré de Darwin, Tiele juge possible de suivre la croissance naturelle de la religion à partir de sa forme primitive qui est l'animisme [62]. Son disciple Chantepie de la Saussaye ouvre la voie à une phénoménologie du culte et des comportements religieux [63]. De 1905 à 1923, Salomon Reinach fera paraître les cinq volumes de *Cultes, Mythes et Religions* dont le style est beaucoup plus rationaliste, et qui comporte une thèse forte sur les origines magiques de l'art.

Le modèle hollandais s'introduit en France avec Albert Réville, qui publie en 1880 son cours du Collège de France : *Prolégomènes de l'histoire des religions*. Son fils Jean Réville lui succédera et leur éloge commun sera prononcé par Alfred Loisy le 24 avril 1909 dans sa *Leçon d'ouverture du Cours d'Histoire des religions au Collège de France* [64]. Selon Loisy, Albert Réville « avait bien senti le rapport de la religion israélite et de la religion chrétienne avec les autres cultes anciens, la nécessité de soumettre toutes les religions à un examen comparatif, et de reconstituer ainsi l'histoire religieuse de l'humanité » (p. 7).

Quel sera l'impact de la nouvelle science des religions sur

61. Voir l'ouvrage traduit par Maurice Vernes sous le titre : *Manuel d'histoire des religions*, Paris, 1880.

62. Voir la notice de Tiele par Julien Ries dans le *Dictionnaire des religions*, Paul Poupard éd. Paris, PUF.

63. Voir la traduction de son *Manuel des religions*, Paris, Armand Colin, 1904.

64. Paris, Nourry, 1909.

la théologie ? Le premier Congrès international d'histoire des religions se tient à Paris du 3 au 8 septembre 1900 sous la présidence d'Albert Réville. Auguste Sabatier en rend compte dans la *Revue chrétienne* du 1er octobre. Il s'interroge sur l'action que l'histoire des religions exercera sur la pensée religieuse proprement dite. A son avis, il y aura une action positive : en scrutant les origines de la religion, on en montrera « la racine immortelle » et l'on prouvera le rôle décisif joué par la religion à toutes les étapes de la civilisation. De même fera-t-on ressortir le fait que le christianisme est « la forme religieuse la plus élevée qu'ait atteinte l'humanité sur la terre ». En contrepartie, une action critique accompagnera cette action positive : « Plusieurs notions dogmatiques, comme celles de révélation, de salut, de Providence, sans disparaître, devront s'élargir et se renouveler. La vieille antithèse de religions fausses et de religions vraies fera place progressivement à une synthèse historique, à une échelle aux degrés divers entre le mal et le bien, entre la vérité et l'erreur. L'élément proprement intellectuel de la religion, le cadre des notions et des formules considérées comme des produits successifs de l'esprit religieux apparaîtront dans leur relativité nécessaire ». Toutes choses qui, selon Sabatier, permettront un apaisement des haines confessionnelles et un recentrage de la religion vers le centre et l'essence de la foi. Mais cet optimisme peut-il être partagé par les catholiques ?

Lorsque ceux-ci s'intéressent à l'histoire des religions, c'est avec l'espoir de trouver en elle la confirmation du caractère unique et transcendant du christianisme. On retrouve à cet égard tout au long du XIXe siècle l'esprit de Lamennais, qui avait mobilisé toutes les connaissances disponibles à son époque pour montrer le témoignage que les religions païennes rendent au christianisme. Cette perspective reste celle de l'abbé de Broglie dans son livre : *Problèmes et conclusions de l'histoire des religions*[65]. En ce qui concerne le problème de l'origine de la religion sur la terre, le professeur d'apologétique considère que ce problème ne peut être résolu par la science profane : l'hypothèse la plus vraisemblable est celle d'une révélation primordiale monothéiste, mais l'histoire ne

65. Paris, Putois-Cretté, 1885.

donne pas à cet égard de certitude[66]. En revanche elle montre « l'universalité des croyances religieuses et leur identité fondamentale chez les différents peuples » (p. 369).

Pourtant, si l'on considère « le fait spécial du développement de la religion juive, de ses prophéties, et en même temps l'apparition du christianisme dans l'univers », on n'a pas de mal à reconnaître « la transcendance absolue du christianisme » : il ne s'explique pas par des causes qui expliqueraient en même temps d'autres religions. Et, cependant, parce qu'il « renferme dans son sein toutes les parties nobles et élevées des autres religions », il est la religion universelle, qui satisfait tous les besoins du cœur humain (id., p. 371). Malgré les objections élevées par les incrédules, la conclusion fondamentale de l'étude des religions, c'est que « l'histoire fournit à la foi chrétienne une base solide et inébranlable » (p. 381).

Pour affermir cette conclusion, encore faut-il prendre en charge le problème des différences et des ressemblances entre les religions : s'il y a une seule religion vraie, comment expliquer la diversité des religions ? Cette diversité rend sans doute hommage à la permanence du besoin religieux, mais comment se fait-il que ce besoin se soit donné tant de formes hétérogènes ? La question ne se pose en tout cas pas de la même manière pour la théologie et pour la science des phénomènes religieux, qui recueille des documents, fait des comparaisons, établit des filiations, sans se préoccuper de la « vraie religion ». Au regard du théologien, la religion divine et vraie doit être très différente des autres, parce qu'elle est l'œuvre de Dieu, tandis que les autres sont l'œuvre de l'homme. Mais en même temps, la vraie religion doit être très analogue aux autres puisqu'elle « doit répondre aux mêmes besoins, s'adapter aux mêmes dispositions du cœur de l'homme, satisfaire aux mêmes aspirations[67] ».

Au jugement du père de Grandmaison, l'ouvrage que nous venons de citer reste, pour l'originalité et la composition, le « chef d'œuvre » de l'abbé de Broglie[68]. Sa problématique

---

66. Malgré cette réserve, l'hypothèse caractéristique du traditionalisme le plus strict subsiste (*op. cit.*, p. 368).

67. De Broglie, *op. cit.*, p. 274.

68. « Les hautes études religieuses », dans *La vie catholique dans la France contemporaine*, Paris, Bloud et Gay, 1918, p. 252.

reste néanmoins datée. Pour voir les changements, tout au long de la période que nous étudions, il faudrait surtout suivre, dans les principales revues catholiques, les différents articles et bulletins qui concernent soit les problèmes généraux de l'histoire des religions, soit telle ou telle religion particulière. Faute d'avoir fait ce travail, nous signalons simplement deux initiatives suscitées par l'*Orpheus* de Salomon Reinach. D'abord celle de Joseph Bricout, qui édite en 1910 un volume collectif : *Où en est l'histoire des religions ?*[69]. Ensuite, l'initiative du père de Grandmaison. En 1908, le professeur du scolasticat jésuite d'Ore Place, viendra à Paris diriger les *Études*, et il fondera bientôt les *Recherches de science religieuse*. Or, Grandmaison a été profondément choqué par l'*Orpheus* de Salomon Reinach[70]. Il forme le projet de lui opposer une synthèse catholique couvrant également tout le champ de l'histoire des religions. N'ayant pas lui-même le temps de s'y consacrer, il confiera au père Joseph Huby la tâche de grouper autour de lui quelques collaborateurs afin de réaliser cette œuvre qui paraîtra en 1912 sous le titre : *Christus. Manuel d'histoire des religions*[71].

## Psychologie et sociologie

D'autres disciplines se proposent de traiter scientifiquement des phénomènes religieux. Dans son livre sur *Science et religion*[72], Boutroux confronte la psychologie et la sociologie. Celles-ci ne s'accordent pas sur une définition permettant de mettre à part l'ordre des phénomènes proprement religieux. Or, les sciences des religions peuvent-elle se dispenser d'une définition préalable de la religion ? Est-il possible de produire une telle définition sans une théorie générale de la religion ? Cette théorie ne fait-elle pas intervenir des présupposés évo-

---

69. Sur Bricout, voir la notice de François Laplanche dans *Les sciences religieuses*.

70. Voir son article « En marge d'une "histoire des religions" », *Études*, 1er avril 1909.

71. Paris, Beauchesne, 1912. La partie concernant *La religion chrétienne* sera ensuite reprise dans une édition séparée.

72. *Science et religion dans la philosophie contemporaine*, Paris, Flammarion, 1908.

lutionnistes et naturalistes ? Toutes ces questions se posent aussi bien à la psychologie et à la sociologie.

En ce qui concerne la sociologie, il faudrait évidemment retenir l'initiative d'Émile Durkheim qui constitue une école nouvelle, très opposée aux courants issus de Frédéric Le Play, mais aussi à la sociologie de Tarde. Il ne s'agit pas directement d'une « sociologie de la religion », mais l'objet religieux n'en joue pas moins un rôle capital dans la naissance de la sociologie durkheimienne [73]. Celle-ci pose à la théologie catholique de graves problèmes, par l'explication naturaliste qu'elle donne de la religion et surtout par l'idée qu'elle se fait de son nécessaire dépérissement dans la société moderne [74]. Mais ce n'est pas de ce côté que l'on trouve une conjonction avec le protestantisme libéral et avec ce que *Pascendi* considère comme la conception « moderniste » de l'expérience religieuse, La religion est, en effet, pour Durkheim, « un système solidaire de croyances et de pratiques relatives à des choses sacrées, c'est-à-dire séparées, interdites, croyances et pratiques qui unissent en une même communauté morale appelée Église, tous ceux qui y adhèrent [75] ».

L'approche sociologique s'accorde donc avec l'approche de la théologie catholique pour considérer la religion comme un fait social. En revanche, cette approche sociologique suscite des controverses dans le milieu d'une histoire des religions pratiquée par des protestants libéraux. L'article de Patrick Cabanel, que nous avons déjà cité, étudie ainsi la polémique entre la *Revue de l'Histoire des Religions* et *L'Année sociologique* de Durkheim [76]. Dans ce dernier périodique, Marcel Mauss et Henri Hubert sont les deux chroniqueurs pour la sociologie religieuse. Leurs recensions des manuels de Tiele et de Chantepie de la Saussaye accusent ces auteurs de faire de la philosophie ou de la psychologie de la

73. Voir l'article ancien de Durkheim sur « La définition des phénomènes religieux » dans *L'année sociologique*, 1898.

74. La théorie sociologique constitue pour Georges Michelet l'une des formes de l'agnosticisme contemporain. *Op. cit.*, p. 1-70.

75. *Les formes élémentaires de la religion*, Paris, Alcan, 1912. Nous citons la 5$^{e}$ édition, Paris, PUF, 1968, p. 65.

76. « L'institutionnalisation des sciences religieuses », *Bulletin de la Société d'Histoire du protestantisme*, janvier-mars 1994. Pour cette polémique, p. 61-67.

religion, ce qui leur fait manquer la réalité des faits religieux, qui sont choses objectives et naturelles, dotées d'une fonction sociale. La véritable science des religions « doit extirper de son domaine propre l'inconnaissable et en bannir la théologie » (*art. cit.*, p. 63).

## *La réception française de James*

Si, à longue échéance, la sociologie pose à la théologie catholique d'autres problèmes, ce qui rentre dans le cadre du débat théologique sur l'immanence, c'est la psychologie religieuse, telle qu'elle se constitue notamment sous l'influence de William James. En effet, cette psychologie prend pour objet le vécu des hommes religieux et elle opère ainsi un décentrement majeur par rapport à une théologie catholique qui reste axée sur le dogme et qui se méfie d'une attention protestante à l'expérience religieuse. S'il n'est pas le premier initiateur en matière de psychologie religieuse, le philosophe américain n'en a pas moins joué en France un rôle capital qui tient au fait qu'autour de son nom coagulent au moins trois types de problèmes et de recherches.

En premier lieu, sa théorie du « courant de conscience » sera connue surtout par la traduction française de son livre : *Psychology*[77]. Cette théorie est reçue en France en fonction d'un état de la psychologie marqué par deux éléments : d'une part le développement de la psychologie expérimentale avec ses laboratoires, et d'autre part la réaction bergsonienne contre l'associationnisme. En second lieu, la psychologie religieuse de James prend place dans un ensemble de recherches menées par des philosophes tels que Boutroux ou Delacroix, mais aussi par des psychologues et des médecins, tels que Pierre Janet. Ces études portent sur un ensemble de phénomènes comprenant les états mystiques, mais aussi le somnambulisme, le spiritisme, l'hypnotisme, l'hystérie… C'est

77. New York, Holt, 1892. Traduction française par E. Baudin et G. Bertier sous le titre *Précis de Psychologie*. L'ouvrage est publié en 1909 par les soins du père Peillaube dans la « Bibliothèque de Philosophie expérimentale » que celui-ci dirige chez Rivière. La Préface de Baudin est publiée dans la *Revue de Philosophie*, juin 1909, p. 635.

par rapport à ces phénomènes si divers qu'intervient l'hypothèse de la subconscience, formulée par Myers, et à laquelle l'encyclique *Pascendi* fait elle-même allusion.

En troisième lieu, il faut retenir le type de problèmes et de recherches qui est déterminé par la reprise du terme de « pragmatisme » et son usage intempestif. C'est dans le chapitre consacré au dogme et après avoir parlé d'Édouard Le Roy que nous reprendrons la question du pragmatisme, Encore faut-il noter dès maintenant le nombre considérable d'articles et de livres consacrés à ce courant de pensée et à celui qui en est considéré comme le principal représentant, à savoir William James. Le point culminant de cette production se situe entre 1907 et 1910, date de la mort de l'auteur américain. La discussion sur le pragmatisme constitue l'arrière-plan philosophique d'un ensemble de questions qui se situent aux confins de la théologie et de la psychologie et qui concernent le rapport de la foi, du dogme et de la théologie à la vérité.

## *La psychologie sans âme*

Lorsque James intervient sur le terrain de la psychologie générale, son apport demande à être référé au contexte d'une psychologie qui tend à devenir une science. En 1870, Hippolyte Taine avait introduit en France la psychologie des associationnistes anglais dans son célèbre ouvrage *De l'Intelligence*. La même année, Théodule Ribot faisait de son livre sur *La psychologie anglaise contemporaine* le manifeste de « la psychologie sans âme [78] ». En 1889, sera créée pour lui au Collège de France une chaire de psychologie expérimentale et comparée, tandis qu'il obtenait qu'un laboratoire analogue à celui de Wundt à Leipzig soit installé à la Sorbonne tout en dépendant du Collège de France. Ce laboratoire sera dirigé par Alfred Binet puis par Henri Piéron. L'œuvre considérable de ce dernier illustre bien le changement méthodologique programmé par Ribot dans son livre de 1870 : le passage de la méthode introspective à une méthode objective. Selon Ribot : « Ou bien la psychologie se borne à l'observation intérieure,

78. Paris, Alcan, 1870.

et alors, étant complètement individuelle, elle est comme enfermée dans une impasse et n'a plus aucun caractère scientifique ; ou bien elle s'étend aux autres hommes, cherche des lois, induit, raisonne, et alors elle est susceptible de progrès, mais sa méthode est en grande partie objective » (*op. cit.*, p. 22).

En Belgique, puis en France, les institutions ecclésiastiques ne restent pas en dehors de ce mouvement. Louvain donne le ton avec Albert Michotte. Après un doctorat de philosophie (1900), il étudie les sciences naturelles. A partir de 1905, il organise et dirige un Laboratoire de Psychologie expérimentale rattaché à l'Institut supérieur de Philosophie de l'Université de Louvain. Selon la *Revue néo-scolastique*, ce laboratoire est « richement outillé et aménagé sur le modèle des laboratoires allemands [79] ». Albert Michotte fera d'ailleurs plusieurs séjours d'étude à Leipzig auprès de Wundt. Paris imitera bientôt Louvain sous la direction du père Peillaube, qui est lui-même psychologue et qui créera à l'Institut catholique un Laboratoire de psychologie expérimentale illustré plus tard par Georges Dwelshauvers.

## *Aristotélisme et psychologie moderne*

Toutes ces initiatives posent une question importante : comment une psychologie formée à l'école d'Aristote et de saint Thomas peut-elle accueillir la transformation générale de la psychologie au début du siècle ? Ou encore, comment les partisans de l'âme peuvent-ils s'accommoder d'une psychologie qui exclut l'âme de ses recherches ? La question est sérieuse, mais, pour les protagonistes, elle est loin d'être désespérée. Pour un Peillaube par exemple, la psychologie moderne retrouve l'esprit et les intuitions centrales de la psychologie aristotélicienne.

Commentant et discutant un article d'Édouard le Roy sur « Scolastique et philosophie moderne », Peillaube raconte cette anecdote : « Un jour que j'étais avec mes élèves dans un laboratoire de psychologie expérimentale pour mesurer des temps de réaction avec le chronoscope de d'Arsonval, le

79. *Revue néo-scolastique de Louvain*, 1906, p. 452.

directeur s'étonnait du goût de ces jeunes gens pour l'expérimentation, et il les comparait, non sans quelque amertume, à d'autres, très férus pourtant de "philosophie moderne", qui traitaient ces études avec le dédain le plus transcendant. Cette différence d'attitude provient d'une différence d'éducation philosophique. Il est facile de puiser à l'école du péripatétisme le sens du réel, du donné, l'amour de la recherche basée autant que possible sur l'expérience, le culte des faits allié à celui du raisonnement le plus hardi [80]. »

Le *Précis de psychologie* de William James suscite la réprobation du père Garrigou-Lagrange : « Comment s'est-il trouvé des catholiques assez naïfs pour faire l'éloge du Précis de psychologie [...] au point de ne pas voir que ses théories psychologiques radicalement empiristes et nominalistes seraient la ruine de toute théodicée, de toute possibilité de reconnaître une révélation extérieure, de toute foi surnaturelle ? [81]. » Toute autre était la position du père Laberthonnière. Dans le long compte-rendu qu'il consacre à l'ouvrage de James, il montre « combien la psychologie ainsi comprise diffère de ce qu'on nous présente ordinairement sous ce nom, soit d'après la scolastique ou le spiritualisme éclectique, soit d'après l'empirisme matérialiste [82] ». Ce qui intéresse Laberthonnière, ce n'est pas le fait de parler ou non de l'âme, c'est l'initiation à une nouvelle manière de penser le sujet dans sa durée personnelle : « Notre unité et notre identité, c'est le JE concret et vivant qui pense et qui veut, véritable *vinculum substantiale* de la diversité infinie de la conscience, et qui fait lui aussi partie de la conscience, ou plutôt qui est la conscience même » (p. 178).

Dans le milieu français, une conjonction s'était déjà opérée entre la recherche de William James et celle de Bergson. Dès 1903, les deux auteurs s'avouaient réciproquement un accord dont ils précisaient d'ailleurs qu'il ne résultait pas d'une influence de l'un sur l'autre [83]. Bergson protestera

80. *Revue de Philosophie*, tome IX, juillet/décembre 1906, p. 426. L'article de Le Roy était paru le 15 juin 1906 dans la revue *Demain*. Il est reproduit dans *Dogme et critique*, Paris, Bloud, 1907, p. 317-357.

81. *Revue thomiste*, 1910, p. 810.

82. APC, novembre 1910, p. 175-187.

83. Voir Bergson, *Écrits et paroles*, tome 1, p. 192, Paris, PUF, 1957.

lorsqu'on voudra en faire un disciple de James. Tous deux entrent, dit-il, dans « un mouvement d'idées qui se produit un peu partout depuis quelques années » et qui correspond au besoin « d'une philosophie plus réellement empirique, plus rapprochée de l'immédiatement donné [84] ». Selon Bergson, c'est ce même souci qui anime la manière dont James approche la religion, avec l'art de faire sentir la spécificité de l'émotion religieuse.

## *De Sabatier à James*

Professeur à la Faculté de Théologie de Genève, Théodore Flournoy constitue un point de départ, avec les leçons qu'il donne en 1901-1902, et qui sont reprises dans une brochure intitulée *Les principes de la psychologie religieuse* [85]. La nouvelle discipline à laquelle il donne ce nom va fortement influencer la théologie genevoise, comme le montre l'article de Bernard Reymond « Quand la théologie de la Faculté de Genève était tentée de virer à la psychologie religieuse [86] ». Mais, par rapport au modernisme, il nous paraît surtout important de confronter William James et Sabatier. Au début de son livre sur *L'expérience religieuse* [87], l'auteur américain donne une définition de la religion dont le statut n'équivaut évidemment pas au statut de la définition que donnait Sabatier. Tandis que celui-ci visait une élucidation philosophique, James pose un objet scientifique. Sa définition n'est pas théorique, mais heuristique et méthodologique, ce qui lui permet de se donner comme arbitraire. Deux préoccupations la dominent : d'abord envisager la religion sous l'angle psychologique, lequel se distingue par principe d'autres perspectives, par exemple sociologiques ; ensuite, déterminer, à l'intérieur des phénomènes psychologiques, les faits religieux.

84. *Op. cit.*, tome 2, p. 239.
85. Genève, 1903.
86. Dans le volume collectif : *Actualité de la Réforme*, Labor et fides, 1987.
87. *Varieties of Religious Experience*, trad. fr. sous le titre, *L'expérience religieuse*, avec une Préface d'Émile Boutroux, 1re éd. 1906, 2e en 1908, 3e seulement en 1931. C'est cette dernière que nous citons.

Ce pour quoi, Wiliam James retient la relation personnelle au divin.

Compte-tenu de ces formalités différentes, la définition de la religion que retient William James n'en a pas moins des rapports avec celle de Sabatier. « Nous entendrons dorénavant par religion (définition toute arbitraire, je le répète) les impressions, les sentiments et les actes de l'individu pris isolément, pour autant qu'il se considère comme étant en rapport avec ce qui lui apparaît comme divin » (p. 27). La comparaison est possible et intéressante dans la mesure où le même partage s'opère entre d'une part l'élément personnel et intérieur de la piété, et d'autre part les « constructions philosophiques, théologiques, ecclésiastiques » dont William James dit qu'elles se greffent après coup sur le premier élément. Au moins se rencontre-t-il avec Sabatier pour prendre la religion sous son aspect personnel et intime.

A travers le souci épistémologique, se glisse quand même l'idée d'un ordre de priorité : le sentiment individuel du rapport au divin est considéré comme la matrice des systèmes théologiques et des institutions ecclésiastiques. Même si la décision prise n'a pas la prétention de saisir « l'essence de la religion », ce que William James nomme « la religion personnelle » n'en reste pas moins, d'après lui, le germe des formations ultérieures d'ordre dogmatique et/ou ecclésial. « Les Églises, une fois établies, continuent à vivre grâce à la tradition : mais à l'origine, tout fondateur d'église doit son autorité à la communion directe qu'il entretient avec son Dieu. Je ne parle pas seulement des fondateurs surhumains, tels que le Bouddha, le Christ ou Mahomet, mais de tous ceux qui ont réformé l'Église chrétienne et fondé des sectes nouvelles. Cette communion directe est la racine de toute religion ; ceux-là même doivent le reconnaître qui ne veulent y voir qu'une imparfaite ébauche de la religion véritable » (p. 27).

## *La vigilance critique de Boutroux*

Lorsqu'il lui succède à l'Académie des Sciences morales et politiques, Raymond Thamin signale que James a exercé une forte séduction sur le Boutroux des dernières années[88]. C'est exact, mais bien avant la rencontre du philosophe américain, la réflexion sur la vie religieuse et sur le mysticisme accompagnait et mobilisait l'œuvre d'un homme qui pratiquait en philosophe l'histoire de la philosophie. Dès 1888, dans un Mémoire lu devant l'Académie des Sciences morales et politiques, le jeune Boutroux avait étudié « Le philosophe allemand Jacob Boehme[89]. » Il est vrai que la mystique spéculative de Boehme intéresse alors Boutroux surtout dans la mesure où il lui apparaît possible de dégager « une métaphysique sous l'enveloppe d'une théologie » (p. 284).

Boutroux se rapproche de l'étude de l'expérience religieuse avec son article de 1902 sur « La psychologie du mysticisme. » Mais, lorsqu'il s'attache à ces questions, Boutroux reste un philosophe qui pose l'exigence d'une véritable « critique » de l'expérience religieuse[90]. Lorsqu'il préface la traduction française de *L'expérience religieuse*[91], il fait remarquer que, du point de vue méthodologique, la psychologie religieuse de William James se situe à mi-chemin. Plaçant le fait religieux proprement dit dans l'expérience individuelle, cette psychologie s'appuie sur les confidences, les descriptions, les récits des sujets religieux, mais le psychologue considère ces productions objectivement, avec cet esprit scientifique qui conduit à une précision rigoureuse, à la classification des phénomènes et à l'établissement de rapports de connexion causale, analogues à ceux qui caractérisent les sciences physiques.

Que veut dire William James lorsqu'il propose à la psychologie religieuse de cesser d'être théologie pour devenir science des religions (p. 381) ? Comme dans le cas de l'histoire, il s'agit de mettre entre parenthèses les interprétations surnaturelles des faits religieux, pour en fournir des explications naturelles qui ne seront peut-être pas exhaustives, mais

---

88. *Notice sur la vie et les travaux de M. Émile Boutroux* (1845-1921), Paris, Firmin Didot, 1925, p. 37.

89. Publié dans le compte-rendu des travaux de l'Académie, le texte est repris dans *Études d'Histoire de la Philosophie*, Paris, Alcan, 1908, p. 211-288.

90. Voir *Foi et Vie*, 16 décembre 1905. Henri Bois a repris ce texte dans son livre sur *La valeur de l'expérience religieuse*, 2e éd. 1908.

91. Dans sa version initiale, la préface est datée du 18 octobre 1905.

qui auront en tout cas leur consistance propre. Qu'arrive-t-il de ce fait à la religion, devenue objet de science ? Même si les sciences de la religion sont différentes et pour une part au moins concurrentes, elles ont aussi des effets communs. Toutes font rentrer la religion chrétienne dans le rang de sorte qu'elles accomplissent sur le terrain intellectuel une opération analogue à celle qui, sur le plan institutionnel, met fin au privilège du catholicisme et le fait rentrer dans le droit commun.

Faut-il aller plus loin ? Selon Georges Michelet, les interprétations de Delacroix, Flournoy ou James ne laisseront que « le souvenir fugitif d'une tentative pour expliquer après bien d'autres, la vie religieuse, en supprimant la religion (*op. cit.*, p. 181). Moins catégorique, Boutroux envisage au moins cette hypothèse : « A la différence des autres sciences, qui laissent subsister les choses qu'elles expliquent, celle-ci (la science des religions) a la propriété remarquable de détruire son objet en en rendant compte, de se substituer aux faits, à mesure qu'elle les analyse. Établie dans les intelligences et dans les âmes, la science de la religion ne traitera plus que du passé[92]. » Bref, la scientificité de la science des religions n'impliquerait-elle pas la mort de la religion ?

## V. THÉOLOGIE MYSTIQUE ET PSYCHOLOGIE

### *Les théologiens et la mystique*

Que font en l'occurence les théologiens ? Quelle que soit leur suspicion à l'égard des sciences de l'expérience religieuse, ou à l'égard du rôle que le protestantisme fait jouer à celle-ci, ils ne sont pas dispensés de réfléchir sur l'expérience mystique qui constitue un héritage inaliénable du catholicisme. De quelque bord qu'elles viennent, et quelle qu'en soit l'orientation, les études sur les mystiques ne peuvent manquer d'intéresser la théologie catholique. mais celle-ci doit d'abord se défendre. Dans l'article « Mysticisme » du DAFC, le père Lucien Roure annonce d'emblée ce caractère défensif : « On

92. *Science et religion*, p. 192.

se propose de revendiquer contre le naturalisme, la réalité des états mystiques, d'établir qu'ils ne peuvent se ramener à des phénomènes d'ordre naturel, normaux ou anormaux, mais qu'ils jouissent de caractères propres qui les mettent à part » (col. 1014).

Les traces de vieilles querelles théologiques se retrouvent dans la manière dont Roure réserve le cas des Quiétistes, avec Molinos et Madame Guyon. Ces mystiques hétérodoxes prêtent le flanc aux auteurs profanes, lesquels jugent à partir d'eux tout le mysticisme catholique. Il importe donc de bien discerner les vrais et les faux mystiques, les mystiques orthodoxes et les mystiques hétérodoxes. En outre, l'affectivité religieuse inquiète la théologie catholique, qui se préoccupe de contenir la mystique dans les cadres de sa théorie générale de la connaissance humaine de Dieu. Même si l'on reconnaît en elle une intuition expérimentale de l'être divin, la contemplation mystique ne saurait dispenser de la voie rationnelle par laquelle nous connaissons avec certitude l'existence de Dieu, et encore moins de la foi dogmatique en la révélation divine.

Les précautions que les théologiens prennent à l'égard de la mystique ne sont pas sans rapport avec une certaine tradition philosophique, celle du spiritualisme éclectique. Professant que « la vraie union de l'âme avec Dieu se fait par la vérité et par la vertu », Victor Cousin critique en effet le mysticisme alexandrin qui prétend unir l'homme à Dieu sans le concours de la raison. Ce mysticisme philosophique repose en définitive sur une notion radicalement fausse de l'être absolu : « On a tellement peur que l'infini ait quoi que ce soit de commun avec le fini qu'on n'ose reconnaître que l'être est commun à l'un et à l'autre, sauf la différence de degré [93]. » Victor Cousin n'est pas familier de l'analogie de saint Thomas, mais les thomistes ne sont pas plus proches que lui de la théologie négative de Plotin et de son école.

La situation philosophique se transforme avec les travaux d'Henri Delacroix autour desquels s'amorcent des débats qui seront sans conclusion immédiate, mais qui reprendront dans les années vingt. Après une thèse sur Maître Eckhart : *Essai*

---

93. *Du Vrai, du Beau et du Bien*, 1re éd. 1853. Nous citons la 21e éd, Paris, Didier, 1879, p. 115 et 124.

*sur le mysticisme chrétien en Allemagne au* XIV*e siècle*[94], Delacroix avait publié ses *Études d'histoire et de psychologie du mysticisme. Les grands mystiques chrétiens*[95]. Concernant « Le développement des états mystiques chez sainte Thérèse[96] ». il introduit, en 1905, à la Société française de philosophie, un débat qui préfigure la fameuse séance du 2 mai 1925 autour du livre de Jean Baruzi sur saint Jean de la Croix[97]. Déjà, deux thèses s'opposent au sujet des états mystiques, l'une insistant sur l'élément intellectuel et volontaire, et l'autre faisant jouer le rôle principal à l'élément affectif. Mais, en arrière-plan, la discussion porte sur la question de savoir si Delacroix a raison de penser que la psychologie peut donner une explication exhaustive de l'expérience mystique.

## *Spiritisme et occultisme*

La psychologie, mais quelle psychologie ? descriptive et phénoménologique ou explicative et réductionniste ? La question prend une allure inquiétante lorsque l'on considère d'un peu plus près le contexte au sein duquel est reçue la psychologie religieuse d'un Flournoy ou d'un James. Plusieurs études récentes ont tenté de cerner les transformations qui s'opèrent à la fin du XIXe siècle dans le repérage et le traitement des maladies nerveuses, transformations plus ou moins occultées par la découverte de Freud. Ainsi Jacqueline Carroy dans son livre : *Hypnose, suggestion et psychologie. L'invention de sujets*[98]. Auparavant les articles de Gladys Swain réunis dans *Dialogue avec l'insensé*[99]. En particulier,

94. Paris, 1900.

95. Paris, 1908. Voir la présentation que Bergson fait de ce livre le 30 janvier 1909 à l'Académie des Sciences morales et politiques, *Écrits et Paroles*, tome II, p. 313-314.

96. BSFP, janvier 1906.

97. BSFP, mai-juin 1925 : *Saint Jean de la Croix et le problème de la valeur noétique de l'expérience mystique*. Au même contexte appartiennent le Cahier de la Nouvelle Journée : *Qu'est-ce que la mystique ?*, Paris, Bloud et Gay, 1925, et le livre du père Gardeil sur *La structure de l'âme et l'expérience mystique*, Paris, Gabalda, 1927.

98. Paris, PUF, 1991.

99. Paris, Gallimard, 1994. Avec un important préambule de Marcel Gauchet : « A la recherche d'une autre histoire de la folie. »

l'article de 1986 qui examine la formation de l'idée contemporaine de psychothérapie : « Du traitement moral aux psychothérapies. » Le titre rattache les initiatives de la fin du siècle à celles qui avaient marqué son début [100]. A Paris, l'École de la Salpêtrière est dominée par la personnalité de Jean Martin Charcot, qui découvre en 1878 les vertus de l'hypnose pour le traitement de l'hystérie, ce qui aboutira à la communication faite en 1882 à l'Académie des sciences : « Sur les divers états nerveux déterminés par hypnotisation chez les hystériques. » Les travaux les plus sérieux et les plus prospectifs semblent être le fait de l'École de Nancy avec Hippolyte Bernheim, assez critique à l'égard des mises en scène de la maladie mentale par Charcot. Il reste que, selon Gladys Swain, en annexant à la médecine « un ordre de phénomènes abandonné jusque-là au charlatanisme et au merveilleux », la Salpêtrière illustre « les capacités de la science à soumettre les domaines les plus mystérieux de l'histoire et de la vie [101] ».

Jacqueline Carroy montre que « l'hypnotisme est l'héritier parfois honteux du magnétisme ». Tout le XIXᵉ siècle est soustendu par la permanence ou les reprises sous des noms divers, d'un même phénomène : « Au lieu d'aller voir un médecin, une femme du XIXᵉ siècle pouvait s'adresser à un magnétiseur pour apprendre à ordonner ses crises, en prédisant leurs venues, leur déroulements et leur fin. Elle pouvait aussi s'installer dans un état de doubles vies successives en devenant somnambule consultante. Elle pouvait encore devenir un médium écouté et admiré » (*op. cit.*, p. 21). De fait, dans son livre : *Voyantes, Guérisseuses et Visionnaires en France*, 1785-1914 [102], Nicole Edelman a montré l'extraordinaire développement, au cours du XIXᵉ siècle, du somnambulisme magnétique, qui devient une profession, aux confins de la médecine et de l'escroquerie.

A partir de 1857, Hippolyte Léon Denizard Rivail va profiter de la vague des tables tournantes et des essais d'écriture automatique pour créer un véritable mouvement autour

100. Celles-ci avaient été étudiées par Marcel Gauchet et Gladys Swain dans *La pratique de l'esprit humain*, Paris, Gallimard, 1980.

101. Gladys Swain, *op. cit.*, p. 243.

102. Paris, Albin Michel, 1995.

de ceux qu'il nomme, à l'instar des américains, des médiums, spécialisés dans les relations avec les esprits. Sous le nom qu'il adopte désormais, Allan Kardec, le même fonde, en 1858, la *Revue spirite*, journal d'études psychologiques, promise à un bel avenir. En 1860, Allan Kardec reprend, en le développant, son *Livre des Esprits*, publié en 1857. Or, les ambitions religieuses et sociales du mouvement ainsi créé sont considérables. Présentant ce courant spirite, Nicole Edelman développe le thème suivant lequel la référence majeure de Kardec reste le christianisme, mais un christianisme renouvelé :

> « Le spiritisme a l'ambition de forger une religion scientifique. En lui conservant un caractère transcendant, Kardec et les médiums, comme certains magnétiseurs et somnambules, pensent avoir démontré l'existence des esprits et donc celle de Dieu. Cette nouvelle Révélation est destinée à des hommes nés dans une époque d'émancipation et de maturité intellectuelle, des hommes aptes à recevoir individuellement le message divin qui est adapté à l'intelligence de chacun et transmis dorénavant comme un enseignement direct et intime qui leur permettra d'avoir prise sur le monde [103]. »

Un autre courant, parfois parallèle, parfois convergent, est constitué par la recrudescence d'un occultisme ésotérique qui tend à opérer quelque chose comme une synthèse des religions, étrangère au dogmatisme des Églises, et susceptible de fournir un aliment à la religiosité naturelle de l'homme, en dehors de toute appartenance à une religion positive. Parmi les grands promoteurs, on retiendra le Docteur Gérard Encausse, dit Papus, qui tente de réunir les apports des traditions ésotériques et ceux du spiritisme contemporain [104]. Également, Édouard Schuré, dont le livre sur *Les grands initiés, Esquisse de l'histoire secrète des religions*, a connu, depuis 1889 jusqu'à aujourd'hui un nombre considérable d'éditions [105].

L'objectif déclaré est « la réconciliation de la Science et de la Religion sur le terrain ésotérique ». L'un des indices positifs est, pour Schuré, l'ouverture de la science moderne au

103. Edelman, *op. cit.*, p. 126.
104. Voir Edelman, *op. cit.*, p. 149 sq.
105. Nous citons la 142$^{e}$ édition, Paris, Perrin, 1943.

« monde propre de l'âme ». grâce aux « études et constatations médicales de ce siècle sur le magnétisme animal, sur le somnambulisme et sur tous les états de l'âme différents de la veille, depuis le sommeil lucide à travers la double vue jusqu'à l'extase » (p. XXII). Mais l'essentiel du livre consiste en une histoire universelle de la religion, construite sur la complémentarité originaire du courant sémitique et du courant aryen, et englobant l'initiation de l'Inde, les mystères de l'Égypte, la mission d'Israël, les mystères de Dionysos, les mystères de Delphes, les mystères d'Éleusis et enfin, couronnant le tout, la mission de Jésus. Or, pour que le christianisme accomplisse sa vocation, il faudrait, selon Schuré, qu'il accepte « une de ces grandes évolutions sans lesquelles les religions sont fatalement condamnées à périr, évolution qui en lui conservant sa beauté morale, renouvellerait sa force spirituelle et la mettrait en harmonie avec la science moderne [106] ».

Tous ces mouvements semblent assez périphériques par rapport à l'histoire du modernisme. Ils la concernent néanmoins à plusieurs titres. D'abord, si le somnambulisme, l'hypnotisme, le spiritisme, voire l'occultisme se croisent et s'échangent, au sein d'une nébuleuse assez confuse, toutes ces pratiques renvoient d'une manière ou d'une autre au prestige de la science et, à ce titre, ils constituent une composante peut-être aberrante, mais réelle, de la modernité de l'époque. De plus ils apportent leur participation à ce besoin de renouveler la religion et le christianisme qui travaille les esprits à la fin du XIXe siècle. Le spiritisme et l'ésotérisme contribuent à l'inquiétude des théologiens catholiques devant les dérives d'une religiosité dévoyée.

## *Le discernement des esprits*

Il faut d'ailleurs tenir compte d'un point de rencontre et de conflit encore plus précis : si le spiritisme entre en compétition avec le christianisme, c'est sur la base d'une croyance commune aux esprits de telle sorte que les faits allégués par les médiums appelleront un renouvellement de la doctrine traditionnelle du discernement des esprits. Comment distinguer

---

106. Texte cité par Edelman, p. 148.

la vraie mystique de la fausse mystique ? Ou encore, en fonction de quels critères peut-on distinguer l'intervention divine et les interventions diaboliques ou les faits simplement naturels ? Le titre du livre du chanoine Ribet est significatif d'une problématique générale : *La mystique divine distinguée des contrefaçons diaboliques et des analogies humaines* [107]. Si les règles traditionnelles du discernement des esprits sont destinées à guider, dans leur cheminement commun, le conseiller spirituel et son dirigé, ici, nous avons surtout affaire à une codification à la fois pointilleuse et abstraite, avec une multiplication impressionnante des catégories et des critères.

Plus spirituel est le manuel le plus célèbre de l'époque, celui du père Auguste Poulain : *Des grâces d'oraison. Traité de théologie mystique* [108], qui se présente comme un guide à l'intention des âmes engagées dans la voie mystique et plus encore à l'intention de leurs directeurs de conscience. A cet égard, Poulain utilise sa propre expérience pour tenter de préciser les qualités que doit avoir un directeur, soucieux d'aider des personnes qui éprouvent une grande difficulté à comprendre leur état et à le dépeindre. Surtout, précise Poulain, s'ils n'ont pas lu de livres mystiques. Mais convient-il que le directeur conseille cette lecture ? Tout ceci montre la situation complexe de la théologie mystique. En tant que discipline théologique, elle doit argumenter à partir de l'Écriture et de la Tradition, mais sa ressource principale est constituée par les écrits de ceux que l'Église a désignés comme mystiques authentiques, en excluant par exemple le Quiétisme, dont s'occupe longuement Poulain. A partir de là se construit entre le directeur et les dirigés un rapport qui est médiatisé par les textes mystiques et par la théologie qui les systématise.

## *Mystique et hystérie*

Même s'il n'est pas directement polémique, le livre de Poulain doit bien prendre parti à l'égard de problèmes contemporains tels que l'assimilation tentée par certains sceptiques

107. Paris, Poussièlgue, 1903.

108. Parmi les nombreuses rééditions, nous nous référons à celle de 1922, préfacée par le père Bainvel.

entre l'extase et l'état hypnotique. De fait, ce n'est pas seulement le spiritisme qui remet à l'ordre du jour la problématique du discernement des esprits, c'est aussi, ou surtout, la pratique psychiatrique de l'époque avec ses incidences sur l'interprétation des phénomènes mystiques. Bien avant la crise moderniste s'amorce le débat sur la possibilité d'appliquer aux mystiques les théories nouvelles des neurologues sur l'hystérie et sur la suggestion hypnotique. En 1882, à l'occasion du troisième centenaire de sa mort, l'évêque de Salamanque avait mis au concours la question du caractère et des révélations de sainte Thérèse en face des savants incrédules. Un jésuite biologiste, le père Hahn, avait répondu en publiant en 1883 une longue étude sur « Les phénomènes hystériques et les révélations de sainte Thérèse [109]. » Tout en concédant beaucoup à Charcot, le jésuite distinguait l'expérience fondamentale de Thérèse et les composantes hystériques de sa personnalité. L'article n'en fût pas moins mis à l'Index en 1886.

L'hypothèse est ingénieuse, mais elle ne tient pas véritablement, déclarent les théologiens. Nous retrouverons l'anti-modernisme de Mgr Farges. Nous le rencontrons ici en fonction d'une publication plus tardive : *Les phénomènes mystiques distingués de leurs contrefaçons humaines et diaboliques* [110]. Il s'agit en fait du cours de théologie ascétique et mystique que Mgr Farges avait dispensé à Angers de 1899 à 1905. Certes, l'auteur concède qu'il existe une ressemblance apparente entre l'extase et l'hypnose : « Qui de nous n'a vu, dans les séances d'hypnotisme à la mode, des somnambules reproduisant des attitudes ravies ou extatiques, au gré de leurs suggestionneurs, et imitant les scènes sublimes de nos saints en extase autant qu'une caricature peut imiter le réel ? » (p. 483). Mais la ressemblance est superficielle et l'auteur va démonter les parallèles que l'on tente d'établir entre l'extase vraie ou surnaturelle d'une part et d'autre part les phénomènes psychologiques du délire et de la folie, les fausses extases des névropathes, ou les prétendues extases naturelles des philosophes et des savants (cf. p. 440). Ce faisant, Farges discute aussi avec les auteurs catholiques qui ne

---

109. Trois articles dans la *Revue des Questions Historiques*, Bruxelles, 1883.

110. Paris, La Bonne Presse, 1920.

reconnaissent pas le caractère intellectuel de la vision mystique et qui la réduisent à un état affectif : « La sensation de présence d'une réalité transcendante et divine est une sensation vraiment *intuitive* et non pas purement *émotive*[111]. »

Concernant « les compléments merveilleux de l'extase divine », Farges étudie successivement la stigmatisation, la lévitation, les effluves lumineux, les effluves odoriférants, l'abstinence surnaturelle, enfin l'empire sur les créatures. Sur toutes ces questions, l'apologétique de l'époque a recours au docteur Robert Van der Elst[112]. En 1908, celui-ci soutient à Lille une thèse de médecine : *Contribution apportée à la notion d'hystérie par l'étude de l'hypnose spécialement considérée dans son histoire, dans son essence, dans son effet*. De 1911 à 1928, il donne des conférences à l'Institut catholique de Paris. Surtout, c'est à lui qu'ont été confiés dans le DAFC les articles concernant les questions mises en jeu par les idées psychiatriques récentes. Ainsi « Guérisons miraculeuses » « Hypnotisme », « Hystérie », « Occultisme », « Stigmates », « Suggestion ». Et c'est encore la bibliographie dressée par lui que l'on retrouve à l'article « Hypnose » du DTC.

Au début des années 1900, alors qu'il n'a pas encore quitté la Compagnie de Jésus pour rejoindre le clergé séculier, le père Jules Pacheu donne des cours libres à l'Institut catholique de Paris, Au 4e Congrès international de Psychologie qui se tient à Paris en août 1900, sa conférence sur « La psychologie des mystiques » trace un programme de recherches sur l'oraison, la tentation, la désolation, l'extase, la consolidation, la contemplation. Il collabore à la *Revue de Philosophie*, du père Peillaube[113]. Parmi ses livres, nous retenons *L'expérience mystique et l'activité subconsciente*[114]. Pacheu distingue trois points de vue et trois types de compétence : il appartient au directeur de guider pratiquement des âmes engagées dans la voie mystique ; le théologien reçoit de sa tradition religieuse des faits respectables et il cherche à les éclairer par des principes déduits des vérités révélées ; quant au critique,

111. *Op. cit.*, p. 107, souligné par l'auteur.

112. Voir la notice de Eric Hamraoui dans *Les sciences religieuses*.

113. Voir différentes contributions de la 2e année, dont l'article de décembre 1902 sur « Spiritisme et occultisme ».

114. Paris, Perrin, 1911.

croyant ou non, il lui revient d'être « un observateur impartial et un chercheur sincère » (p. VI-VII).

Pour sa part, Pacheu entend parler en psychologue, qui ne se donne pas le droit de « conclure Dieu » (p. 296). Or, il est au moins un trait de son livre qui est symptomatique de l'époque. Pour traiter des faits mystiques, Pacheu commence par s'intéresser longuement au spiritisme et c'est à propos de ce dernier qu'il établit la distinction d'un « double psychisme, l'un supérieur, l'autre inférieur, et le rôle de leur collaboration dans notre activité mentale » (p. 29). Susceptible d'expliquer certains faits mystiques, l'hypothèse de la subconscience fait perdre quelque chose de sa force probante à l'argument de l'origine passive dont usaient les mystiques. Mais Pacheu n'en conclut pas que les phénomènes mystiques rentrent tout entiers dans l'ordre de ce que l'on peut raisonnablement imputer à la subconscience.

## *Vers l'inconscient*

Aujourd'hui, les essais de l'époque pour cerner une subconscience sont réinterprétés en fonction de la position freudienne de l'inconscient. Et cela, même si la recherche historique la plus actuelle fait apparaître par exemple en Pierre Janet plus qu'un simple précurseur de Freud[115]. On ne peut reprocher aux auteurs catholiques de l'époque de ne pas avoir saisi ce qui se découvre aujourd'hui à un regard rétrospectif. Il n'en est pas moins intéressant de voir comment ils prêtent attention aux changements en cours et comment ils se situent par rapport à eux.

En deçà de la découverte proprement freudienne de l'inconscient, cette notion commence à fonctionner sous des noms et des formes divers. A Genève, Théodore Flournoy travaille sérieusement sur les médiums, avec l'ambition de rap-

115. Voir le chapitre qui lui est consacré par Henri F. Ellenberger dans son *Histoire de la découverte de l'inconscient*, trad. fr. Paris, Fayard, 1994. Agrégé de philosophie, mais aussi élève de Charcot à la Salpêtrière, Pierre Janet soutient en 1889 sa thèse sur *L'automatisme psychologique*, et il polémique avec Freud dans sa thèse de médecine de 1892 consacrée à *L'état mental des hystériques*.

porter le plus possible les processus parapsychologiques à l'activité de souvenirs enfouis dans l'inconscient[116]. Co-fondateur en 1882 de la *Society for Psychical Research*, Frederik Myers fait autorité à l'époque, même en France. En 1905, Delacroix consacre un article dans la RMM à sa théorie du « subliminal ». Ce qui intéresse en définitive Myers, c'est la survie après la mort et la possibilité de communiquer avec les esprits des défunts. En vue de justifier cette possibilité, il entreprend d'étudier tout l'ensemble des problèmes posés par l'hypnose dans le moment où celle-ci est en pleine expansion, de 1875 à 1900. L'hypothèse finale est que le « soi subliminal » remplit deux types de fonctions : « Les fonctions inférieures se manifestent dans les processus de dissociation décrits par les psychopathologistes, et les fonctions supérieures se manifestent dans certaines œuvres géniales[117]. » A ce niveau, l'art et la religion se côtoient.

La psychologie religieuse s'intègre à un champ encore mal délimité, aux confins de la psychologie pathologique et de la psychologie normale : jeune enseignant, Bergson pratique l'hypnose et il suit attentivement les travaux de Janet aussi bien que ceux de William James. Même s'ils ne restent pas étrangers à ces mouvements, les théologiens s'inquiètent devant les théories de la subconscience : les phénomènes proprement religieux ne risquent-ils pas ainsi de perdre leur spécificité et de se voir dévalorisés par des confusions qui atteignent même les plus hauts degrés de la mystique ? L'obligation de se défendre est d'autant plus grande que l'on craint une collusion entre l'explication psychologique des phénomènes religieux et les postulats de l'histoire des religions. Les trois questions de la nature, de la valeur et de l'origine des faits religieux sont liées selon Georges Michelet (p. 73). Il rejoint ainsi l'encyclique *Pascendi*, qui impute aux modernistes une théorie de la religion suivant laquelle « le sentiment religieux, qui jaillit, par immanence vitale, des profondeurs de la subconscience, est le germe de toute religion [...]. Obscur, presque informe, à l'origine, ce sentiment est allé progressant sous l'influence secrète du principe qui lui

116. Voir *Des Indes à la planète Mars. Étude sur un cas de somnanbulisme avec glossolalie*, Paris et Genève, Atar, 1900.

117. Voir Ellenberger, *op. cit.*, p. 345.

donna l'être [...]. Ainsi naquirent toutes les religions, y compris les religions surnaturelles : elles ne sont toutes que des efflorescences de ce sentiment » (p. 13).

Le chapitre de Georges Michelet sur « L'origine de la religion et la théorie de la subconscience » évoque l'ensemble des phénomènes que l'on tente d'expliquer par le subconscient. Soit des faits de la vie normale, comme on le voit chez Bergson, soit des faits pathologiques : le somnambulisme, avec la formation de personnalités secondaires dans les cas de dédoublement, ainsi que la mémoire alternante et l'oubli au réveil ; le spiritisme, s'il est vrai que « l'esprit évoqué par le médium n'est pas autre que le personnage subconscient de l'hystérique » ; enfin les états psychasthéniques repérés par Pierre Janet. Le principe d'une application à l'expérience religieuse est posé lorsqu'on affirme une double identité, celle des faits et celle de la méthode d'explication.

La réfutation de Michelet commence par pluraliser les théories de l'inconscient, qui sont ou physiologiques [118], ou psychologiques, ou animistes. Quelle que soit la théorie adoptée, il s'agit de montrer qu'elle n'explique pas les faits surnaturels. La réfutation la plus intéressante est celle qui vise la « conception mystique » présentée par Myers et James. Notre individualité serait en profondeur immergée dans un monde invisible d'où proviendraient les influences qui s'exercent, au regard de la conscience, sous forme religieuse. Or, nous voyons revenir ici chez Michelet l'objection fondamentale : « Dire que notre moi conscient fait partie d'un moi plus grand, mais *de même nature*, supprime l'affirmation fondamentale de toute théologie, celle de la personnalité de Dieu. Et ici nous sommes en présence d'un panthéisme idéaliste [119]. »

## *Philosophie et mystique : J. Maréchal*

C'est seulement entre les deux guerres que la question des rapports entre la psychologie et la théologie rebondira sous

118. A partir de Ribot, Michelet touche ce qu'une recherche récente de Marcel Gauchet identifie comme *L'inconscient cérébral*, Paris, Seuil, 1992.
119. *Op. cit.*, p. 177 (souligné par l'auteur).

des formes nouvelles. Le débat autour de Pierre Janet ne prendra vraiment consistance qu'avec la publication dans les années vingt de son grand ouvrage : *De l'angoisse à l'extase. Études sur les croyances et les sentiments* [120]. Le professeur au Collège de France aura alors un interlocuteur attentif en la personne du père Bruno de Jésus-Marie, directeur de la nouvelle série des *Études carmélitaines* [121]. Mais le contexte d'ensemble comporte surtout l'entrée en scène de la psychanalyse avec Freud et Jung.

Avant la guerre de 1914-1918, deux avancées peuvent cependant être signalées : le renouveau de l'hagiographie avec Henri Bremond et les études du père Joseph Maréchal sur les mystiques. Commençons par ce dernier. Plus tard, Maréchal tentera de réinterpréter l'un par l'autre Kant et saint Thomas d'Aquin et son œuvre philosophique influencera fortement Karl Rahner [122]. Dans *L'homme à l'écoute du Verbe*, le théologien allemand cherche dans la structure de l'esprit humain ce qui rend celui-ci capable de recevoir une révélation historique. Or, si ce changement méthodologique est possible, c'est parce que Rahner a subi l'influence de Joseph Maréchal et de sa tentative de repérer une communauté de pensée entre saint Thomas et Kant. Loin d'accepter purement et simplement les conclusions de la critique kantienne de la connaissance, Joseph Maréchal cherche d'ailleurs à montrer que, dans la *Critique de la raison pure*, Kant en est resté à une étude des structures formelles de la connaissance, sans remonter jusqu'à l'activité spirituelle constituante dont il s'approche au contraire dans les notes de l'*Opus posthumum.* Pour Maréchal, il s'agit du dynamisme qui est infusé à l'intelligence par la volonté, en tant que celle-ci est tendue vers la fin dernière, c'est-à-dire la vision de Dieu.

Au début de sa carrière, alors qu'il enseigne la biologie et la psychologie expérimentale, le jésuite belge commence par

---

120. Paris, Alcan, 1926-1928. Voir l'ouvrage de Jacques Maître : *Une inconnue célèbre. La Madeleine Lebouc de Janet*, Paris, Anthropos, 1993. On notera que le père Poulain et le père Pacheu sont l'un et l'autre intervenus dans la direction spirituelle de la malade de Janet.

121. Voir l'article d'Etienne Fouilloux : « Satan, 1948 » dans *Au cœur du XXe siècle religieux*, Paris, Les éditions ouvrières, 1993.

122. En 1922 paraît le premier des Cahiers sur *Le point de départ de la métaphysique*.

s'intéresser à la psychologie des mystiques en refusant de se laisser enfermer dans l'alternative entre une explication théologique et une explication psychologique, alternative à partir de laquelle la seule ressource pour sauver la première serait de récuser la seconde. Pour Maréchal, aucun phénomène n'est soustrait par principe aux explications psychologiques, mais aucune explication naturelle ne couvre l'intégralité du phénomène mystique. C'est dans cet esprit qu'en 1908-1909, Maréchal avait étudié dans la *Revue des Questions scientifiques*, le « sentiment de présence chez les profanes et chez les mystiques ». En 1912, il participe au numéro spécial de la *Revue de Philosophie* sur « L'expérience chrétienne » par un article sur « Quelques traits distinctifs de la mystique chrétienne ». Au début de la même année était paru dans les RSR un article dont les ressources épistémologiques sont plus affirmées : « Science empirique et psychologie religieuse. Notes critiques[123]. »

Outre la finesse de leurs analyses, les études de Maréchal présentent l'intérêt d'interpréter l'expérience des mystiques en fonction d'une hypothèse métaphysique qui comporte plusieurs éléments complémentaires. D'abord, « l'intelligence humaine — l'expérience psychologique le montre — est, à travers le phénomène, le concept et le discours, perpétuellement chassée du muable, du multiple, et du déficient, vers l'Absolu, vers l'Un et vers l'Infini, c'est-à-dire vers *l'Être pur et simple* ». En second lieu, la condition présente de l'intelligence humaine, rivée aux présentations sensibles, « l'empêche radicalement d'égaler par ses actes sa tendance profonde ». Dès lors, on peut comprendre que, si Dieu se présente lui-même à l'âme, celle-ci peut être affranchie des limitations de la connaissance naturelle et éveillée à « cette *intuition de l'être* qui, tout inaccessible qu'elle soit à l'effort de la seule intelligence, en prolonge pourtant le mouvement initial[124] ». L'inspiration blondélienne est confirmée par une note de ce même article renvoyant à *L'Action*. Blondel ne connaît pas encore Maréchal, mais Auguste Valensin le lui présentera en 1912, comme un ami du père Charles et de lui-

---

123. Le tout est réuni dans *Études sur la psychologie des mystiques*, tome premier, Bruges, Beyaert, Paris, Alcan, 1924.

124. *Op. cit.*, p. 176-179, souligné par l'auteur.

même, « docteur en sciences naturelles, qu'il a étudiées en vue de la philosophie, admirateur de l'*Action*... et de Kant [125] ».

*La nouvelle approche de Bremond*

Henri Bremond est plus âgé que Joseph Maréchal : le premier est né en 1865, le second en 1878. Bremond avait trente-cinq ans lorsque, poursuivant sa formation jésuite à Aix-en-Provence, il y avait fait la connaissance de Blondel dont il suit les cours à la Faculté des Lettres. Son œuvre principale, l'*Histoire littéraire du sentiment religieux en France*, ne commencera à paraître qu'en 1917. Mais Bremond, qui avait quitté la Compagnie de Jésus en 1904, avait déjà publié plusieurs ouvrages dont une biographie de *Sainte Jeanne de Chantal* [126] qui sera mise à l'Index le 8 mai 1913, en même temps que la nouvelle série des APC (1905-1913) dirigée par Laberthonnière. Le père André Blanchet a raconté l'*Histoire d'une mise à l'index, la « Sainte Chantal » de l'abbé Bremond* [127]. Nous ne reprendrons pas le détail d'une assez triste histoire dans laquelle sont intervenues les relations personnelles que Bremond entretenait avec Loisy et surtout son amitié avec Georges Tyrrell. On ne lui pardonnera pas l'assistance qu'en 1909, il avait prêtée à ce dernier avant sa mort et pour ses obsèques.

Plus important pour nous est le fait que, si l'on excepte quelques traits de langage plus ou moins heureux, ce que les théologiens romains repoussent chez Bremond, c'est très exactement ce qui, dans la perspective d'une théologie ultérieure, est le plus suggestif. Outre André Blanchet, l'un des meilleurs connaisseurs de Bremond est Émile Goichot, auteur d'une thèse sur *Henri Bremond historien du sentiment religieux. Genèse et stratégie d'une entreprise littéraire* [128]. Dans ses articles sur « La Correspondance Bremond-von Hügel »,

125. Blondel-Valensin, *Correspondance*, tome 2, p. 273.

126. Parue en juin 1912 dans la collection « Les Saints » dirigée par Henry Joly, chez Lecoffre-Gabalda.

127. Paris, Aubier, 1967.

128. Paris, 1982.

Goichot met en exergue une lettre à ce dernier en date du 25 mai 1905 dans laquelle Bremond confiait à son ami le projet d'écrire une *Esquisse d'un manuel de psychologie religieuse*, qui aborderait toute la diversité des expériences chrétiennes sans céder « à la tentation de ne s'intéresser qu'aux cas de haut mysticisme ». Le manuel montrerait au contraire « le mysticisme, inconscient, muet et sourd, mais réel, de la plus simple des vies vraiment chrétiennes ». Comme l'indique Goichot, même si l'on est encore loin de ce que sera effectivement l'œuvre future, quelques grands thèmes en sont pourtant déjà présents : « Unité de l'expérience religieuse, attention aux « petits mystiques », vocation de tout baptisé à la vie mystique [129]... »

Cette description concrète de l'expérience religieuse que Bremond projette de faire, on la trouve déjà dans son *Newman*, qu'il présente comme un « essai de biographie psychologique [130] », et qui provoque une première mise en garde de la Congrégation de l'Index. A l'image de son modèle, le biographe transcende d'emblée les oppositions entre le dogme et la spiritualité dans une vue que l'on dirait volontiers « existentielle » de la vie chrétienne — ou christique. « On voit, dit Bremond, comme nous sommes loin d'une religion abstraite et comment le monde invisible reste pour Newman le monde réel [...]. Les relations de personne à personne font dans chaque existence un long et sinueux chapitre dont le récit n'aurait pas de fin. Or, c'est la plus magnifique des inventions divines d'avoir imaginé un moyen sûr et impérieux de nous sauver du vague et de l'abstrait, de rendre notre religion concrète et vivante. Un Dieu incarné ne risque pas de devenir une formule. Nos relations avec lui seront personnelles ou ne seront pas. Invisible comme un souvenir, mais plus réel que toutes les créatures visibles, ce Dieu incarné fait le centre de la dévotion de Newman [131]. »

---

129. Émile Goichot : « En marge de la crise moderniste : la correspondance Bremond-von Hügel, II. Les années critiques(1900-1907) » dans la *Revue des sciences religieuses*, tome 49, n° 3, 1975, p. 229.

130. Paris, Bloud et Gay, 1906.

131. *Op. cit.*, p. 241-242.

# 10
# Le développement dogmatique

## I. VIE ET MORT DES DOGMES

### *De Jouffroy à Séailles*

La question proprement théologique du dogme chrétien s'inscrit dans un contexte au sein duquel les mots « dogme » et « dogmatisme » sont pris en un sens plus large. Le mot « dogme » évoque alors toute doctrine susceptible de répondre à l'interrogation humaine sur le sens de la vie. Quant au mot « dogmatisme », il évoque le fait pour une doctrine de se soustraire au type d'examen rationnel développé par Descartes et le XVIII^e^ siècle. Concernant cette question générale, trois textes peuvent être mis en série. Le texte déjà cité de Théodore Jouffroy : « Comment les dogmes finissent [1] » ; le texte d'Edme Caro : « Comment les dogmes finissent et

1. Publié dans *Le Globe* en 1825, repris dans *Mélanges philosophiques*. Nous citons la 7^e^ éd. Paris, Hachette, 1901, p. 1-19.

renaissent[2] » ; le texte de Gabriel Séailles : « Pourquoi les dogmes ne renaissent pas[3]. »

Né en 1796, Théodore Jouffroy sera l'élève de Victor Cousin à l'École normale. C'est alors que sa foi chrétienne est troublée par les objections du XVIIIe siècle, « semées comme la poussière dans l'atmosphère de notre siècle ». Il sombrerait dans le désespoir s'il ne pouvait retrouver par la raison les convictions jadis soutenues par la foi. La philosophie et son interrogation critique prennent dès lors le relais de la religion. Mais la philosophie, qui s'appuie sur le sens commun, est elle-même contestée par la science. Pour Auguste Comte et son école, l'âge métaphysique n'est qu'un intermédiaire entre l'âge théologique et l'âge positif.

Pourtant, vers la fin du siècle, Edme Caro perçoit les signes d'une renaissance :

> « Rassurons-nous donc, malgré tous les efforts conjurés de la science positive et de la critique, sur le lendemain de l'humanité, que l'on se représente si morne et si triste quand les dogmes auront disparu en philosophie comme ailleurs. Ces dogmes ne sont jamais plus près de renaître qu'au moment où l'on croit qu'ils finissent. Ils renaîtront, modifiés peut-être dans la lettre qui les exprime, non dans l'esprit qui fait leur vie impérissable [...]. Ainsi se reconstitue peu à peu ce fonds de platonisme né avec l'homme et qui ne disparaîtra qu'avec lui : le culte de la vie spirituelle, l'irrésistible et obsédant amour de l'idéal, la foi à la raison, qui crée une parenté entre l'homme et Dieu, l'autorité et la beauté du devoir, le pressentiment de l'absolu, la croyance à une source supérieure d'être et de vérité, à un au-delà mystérieux qui enveloppe et dépasse la science » (p. 58-59).

Opposée à l'idée d'une renaissance des dogmes, l'argumentation de Gabriel Séailles compare le présent à un passé plus lointain et révolu. L'unité de la science et de la foi a existé jadis. Au Moyen Age elles se compénétraient et jusqu'au XVIIe siècle le système du monde reste lié à la théologie : « Il la suppose et la confirme » (p. 7). Tout se transforme avec la science moderne : « On ne change pas l'idée de l'univers, sans changer, qu'on le veuille ou non, l'idée de

2. *Philosophie et philosophes*, Paris, Hachette, 1888, p. 1-60.

3. *Les affirmations de la conscience moderne*, Paris, Armand Colin, 1903, p. 1-113.

Dieu » (p. 39). Le Dieu de la religion n'est plus à la mesure de l'univers de la cosmologie moderne. Non moins gravement, l'esprit scientifique exige, selon Séailles, une transformation profonde de la morale qui ne peut plus être axée sur l'idée de péché. La doctrine religieuse du salut implique l'imagination de l'enfer et celui-ci est inacceptable pour un esprit moderne (p. 125).

La force de l'argumentation de Séailles vient de ce qu'il pose un principe d'unité spirituelle (p. 5-7). On ne peut vivre en partie double. La vie de l'esprit exige une cohérence entre ses divers éléments ; l'esprit humain ne peut se satisfaire d'un divorce intérieur entre ses conceptions scientifiques et ses conceptions religieuses. D'où l'alternative : ou bien la disparition, la désuétude, des dogmes ; ou bien leur survie, mais au prix d'une transformation profonde, exigeant de renoncer à leur valeur absolue. On devine chez Séailles un reste d'attachement à la croyance religieuse, mais il s'agit alors d'un christianisme non-dogmatique, qui admire en Jésus la seule humanité (p. 245). C'est d'ailleurs ce Jésus de la conscience moderne que Séailles oppose à Maurice Blondel lors de la soutenance de sa thèse [4].

## *L'évolution des dogmes selon Guignebert et Sabatier*

Dans son livre sur *L'Évolution des dogmes* [5], Charles Guignebert, qui enseigne alors l'Histoire du Christianisme à la Sorbonne, se propose, nous dit-il « d'établir qu'un dogme est un organisme vivant, qu'il naît, se développe, se transforme, vieillit et meurt ; que la vie l'entraîne, sans qu'il puisse jamais s'arrêter, qu'elle le fuit, quand le nombre de ses jours est rempli, sans qu'il puisse la retenir » (p. 1). Pour l'auteur, c'est le développement de l'histoire des religions qui entraîne cette conviction de la désuétude nécessaire des dogmes. Mais des déclarations proches se trouvent déjà chez Auguste Sabatier, dans un style plus philosophique : « Il y a, dit-il, dans tous les systèmes une logique immanente qui les pousse à leur point

4. Voir Maurice Blondel, *1893, Les deux thèses*, Paris, PUF, 1995, p. 742-743.

5. Paris, Flammarion, 1910.

de perfection, et ensuite les mène non moins irrésistiblement, par les contradictions internes ou les insuffisances qu'elle fait éclater, à la dissolution et à la ruine[6]. »

La suite du texte de Sabatier mérite d'ailleurs attention. Que signifie en effet la déclaration du théologien protestant suivant laquelle : « L'histoire d'un dogme en est la véritable critique » ? Deux éléments complémentaires interviennent concernant d'une part la constitution du dogme, d'autre part sa désuétude : « En voyant la manière laborieuse dont il s'est formé, elle (l'histoire) en explique les origines ; par les éléments qui y sont entrés, elle en définit la nature. Enfin, par le changement qui, d'une époque à une autre, s'accomplit dans les idées générales, par le déplacement rendu sensible du sol historique sur lequel reposaient les constructions du passé, elle en découvre les bases et, par là même en fait sentir le caractère contingent et transitoire » (id.).

Le premier effet de l'histoire est de montrer la naissance tardive du dogme et donc son caractère adventice. Il en est ainsi, au premier chef, du dogme christologique. Guignebert et Sabatier s'accordent avec Harnack pour attribuer la formation de ce dogme à l'influence de l'hellénisme. Citons Guignebert :

> « La foi chrétienne rencontra, sur le terrain grec, dès qu'elle eût dépassé les basses classes, où, sans doute elle s'implanta en commençant, diverses écoles de philosophie, dont les doctrines métaphysiques ne tendaient à rien moins qu'à expliquer l'univers, à raisonner définitivement sur la vie, son sens et son but, sur Dieu et, peut-on dire, sur tout. Les *dogmata* des Apôtres, simples règles de vie pratique et où la métaphysique, même chez saint Paul, gardait l'apparence d'un fait révélé, loin de revêtir celle d'une spéculation transcendante, rencontrèrent ainsi les *dogmata* philosophiques. La culture grecque se superposa à l'espérance chrétienne et transforma la foi des premiers disciples en foi-croyance, en foi de doctrine ; les dogmes de l'Évangile se chargèrent peu à peu de toute la matière des dogmes des écoles » (*o.p. cit.*, p. 27, cf. p. 170).

6. *Les religions d'autorité et la religion de l'esprit*, Paris, Fischbacher, 1904, p. XI.

## *Mort ou régénération*

L'histoire montre aussi le destin qui conduit le dogme à la mort. Pour Guignebert comme pour Sabatier, l'intellectualisation du dogme par la théologie est une étape vers la sclérose du dogme et donc vers sa dissolution plus ou moins proche. Guignebert reprend la distinction de Sabatier entre les deux éléments du dogme : l'élément mystique et l'élément intellectuel. Certes, la conscience religieuse des fidèles peut avoir besoin de la théologie pour sortir de l'incohérence ou, à tout le moins de la confusion, mais la théologie contrarie la conscience religieuse lorsqu'elle « cherche à maintenir des propositions qui ne répondent plus à rien dans la foi » (p. 236). Ou encore : « En dernière analyse, la théologie nous apparaît comme la force qui résiste à l'évolution du dogme ; elle y résiste par la formule et au nom de la formule, contre la foi qui sent et celle qui pense » (p. 237).

Si l'histoire des dogmes se construit, chez Sabatier et Guignebert, sur des présupposés analogues, leurs conclusions ne sont pourtant pas les mêmes. Selon Guignebert, l'idée d'une « religion pure » est une chimère. Toute religion véritable a besoin de l'appui des dogmes : « C'est par eux qu'elle s'exprime et si elle n'avait pas la prétention déraisonnable de les empêcher de se transformer parallèlement au sentiment religieux qui les inspire, elle changerait, de toute évidence, avec eux, d'une manière ininterrompue, mais elle vivrait aussi par eux, indéfiniment (id., p. 332). Le constat final de Guignebert est négatif : une religion pourrait survivre si elle consentait au processus normal de dissolution de ses dogmes, mais c'est précisément ce à quoi les religions ne se résignent pas. Sabatier pose également le principe de la mortalité des systèmes dogmatiques, mais il maintient une possibilité de régénération. Sinon de la formulation intellectuelle des dogmes, du moins de leur noyau religieux. Et cela par un contact renouvelé avec l'impulsion première de la religion de l'Esprit, donnée au christianisme par Jésus.

Cette ouverture de Sabatier repose sur une théorie générale de la révélation et du dogme que nous avons déjà étudiée. L'une de ses principales caractéristiques est d'identifier le concept de religion et le concept de révélation, de telle sorte que la différence entre les religions ne consiste pas dans le fait de se référer ou non à une révélation, mais dans la notion que les différentes religions se font de la révélation. Or, le propre de notion protestante est de relativiser l'aspect intellectuel du dogme, ce qui permet de faire droit à la vie des dogmes dans l'histoire : « La critique dogmatique, loin de compromettre la religion chrétienne, la libère utilement des chaînes du passé et lui permet de manifester le don merveilleux qu'elle a de se rajeunir et de s'adapter à tous les milieux[7]. »

## *Les catholiques et l'histoire des dogmes*

En présentant le premier tome d'une toute récente *Histoire des Dogmes*, Bernard Sesboüé rappelle cette donnée historique : « Le modernisme catholique n'a pas seulement concerné la critique biblique ; devant certains résultats de la science allemande, il a jailli aussi de la perception d'une opposition, qui semblait alors irréductible à certains, entre les données de l'histoire, c'est-à-dire le développement, voire "l'évolution" des dogmes chrétiens de siècles en siècles, d'une part, et la conception abstraite d'une théologie scolastique qui semblait présupposer que toutes les formules et institutions de l'Eglise remontaient également aux origines chrétiennes d'autre part[8]. » Selon Bernard Sesboüé, depuis le temps de la crise moderniste, la situation s'est clarifiée par un double mouvement, du côté de l'histoire et du côté de la théologie. Et c'est d'ailleurs sur la base de cette clarification qu'il entreprend cette nouvelle histoire des dogmes.

Revenons au tout début du siècle. Après plusieurs articles publiés, en 1900 et 1901, dans la RCF, Vincent Ermoni s'oppose, dans la même revue, à la méfiance manifestée par les théologiens protestants :

> « Il existe, dit-il, une *Histoire des dogmes* absolument différente de l'Exposition *didactique* des dogmes. Cette dernière ressemble à l'histologie qui analyse dans les moindres détails les tissus de chaque organe ; la première ressemble à la biologie qui suit d'un œil

7. *Philosophie de la religion*, p. 297-298.
8. *Le Dieu du salut*, par Bernard Sesboüé et Joseph Wolinski, Paris, Desclée, 1994, p. 7-8.

attentif l'évolution du germe primitif et retrace toutes les phases qu'a parcourues un organisme pour être ce qu'il est aujourd'hui ; l'une, par une profonde analyse, met en relief tous les titres du dogme ; l'autre par une exacte exploration du passé, en décrit, si l'on peut ainsi parler, la généalogie. Cette Histoire des dogmes est-elle possible au catholique ? Le protestantisme le nie, mais en vain. Non seulement elle est possible, mais elle est aussi nécessaire [9]. »

En fait, avant les interventions de Loisy, l'œuvre historique de Duchesne et les premiers travaux de Turmel avaient déjà posé la question de la contribution des catholiques à une histoire des dogmes dont les promoteurs récents étaient des protestants allemands, hollandais, et français. L'accueil reçu montre que le milieu catholique n'était pas prêt à assimiler l'intervention de l'histoire dans un domaine régi par les théologiens. Cette assimilation aurait pu être facilitée par l'existence et la légitimité acquise d'une « théologie positive » distincte de la « théologie scolastique ». Or, bien au contraire, nous verrons que la pratique historienne remet en cause la pratique habituelle de la « théologie historique » et la conception de la tradition catholique que cette pratique impliquait.

Pour introduire ce débat proprement théologique, nous reviendrons d'abord au point de départ d'une crise qui commence avec Louis Duchesne, et nous examinerons les difficultés que celui-ci rencontre dans sa carrière d'historien du christianisme. Cela nous montrera bien l'état d'esprit de l'époque et notamment celui des théologiens et des hommes d'Église hostiles à la liberté de l'investigation historique. En revanche, cette étude ne suffira pas à poser les problèmes les plus sérieux de l'histoire des dogmes, tout simplement parce que l'exclusivisme historique de Duchesne fait qu'il évite le plus possible la confrontation avec la théologie. Et, dans l'ensemble, il y réussit, sauf peut-être lorsqu'il touche à la question de l'évolution dogmatique en traitant des représentations trinitaires de certains Pères anténicéens.

9. 15 mai 1902, article sur « Théologie et dogmes », p. 583-595, texte cité, p. 595 (souligné par l'auteur). Sur Vincent Ermoni, voir la notice de François Laplanche dans *Les sciences religieuses*.

## II. LES DIFFICULTÉS DE DUCHESNE

### *La thèse sur le* Liber pontificalis

C'est le 24 janvier 1912 que l'*Histoire ancienne de l'Église* sera mise à l'Index. Cette condamnation tardive intervient alors que la situation générale de Mgr Duchesne, Directeur de l'École française de Rome depuis 1895 semble bien solide. Peut-être est-elle surtout significative du durcissement des milieux romains dans cette période où l'application de l'encyclique *Pascendi* mobilise les intégristes au plus haut niveau de l'Église. Les premières difficultés de Duchesne sont plus éclairantes sur les problèmes que pose à la conscience catholique le regard d'un pur historien sur les documents ecclésiastiques les plus apparemment cautionnés par la tradition.

Premier problème en 1877. Bien que sa candidature ait déjà suscité des oppositions, l'abbé Duchesne avait été nommé professeur à la Faculté des Lettres de l'Université catholique de Paris, le 24 janvier 1877, pour y faire un cours d'Histoire du christianisme, qui sera effectivement ouvert le 25 mars de la même année. On avait d'ailleurs hésité sur la modalité de ce cours : archéologie ou histoire ? La chaire créée visera à concilier les deux disciplines par la distinction d'une grande leçon consacrée aux études historiques proprement dites et d'une petite leçon, « initiation aux sources de l'histoire où l'archéologie aurait sa place [10] ».

Entre temps, le 10 mars, Duchesne avait soutenu ses thèses en vue du Doctorat ès Lettres. L'approbation du jury et les réactions favorables des milieux compétents n'empêchent pas les dénonciations à Rome. Surtout à partir de l'édition de la thèse principale : *Étude sur le Liber pontificalis* [11]. La tonalité générale de l'ouvrage n'est pas soulignée seulement par les adversaires de Duchesne. Comme le lui écrit le père Ligier, on lui reproche « un ton concis que l'on accuse d'être tran-

10. Voir Brigitte Waché : *Monseigneur Louis Duchesne* (1843-1922), Historien de l'Eglise, Directeur de l'École française de Rome, École française de Rome, 1992, p. 113-118.

11. Bibliothèque des Écoles française d'Athènes et de Rome, Paris, Thorin, 1877.

chant et aigu au point de blesser les oreilles de la piété filiale envers la Sainte Mère Église et ses vénérables traditions [12] ». Une forme différente eût sans doute atténué les difficultés de fond, mais celles-ci n'en subsisteraient pas moins.

Quel est l'effet du travail de Duchesne ? A certains égards, il conforte la valeur du *Liber pontificalis* comme témoin des usages établis à Rome au commencement du VIe siècle. En particulier, Duchesne montre que le contexte est celui de la querelle entre les partisans de Laurent et ceux de Symmaque, après la mort d'Anastase II en 498. Dès lors l'ouvrage présuppose la conviction suivant laquelle « le pape ne pouvait être légitime que s'il s'insérait dans la succession apostolique » (p. 71). En revanche, repérant les sources de l'auteur et critiquant la manière dont il les exploite, Duchesne relativise les renseignements donnés sur les périodes antérieures par un ouvrage qui n'est en tout cas pas un livre d'histoire, au sens moderne du mot. Déjà se pose la question du droit de l'historien à appliquer rigoureusement ses méthodes propres à un texte considéré depuis l'époque de sa rédaction comme le sûr témoin de l'histoire ancienne de l'Église.

## *Le cours sur les origines chrétiennes*

A la rentrée 1878, les évêques fondateurs de l'Institut catholique de Paris décident la création d'une École de théologie et l'abbé Duchesne est appelé à y faire un cours d'histoire ecclésiastique. Les leçons sur *Les Origines chrétiennes*, qu'il donnera en 1878-1879 et en 1880-1881 feront l'objet d'une publication lithographiée [13]. L'Introduction du cours fait état d'un acquis : « Au temps où nous vivons, on ne conteste plus guère que l'Église catholique actuelle soit identique au fond avec l'Église du IIIe siècle qui reçut sous Dioclétien son dernier baptême de sang et sous Constantin les garanties extérieures de sa libre vie. »

Le cours se concentre sur la période antérieure. Il s'agit

12. Cité par Brigitte Waché, p. 81.

13. *Les Origines chrétiennes*. Leçons d'Histoire ecclésiastique professées à l'École supérieure de Théologie de Paris, par l'abbé Louis Duchesne, en 1878-1879 et en 1880-1881. Lithographiés.

« de vérifier les titres du christianisme tel qu'il était connu et pratiqué au temps de saint Cyprien et d'Origène, de s'assurer si la ligne qui le rattache aux premiers disciples de Jésus-Christ est droite et continue » (p. X-XI). Cette vérification faite, resterait à juger l'ouvrier à partir de l'œuvre, c'est-à-dire à remonter de l'Église apostolique vers Jésus lui-même. Mais ce n'est pas l'objet du cours. Celui-ci se contente de montrer dans la prédication apostolique « le germe de l'Église. Rien d'essentiel ne s'est manifesté dans le dogme, la morale, le culte, le gouvernement, qui ne soit déjà contenu dans cette société chrétienne des premiers jours » (p. 14).

Duchesne marquera toujours une distinction rigoureuse entre l'exégèse biblique, qui n'est pas son affaire, et l'histoire ecclésiastique. D'autre part, si cette dernière comprend le développement du dogme, elle concerne d'abord la société ecclésiale et ses institutions. A la fin du cours, l'image du germe sera reprise de façon plus systématique : « Une force initiale infinie, mais imperceptible ; un organisme puissant, mais renfermé dans un petit germe ; des trésors de doctrine contenus dans un acte de foi à la portée des gens sans lettres » (p. 458) Et un peu plus loin : « Le développement du christianisme s'opère par la prédication. De la parole apostolique naît la foi individuelle ; puis les croyants se multiplient et forment la société chrétienne. A mesure que celle-ci s'étend, elle rencontre des éléments de plus en plus divers, dont les uns n'étant pas susceptible d'assimilation, sont bientôt rejetés, tandis que les autres servent à la croissance du germe primitif et lui permettent de prendre l'extension et les formes que réclame la loi de son être » (p. 458-459).

Les cours lithographiés de Duchesne lui vaudront en 1882 des ennuis qui préfigurent la crise moderniste. Nous avons déjà évoqué les attaques de l'abbé Rambouillet contre la manière dont Duchesne met en évidence l'imperfection des ébauches théologiques de certains auteurs chrétiens anciens. Ces attaques visent, à travers Duchesne, l'Institut catholique et c'est bien ainsi qu'elles seront reçues par Mgr d'Hulst. Mais un problème de fond subsiste : le problème du développement du dogme. Or, le dossier de l'affaire est reçu à Rome par le cardinal Franzelin. Et celui-ci écrit à Mgr d'Hulst une lettre qui le montre peu disposé à ratifier l'utilisation que Duchesne pensait pouvoir faire de sa propre théorie du développement du dogme. Tout ceci montre à quel point cette théorie scolastique est restrictive, surtout si on la compare à celle de Newman [14]. Encore faut-il signaler que Newman manifeste lui-même son désaccord, mais, plus que sur la conception du développement, ce désaccord porte sur la présentation que fait Duchesne des témoins anténicéens du dogme de la Trinité [15].

## *L'histoire ancienne des Églises de Gaule*

Pour compléter ce tableau de la part prise par les travaux historiques de Duchesne à la préparation de la crise moderniste, il nous faut parler des ennuis que lui valent, à partir de 1885, ses études sur les origines des Églises de Gaule. Dans ses cours lithographiés, ayant critiqué les documents que l'on invoque d'ordinaire, Duchesne conclut ainsi son enquête : « Il ne nous reste plus qu'à reconnaître notre ignorance sur la date et les circonstances de la première prédication chrétienne en notre pays » (p. 453). Et plus loin : « Ce n'est pas seulement l'histoire de l'évangélisation, c'est toute l'histoire primitive de nos églises qui est perdue » (p. 455). Cette conclusion négative mettait pour Duchesne le point final à une controverse qui s'était réveillée dans les années 1880 [16]. Il reprendra pourtant ce thème en 1890 dans son *Mémoire sur les origines des diocèses épiscopaux de l'ancienne Gaule*. L'impact dogmatique de ces études est évidemment moindre. Il n'empêche qu'elles heurtent de front la sensibilité d'évêques fortement attachés à l'idée de l'apostolicité de leur Église. Dès 1885, à la suite de la réponse faite par Mgr Duchesne à un article qui l'attaquait, l'archevêque de Sens, Mgr Bernadou, écrit à Mgr d'Hulst : « C'est à se demander si les évêques, sans encourir une véritable responsabilité, peuvent soutenir une Université dont un des profes-

14. Voir Bernard Sesboüé : « Avant le modernisme. Louis Duchesne et Alfred Loisy à la Faculté de théologie de l'Institut catholique de Paris » dans *Les cent ans de la Faculté de Théologie*, Paris, Beauchesne, 1992. Sur ce point, p. 109-115.

15. Brigitte Waché, *op. cit.* p. 178-181.

16. Voir Albert Houtin : *La controverse de l'apostolicité des Églises de France*, Paris, 1903.

seurs attaque dans la presse les origines les plus respectables des Églises à la tête desquelles Dieu les a placés pour les défendre [17]. »

En 1894, à Bruxelles, lors du troisième Congrès scientifique international des catholiques, Mgr d'Hulst prend cet exemple pour affirmer la distinction de la théologie et des sciences religieuses : « Pour moi, la date de l'évangélisation primitive de l'Église de Paris par exemple, est un point de fait. Je tâcherai de l'éclaircir par les procédés de la science historique ; je serai heureux et fier si je puis établir que les origines de mon Église remontent aux apôtres ; mais, si une étude consciencieuse me conduisait à une conclusion différente, je ne m'estimerais pas moins bon chrétien pour cela. [18] » Un débat sous-jacent est néanmoins explicité par Julien Fontaine. Pour « l'école traditionnelle », « avant les pièces écrites, il y a, remontant plus haut dans le lointain des siècles et se rattachant selon nous aux temps apostoliques, des traditions que vous devez respecter parce qu'elles possèdent et que possession vaut titre ». A quoi les partisans de la critique répondent qu'en ces matières, il faut consulter les documents écrits pour savoir ce que valent ces traditions que l'on dit vénérables, mais qui pourraient bien être fausses [19].

Le travail de Duchesne sera facilité par sa nomination comme directeur de l'École française de Rome, qui l'écartera des institutions catholiques. Il n'évitera pourtant pas la mise à l'Index tardive de son *Histoire ancienne de l'Église* le 24 janvier 1912. Les difficultés de Duchesne sont significatives de l'état d'esprit de l'époque. Mais, ce très bon historien ne fait pourtant pas l'épistémologie de sa discipline. De sorte que, de son œuvre, ne se dégage pas une véritable problématique du rapport entre la théologie et l'histoire [20].

---

17. Cité par Baudrillart : *Vie de Mgr d'Hulst*, tome I, p. 468. Voir aussi la réponse du recteur de Paris, p. 469-471.

18. Baudrillart, *op. cit.*, tome I, p. 556.

19. *Les infiltrations protestantes et le clergé français*, Paris Retaux, 1901, p. 261.

20. Le 30 janvier 1912, Blondel écrit à Wehrlé : « Voici Mgr Duchesne à l'Index. Et dire que beaucoup de bonnes, de saintes gens exultent, pensant

## III. LE DÉVELOPPEMENT DU DOGME

### *La crainte de l'évolutionnisme*

L'encyclique *Pascendi* considère que les modernistes se sont laissés séduire par un préjugé évolutionniste qui se rapporte aux théories de Darwin et de Spencer, mais auquel certains théologiens attribuent également une origine philosophique, et plus précisément hegelienne. Cette crainte n'est pas nouvelle. Déjà, en 1864, parmi les propositions condamnées par le Syllabus de Pie IX figurait celle-ci : « La révélation divine est imparfaite, et par conséquent sujette à un progrès continuel et indéfini qui réponde au développement de la raison humaine [21]. » Contre le rationalisme d'un Günther, le Concile du Vatican affirmera avec force que « la doctrine révélée n'a pas été proposée à l'esprit humain comme une théorie philosophique à parfaire ; mais elle a été confiée à l'Épouse du Christ comme un dépôt divin qu'elle devait garder fidèlement et montrer d'une façon infaillible. Aussi doit-on conserver perpétuellement aux dogmes sacrés le sens fixé par une première explication de l'Église, et il n'est jamais permis de s'écarter de ce sens, sous prétexte d'une intelligence plus haute [22] ».

Commençons par distinguer les problèmes, tels qu'ils se posaient à l'époque. Dans la perspective théologique, le développement du dogme présuppose un donné révélé dont la constitution est progressive et ne s'achève qu'avec la mort du dernier apôtre. On ne traitera donc pas de la même manière le progrès de la révélation et le développement du dogme. Pour le père Gardeil, cette dernière expression signifie le fait que « la révélation divine, achevée aux temps apostoliques, comme en témoigne la tradition des premiers siècles, et dépo-

---

que tout est sauvé par là, et que les problèmes sont résolus, les difficultés supprimées et les esprits éclairés ! Mais nous devons voir aussi par là que non seulement l'historicisme, mais aussi *l'histoire séparée*, l'histoire sans philosophie ni théologie, sont choses impossibles, ruineuses », Blondel-Wehrlé : *Correspondance*, p. 450.

21. Proposition V du *Syllabus*, renvoyant à l'encyclique *Qui pluribus* du 9 novembre 1846 et à l'allocution *Maxima quidem* du 9 juin 1862.

22. Constitution *Dei Filius*, ch. IV.

sée originairement dans des assertions, des institutions, des pratiques religieuses, s'est manifestée par la suite sous la forme d'énoncés doctrinaux sensiblement différents de ce qui apparaissait au point de départ, énoncés qui ont cependant reçu la sanction de l'Église et ont été imposés par elle à la foi des fidèles comme l'authentique expression de la révélation[23] ». Les définitions de Chalcédoine n'expriment pas la réalité du Christ dans le même jeu de langage que les Évangiles. Cette différence pose notamment au théologien la question de savoir quel statut il doit accorder aux instruments philosophiques mis en œuvre dans la définition conciliaire du dogme. Qu'en est-il par exemple des notions de nature et de personne ?

Or, si l'idée d'un développement dogmatique a un sens, elle ne peut pas concerner seulement la genèse initiale du dogme. Les théologiens de l'époque moderniste devaient rendre compte de faits récents : la définition du dogme de l'Immaculée Conception en 1854 ; la définition de l'infaillibilité pontificale en 1870. Ces deux grandes initiatives dogmatiques posaient le problème de leur justification par l'Écriture et par la Tradition. Également le problème du rôle joué par le raisonnement théologique dans la définition des dogmes. Peut-on dire que seules les conclusions théologiques permettent de définir un dogme, voire que toutes les conclusions théologiques le permettent ? Toutes ces questions ont été débattues et elles ont continué à l'être bien au-delà du temps fort de la crise moderniste[24]. Mais le texte du Concile du Vatican que nous citions renvoie à un problème encore plus difficile. On comprend bien qu'après les grandes définitions dogmatiques des premiers siècles chrétiens, le progrès puisse continuer en faisant passer au niveau de l'expression manifeste et officielle des vérités non encore définies, bien que déjà contenues dans la foi de l'Église. Mais quel type de progrès reste possible par rapport aux dogmes qui ont déjà fait l'objet de définitions posées comme irréformables ? Bref, comment les vérités de foi définie peuvent-elles encore vivre et avoir une histoire ? Une théorie du développement

23. *Le donné révélé...*, p. 151.

24. En témoignent l'article déjà cité du père Henri de Lubac dans RSR, janv.-mars 1948 et les difficultés ultérieures de Fourvière.

dogmatique se doit de répondre à l'ensemble de ces questions et tout particulièrement à la dernière.

## *De Newman à Franzelin*

L'encyclique *Pascendi* provoquera le père Léonce de Grandmaison à reprendre le problème dans ses articles sur « Le développement du dogme chrétien [25] ». Dans la ligne de l'encyclique, il combat le préjugé évolutionniste qu'il rapporte à une influence hegelienne plus ou moins directe : « Exposée à l'aide des vocables techniques de Hegel, par thèse, antithèse, et synthèse, ou déguisée selon une terminologie religieuse, et modifiée dans les détails, cette théorie du développement pénètre partout, et inspire ceux-là même qui n'ont jamais rien lu de Hegel. Le succès de l'hypothèse évolutionniste sur le terrain scientifique et philosophique assure aux applications qu'on en fait à l'histoire religieuse une fortune incomparable » (p. 110). Léonce de Grandmaison ne propose pas une théorie nouvelle, mais il se réfère à des théories antérieures et en particulier à la théorie du développement de John Henry Newman. Celle-ci reste incontournable, malgré les réticences de certains scolastiques à l'égard de la conception newmanienne de la foi [26]. Et malgré les soupçons concernant la possibilité que la proposition 25 du Décret *Lamentabili* ait visé Newman [27].

Dans une thèse récente sur *Newman et Blondel. Tradition et développement du dogme* [28], Pierre Gauthier a retracé l'itinéraire intellectuel qui a conduit Newman à publier en 1845 son *Essai sur le développement de la doctrine chrétienne*.

---

25. Parus dans la RPA, de mai à juillet 1908. Repris dans *Le dogme chrétien, sa nature, ses formules, son développement*, Paris, Beauchesne, 1928, p. 67-274.

26. Par exemple Albert Farges : *La crise de la certitude, Étude des bases de la connaissance & de la croyance avec la critique du néo-kantisme, du Pragmatisme, du Newmanisme etc.*, Paris, Berche et Tralin, Nelle éd. 1907. L'auteur prend d'ailleurs soin de préciser qu'il parle seulement « du Newmanisme, devenu subitement à la mode en France depuis qu'il a franchi le détroit. Il y a trouvé le terrain tout préparé par le subjectivisme kantien » (p. 283).

27. Voir sur ce point Virgoulay, *op. cit*, p. 262, note 14.

28. Paris, Cerf, « *Cogitatio fidei* », 1988.

Retenons seulement deux points essentiels. Premier point : Newman aborde le problème théologique à partir d'une réflexion sur l'Idée qu'il applique aussi à l'Idée de l'Université. Cette réflexion le conduit à poser les sept critères qui conditionnent le développement authentique d'une idée : préservation du type, continuité des principes, puissance d'assimilation, conséquence logique, anticipation de l'avenir, conservation active du passé, vigueur durable [29]. Second point : en soi possible, l'application individuelle des critères est en fait difficile et aléatoire. Seule une autorité doctrinale infaillible peut identifier avec certitude la vérité révélée au sein de ses transformations historiques. La présence d'une telle autorité conditionne la possibilité d'un réel développement dogmatique.

Pour le père de Grandmaison, si Newman a adopté l'idée d'évolution, c'est « après l'avoir purgée du venin hegelien » (p. 115). Pourtant, lorsqu'il tente de faire le point sur la question du développement dogmatique, le théologien jésuite se sent plus proche de la théorie scolastique rigoureuse du cardinal J.B. Franzelin. Pour ce dernier, plutôt que d'histoire du dogme, on devrait, en toute rigueur des termes, parler seulement « d'histoire de l'explication des dogmes ». En effet, commente Grandmaison : « Au temps de la religion patriarcale et du Vieux Testament, il y a eu accroissement réel, objectif, dans le dépôt des vérités révélées, aucun depuis la fin du temps apostolique » (p. 114). Pour Franzelin, le rôle historique du magistère consiste en ceci : « Définir les termes douteux, faire passer certains points doctrinaux de l'implicite à l'explicite ; les transporter — sous la pression des hérésies et des controverses — de l'affirmation intermittente et combattue aux proclamations solennelles de la confession publique » (p. 113).

## *Les formules et leur sens*

Les articles de 1908 n'étaient pas la première intervention du père de Grandmaison dans ce débat. Dix ans auparavant,

---

29. Pour le commentaire de ces notes, voir Pierre Gauthier, *op. cit.*, p. 158-172.

le *Sillon* saluait les articles du jésuite sur « L'élasticité des formules de foi [30] ». D'après le compte-rendu, le travail du jésuite « vient bien à son heure, alors que partout on aspire à définir rigoureusement, non seulement la nature, mais le contenu de la foi. L'auteur témoigne par son introduction qu'il en a pleine conscience et qu'il suit avec la curiosité nécessaire le mouvement moderne des esprits [31] ». Concernant ce mouvement des esprits, le père de Grandmaison évoque lui-même une conférence sur *La religion et la culture moderne*, faite par Auguste Sabatier en septembre 1897 au Congrès des sciences religieuses de Stockholm. Il en extrait cette déclaration péremptoire : « Aucune réconciliation n'apparaît possible entre une Église immobile en ses dogmes et la culture moderne qui ne se développe que par une évolution constamment progressive [...]. Constituée sur le principe de l'autorité de la tradition de l'Église, la théologie catholique date nécessairement du Moyen Age qui la vit s'achever, et se maintient à peu près étrangère aux tendances et aux principes de la pensée moderne [32]. »

Contre-attaquant Sabatier et « les nombreux philosophes qui pensent à son école », le jésuite dénonce l'équivoque cachée sous les noms de « développement, d'évolution vitale ». Le développement harmonieux qui mène un organisme vivant à la perfection d'abord, à la décrépitude et à la mort ensuite, s'opère par appropriation d'éléments mais aussi par élimination des éléments anciens. « Il en va bien autrement d'une doctrine : son progrès s'opère par voie d'*assimilation définitive* [33]. » Toute l'argumentation de Grandmaison tourne dès lors autour du caractère irréformable des formules dogmatiques une fois qu'elles ont été fixées et sanctionnées par l'autorité doctrinale.

Les apôtres et les premières générations chrétiennes possédaient la substance de la foi « par une intuition plus directe, par une approbation plus sentie ». Il y aura un progrès dans l'expression et dans la compréhension de la doctrine révélée : « Au cours des âges, ses formules se préciseront, des énon-

30. *Études*, 5 et 20 août 1898, repris dans *Le dogme chrétien...*, p. 1-65.
31. *Le Sillon*, novembre 1898, p. 750.
32. Cité dans *Le dogme chrétien*, p. 60.
33. *Op. cit.*, p. 61, souligné par l'auteur.

ciations équivoques seront ballottées de l'approbation au rejet, les points de foi se dégageront de la gangue systématique où certains les ont enfermés. L'universel progrès des sciences découvrira entre les éléments doctrinaux des rapports inaperçus, fera trouver des points de vue ignorés des temps anciens. Mais, à travers ces vicissitudes, le trésor sacré reste entier : pas une notion n'en sortira pour s'en aller, pièce dépréciée, fausse monnaie, rejoindre au musée des antiques les débris des systèmes faits de main d'homme » (p. 63).

Dès lors, en quel sens parlera-t-on d'une « élasticité » des formules de foi ? Grandmaison oppose sa problématique à celle de certains théologiens du XIXe siècle, trop impressionnés par la philosophie hegelienne. Ainsi Günther qui fût condamné en 1857. En attendant des changements plus radicaux, il préconisait de garder la formule dogmatique « à titre d'écorce », en éliminant le contenu doctrinal et en transfusant à sa place « le suc de plus en plus épuré qu'élabore la philosophie nouvelle » (p. 12). Rétrospectivement au moins, Loisy réfère ses anciens écrits à une position tactique de ce type : « Tout en voyant la caducité des vieilles croyances, je me faisais l'illusion de penser que l'on pourrait continuer à se servir des antiques formulaires en les interprétant plus ou moins en symboles [34]. » Pour Grandmaison, c'est exactement l'inverse qui est vrai : le sens est immuable et, s'il y a une certaine élasticité des formules, elle tient au caractère imparfait et perfectible de l'expression (p. 29-30). Dès lors, le caractère définitif du dogme n'interdit pas la recherche éventuelle d'une expression nouvelle qui permettrait une meilleure appropriation du sens dans un contexte différent.

Au moment où le modernisme va relancer la question du développement du dogme, celle-ci n'est donc pas absente de la théologie. C'est en 1896 que le père de la Barre a publié son livre sur *L'évolution du dogme catholique* [35]. Et en 1898, estimant que la théologie catholique ne manque pas de ressources pour surmonter l'alternative, Grandmaison refusait de se laisser enfermer dans le dilemme : l'évolution ou la sclérose et la mort. Mais le problème était de savoir si les théories déjà élaborées se montreraient ou non capable d'accueillir les

34. *Choses passées*, Paris, Nourry, 1913, p. 191.
35. Paris, 1896.

interrogations nouvelles qui vont naître à partir des travaux des historiens et des réflexions des philosophes ?

## L'intelligence des changements

Dans un article de 1902 sur « Les origines françaises de l'histoire du dogme », P. Godet rend hommage à Petau. Selon ce dernier « l'histoire du dogme est une histoire véritable, partant, le tableau animé de certaines idées et de certains faits, de leur action réciproque et du développement doctrinal qui en est le fruit. La succession et la variété sont les deux conditions vitales de l'histoire du dogme. Otez l'une ou l'autre de l'histoire il ne reste plus qu'un mot ; l'immuable n'a pas d'histoire [36] ». Une telle affirmation semble aujourd'hui évidente. Mais quel chemin a-t-il fallu parcourir pour que la pensée catholique entre à la fin du XIXᵉ siècle dans cette intelligence des changements ?

Même s'il pose en principe qu'une fois fixée, la formule dogmatique est irréformable, le théologien doit bien admettre le fait d'une période initiale d'incertitude et de discussion autour des formulations de la foi. Les débats théologiques qui aboutissent au Concile de Nicée en 325, puis au Concile de Chalcédoine en 451, nous font toucher un premier et crucial exemple de développement dogmatique, grâce auquel se constituent les dogmes trinitaires et christologiques. Or, dans la crise moderniste, ce développement pose le problème du rapport entre la christologie d'une part, la vie, l'enseignement, la personnalité de Jésus de Nazareth d'autre part. Mais, on ne saurait isoler le problème proprement théologique du problème ecclésiologique. Ce dernier concerne la formation du « catholicisme » et son rapport soit aux Apôtres, soit à Jésus lui-même, étant admis qu'avec Mgr Pierre Batiffol, nous entendons par « catholicisme » : « L'Église en tant qu'elle est une société visible, universelle, ayant pour armature une règle de foi et une hiérarchie [37]. » La question du

36. RCF, 1ᵉʳ février 1902, p. 449-472

37. *L'Église naissante et le catholicisme*, Introduction pour la cinquième édition (1911). Nous citons une édition ultérieure, Paris, Gabalda, 1927, p. IX.

développement dogmatique est donc aussi la question de la mise en place de la communauté chrétienne, avec ses organes de régulation de la foi.

La controverse de Loisy avec Harnack concernait cet acheminement vers le catholicisme, et nous avons déjà vu comment la réplique de Loisy avait pu apparaître plus redoutable que l'attaque du savant protestant. Or, en même temps que *L'Évangile et l'Église*, Loisy publiait ses *Études évangéliques*[38] et les déclarations qui clôturent la Préface méritent d'être citées :

> « Dépositaires et prédicateurs d'une religion vivante les premiers adeptes de l'Évangile ne songèrent pas un instant qu'ils dussent être liés dans leur enseignement, soit par la lettre des formules dont le Christ avait pu se servir, soit par la réalité matérielle des faits accomplis ; ils ne se considéraient pas comme les gardiens d'une essence doctrinale que Jésus n'avait jamais eu l'intention de prêcher ; ils faisaient valoir, selon que l'instinct supérieur de leur foi, ou, pour parler leur langage, selon que l'Esprit qui était en eux le leur suggérait, et selon que les circonstances le demandaient, le capital d'instructions, de promesses, d'espérances, qui leur venait du maître, et qui aurait été stérile, ou bien même aurait péri promptement dans leurs mains, s'ils avaient eu la prétention scientifique, ou pseudothéologique, de le maintenir à tout prix dans les termes exacts de sa forme originelle. Jésus avait été beaucoup moins le représentant d'une doctrine que l'initiateur d'un mouvement religieux. Le mouvement qu'il a inauguré s'est perpétué dans les conditions normales de tout mouvement fécond dans l'humanité » (p. XIII).

Ce texte entrecroise plusieurs thèmes et il pose plusieurs questions. Première question : l'histoire des origines chrétiennes est-elle tout entière réductible à des phénomènes observés par ailleurs dans l'histoire des religions. ou bien présente-t-elle une singularité, constituant la trace, repérable sur le terrain de l'histoire, de son caractère divin ? Deuxième question, aussi fondamentale pour le théologien catholique : comment concevoir le rapport entre le mouvement religieux issu de Jésus et Jésus lui-même ? Troisième question, impliquée par la précédente : comment rendre compte de la succession des différents modes d'expression de la foi, depuis ce

38. Paris, Picard, 1902.

que nous nommons aujourd'hui le kérygme jusqu'à la définition proprement dogmatique ?

IV. LE PROBLÈME DE JÉSUS

## *Déconstruction du dogme*

La question de la formation du dogme chrétien se pose à partir d'un fait : le dogme chrétien est né d'une histoire, celle de Jésus de Nazareth. Mais comment interpréter ce fait ? Quel rapport le dogme chrétien entretient-il avec cette histoire fondatrice ? Au temps de la crise moderniste, la discussion sur le développement du dogme porte, au premier chef, sur le dogme christologique. En fonction de Loisy, mais aussi en fonction des thèses du libéralisme protestant, qui prétendait déconstruire le dogme christologique, trop influencé par la philosophie grecque, pour revenir du Christ de la foi (dogmatique) au Jésus de l'histoire. Or, que dit-on quand on dit : « Jésus de l'histoire » ? Celui-ci se confond-il avec le portrait que l'historien peut tracer de Jésus en appliquant les règles de la méthode historique aux documents évangéliques ?

Auguste Sabatier établit entre la piété et le dogme un rapport qui commande sa manière d'aborder le problème de Jésus. Sa *Philosophie de la religion*, énonce avec force ce programme : « Revenons, revenons au plus vite, au Christ de l'histoire, c'est-à-dire au Christ seul réel et vivant » (p. 192). L'exigence d'un retour présuppose une situation d'éloignement. Pour la théologie libérale, ce qui nous sépare du Christ réel et vivant, c'est le dogme christologique, « le dogme de sa divinité métaphysique » (p. 191). Ainsi : « La doctrine orthodoxe de la divinité de Jésus-Christ ne dénature pas moins le véritable caractère de l'Évangile du salut que la doctrine rationaliste et n'est pas moins en dehors de la prédication authentique du Maître. [...] Ce qui fait la dignité de la personne de

Jésus, ce n'est pas son essence métaphysique, c'est le contenu purement religieux et moral de sa conscience [39]. »

En parlant d'un retour au Christ de l'histoire, Sabatier semble nous renvoyer à l'opposition établie à la fin du XIXe siècle entre le Jésus de l'histoire et le Christ de la foi. Mais ce n'est pas tout-à-fait exact. Pour entrer dans la perspective de Sabatier, il faut distinguer la foi religieuse et la foi dogmatique. La cassure passe entre d'une part le Christ de l'histoire et de la piété, d'autre part le Christ du dogme. Ce qui s'institue, c'est donc une alliance originale de l'histoire et de la piété contre le dogme. Ou dans les termes de Sabatier une alliance de l'histoire et de la psychologie. Mais en donnant à ce dernier terme le sens d'une description de l'expérience religieuse propre à dégager l'essence de la religion, objet de la philosophie de la religion.

En ce qui concerne Jésus, Sabatier pose un principe : lorsqu'elle procède de la piété, la lecture des Évangiles permet à chaque individu d'accéder de façon directe et personnelle à l'expérience spirituelle de Jésus. Le principe est nettement affirmé par Sabatier comme résultant de l'idée même de révélation intérieure. Seule cette communication directe nous permet de parler d'une révélation de Dieu en Jésus-Christ. Pour autant que, dans et par cette communication, notre propre expérience se forme au contact de celle de Jésus. En d'autres termes, postérieurs à l'époque, le sujet engagé dans cette lecture religieuse des Évangiles est un sujet existentiel.

Les principes ainsi affirmés jouent un rôle régulateur par rapport à la recherche historique qu'ils commandent et qu'ils limitent. Ils la commandent, car, dans la conjoncture de l'époque, l'histoire apparaît comme un moyen d'échapper à l'autorité dogmatique et c'est d'ailleurs la raison pour laquelle on insiste sur son caractère « scientifique ». Le mot « science » évoque ici la liberté, l'indépendance, à l'égard des préjugés dogmatiques, lesquels s'interposent entre le lecteur et le texte. De sorte que le rôle de la science est de détruire cet obstacle en vue de l'établissement d'un contact direct.

Mais les mêmes principes limitent aussi la recherche his-

39. *Les religions d'autorité et la religion de l'Esprit*, 1899, nous citons la 3e éd. Paris, Fischbacher, 1904, p. 504 et 508.

torique. En effet, par sa technicité, l'histoire peut à son tour devenir un obstacle au contact direct. La théologie libérale se méfie de la propension des historiens à réserver aux « savants » l'accès au Jésus de l'histoire. La science historique n'est utile que si elle-même s'efface pour favoriser le contact direct avec l'âme religieuse de Jésus. On ne peut donc pas dire que, pour Sabatier, la réalité historique soit circonscrite par la science des historiens. Celle-ci est au contraire subordonnée à la découverte d'une réalité vivante dont le seul critère est la possibilité d'une réappropriation personnelle. Non sans paradoxe, le « Christ de l'histoire » de Sabatier est moins le Jésus de la science historique que le Jésus dont je deviens, par la piété, le « contemporain » (l'expression de Kierkegaard n'est pas ici hors de propos).

Il en résulte une attitude complexe dans laquelle la science historique est à la fois utilisée et contenue. C'est d'ailleurs ce qui permet de comprendre qu'il pourra y avoir une réaction exégétique contre la théologie libérale qui se fera au nom du « Jésus de l'histoire », entendu cette fois comme celui que découvre une science historique non soumise aux impératifs religieux spécifiques de la théologie libérale. Et ceci d'abord avec l'école eschatologique selon laquelle le message de Jésus n'était pas un idéal de religion intérieure, mais l'annonce de la fin du monde : après Johannes Weiss et Albert Schweitzer, c'est la position de Loisy.

## *L'intervention de Lagrange*

Nous avons étudié dans un chapitre précédent *L'Évangile et l'Église*. Mais, du point de vue des rapports de l'histoire et du dogme, *Autour d'un petit livre* est aussi important. C'est en tout cas ce second petit livre rouge qui décide le père Lagrange à intervenir dans la discussion autour de Loisy. Il le fait sous la forme d'une lettre adressée à Mgr Batiffol[40]. Le ton n'est pas encore celui qu'il adoptera plus tard dans

40. Lettre publiée dans le BLE en 1903 et jointe à l'édition de 1904 de *La méthode historique*.

*M. Loisy et le modernisme*[41]. Mais la critique et le refus n'en sont pas moins sévères.

Les déclarations de Loisy concernant sa position dogmatique sont nettes : « M. Loisy accepte de l'Église tout ce qu'elle entend lui imposer, la divinité de Jésus-Christ, sa présence réelle dans l'Eucharistie, la fondation et l'autorité divine de l'Église. » Lagrange prend acte, mais il s'interroge : quelles transformations Loisy fait-il subir à ces affirmations pour les mettre en conformité avec les exigences de la philosophie moderne, sans altérer, dit-il, « la substance du dogme » ? Lagrange rappelle sur ce point le Concile du Vatican : « Non seulement l'Église a défini ses dogmes, mais elle a encore défini qu'ils ne pourraient être pris dans un autre sens » (p. 170).

Dans le second petit livre de Loisy, Lagrange note ce qu'il considère comme un aveu : « Si le problème (christologique) [...] se pose maintenant de nouveau, c'est beaucoup moins parce que l'histoire en est mieux connue, que par suite du renouvellement intégral qui s'est produit et qui continue de se produire dans la philosophie moderne[42]. » C'est donc bien la philosophie qui est en cause, plus encore que l'exégèse. Comment Loisy conçoit-il ce renouvellement de la philosophie, et ses conséquences pour l'interprétation des Évangiles ? Les dogmes de la Trinité et de l'Incarnation ont été, dit-il, « fondés primitivement, en tant que doctrine de philosophie religieuse sur la seule idée de la transcendance divine. Cependant l'évolution de la philosophie moderne tend de plus en plus à l'idée du Dieu immanent, qui n'a pas besoin d'intermédiaire pour agir dans le monde et dans l'homme[43] ».

Loisy peut-il encore affirmer que Jésus est Dieu ? Les anciens apologistes faisaient reposer le dogme christologique sur l'affirmation même de Jésus : « Jésus s'est dit parfaitement homme et il a agi comme un homme ; mais il a parlé et agi en Dieu. » Or, « pour M. Loisy, le témoignage de Jésus se réduit à affirmer qu'il est le Messie futur » (p. 172). Lagrange refuse de suivre Loisy sur ce point, d'autant qu'il n'est pas du

---

41. Paris, Cerf, 1932.

42. *La méthode historique*, p. 171. Texte de Loisy dans *Autour...*, p. 128-129.

43. *Autour*, p. 153-154.

tout convaincu par le sens plus philosophique que scripturaire à son avis que Loisy prétend trouver dans le concept évangélique de « messie ».

Lagrange donne quand même raison à Loisy sur un point essentiel : « Les évangélistes ne sont pas des témoins ordinaires : ils supposent la foi et ils veulent la faire naître » (p. 181). Dès lors, tandis que nous parvenons mal à reconstituer l'ordre chronologique des discours et des faits, il est assez vain de prétendre écrire quand même une histoire de Jésus : « Ne résulte-t-il pas de là qu'il est plus facile d'extraire des évangélistes une doctrine religieuse que de les mettre bout à bout pour composer une histoire proprement dite ? » Certes, mais de là à conclure qu'ils « ne nous apprennent à peu près rien de la vie réelle de Jésus », il y a, pour Lagrange, une distance qu'il se refuse absolument à franchir. Mais c'est à la critique et à l'histoire qu'il faut avoir recours pour résoudre ces difficiles problèmes, car, maintient Lagrange : « nous nous obstinons à ne pas les croire compromises et nous ne voulons pas en désespérer » (p. 188).

## *Blondel : Histoire et dogme*

En janvier et février 1904, Maurice Blondel publie dans la *Quinzaine* son grand texte : « Histoire et dogme. Les lacunes philosophiques de l'exégèse moderne[44]. » L'auteur est conscient de la gravité d'un conflit qui oppose deux autorités, celle du dogme et celle de la science historique. Le conflit est d'autant plus fort qu'il concerne les mêmes faits historiques, étudiés par l'historien selon sa méthode propre, interprétés doctrinalement par le théologien. Or, Blondel intervient dans cette controverse en philosophe, soucieux de déceler « les lacunes philosophiques de l'exégèse moderne ». Ce qui implique que — scientifique ou dogmatique — l'exégèse met toujours en œuvre des présupposés philosophiques, sur lesquels un contrôle doit pouvoir s'exercer.

La genèse de l'article sur « Histoire et dogme » a été étudiée par Virgoulay. et par Gauthier. Sans reprendre leurs ana-

44. Nous nous référons à la réédition de 1956 aux PUF comprenant la *Lettre sur l'apologétique* et *Histoire et dogme.*

lyses, fixons l'un ou l'autre point. Les correspondances maintenant publiées montrent que les réactions de Blondel et de ses amis au livre de Loisy sur *L'Évangile et l'Église* n'ont pas été immédiatement négatives. Wehrlé exprime même son enthousiasme. Les objections viennent pourtant assez vite, surtout de la part de Blondel, comme le montrent les lettres réunies par René Marlé dans *Au cœur de la crise moderniste*. Le 6 janvier 1903, Blondel écrit à Wehrlé : « Je ne puis encore me résigner à admettre que la conscience de Jésus ait été normalement ce que serait la conscience normale d'un homme purement homme[45]. » Le 6 février, Blondel adresse à Wehrlé une lettre destinée à Loisy lui-même. Elle contient de fortes réserves soit à l'égard de la méthode de l'historien, soit à l'égard de ce qu'il nomme, dans d'autres lettres, la « christologie occulte » de Loisy. Blondel reconnaît qu'il y a, touchant la science et la conscience humaines du Christ-Dieu « un problème formidable », mais il en appelle à un sens populaire, plus profond, plus juste que tous les analystes : « nier la conscience divine de Jésus, c'est nier la divinité du Christ » (p. 78).

La même lettre contient un passage qui traduit bien la préoccupation profonde de Blondel : « Le Christ a acquis, en être sensible et pâtissant, ce que nous acquérons nous-mêmes ; mais en même temps sa science divine a enrichi analogiquement son imagination, au point que par une sympathie stigmatisante elle l'a rendu passif de l'Univers, conscient de nos inconsciences, de nos souffrances, de nos défaillances ; il est vraiment homme, parce qu'il est l'homme de tous les hommes, son humanité est garantie et pour ainsi dire constituée par la nôtre, il est le Fils de l'homme » (p. 79). On voit mal comment Loisy aurait réagi positivement à cette représentation du Christ qui traduit un élément tout-à-fait fondamental de la philosophie de Blondel, ce qu'il appelle lui-même son « panchristisme ».

Il n'appartient pas au philosophe comme tel de dire : « Jésus est Dieu », mais il lui appartient de former le concept de fonction christique et d'en montrer toute la signification philosophique. Selon la notion de Leibniz étudiée par Blondel dans sa thèse latine, la fonction christique, c'est la fonction de

45. Dans Marlé, *op. cit.*, p. 60.

*vinculum substantiale*. Il s'agit du lien qui unit tous les éléments de l'univers pour leur donner la réalité, la consistance, l'être. Tel est, pour Blondel, le rôle du Verbe incarné. C'est à lui qu'en 1886, il adresse cette prière :

> « Vous avez été la fin de toute la création. Pour que tous les rapports des êtres finis et limités existent, il faut que vous les voyiez avec vos yeux, pour que la matière soit, il faut que vous la preniez en vous. C'est en vous enchaînant à notre chair que vous achevez votre amoureuse création. *Et Verbum caro factum est*. Comment cela ? L'infini devient le fini, la lumière est l'obscurité, l'esprit est le corps, l'être est le néant. Tout ce qui n'est pas en vous n'est pas. O lien substantiel, unité de vos créatures, vie de vos membres, être des êtres. *Ne permittas me separari a te*[46]. »

Blondel fait ici allusion à l'hymne de l'épître aux Colossiens. Mais il entend bien donner à l'affirmation de saint Paul un sens philosophique en la rapportant à une interrogation sur l'être des phénomènes. Cette interrogation ontologique constitue la trame de la thèse de 1893 et Blondel la reprendra dans toute son œuvre afin d'en dégager tous les présupposés et toutes les conséquences[47], Dans la conscience humaine du Christ, Dieu devient à son tour passif de sa création. Et c'est ce qui donne à celle-ci sa consistance définitive. Telle est, pour Blondel, la fonction christique, solution ultime du problème ontologique.

## *Extrinsécisme et historicisme*

Dans l'article de 1904, ayant posé le principe d'un contrôle philosophique sur l'exégèse, Blondel entreprend d'exercer ce contrôle en critiquant deux thèses méthodologiques, qui sont opposées l'une à l'autre, mais qui font l'une et l'autre manquer la véritable relation du dogme et de l'histoire.

Le reproche d'extrinsécisme s'applique à la forme classique de l'apologétique que Blondel avait déjà examinée dans

---

46. *Carnets intimes* (1883-1894), Paris, Cerf, 1961, p. 88-89.

47. Ainsi que Jacques Flamand l'avait montré jadis dans : *L'idée de médiation chez Maurice Blondel*, Louvain-Paris, Nauwelaerts-Vrin, 1969. Voir aussi Xavier Tilliette : « Blondel et la controverse christologique » dans *Le Modernisme*, Paris, Beauchesne,1980.

la *Lettre* de 1896, et dont il retient ici les implications qui concernent le traitement des textes bibliques. La préoccupation centrale de cette apologétique est de démontrer le fait de la Révélation. Les faits historiques consignés dans les textes l'intéressent dans la mesure où ils servent cette démonstration, c'est-à-dire dans la mesure où ce sont des faits miraculeux. On a dès lors une vision unilatérale et rétrécissante de l'histoire. La diversité des faits, leur richesse interne, sont neutralisés par une préoccupation monotone, qui retient toujours le même élément : ce par quoi les faits peuvent être qualifiés de « miraculeux » (le « contenu » même des miracles devient inintéressant, par exemple la « guérison »).

La même coupure entre le fait et le contenu de la Révélation engendre cette forme de l'apologétique et une forme de lecture dogmatique de la Bible ne cherchant dans le texte biblique que les « majeures » des thèses théologiques. En effet, dans un premier temps, on prouve que la Bible est un livre divin. Dès lors il ne s'agit plus que d'extraire les vérités divines qui s'y trouvent sous la garantie de l'inspiration scripturaire. Sans qu'il soit plus besoin de prendre en considération l'histoire du texte. Cette exégèse dogmatique ne s'intéresse pas au fait que les textes ont une histoire et elle peut se déployer en marge de toute critique historique (p. 159).

Sous le vocable d'historicisme auquel il donne un sens spécifique, Blondel désigne de nouveau un type idéal. Mais ce dernier est construit à partir des positions de Loisy, schématisées et poussées à la limite (de sorte que, se retournant vers les textes mêmes de Loisy, on les trouvera toujours plus nuancés). Par opposition à l'extrinsécisme, l'historicisme présente l'avantage d'un intérêt réel pour les faits, pris en eux-mêmes (p. 162). Or, cet intérêt coïncide avec le mouvement même du christianisme dont on dira, en des termes plus actuels que ceux de Blondel, qu'il ne cesse pas de se référer à un événement fondateur. Mais, d'une autre manière que l'extrinsécisme, l'historicisme se montre également incapable de saisir la manière dont le dogme s'engendre à partir de l'histoire, par réflexion sur l'histoire, réinterprétation de l'histoire.

La préoccupation de Blondel est justement de saisir ce nexus de l'histoire et du dogme. A vrai dire, on peut se demander si une telle compréhension relève de la compétence de l'historien, si elle n'est pas réservée au théologien (muni d'une bonne philosophie). Mais on se trouve dans la situation suivante. D'une part l'historien-historiciste prétend bien traiter le sujet. C'est en « pur historien » que Loisy entend montrer le type de continuité qui unit l'Évangile et l'Église. Et cette continuité inclut le rapport du dogme christologique à la réalité historique de Jésus. Mais d'autre part, selon Blondel, les présupposés de la méthode mise en œuvre interdisent la réalisation effective du projet.

## *L'historicisme de Loisy ?*

Quelle est donc cette méthode et quels sont les présupposés qui transforment l'histoire en historicisme ? Loisy déclare que l'historien comme tel n'a pas affaire aux réalités surnaturelles. S'il les aborde, c'est indirectement, à travers la foi de ceux qui croient à ces réalités. Blondel ne conteste pas ce principe, mais la manière dont Loisy le fait jouer. Et très précisément la séparation que Loisy établit entre l'histoire de Jésus d'une part, l'histoire de la foi en Jésus-Christ d'autre part. Cette séparation se présente comme méthodologique, mais la manière dont elle est pratiquée aboutit en fait à une séparation ontologique, c'est-à-dire à une véritable scission entre le Jésus de l'histoire et le Christ de la foi.

Comment se présente pour Loisy la tâche de l'historien cherchant à saisir l'histoire de Jésus ? Loisy sait que les Évangiles sont tous des témoignages de foi, et il le dit. Mais, si l'on en croit Blondel, ce savoir reste lettre morte. Car en fait, il sépare dans les Évangiles ce qui relève du témoignage de foi et ce que l'on peut considérer comme pur témoignage historique. Ce dernier ne se trouve pas chez saint Jean et ne se discerne dans les Synoptiques que dans la mesure où l'on isole une couche primitive du texte. A partir de ce qui est identifié comme témoignage historique, on peut construire un portrait de Jésus, correspondant donc à la perception qu'ont eu de la réalité de Jésus les témoins directs de sa vie.

A cette tentative, Blondel fait une double objection. D'abord, à supposer que l'opération se justifie, elle doit en tout cas rester consciente de ses limites et relativiser en conséquence ses résultats, ce qu'elle ne fait pas. Le postulat de l'historicisme, c'est que l'histoire-science a compétence, et elle seule, pour atteindre le tout de l'histoire-réalité. Il n'y a rien de plus dans le réel que ce qu'atteint la science historique. On arrive donc à ceci : la vue que les disciples de Jésus ont eue de lui durant sa vie permet de tracer le portrait exhaustif de ce que Jésus a été réellement (cf. p. 177). En d'autres termes, on exclut toute portée réelle d'une compréhension rétrospective. Même celle exercée par ces premiers témoins que la Résurrection conduit à relire autrement la vie de Jésus et à discerner en elle autre chose que ce qu'ils avaient d'abord perçu.

Il s'agit bien d'une exclusion de principe. Cette compréhension rétrospective est le fait de croyants. Elle n'appartient donc plus à l'histoire de Jésus, mais à l'histoire de la foi en Jésus. Ceux qui exercent cette compréhension ne fonctionnent plus en témoins historiques mais en témoins de la foi. Ce qu'ils disent à ce titre ne concerne plus l'historien de la vie de Jésus comme tel. Or, et c'est la seconde objection, Blondel revient sur le témoignage historique lui-même. En vérité, ce qui est dès le point de départ faussé, c'est l'idée que s'en fait l'historicisme. En fonction d'une représentation tout-à-fait sommaire du fait historique. Pour Blondel, la thèse de fond de l'historicisme est qu'il est possible de saisir les faits en eux-mêmes, indépendamment de toute interprétation. Or, à supposer que ce soit possible, on n'atteindrait ainsi que des abstractions, non la réalité effective d'une vie d'homme, laquelle fait toujours l'objet d'une compréhension interprétative.

Le débat est donc maintenant porté sur le terrain de la méthode historique et l'objection de Blondel peut être rapportée aux catégories de Dilthey, distinguant expliquer et comprendre. Blondel considère que l'histoire de Loisy est purement explicative. On réduit la vie de Jésus à un ensemble de données saisissables par un regard fonctionnant comme pur appareil enregistreur. Ensuite, on cherche à ressaisir ces données dans une systématisation objective. Celle-ci est fournie par le thème biblique du Messie, mais sans que l'on se reporte vraiment à ce que la déclaration messianique signifiait pour Jésus et pour ses auditeurs. Si l'on se reportait à cette signification, on verrait la possibilité d'un décalage entre ces deux compréhensions et donc la possibilité d'un ajustement rétrospectif. Or, une histoire explicative devrait être consciente de ses limites. Elle s'interdit par principe d'aborder la réalité d'une vie humaine (p. 168). Dès lors, elle doit admettre le complément d'une histoire compréhensive, qui procéderait d'une vue philosophique de l'homme — ou de l'action humaine.

## *La tradition selon Blondel*

Si l'on considère l'histoire de la foi et de son développement, c'est à propos de cette question que la nécessité d'une vue philosophique se fait encore plus sentir s'il est possible. Laissant maintenant de côté les objections que Blondel fait à l'historicisme (et à Loisy), nous envisagerons la construction originale que lui-même fait du concept de tradition. Comment comprendre que les témoignages consignés dans les Évangiles n'épuisent pas l'expérience que les Apôtres ont faite de Jésus au cours de son ministère ? Ou encore comment comprendre que les récits évangéliques ne soient qu'un extrait d'une expérience plus vaste ? (p. 204-205).

S'il n'en est plus ainsi après la Constitution *Dei Verbum* de Vatican II, la théologie catholique a longtemps conçu la Tradition comme s'ajoutant à l'Écriture. Dans cette hypothèse, la tradition serait la transmission, par voie orale, de « quelque chose qui a été nettement pensé et qui aurait pu être écrit dans le passé » (p. 203). Le mode de la transmission serait donc différent, mais les contenus transmis seraient du même ordre. Les mêmes choses peuvent être transmises par écrit ou par oral. Mais, dans cette hypothèse, on ne voit pas pourquoi on n'a pas écrit tout ce que l'on voulait faire passer à la postérité. Sauf à invoquer une énigmatique « discipline du secret » (p. 203).

La philosophie de l'action permet une tout autre approche de la tradition. Le concept qu'elle en forme permet de la penser comme conservatrice et novatrice. Ou encore la philosophie de l'action saisit le nexus qui joint, dans le mouvement même de la tradition, la fidélité au passé fondateur et l'ouverture à l'avenir. Comme le dit Blondel : « Elle n'a rien à innover, parce qu'elle possède son Dieu et son tout ; mais elle a sans cesse à nous apprendre du nouveau, parce qu'elle fait passer quelque chose de l'implicite vécu à l'explicite connu » (p. 204-205).

Reportons-nous aux pages de *L'Action* de 1893 qui présentent le rapport des idées métaphysiques à la pratique. Les idées religieuses entrent dans un même processus : elles naissent de la pratique chrétienne, elles se forment pour l'éclairer et la guider, elles y font retour. Tous les éléments de ce processus sont importants. 1°) la priorité de la pratique, c'est-à-dire ici de la foi vécue en Église ; 2°) la production des idées qui éclairent cette pratique, qui la structurent intellectuellement (articles de foi, concepts théologiques, dogmes proprement dits) ; 3°) le retour de ces idées à la pratique qu'elles informent. L'étude de ce processus manifeste le défaut d'une théologie trop intellectualiste : elle risque toujours de prendre les déterminations intellectuelles pour l'objet même de la foi, alors que celle-ci prend appui sur ces déterminations pour viser la chose même, vécue dans la pratique ecclésiale.

## *Le Christ réel*

Si l'on met en œuvre le concept d'action, on comprendra que la pratique chrétienne puisse véhiculer une mémoire qui ne passe que progressivement de l'implicite vécu à l'explicite connu En d'autres termes, le problème est de comprendre comment l'expérience vécue en vient à être portée à la parole, qui l'interprète (en même temps qu'elle interprète le texte biblique). Trois présupposés : la foi n'existe pas ailleurs que dans l'ensemble des relations constitutives de l'action ; elle est vécue dans ces relations qu'elle informe et qu'elle transforme ; si l'action se vit, il lui est aussi essentiel de se dire, de se déclarer, de porter à la parole ce qui l'inspire, ce qui l'oriente ; mais le discours de la foi ne l'épuise jamais. Il y a toujours un excédent du vécu.

Or, ce processus existe dès l'origine. Les premières communautés chrétiennes ne disposent pas seulement d'un savoir narratif sur le Christ. Mais aussi d'une expérience pratique, par laquelle les communautés se rattachent au Christ réel. Si le dogme a pu se constituer, c'est en développant le contenu implicite de cette tradition. La philosophie de l'action fournit ainsi l'élément médiateur entre histoire et dogme, permettant de comprendre le passage de l'histoire au dogme (p. 210). Mais encore faut-il préciser que le dogme fournit une compréhension rétrospective de la réalité même de Jésus le Christ. La philosophie de l'action permet de comprendre la formation première de la tradition à partir de l'expérience historique. Et donc, elle permet de situer les Évangiles eux-mêmes dans l'Église. La philosophie de l'action permet aussi de répondre au problème de l'homogénéité du développement dogmatique. Par delà l'opposition du vital et de l'intellectuel, la Tradition assure la continuité du développement, parce que, dit Blondel, elle « apporte à la conscience distincte des éléments jusqu'alors retenus dans les profondeurs de la foi et de la pratique, plutôt qu'exprimés, relatés et réfléchis » (p. 204).

Par là s'éclaire le problème qui est pour Blondel le problème central : celui d'un progrès dans la connaissance du Christ réel qui s'opère par le développement dogmatique, mais en tant que celui-ci est lui-même réinséré dans l'histoire de la pratique chrétienne. Pour reprendre un texte déjà cité : oui nous avons « la ressource de profiter de l'effort total des générations croyantes, et de faire refluer à la source tous les flots de vie et de pensée que dix-neuf siècles ont accumulés sur l'Évangile » (p. 177). La réponse définitive de Blondel à Loisy se trouve dans cette note des *Carnets intimes*, qui marque sans doute aussi la différence radicale de leur approche des textes évangéliques et de l'histoire chrétienne : « L'Évangile vivant demeure là où il est vécu, prié, intériorisé, engagé dans le monde, confronté, témoigné : c'est-à-dire dans la vie de l'Église comme mémoire de Jésus-Christ dans le temps et dans l'espace[48]. » Ce texte évoque la tradition comme expérience actuelle. Aujourd'hui encore, l'Église fait dans sa pratique une expérience vécue du Christ, plus riche que ce que la systématisation théologique en retient. Et la théologie doit s'inspirer de cette expérience, puiser en elle.

---

48. *Carnets intimes*, cité par le père Liégé dans *Nouvelles de l'ICP*, décembre 1974, p. 33 ; voir aussi *L'Action*, p. 442.

## V. LA QUESTION D'ÉDOUARD LE ROY

### *D'une controverse à l'autre*

Les réactions à l'article « Histoire et dogme » avaient été vives et les critiques ne venaient pas seulement d'anti-blondéliens déclarés comme Maignen ou Gayraud. Ami de Blondel et de Loisy, le baron von Hügel estime que le premier n'a pas vraiment rendu justice au second, et il fait paraître dans la *Quinzaine* du 1er juin 1904 un article assez critique intitulé : « Du Christ éternel et de nos christologies successives. » Attristé, Blondel n'est pas convaincu, mais il ne répondra pas lui-même au baron. En revanche, d'autres interventions publiées par le BLE lui font répliquer dans cette même revue par un article de février 1905 : « De la valeur historique du dogme ».

Selon René Virgoulay : « Les remous provoqués par *Histoire et dogme* n'étaient pas encore apaisés qu'un autre article de *La Quinzaine* allait provoquer une controverse retentissante [49]. » En effet, en avril 1905, Édouard Le Roy pose sa fameuse question : « Qu'est-ce qu'un dogme [50] ? » Mathématicien, Le Roy partait d'une confrontation avec la science pour interroger les théologiens sur le statut des propositions dogmatiques et sur le sens que revêt le mot « vérité » lorsqu'il leur est appliqué. Le philosophe n'abordait pas directement le terrain de l'histoire. Mais les débats suscités par son article ont joué un rôle capital dans la crise moderniste parce qu'ils posaient la question du statut intellectuel du dogme et parce que sa réponse à cette question allait réagir sur la problématique de l'histoire des dogmes.

Philosophe des sciences et philosophe de la religion, Édouard Le Roy occupe une position intellectuelle dont le caractère singulier est bien attesté par la manière dont le considèrent les historiens de la philosophie. Ainsi Dominique Parodi le fait-il figurer dans deux chapitres différents de son livre sur *La Philosophie contemporaine en France* [51]. D'abord

49. *Blondel et le modernisme*, p. 133.
50. *La Quinzaine*, 16 avril 1905.
51. Paris, Alcan, 1919.

dans un chapitre sur « La critique du mécanisme scientifique » (p. 242-250). Ensuite dans un chapitre sur « Bergsonisme et Intellectualisme » (p. 307-311). L'insertion de Le Roy dans ce second chapitre tient évidemment au fait qu'il avait salué l'initiative bergsonienne dans son livre sur *Une Philosophie nouvelle, Henri Bergson* [52]. Mais avec la présentation générale que Parodi fait de Le Roy, nous retrouvons une caractéristique déjà remarquée chez Bréhier : la tendance des historiens de la philosophie à avaliser le jugement du milieu catholique sur les philosophes de la crise moderniste. Selon Parodi, Le Roy a été « un des représentants les plus hardis du mouvement moderniste en France, tout spécialement condamné par l'encyclique *Pascendi humani gregis* (sic) » (p. 307).

Le contexte philosophique de l'intervention de Le Roy est différent de celui de Blondel et Laberthonnière. Surtout en fonction de la compétence mathématique de Le Roy et de son intervention préalable dans le mouvement de la philosophie des sciences. Sont à retenir à ce titre les articles de la RMM sur « Science et Philosophie » parus en juillet, septembre, novembre 1899, et janvier 1900. Mais aussi la discussion avec Henri Poincaré que ce dernier développe dans *La Valeur de la Science*, livre paru en 1905, mais qui réunit des articles antérieurs [53]. Les deux auteurs ont alors accentué leur divergence. Mais, ils n'en sont pas moins d'accord sur la double relativité de la science : « D'une part la science n'atteint ni des "choses", ni des "faits" absolus, mais uniquement des relations entre les choses ou les faits ; d'autre part l'expression de ces relations est elle-même relative au savant et le critère de leur objectivité n'est autre que l'accord des savants entre eux [54]. »

---

52. Paris, Alcan 1912. Sur l'apport de Le Roy au bergsonisme, voir Michel Jouhaud : « Édouard Le Roy, le bergsonisme et la philosophie réflexive » dans *Les Études bergsoniennes*, volume V, Paris, PUF, 1960.

53. Pour la question du raisonnement mathématique cf. RMM, 1894.

54. Jean Abelé : « Édouard Le Roy et la philosophie des sciences », dans *Études*, janvier 1955, p. 107.

## *L'esprit moderne et le dogme*

Posant la question : Qu'est-ce qu'un dogme ? le philosophe ne prétend pas apporter la réponse. Il ne se substitue pas au théologien, à qui il adresse la question. Mais, comme scientifique, il participe à un milieu intellectuel que les apologistes de profession connaissent mal, et, s'il avertit le théologien des difficultés de l'esprit moderne, c'est pour l'inciter à les prendre en considération. Le Roy pose donc une forte exigence de contemporanéité. Le théologien doit comprendre la forme nouvelle sous laquelle se pose aujourd'hui la question du dogme pour des esprits formés à la pratique scientifique.

Si elle se rapporte au débat déjà classique des rapports de la science et de la foi, l'intervention de Le Roy opère un déplacement de la problématique. Tout en estimant qu'il s'agit encore d'un « effort de *concordisme* », Laberthonnière marque l'originalité de la démarche : « Au lieu d'accorder le christianisme avec, comme on dit, les résultats acquis de la science et de la philosophie, c'est avec l'esprit même de la science et de la philosophie, qui est mobilité et progrès, qu'il entend l'accorder[55]. » De fait, au lieu de s'interroger sur la compatibilité de deux visions du monde, telles que, par exemple, la représentation de la création et la représentation scientifique des origines de l'homme, Le Roy s'intéresse à la forme des propositions, soit dogmatiques, soit scientifiques. En termes plus contemporains, il s'efforcera de montrer qu'elles appartiennent à des « jeux de langage » différents. Dès lors, la question ne porte pas sur tel ou tel dogme, mais sur l'idée même de dogme ou sur la possibilité pour un esprit moderne de faire tenir ensemble un langage scientifique et un langage dogmatique. Le Roy insiste : « Nous ne sommes plus au temps des hérésies partielles [...]. C'est l'idée même de dogme qui répugne, qui fait scandale. Pourquoi cela ? » Faisant écho à cette question, Henri Gouhier marque l'importance de l'enjeu : « Il ne s'agit plus de paganisme et de christianisme, ou de schismes et d'hérésies au sein du christianisme, mais d'une contestation visant à l'établissement

55. *Dogme et théologie*, Paris-Gembloux, 1977, p. 16.

d'une société intégralement profane, ce qui ne s'est peut-être jamais vu dans l'histoire de l'Occident [56]. »

Le problème étant ainsi posé, Le Roy le développe en trois temps : 1°) Les motifs de la répugnance de l'esprit moderne ; 2°) Le postulat commun de la théologie et du rationalisme qui la critique, c'est-à-dire le postulat intellectualiste ; 3°) Proposition d'une autre conception du dogme. Le premier temps concerne donc les motifs de la répugnance de l'esprit moderne. Comme le montre Stanislas Breton dans son article : « Dogme de la Résurrection et concept de la matière », Le Roy en retient quatre correspondant à quatre principes fondamentaux de l'intelligence contemporaine : principe de vérification, principe d'immanence, principe d'univocité sémantique, principe de cohérence intégrale de la pensée [57].

Depuis Descartes, le premier principe de la méthode est qu'il ne faut tenir pour vrai que ce que l'on voit clairement être tel. Or, la proposition dogmatique se donne comme devant être crue, sur l'autorité du Dieu qui la révèle. Une démonstration directe est donc impossible : pas d'évidence intrinsèque, ni immédiate (par intuition), ni médiate (par raisonnement). Peut-on au moins envisager une démonstration indirecte ? En effet, une apologétique qui se prétend traditionnelle estime que l'on peut démontrer le fait de la révélation, c'est-à-dire le fait que Dieu a parlé et que l'autorité de sa parole garantit la valeur de vérité des dogmes révélés. Le Roy touche le problème de savoir si une telle démonstration relève de la compétence de l'historien comme tel, mais il va plus au fond en confrontant le principe d'autorité mis en avant par la théologie et le principe d'immanence de l'esprit moderne. Ce faisant, dès lors que le mot « immanence » est prononcé, nous entrons dans un véritable maquis.

De quoi s'agit-il pour Le Roy ? Au niveau le plus radical, le principe d'immanence équivaut pour lui à l'idéalisme, en tant que celui-ci exclut la « chose en soi » kantienne, véritable source de l'agnosticisme. Selon Le Roy : « La pensée se retrouve partout et toujours tout entière. C'est le grand principe de l'immanence, chaque jour plus évident et mieux véri-

56. Cours inédit sur le modernisme.
57. *Le Modernisme*, p. 101-128.

fié [58]. » Cette vérification est fournie par l'activité scientifique, montrant comment la pensée s'implique elle-même dans toutes ses démarches de telle sorte qu'elle n'a jamais affaire à une pure extériorité. Dans l'ordre scientifique, on doit dire qu'il n'y a pas de fait pur : les faits sont toujours relatifs à un mode d'interrogation, et à une construction théorique [59]. Dans l'ordre religieux, ce que Le Roy semble bien exclure, c'est la séparation de l'autorité et du sens. La révélation divine ne peut me convaincre en fonction du seul argument d'autorité. Il faut que ce qui nous est dit par Dieu ait pour nous du sens. Sur ce point capital, Le Roy et Laberthonnière sont d'accord.

Vient également un principe d'univocité sémantique. Comme l'indique Stanislas Breton, il s'agit ici de savoir si les dogmes sont intelligibles dans leur énoncé alors que celui-ci mélange souvent des formules abstraites, et des symboles imaginatifs ou des métaphores empruntés au sens commun (par exemple paternité ou filiation divines). L'univocité sémantique est absente, et surtout la question se pose de savoir si des énoncés qui sont liés à des représentations culturelles dépassées ont pour nous du sens pensable. En fin de compte, nous nous trouvons devant une dualité en apparence irréductible : d'un côté l'ensemble des propositions dogmatiques ; de l'autre l'ensemble du savoir positif. Or, l'esprit humain ne peut se satisfaire d'une telle séparation qui fait du système dogmatique un corps étranger, sans influence sur le progrès, alors que celui-ci est l'essence même de la pensée.

## *Questions et propositions*

En un second temps, Le Roy dégage le postulat commun de la théologie et du rationalisme. La raison moderne critique le dogme tel que celui-ci est présenté par la théologie, selon une conception nettement intellectualiste. Il s'agit de ce que Le

58. *Dogme et critique*, Paris, Bloud, 1907, p. 374.

59. Voir Le Roy dans le BSFP, séance du 25 février 1904 : « C'est toujours au sein d'une théorie que l'on expérimente, que l'on élabore les faits, et au sein d'une théorie mobile, changeante, plastique, partiellement indéterminée encore » cité dans *Dogme et critique*, p. 369.

Roy nomme « le dogme théorème », soit un énoncé d'ordre théorique, s'offrant à procurer une connaissance spéculative de ce qui est. Or, selon Le Roy, il faut être logique. On ne peut à la fois « définir le dogme comme jouant le rôle d'un énoncé théorique et lui attribuer cependant des caractères inverses de ceux qui font les énoncés corrects[60] ». Dans les termes de Wittgenstein, il en va de la cohérence interne d'un « jeu de langage » : celui de la connaissance théorique a ses exigences spécifiques, les énoncés doivent être compréhensibles, et vérifiables. Mais est-il vrai que le dogme chrétien prétende nous donner une connaissance théorique ? Le Roy commence par montrer que, si on le prend à ce niveau, celui de la connaissance théorique, il ne donne pas des éléments positifs, mais il joue le rôle essentiellement négatif d'écarter des erreurs. Ainsi dire : « Dieu est personnel », c'est dire « Dieu n'est pas une simple loi, une catégorie formelle, un principe idéal, une entité abstraite, non plus qu'une substance universelle ou je ne sais quelle force cosmique diffuse en tout » (p. 19).

Le troisième temps de l'article de 1905 propose un changement de problématique. Pour répondre aux objections de l'esprit contemporain, mais aussi pour retrouver le sens véritablement chrétien d'un dogme qui est ordonné au salut et qui doit donc parler à tous afin d'orienter tout homme, il faut, selon Le Roy, introduire une autre idée du dogme. Notons que Le Roy n'entend pas plier le christianisme aux requêtes de l'esprit contemporain sinon dans la mesure où ces requêtes le ramènent en même temps à lui-même, c'est-à-dire à sa propre authenticité, mal honorée par une théologie en fin de compte trop dépendante du rationalisme moderne. Cette autre idée du dogme tient en quelques mots, mais ceux-ci ne sont qu'apparemment simples. Selon Le Roy, le dogme a un sens pratique, il est une règle pour la conduite. Autrement dit, il prescrit un certain mode de comportement à l'égard des réalités de la foi (cf. p. 25-26).

Comment comprendre ce caractère « pratique » du dogme chrétien ? Aucun théologien ne nie que le christianisme comporte des règles de vie. Seulement, dans le schéma habituel, le dogme donne des « vérités à croire », d'où se dédui-

60. *Dogme et critique*, p. 15.

sent ensuite des « commandements à observer ». C'est ce schéma que conteste Le Roy c'est-à-dire le schéma dans lequel l'orientation pratique intervient à titre de conséquence. Pour lui, cette orientation pratique est première. Ou mieux encore, elle est englobante. Le dogme ordonne la pratique, mais il l'ordonne d'une manière qui est appropriée aux réalités en cause. Par exemple, dire que nous devons nous comporter à l'égard de Dieu comme à l'égard d'un être personnel, ce n'est pas une fiction, c'est un comportement approprié à ce qu'est Dieu. En ce sens, une certaine affirmation de la personnalité de Dieu est bien enveloppée dans la signification pratique du dogme.

## *Les controverses autour de Le Roy*

Édouard Le Roy s'adressait aux théologiens et il leur demandait de répondre à sa question sur le dogme. Pour provoquer davantage cette réponse, George Fonsegrive ouvre une enquête dans sa revue. L'initiative était-elle heureuse ? Toujours est-il qu'elle suscite des objections de principe : « On nous a reproché d'avoir à ce propos ouvert une enquête. On a dit que ces questions graves n'étaient pas de celles que l'on doit agiter en public. J'avoue humblement ne pas comprendre [61]. » Saisissons une fois de plus l'occasion de souligner un fait : derrière les problèmes de technique philosophique et/ou théologique, il y a le problème de la prise de parole. Laïc, non-professionnellement engagé dans la philosophie, Le Roy n'appartient pas au monde des spécialistes, qui défendent leur territoire. Plus encore que la nature de la revue qui publie son article, cette situation de l'auteur fait que sa prise de parole oblige les théologiens à sortir de leur réserve et à débattre sur la place publique. Ils le font, mais à regret, et sans accepter vraiment l'espace public de discussion. Pourtant, Fonsegrive le leur rappelle : « Nous vivons dans un monde où tout est au vent, les idées plus encore que tout le reste. Impossible d'empêcher les idées d'arriver jusqu'aux esprits. C'est pourquoi nous estimons qu'il faut élever les esprits non pas en

61. *La Quinzaine*, janvier 1906.

plein air, mais pour le plein air, non pas dans la liberté, mais pour la liberté [62]. »

Le dossier réuni par Édouard Le Roy lui-même sous le titre *Dogme et critique* reste indispensable. Il contient surtout les réponses adressées par le Roy à ses contradicteurs, mais il indique au moins les références et parfois quelques extraits des articles qui discutent sa pensée entre 1905 et 1907 [63]. Aujourd'hui, les correspondances récemment publiées permettent de compléter ce dossier, en dégageant mieux le contexte psychologique des différentes interventions. Ainsi, en est-il des lettres qu'échangent ces deux anciens camarades de l'École normale supérieure de la rue d'Ulm que sont Maurice Blondel et Johannès Wehrlé. Cette correspondance particulièrement libre montre les réactions embarrassées de Blondel devant l'article de 1905 [64]. D'un côté, il doit reconnaître qu'à bien des égards Le Roy a repris et fortifié ses propres conceptions. Mais d'un autre côté, Blondel a le sentiment que ces conceptions ont été également affaiblies par « la manière artificielle dont il (Le Roy) simplifie les questions et dont il fausse les solutions [65] ».

Encouragé par Blondel, Johannès Wehrlé publiera dans la *Revue biblique* un article intitulé « De la nature du dogme [66] » et la même revue finira par accepter de publier la réponse de Le Roy [67]. Contrairement à ce que suppose son contradicteur, celui-ci affirme qu'il ne donne pas « la prépondérance au signe sur la chose signifiée », mais, dit-il, « je cherche à quelle langue appartient le signe, quelle sorte de rapport il y a entre lui et la chose signifiée [68] ». En accord avec l'article de Wehrlé, Auguste Valensin écrivait à Blondel le 8 août 1905 : « Il me semble de plus en plus qu'une des confusions où s'alimentent les difficultés de M. Le Roy vient de ce que la philosophie moderne ignore — ou semble ignorer complètement — la conception de l'analogie, telle que les Scolastiques

62. *Regards en arrière*, p. 292.
63. L'ouvrage sera inscrit au catalogue de l'Index le 26 juillet 1907.
64. Blondel-Wehrlé, *Correspondance*, commentaire et notes par Henri de Lubac, 2 tomes, Paris, Aubier 1969.
65. *Op. cit.*, tome I, p. 299. Lettre du 24 mai 1905.
66. N° de juillet 1905.
67. N° de janvier 1906. Voir *Dogme et critique*, p. 46 à 87.
68. *Dogme et critique*, p. 54.

l'entendent, — comme s'il n'y avait pas de milieu entre la connaissance propre et la connaissance symbolique, et comme si l'analogie pouvait se réduire à une proportion purement extrinsèque[69]. »

## *La question de l'analogie*

Sous-jacente à toutes les controverses philosophico-théologiques de l'époque, cette question a déjà été abordée dans les deux chapitres précédents. Nous avons cité la réponse que le père de Grandmaison donne, dans le BLE, à la question posée par Le Roy : « Qu'est-ce qu'un dogme[70] ? » Il lui oppose la théorie thomiste de l'analogie des noms divins qui assure la légitimité de notre connaissance de Dieu et son caractère positif. Pour le jésuite, si l'on voit dans la formule : « Dieu est personnel » l'indication d'un comportement à adopter, il faut aller jusqu'au bout et préciser : « Comportez-vous dans vos relations avec Dieu comme dans vos relations avec une Personne, conçue selon l'analogie de la personne humaine, mais possédant les attributs personnels dans un degré d'éminence et de pureté tel, que cette transcendance reconnue confère à vos actes un caractère nouveau, qui participe dans sa mesure finie, à l'infinité de leur objet[71]. »

Que pense Le Roy de la doctrine de l'analogie des noms divins ? La méthode d'éminence prétend conclure des perfections humaines aux perfections divines par un passage à la limite. Or la dialectique ascendante fonctionne tant qu'on étage des perfections créées, par exemple la vie animale, la vie humaine, la vie angélique. Mais entre ces degrés d'une part et la vie divine d'autre part, il y a un hiatus infranchissable. En fait, souligne Le Roy, les limites de nos concepts leur sont essentielles et lorsque nous prétendons les transgresser, nous ne disons plus rien[72]. Si une forme d'analogie pou-

69. Blondel-Valensin, *Correspondance* 1899-1912, tome I, p. 228. C'est ce qui conduira Valensin à écrire sa « Théorie de l'analogie », reprise dans *A travers la métaphysique*, Paris, Beauchesne, 1925, p. 209-234.

70. Juillet-octobre 1905, repris dans *Le dogme chrétien*, p. 275-319. Voir Blondel-Valensin, tome I, p. 228.

71. *Le dogme chrétien*, p. 298-299.

72. *Dogme et critique*, p. 143.

vait être valable, ce serait l'analogie de proportionnalité. En reprenant toujours l'exemple de la personnalité divine, on dira : « Il y a quelque chose qui est à Dieu ce que la personnalité est à l'homme. » Seulement l'analogie ne fonctionne que si nous connaissons trois termes. Or quand je dis que la personnalité divine est à Dieu ce que la personnalité humaine est à l'homme, je ne connais que les deux derniers termes [73].

Selon Stanislas Breton, Le Roy s'approche de la théologie négative, mais il faut avouer qu'à l'époque, celle-ci était à la fois peu connue et mal appréciée. Parmi les thomistes, le père Sertillanges est le moins éloigné de Le Roy, tout simplement parce qu'il est, à l'époque, celui qui relève avec la plus grande force l'élément essentiel de négativité contenu dans la méthode d'éminence pratiquée par saint Thomas d'Aquin. Nous avons déjà signalé son article de 1908 sur « Agnosticisme ou anthropomorphisme » ainsi que la controverse poursuivie notamment dans la *Revue de Philosophie*. Sertillanges refuse catégoriquement l'anthropomorphisme, alors qu'il « conserve une sorte d'agnosticisme religieux, lié à la transcendance divine [74] ». Ce faisant, il s'attire, comme nous l'avons vu, les foudres de Mgr Turinaz, qui unit d'ailleurs dans une même réprobation Le Roy, Blondel, Laberthonnière, et quelques autres [75].

Intellectuellement inacceptable, la confusion ainsi entretenue est sociologiquement efficace ! Entre les philosophes de la crise moderniste, il existe des désaccords et des débats qui sont sérieux et qui font avancer la recherche [76]. Mais il y a

73. *Op. cit.*, p. 146. Voir aussi « Comment se pose le problème de Dieu », mémoire publié en 1907 dans la RMM et repris dans *Le problème de Dieu*, Paris, L'artisan du livre, 1929, en particulier, p. 120.

74. Henri Gouhier, *op. cit.*

75. Mgr Turinaz reprend la question de Le Roy dans sa brochure : *Une très grave question doctrinale : Qu'est-ce qu'un dogme ?*, Nancy, Drioton, 1905. Mais il avait déjà dénoncé publiquement *Les périls de la foi et de la discipline dans l'Église de France à l'heure présente*, Nancy, Drioton, 1902 et il était revenu à la charge avec *Encore quelques mots sur les périls de la foi et de la discipline dans l'Église de France*, Nancy, Drioton, 1904.

76. S'il n'intervient pas publiquement, Maurice Blondel exprime son désaccord avec Édouard Le Roy dans les lettres qu'il lui adresse. P. 251-262. Ainsi le 10 novembre 1905 : « Plus j'y réfléchis, plus il me semble que nos divergences procèdent de cette cause très profonde : nous

aussi de terribles malentendus. Or, ceux-ci sont pour une part non négligeable le fruit de l'atmosphère de suspicion et de la pratique de dénonciation qui constituent la crise moderniste comme crise. Il reste que les malentendus ont aussi des causes intellectuelles plus générales, parmi lesquelles nous retiendrons le rôle que joue, dans l'ensemble du contexte philosophique français de l'époque, une doctrine à la fois très mal définie et très envahissante : le pragmatisme.

## *William James et le pragmatisme*

William James n'est pas seulement le philosophe du « courant de conscience » ou l'initiateur d'une psychologie religieuse. Dans la mémoire française, son nom est associé au « pragmatisme » et réciproquement. Cette association n'a d'ailleurs pas été sans provoquer des confusions que dénonce par exemple l'article « Pragmatisme » de l'*Encyclopedia Universalis*. Selon Gérard Deledalle : « Le pragmatisme est certainement le mouvement philosophique le plus mal connu, non parce qu'on n'en sait rien, mais parce qu'on s'en est fait, une fois pour toutes, une idée fausse qui avait pour elle la vraisemblance et la caution du plus célèbre des pragmatistes américains, James. » Il est certain que, dès le début du siècle et pendant longtemps, le mot « pragmatisme » restera attaché à la figure de William James, de telle sorte que le véritable fondateur du pragmatisme, Charles Peirce, restera quelque peu dans l'ombre [77]. Mais, d'autre part, cette étiquette fera méconnaître la diversité interne de l'œuvre de William James, et peut-être en définitive le sens le plus suggestif de son œuvre.

Une étude générale de Wiliam James devrait tenir compte du contexte originel de sa pensée. Tel n'est pas notre objectif. Ce qui nous intéresse, ici, c'est le contexte de la réception française de sa pensée. Si les livres du philosophe américain ont été très vite traduits, c'est qu'il existait un milieu intel-

n'avons pas la même conception du surnaturel », *Lettres philosophiques*, p. 258.

77. Pourtant le fameux article « Comment rendre nos idées claires » avait paru dans la *Revue philosophique*, en janvier 1879.

lectuel capable de les accueillir. Dans les revues philosophiques et/ou théologiques du début du siècle, de très nombreux articles traitent du pragmatisme. En particulier, mais pas d'une façon aussi exclusive qu'on pourrait le croire, du pragmatisme de James [78]. Si, parmi les débats du modernisme, le débat philosophique et théologique avec le pragmatisme n'est pas le plus apparent, ce n'est pas non plus le moins significatif.

Chez les théologiens catholiques, l'attention inquiète prêtée au pragmatisme provient surtout de cette crainte qui handicapera longtemps l'étude de l'expérience religieuse. Un soupçon s'attache à tout ce qui semble encourager une interprétation de la vérité chrétienne qui la rapporterait à l'affectivité plutôt qu'à l'intelligence. De plus le sens du mot « pragmatisme » n'est pas clair, et il devient complètement indistinct lorsque l'accusation de pragmatisme se coalise avec d'autres accusations telle que celle de kantisme ou de newmanisme, comme chez Albert Farges [79]. Édouard Le Roy n'a sans doute pas tort de penser qu'en définitive, entre lui et les thomistes, le partage se fait au sujet de la notion de la vérité [80]. Mais les discussions de l'époque sur la vérité sont fortement handicapées par la proximité d'un pragmatisme assez mal compris. Et il faut d'ailleurs avouer que l'on n'avance pas beaucoup dans la définition du pragmatisme lorsqu'on l'oppose globalement à « l'intellectualisme », c'est-à-dire à une orientation philosophique elle-même difficile à cerner de façon rigoureuse.

## *Les ambiguïtés du « pragmatisme »*

Le milieu qui accueille James en France déborde bien évidemment celui de la crise religieuse de l'époque, et les protagonistes de cette crise ne sont pas les seuls à mettre en œuvre une idée plus ou moins confuse du pragmatisme. Dans

78. Voir les Bulletins de Philosophie du père Blanche dans la RSPT.

79. Ainsi : *La crise de la certitude, Étude des bases de la connaissance & de la croyance avec la critique du néo-kantisme, du Pragmatisme, du Newmanisme etc.*, Paris, Berche et Tralin, 1907.

80. Voir l'article de *Demain* sur « Scolastique et philosophie moderne » dans *Dogme et critique*, p. 355.

le moment de sa plus grande diffusion en France, la pensée de James est apparue fort ondoyante et difficile à saisir, comme le montre notamment la séance tenue le 7 mai 1908 par la Société française de Philosophie à partir d'une thèse de Parodi sur « La signification du pragmatisme ». Il n'est d'ailleurs pas sûr que les participants à cette séance aient été éclairés sur cette signification en assistant aux luttes passionnées entre pragmatistes et anti-pragmatistes qui occupèrent une partie au moins du III^e^ Congrès international de Philosophie tenu à Heidelberg en septembre 1908 [81].

Toujours est-il que la séance de la Société française de Philosophie avait donné à plusieurs philosophes catholiques l'occasion de dissiper les confusions provoquées par le rapprochement de la philosophie de l'action qui leur était commune avec le pragmatisme de William James. Pour Édouard Le Roy, « il ne s'agit aucunement d'opposer, puis de préférer l'action à l'intelligence [...]. Par action il faut entendre la vie spirituelle intégrale, non pas un mode particulier de la vie, le mode irréfléchi et obscur ». Lucien Laberthonnière critique l'individualisme du pragmatisme anglo-saxon, qui l'empêche de reconnaître la réalité totale à laquelle nous appartenons. Selon Maurice Blondel, « le Pragmatisme semble réduit à tendre vers une conception aussi adogmatique, aussi agnostique que possible de la vie morale et religieuse, à un fidéisme qui s'accommode plus aisément de l'occultisme que d'une religion positive ». Au contraire, selon la philosophie de l'action, « loin que nous fassions ou que nous fabriquions la vérité comme notre créature, c'est en agissant selon ce que nous avons déjà de lumière, en nous subordonnant expressément aux données positives de la science et de la conscience, que nous entrons dans la vérité et que la vérité entre en nous [82] ».

L'intérêt pour le pragmatisme sera encore manifesté en 1912 par deux sujets de concours. Pour le Prix Hughes, l'Institut catholique de Paris propose de traiter « De la valeur du pragmatisme comme doctrine religieuse ». Le mémoire primé,

---

81. Voir le compte-rendu du Congrès dans RMM, numéro spécial de novembre 1908.

82. Nous nous référons au compte-rendu donné dans les APC, avril-septembre 1909, p. 103-106.

celui de M. Sérol, est publié dans la *Revue de Philosophie* [83]. La même année, l'Académie des Sciences morales et politiques mettait au concours le sujet suivant : « Le Pragmatisme : origines, formes principales, signification et valeur de cette philosophie. »

## *De James à Bergson*

Entre temps, Bergson avait appuyé William James en préfaçant la traduction française de son livre sur *Le pragmatisme* [84]. Nuancée, l'approbation de Bergson n'en est pas moins très nette. Il retient de James une conception de la vérité qui la définit non par sa conformité à ce qui existe déjà, mais par sa relation à ce qui n'existe pas encore. Selon James, dit-il, « La réalité coule ; nous coulons avec elle ; et nous appelons vraie toute affirmation qui, en nous dirigeant à travers la réalité mouvante, nous donne prise sur elle et nous place dans de meilleures conditions pour agir [85] ». Dans l'esprit des thomistes, l'intervention de Bergson n'apportait rien de positif. Bien au contraire. En effet, si Le Roy publie en 1912 son livre sur *Une philosophie nouvelle. Henri Bergson* [86], les années 1911-1912 marquent aussi le début des grandes attaques des thomistes contre le philosophe de *L'Évolution créatrice*, publiée en 1907. En 1912, Joseph de Tonquédec publiait dans *Études* un article critique : « M. Bergson est-il moniste [87] ? » Paraissait également le livre d'Albert Farges : *La philosophie de M. Bergson, exposé et critique* [88]. L'année précédente, la *Revue de Philosophie* avait publié un fascicule spécial sur *L'évolutionnisme dans les sciences*

83. Tome XXIII, août-déc. 1913, p. 507.

84. Paris, Flammarion, « Bibliothèque de Philosophie scientifique », 1911. L'introduction de Bergson est reprise dans *La pensée et le mouvant*, Paris, PUF, 1934, nous citons la 12e éd. 1941.

85. *Op. cit.*, p. 246.

86. Paris, Alcan, 1913. Le livre reprend deux articles parus dans la*Revue des Deux Mondes*, les 1er et 15 février 1912.

87. Janvier-mars 1912, p. 514-516. Voir la lettre de Bergson au père de Tonquédec du 20 février 1912, dans *Écrits et Paroles*, Paris, PUF, 1959, tome II, p. 365.

88. Paris, Bonne Presse, 1912.

*morales*. Et ce fascicule comportait, sur « L'évolutionnisme de M. Bergson », un long article de Jacques Maritain, qui ne sera pas étranger à la nomination de « ce vigoureux contradicteur de M. Bergson » à la Faculté de Philosophie de l'Institut catholique de Paris en 1914 [89].

Prometteuse d'un tout autre avenir, une autre orientation s'esquisse avec l'article de Gabriel Marcel que la RMM publie, toujours en 1912, sur « Les conditions dialectiques d'une philosophie de l'intuition ». Certes, le jeune philosophe est familier de l'hegelianisme anglo-saxon, et, comme l'a montré Dominique Dubarle, il opère dans cet article « un franchissement des clôtures de la philosophie idéaliste classique [90] ». La philosophie de l'intuition que Marcel cherche à justifier dialectiquement ne s'identifie pas à la philosophie bergsonienne, jugée trop empiriste. Mais les réserves de Marcel à l'égard de Bergson n'empêchent pas une connivence profonde, alors que les critiques thomistes sont impuissants à entrer dans le mouvement de cette pensée.

A l'époque, qui a le mieux compris le sens de la révolution bergsonienne, sinon Charles Péguy ? Rappelons sa *Note sur M. Bergson et la philosophie bergsonienne* ; « Il y a une immense tourbe d'hommes qui sentent par sentiments *tout faits*, dans la même proportion qu'il y a une immense tourbe d'hommes qui pensent par idées *toutes faites*, et dans la même proportion il y a une immense tourbe d'hommes qui veulent par volontés *toutes faites*... Cette dénonciation d'un intellectualisme universel, c'est-à-dire d'une paresse universelle consistant à toujours se servir du *tout fait* aura été l'une des grandes conquêtes et l'*instauratio magna* de la philosophie bergsonienne [91]. » Et cette déclaration prend toute sa valeur lorsque Péguy ajoute : « Il y a des idées qui sont toutes faites *pendant qu'on les fait*, avant qu'on les fasse... comme les arbres de théâtre sont tout faits et sont arbres de théâtre *pendant qu'on les fait* » (p. 24).

89. Voir le rapport du recteur à l'Assemblée des Évêques du 25 novembre 1914. En 1913, Maritain publie *La philosophie bergsonienne, études critiques*, chez Rivière.

90. Voir RSPT, avril 1974, p. 177-212.

91. *Note conjointe*, Paris, Gallimard, 1935, p. 20 (souligné dans le texte).

## VI. DE LA THÉOLOGIE POSITIVE À L'HISTOIRE DES DOGMES

### *Théologie scolastique et théologie positive*

Chacun à sa manière, Blondel et Le Roy sont intervenus en philosophes dans le champ théologique et leur intervention y a produit des effets à longue portée. Mais, ni l'un ni l'autre n'entre tout-à-fait dans la technique de la théologie. Or, tout au long de la crise dont nous retraçons l'histoire, les réactions des théologiens au « modernisme » dépendent des présupposés généraux de leur discipline. De telle sorte d'ailleurs que, si la crise moderniste affecte la théologie, c'est au niveau le plus radical. Le problème de l'évolution ou du développement du dogme met en cause en définitive le statut de la théologie et son articulation à la vie de l'Église. En ce sens, même si leur traitement doit bien être distinct, il nous faut reconnaître l'entrecroisement des problématiques philosophiques et des interrogations qui naissent au sein même de la pratique théologienne. C'est de ce côté que nous nous tournons maintenant.

Les difficultés soulevées par le cours de Mgr Duchesne sur les origines chrétiennes étaient déjà en grande partie surmontées lorsqu'Émile Amann publie, en 1921, son livre sur *Le dogme catholique dans les Pères de l'Église*. Selon le professeur de Strasbourg : « C'est le grand intérêt de la littérature anténicéenne, que de nous faire toucher du doigt, les approximations successives par lesquelles le christianisme est arrivé à une conscience claire du contenu de la révélation[92]. » En 1882, les attaques contre Duchesne provenaient pourtant de ce qu'il avait écrit que plusieurs écrivains anténicéens « ont exprimé des vues inconciliables avec l'idée que nous nous formons de la consubstantialité du Verbe et qu'ils ont professé sur certains points des doctrines qui seraient actuellement classées parmi les hérésies ou considérées comme conduisant logiquement à l'hérésie[93] ». Qu'est-ce qui empêchait, dans les années 1880, de reconnaître cette progressivité

92. Paris, Beauchesne, 1921, p. 4.
93. *Revue des sciences ecclésiastiques*, décembre 1882, p. 504.

et d'en assumer toutes les conséquences ? Pourquoi reculait-on devant le simple fait de parler d'une « histoire des dogmes ? »

Une structure d'accueil aurait pu cependant se trouver dans la « théologie positive » en tant que cette dernière se distinguait par son caractère historique de la « théologie scolastique ». C'est dans la réaction contre la Réforme protestante et en fonction des exigences de la controverse, que la théologie positive avait fait son entrée dans le catholicisme. Le chanoine Alfred Vacant rappelle cette origine dans son article sur l'encyclique de Léon XIII au clergé de France : « La Réforme a imposé la méthode positive pour établir par les documents anciens que les doctrines des scolastiques du Moyen Age ne différaient pas substantiellement des enseignements des Saints Pères et des Apôtres [94]. » Avec Petau, Mabillon, Thomassin, le catholicisme du XVIIe siècle avait produit de grandes œuvres de théologie historique. En 1901-1902, sous le titre : « Quelques hommes illustres de l'Église de France », un hommage leur est rendu par l'abbé Joseph Turmel dans une série d'articles de la *Revue du Clergé français* [95].

Au XIXe siècle, c'est en Allemagne que la théologie positive reprend vie, après un certain sommeil. En France, elle suscite encore de fortes réticences. On le voit lorsque les Évêques fondateurs de l'Institut catholique de Paris abordent la question le 27 novembre 1901. D'après le procès verbal de la réunion : « Mgr l'évêque de La Rochelle émet le vœu que la théologie « positive » soit représentée par une chaire, soit qu'il en soit créée une, soit que l'une de celles qui existent déjà soit transformée. Mgr l'évêque de Nancy expose que, même dans la scolastique telle qu'on la pratique aujourd'hui, il y a déjà une certaine somme de théologie positive authentique ; il estime que, dans l'état actuel des choses, il n'est pas donné trop à la scolastique, et qu'il serait plus nuisible qu'utile d'entrer dans une autre voie. » Conclusion du débat :

---

94. RCF, 15 mai 1900, p. 571.

95. Sur Petau, 15 décembre1901, p. 161-180 ; 15 janvier 1902, p. 372-388. Sur Mabillon, 1er mai 1902, p. 468-492 ; 15 mai 1902, p. 617-639. Sur Thomassin, 15 août 1902, p. 561-585.

dans un premier temps, le cours de Patrologie tiendra lieu de théologie positive [96].

Mais l'année suivante, le passage à l'honorariat du professeur de patrologie, le père Largent, ouvrira la voie à l'élargissement du cours vers la théologie positive. En même temps, les professeurs de la Faculté de Théologie annoncent qu'ils entreprennent la publication d'une *Bibliothèque de théologie positive* sous la direction de MM. Bainvel et Auriault, laquelle ne comptera pas moins de 70 volumes [97]. La présentation précise que cette « grande œuvre de théologie historique » comprendra des monographies et des études spéciales sur la théologie des maîtres, sur le mouvement théologique et sur l'histoire des questions. Les deux premiers volumes consacrés à l'*Histoire de la théologie positive* seront l'œuvre de l'abbé Joseph Turmel [98], dont nous parlerons plus loin, en traitant des controverses provoquées en 1908 par ses articles pseudonymes dans la *Revue d'histoire et de littérature religieuse.*

D'autres initiatives se développent dans les centres universitaires de Toulouse et de Lyon. Dans cette dernière ville, Joseph Tixeront, doyen de la Faculté de Théologie, prépare sa grande *Histoire des dogmes dans l'antiquité chrétienne* (1905-1911). A Toulouse, Mgr Batiffol est nommé recteur de l'Institut catholique en 1898 ; très vite, il transforme l'ancienne revue de cette maison en lui donnant le nom de *Bulletin de littérature ecclésiastique* (1899). Lui même publie en 1902 et 1905, deux tomes d'*Études d'histoire et de théologie positive* [99].

---

96. Archives de l'ICP.

97. Séance du 26 novembre 1902. Archives de l'ICP.

98. Tome 1 : *Depuis l'origine jusqu'au Concile de Trente* ; Tome 2, *Du Concile de Trente au Concile du Vatican*, Paris, Beauchesne, 1904, 1906.

99. Parue en 1905, la première édition du second tome consacré à *L'Eucharistie* sera mise à l'Index par un décret du 26 juillet 1907, malgré la publication en 1906 d'une seconde édition corrigée. Mais le décret de l'Index ne sera rendu public qu'en 1911. Et une édition refondue sera autorisée en 1913. La personnalité de Batiffol a été fortement contesté par Houtin et Loisy qui ont stigmatisé son comportement à l'égard d'anciens maîtres tels que Duchesne ou d'anciens amis comme Hébert. Récemment, Christoph Theobald remet en cause la « carte idéologique » dressée par Batiffol lui-même, et qui distingue parmi les anciens élèves de Duchesne une « gauche » formée notamment par Loisy, et une « droite progressiste »

## *Question de mots ?*

La RSPT a été créée en 1907, les RSR paraissent à partir de 1910. Avec ces deux revues, l'une dominicaine, l'autre jésuite, on voit s'opérer une reprise et une poursuite des études d'histoire des dogmes ou des doctrines. Or, le nom à donner à ces études faits déjà question. En utilisant le titre *Études d'histoire et de théologie positive*, Mgr Batiffol évite en tout cas l'expression « Histoire des dogmes », qu'il estime à la fois équivoque et trop restreinte et qui garde à ses yeux une saveur protestante [100]. Ces problèmes de nomenclature sont significatifs parce qu'ils trahissent la différence des objets et des méthodes. Formé aux disciplines historiques à Louvain, le père Mannès Jacquin est l'un des fondateurs de la RSPT. Dès la première année de cette revue, en 1907, dans un article intitulé « Question de mots », le dominicain tente de situer les unes par rapport aux autres « l'histoire des dogmes, l'histoire des doctrines, la théologie positive [101] ». Conscient du fait que ce problème de terminologie engage des questions épistémologiques fort complexes, le père Jacquin s'accorde avec le recteur de Toulouse pour éviter de parler d'histoire des dogmes.

Pour sa part, le dominicain préconise de comprendre, sous le titre général d'histoire des doctrines, une histoire de la théologie, qui « retrace les phases successives de l'étude scientifique des doctrines chrétiennes, soit avant, soit après une définition dogmatique » et une histoire des croyances chrétiennes, qui sera « l'étude historique des manifestations de la foi chrétienne », s'appuyant notamment sur la liturgie, sur les monuments et l'épigraphie (p. 103-104). La conjonction des deux types de recherches est importante pour éviter

---

où Batiffol se range avec Lagrange. L'évolution personnelle de Batiffol reste en fait difficile à cerner. Un aussi bon connaisseur qu'Émile Poulat avouait, en tout cas en 1982, sa perplexité : « Si Houtin nous est maintenant bien connu, si Loisy commence à nous paraître moins étrange, Batiffol, lui, nous demeure très opaque », *Modernistica*, Paris, Nouvelles éditions latines, 1982, p. 157. Voir aussi la notice de Pierre Riché dans *Les Sciences religieuses*.

100. Voir son article « Évolutionnisme et Histoire. Réponse à un article récent », dans BLE, juin 1906.

101. RSPT, 1907, p. 99-104.

d'isoler l'histoire de la pensée de l'ensemble des manifestations concrètes de la vie chrétienne. C'est d'ailleurs sur ce terrain que se situe Duchesne lorsqu'il publie en 1889 un livre qui demeure un classique de l'histoire de la liturgie : *Origines du culte chrétien*[102].

L'histoire intervient, avec sa méthode spéciale, au sein de la théologie positive, mais cette dernière reste essentiellement théologique. Selon le père Jacquin, il faut distinguer deux compétences. La critique historique détermine la date des documents qui traitent de la doctrine chrétienne, elle en identifie l'auteur et elle fixe le sens littéral de ces documents. Une autre critique, purement théologique, intervient alors pour déterminer « la valeur de ces sources, comme témoins dans le temps de la Révélation, et comme représentants de la doctrine catholique en tant que telle » (p. 103). En principe, rien ne devrait empêcher l'accord entre ces différents types de critique.

Or, en réalité nous constatons que cet accord fait difficulté. Mais encore faut-il localiser le vrai problème : il ne tient pas au fait que la théologie positive soit plus théologique qu'historique ; il tient bien plutôt à la manière dont la théologie comprend à l'époque son propre rapport à l'Écriture et aux Pères. Elle approche et lit les documents en fonction de ce que nous avons appelé le « système doctrinal[103] ». Autrement dit, c'est la théologie scolastique qui dirige et structure les enquêtes historiques de la théologie positive. L'histoire doit prouver ce que la scolastique enseigne. Dès lors, nous le verrons bientôt, c'est ce système qui sera mis en cause. Quel que soit le langage adopté, que l'on accepte de parler d'histoire des dogmes ou qu'on s'en tienne à l'histoire des doctrines, l'un des effets les plus clairs de la critique historique sera de transformer de l'intérieur non seulement les méthodes, mais le sens proprement théologique, du recours à l'Écriture et aux Pères de l'Église.

---

102. Voir Victor Saxer : « Duchesne historien du culte chrétien » dans *Monseigneur Duchesne et son temps*, Actes du Colloque de l'École française de Rome, Rome, 1975. Voir aussi les Actes de la Journée d'Études organisée à Paris à l'occasion du Centenaire du livre de Duchesne, *La maison-Dieu*, n° 181.

103. Voir notre chapitre sur « L'invention du modernisme », p. 159-164.

## *Le cas de Joseph Turmel*

C'est à l'intérieur de cette problématique que l'on pourrait situer la question posée en 1882 par les travaux de Duchesne concernant le rapport de certains Pères anténicéens à la théologie trinitaire. Selon Bernard Sesboüé, ni l'historien qu'est Duchesne, ni le théologien qu'est Franzelin ne parviennent à une véritable compréhension du développement du dogme : faute de situer la modalité précise de leur discours. Duchesne parle trop vite « d'erreur » à propos des Pères anténicéens ; mais de son côté, et pour les mêmes raisons, « Franzelin veut justifier de manière trop immédiate leur orthodoxie [104] ».

Le problème d'ailleurs non-résolu, va surgir de nouveau avec les premiers travaux d'histoire des dogmes de Joseph Turmel. Le cas de ce prêtre du diocèse de Rennes est, dans sa particularité, tout-à-fait caractéristique de la crise moderniste. Né en 1859 à Rennes, dans une famille pauvre, sa vive intelligence est remarquée par un prêtre de sa paroisse, qui le fait entrer dans un collège ecclésiastique, puis au Grand Séminaire. Après des études à la Faculté de théologie d'Angers, l'abbé Turmel est nommé en 1882 professeur de théologie dogmatique au Grand Séminaire. et en 1892 il sera destitué de cette charge. Turmel avait déjà perdu toute confiance dans cette Église qu'il voulait d'abord servir et défendre. Bien plus tard, en 1930, il sera excommunié, à la suite de plusieurs campagnes de dénonciations menées contre lui en 1908, puis en 1928. Mais, entre temps, il avait continué à exercer son ministère comme aumônier des Petites Sœurs des pauvres à Rennes, jusqu'en 1903, puis il avait demandé d'être placé hors cadre et il s'était complètement consacré l'histoire des dogmes[105].

Turmel commence par l'histoire de l'angélologie, il continue par l'histoire du péché originel[106]. Ainsi s'amorce une œuvre considérable, dont l'objectif est de suivre le plus exac-

---

104. « Avant le modernisme », *op. cit.*, p. 114.

105. Felix Sartiaux : *Joseph Turmel, prêtre, historien des dogmes*, Paris, Rieder, 1931. Voir aussi la notice de Jacqueline Lalouette dans *Les Sciences religieuses*.

106. Articles de 1898 et 1899 dans la RHLE. De 1900 à 1904, il traite dans la même revue du dogme du péché originel.

tement possible, compte-tenu des documents disponibles, l'histoire des croyances chrétiennes. Mais Turmel est ainsi conduit à montrer des variations, une évolution, là où l'on attendait une continuité sans failles : « Je me suis contenté de rapporter modestement ce que j'ai vu et de dire : "Voilà ce qu'on a cru à telle époque et voilà ce qu'on a cru à telle autre." Est-ce ma faute si exposer les variations des croyances, c'est faire la guerre à l'Église[107] ? »

La liste des livres et articles publiés sous son nom est impressionnante, mais non moins impressionnante est la liste des articles et des livres publiés à partir de 1900 sous une quinzaine de pseudonymes[108]. Turmel tourne ainsi l'obligation qui lui avait été faite en 1901 de soumettre tous ses travaux à la censure ecclésiastique. Professseur d'histoire ecclésiastique à Toulouse, Louis Saltet avait entrepris en 1908 de démasquer l'auteur caché, dans la RHLR, sous les pseudonymes de Guillaume Herzog et Antoine Dupin. De deux choses l'une : ou bien les auteurs qui signent ainsi leurs articles ont pillé Turmel et celui-ci devrait protester contre ce plagiat ; ou bien Turmel est le véritable auteur des articles publiés en 1906 et en 1907 sous ces deux signatures. Turmel niera toute accointance avec Herzog et Dupin, ce qui mettra un terme provisoire à la controverse. Mais une nouvelle campagne dénonçant d'autres pseudonymes sera reprise en 1928 par Jean Rivière et par Louis Saltet. Et Turmel sera excommunié en 1930.

S'il n'a pas lui-même entrepris de dénoncer les pseudonymes de Turmel, le père Jacquin approuve ceux qui l'ont fait. Dans un Bulletin d'Histoire des doctrines chrétiennes consacré à la question de la papauté, le dominicain rend compte d'un livre de Turmel : *Histoire du dogme de la papauté des origines à la fin du* IV*e* *siècle*[109]. « Je ne voudrais pas, dit-il, faire un procès de tendances à M. Turmel, mais on a l'impression à lire son ouvrage qu'il grossit à plaisir les dif-

107. Cité par Sartiaux, *op. cit.*, p. 260.

108. Voir Bibliographie jusqu'en 1931, dans Sartiaux, *op. cit.*, Turmel, qui ne mourra qu'en 1943, publiera après la parution du livre de Sartiaux son autobiographie en deux volumes : *Comment j'ai donné congé aux dogmes* ; *Comment l'Église romaine m'a donné congé.*

109. Paris, A. Picard, Bibliothèque d'histoire religieuse, I, 1908.

ficultés et atténue les faits favorables à la papauté. Celle-ci apparaît finalement, grâce au mode de présentation, comme un accident purement humain, sans attaches avec le divin fondateur de l'Église, dont la naissance et le progrès sont dus à une situation politique favorable jointe à l'habileté de quelques hommes [110]. »

## *L'autorité des Pères*

En tout cas des études comme celles de Turmel mettent en cause le présupposé théologique de l'unanimité des Pères, présupposé en fonction duquel tous et chacun peuvent être considérés comme les représentants qualifiés de la Tradition. Parmi bien d'autres exemples possibles des problèmes soulevés par ce travail historique, nous citerons la question de « L'Eschatologie à la fin du IVe siècle », à laquelle le prêtre breton avait consacré en 1900 une série d'articles [111]. Nous choisissons cet exemple parce que, dans le compte-rendu qu'il fait de ces articles, Vincent Ermoni accepte les faits mis en lumière par Turmel : « Sur certains points du dogme eschatologique, quelques Pères ont hésité et même, pourquoi ne le dirait-on pas, émis des opinions qui ne cadrent pas absolument avec la doctrine officielle de l'Église. » Surtout, Ermoni tente de justifier ce fait en relativisant la théologie par rapport à la foi : « Les Pères n'ont-ils pas été les premiers métaphysiciens du dogme ? Et, à une époque, où d'une part la spéculation philosophique faisait ses premiers essais dans cet ordre d'idées, et où d'autre part, ces vérités n'étaient pas encore clairement définies et promulguées par le Magistère suprême, pourquoi l'esprit humain dans certains individus n'aurait-il pas pu subir certaines défaillances et certaines éclipses [112] ? »

La question sous-jacente est celle de savoir ce que l'on attend d'une étude des Pères de l'Eglise [113]. Commentant

---

110. RSPT, 1909, p. 362.
111. RHLR, année 1900, nº 2, 3, 4.
112. RCF, décembre 1900, p. 51-52.
113. Voir Vincent Ermoni : « Le rôle des Pères en théologie », RCF, 1er mai 1900, p. 503-519.

l'Encyclique de Léon XIII au Clergé de France, le chanoine Vacant, avait dénoncé une habitude fort peu scientifique des cours de théologie, lesquels veulent « prouver par les textes de l'Écriture ou des Saints Pères une foule de thèses qui n'ont été formulées qu'à l'époque moderne, et qui ne sont contenues que d'une façon obscure et implicite dans les textes des cinq premiers siècles. Ne vaudrait-il pas mieux se borner aux véritables preuves de ces thèses, celles qui se tirent des décisions récentes de l'Église et des raisons théologiques qui les ont amenées (ces thèses découlent en effet toujours logiquement des doctrines affirmées par les Pères) [114]. »

Dans son article « Questions de mots », le père Jacquin touche au même point lorsqu'il s'interroge sur le rapport entre le témoignage divin dont le dépôt est confié à l'Église, et la théologie ancienne. « On n'a, dit-il, qu'à examiner la preuve par la tradition dans les manuels modernes de théologie, ou à voir les subterfuges apologétiques dont usent certains auteurs pour expliquer quelques passages difficiles des écrivains ecclésiastiques, dans la persuasion où ils sont que ceux-ci, même dans ce cas, représentent la tradition catholique ; c'est un tort : l'Église a des théologiens, mais elle n'est pas théologienne ; elle ne discute pas, elle ne prouve pas, elle *témoigne*, elle affirme. Parfois il est vrai, elle utilise pour exprimer son affirmation, les formules résultant du travail scientifique des théologiens ; elle les adopte et par la même les authentique, mais elle n'en dépend aucunement [115]. »

Quelle est l'autorité des Pères ? En quel sens représentent-ils la tradition de l'Église ? En ce qui concerne la tradition exégétique, le père Lagrange écrit dans *La méthode historique* : « Il est très rare que le consentement unanime des Pères constitue un lieu théologique isolé en matière d'exégèse. Ou bien les saints Pères parlent comme témoins de la foi et ils sont unanimes à lui rendre témoignage, et alors, de fait, nous sommes en présence d'un dogme ; ou ils parlent comme docteurs privés. Alors ils sont les plus respectables des docteurs privés [...] mais leur consentement unanime ne se ren-

114. « La récente encyclique au clergé de France ; 4. La théologie », dans RCF, 15 mai 1900, p. 570-571.

115. « Question de mots : histoire des dogmes, histoire des doctrines, théologie positive », RSPT, 1907, p. 102.

contre pas aussi souvent que le disent ces auteurs qui allèguent sans cesse tous les Pères [116]. »

La distinction de la théologie et du dogme rend l'œuvre des Pères de l'Église accessible à la libre investigation de l'historien. Pris isolément, aucun Père ne représente à lui seul la tradition chrétienne, de sorte que rien n'empêche de repérer les hésitations, les tâtonnements, voire les déviations : l'histoire des hérésies fait partie intégrante de l'histoire des dogmes. C'est ainsi que, dans le second volume de son *Histoire des dogmes* [117], Joseph Tixeront décrit la situation au IVe siècle :

> « Pendant trois cent ans, une première poussée de recherches doctrinales avait multiplié dans tous les sens les aperçus et les solutions. Au IVe siècle, on commence à émonder cette végétation folle, à retrancher ou mieux à laisser mourir les opinions reconnues caduques. Le dogme se resserre en se formulant. Ce n'est pas que l'on ne retrouve — et plus fréquemment qu'on ne le croit d'ordinaire — même dans les écrivains de cette époque, des restes des incertitudes et des bégaiements de l'époque précédente. Mais on constate en eux une certaine maturité d'esprit chrétien qui n'a plus rien de l'enfance, une certaine fermeté qui leur fait envisager les problèmes nouveaux avec une sérénité et une confiance toute virile. Ces écrivains sont bien par excellence des *Pères de l'Église* comme on a commencé à les désigner dès le Ve siècle » (p. 2-3).

On voit donc se constituer une image de la production patristique qui en autorise l'étude proprement historique. Toutefois l'opération n'est pas sans retombées négatives. En effet, l'une des ripostes au travail de l'historien des dogmes sera de relativiser la patristique, considérée comme une simple préparation aux synthèses de la scolastique médiévale. C'est par exemple la perspective de Gaston Rabeau dans son *Introduction à l'étude de la théologie* [118]. Le rôle du Moyen Age sera d'ordonner méthodiquement les acquisitions du temps des Pères et de leur imposer une forme systématique (p. 334). Moyennant quoi sont privilégiées des œuvres telles que celles

116. *Op. cit.*, p. 103.

117. *Histoire des dogmes dans l'antiquité chrétienne*, tome II, *De saint Athanase à saint Augustin (318-430)*, Paris, Lecoffre, 1909. Nous citons la réédition de 1931 chez Gabalda.

118. Paris, Bloud et Gay, 1926.

de Jean Damascène parce qu'elles esquissent déjà le système dogmatique ultérieur.

## *Les Recherches de science religieuse*

Les pères jésuites lancent en 1910 une nouvelle revue : les *Recherches de science religieuse*. Cette création était le fruit d'une longue gestation dont l'histoire a été racontée par le père Joseph Lecler[119]. Cette histoire nous intéresse à des titres divers. D'abord, tel qu'il s'exprime au cours de l'année 1903, le projet initial du père de Grandmaison est de faire une revue de théologie positive, capable de « donner une orientation sûre à un mouvement déjà puissant, mais insuffisamment dirigé ». En cours de route, des projets intermédiaires diminuent la part de la théologie historique au profit d'une revue qui ferait place également à la théologie spéculative et secondairement à l'histoire des religions et à la philosophie religieuse. En fin de compte, la revue créée sera en principe entièrement consacrée à l'histoire de la théologie. Si elle aborde des problèmes de théologie spéculative, ce sera uniquement sous l'angle historique.

Deux points sont à remarquer. D'abord, l'estimation du rôle spécifique susceptible d'être joué par une revue de ce type, plus appropriée à l'expression de la recherche que les ouvrages publiés dans la « Bibliothèque de Théologie historique ». Selon le père de Grandmaison, une revue permet une plus grande liberté de discussion ; elle est, en effet, « moins définitive qu'un livre ; on peut y être un peu moins circonspect, sans être téméraire » (p. 9). Ensuite, bien que l'idée, un moment soutenue, d'une École des Hautes Études Théologiques analogue à l'École Biblique de Jérusalem, ait été abandonnée, il est prévu que la revue sera l'organe d'un groupe de collaborateurs compétents, en majorité jésuites. Proches de la revue *Études* dont Grandmaison était depuis peu le directeur, les RSR en seront néanmoins indépendantes.

Sur ces bases, un premier numéro paraissait en janvier 1910 avec les trois parties prévues : Articles de fond, Notes et Mélanges, Bulletins. En revanche, on avait écarté la « revue

119. Dans RSR, 1960 : *Le Mémorial du Cinquantenaire.*

des revues » déjà assurée par le récent organe des dominicains : la RSPT créée en 1907. Le premier numéro comporte un article du père Lebreton, qui a été nommé en 1905 professeur d'histoire des origines chrétiennes à l'Institut catholique de Paris. C'est un extrait de l'ouvrage qui paraîtra quelques mois plus tard sur *Les origines du dogme de la Trinité*[120].

## *Une nouvelle génération d'historiens du dogme*

De même que Grandmaison, le père Lebreton n'est pas suspect de complaisance pour le modernisme. Il l'a même combattu en divers articles parus dans *Études* ou dans la RPA[121]. Or, avec son ouvrage sur la Trinité, mais aussi avec celui du père Prat sur *La théologie de saint Paul*[122], nous avons affaire à une nouvelle génération d'historiens du dogme. Ils ne partagent pas les idées d'un Duchesne, d'un Loisy ou d'un Turmel sur la radicale indépendance de l'histoire à l'égard de la théologie. Mais la manière dont ils conçoivent l'encadrement théologique de leur histoire des dogmes ou de la théologie laisse quand même une place significative à une histoire proprement historique. Appartient à la même école le père Adhémar d'Alès. Celui-ci est surtout connu par le *Dictionnaire apologétique de la Foi catholique.* Il a en effet assumé la direction d'une édition nouvelle dont le premier tome paraît en 1909. Mais le père d'Alès a contribué à l'histoire des origines chrétiennes avec notamment deux volumes publiés en 1906 sur *La théologie de Tertullien* et *La Théologie de saint Hippolyte*.

Prat et Lebreton ne sont pas moins attentifs que Grandmaison à l'épistémologie de leur discipline. Selon Prat, la théologie biblique est en quelque sorte intermédiaire entre l'exégèse, dont elle recueille les résultats, et la théologie scolastique à laquelle elle fournit « une base sûre et des maté-

---

120. Paris, Beauchesne, 1910. Le livre sera inséré ensuite dans l'ouvrage en trois tomes : *Histoire du dogme de la Trinité. Des origines au Concile de Nicée*, Paris, Beauchesne, 1928.

121. Articles repris dans *L'Encyclique et le modernisme*, Paris.

122. 1re éd., Paris, Beauchesne, 1913. Nous citons l'édition de 1938.

riaux tout préparés » (p. 1). Dans la RSPT, le père A. Lemonnyer signe un « Bulletin de théologie biblique » portant sur l'Ancien et le Nouveau Testament. Or, il avoue que le concept même de « théologie biblique » est encore un concept protestant que les catholiques acceptent de reprendre. Avec ce concept, appliqué au Nouveau Testament, nous entrons en tout cas dans la question de la genèse et du développement du dogme chrétien dans la période néo-testamentaire. Qu'il y ait un progrès de la révélation dans cette période, tous les théologiens catholiques le soutiennent, mais qu'en est-il du rapport entre les textes intégrés au canon scripturaire et ceux qui ne le sont pas ? Loisy dérange lorsqu'il écrit : « La révélation accuse dans l'Écriture même un développement progressif, et [...] on ne voit pas pourquoi ce développement s'arrêterait court à la mort du dernier des apôtres [123]. »

Au début de son second tome, Lebreton marque son adhésion à la doctrine traditionnelle : « Les apôtres, qui ont vu le Seigneur, qui sont ses témoins, pourront, même après sa mort, à la lumière de l'Esprit-Saint pénétrer plus intimement le mystère de sa personne et de sa doctrine ; ainsi ils pourront enrichir encore ce trésor de la révélation qu'ils vont déposer aux mains de l'Église. A leur mort, l'ère des révélations authentiques est close [124]. » Entre les deux premiers tomes de son histoire, Lebreton change donc de méthode : avant même d'étudier les Pères apostoliques, le second tome commence par fixer la foi commune exprimée dans la liturgie baptismale, dans la prière et le culte de l'Église anténicéenne. L'historien en sera d'autant plus libre pour manifester les hésitations et les ambiguïtés des premiers essais de théologie du Verbe.

Le premier ouvrage traitant des origines proprement bibliques du dogme de la Trinité procédait dèjà d'une méthode réfléchie. Il est clair que Lebreton connaît l'aboutissement du processus dont il cherche à reconstituer la genèse et les étapes. Ce n'est rien d'autre que le dogme de Nicée. Mais la question est de savoir comment ce dogme s'est progressive-

---

123. « Le développement chrétien d'après le cardinal Newman », RCF, 1er décembre 1898, p. 5-20. Citation p. 8. Voir aussi *Simples réflexions*, p. 62-63.

124. *Op. cit.*, tome II, p. 5.

ment formulé à partir de la toute première expérience chrétienne. Certes, rien ne permet de suspecter chez Lebreton cet évolutionnisme vital que condamne *Pascendi.* Mais la gestation du dogme n'en est pas moins rapportée à la vie d'un mouvement religieux dont Jésus a été l'initiateur. Sur ce point capital, Lebreton se démarque d'une présentation trop intellectualisante de la foi chrétienne : « On ne peut raconter cette foi comme on expose le panthéisme stoïcien ou la théorie alexandrine du logos ; on n'a plus devant soi une spéculation pure, imaginée par un philosophe, mais une religion née d'une personne vivante et n'ayant de sens que par elle [125]. » Or, lorsqu'il s'agit, non d'une métaphysique, mais d'une religion, la méthode adéquate est celle qui permet « d'atteindre la foi intime, qui se manifeste autant par le culte et la prière que par la théologie » (id., p. 342).

Le livre du père Prat : *La théologie de saint Paul* respecte également le caractère propre des documents pauliniens qui ne rendent pas tout-à-fait compte de la prédication ordinaire de l'apôtre et qui, surtout, ne se laissent pas facilement ramener à une synthèse logique et parfaitement équilibrée. Dans la chronique qu'il consacre au premier tome de cet ouvrage, Louis Venard approuve dans l'ensemble la qualité scientifique du travail, mais il n'en pointe pas moins ce qui demeure la difficulté principale. Le père Prat a raison d'utiliser l'histoire très instructive des interprétations données au cours des siècles, mais « ce qu'on peut lui reprocher à cet égard, c'est d'avoir très souvent commenté la pensée de saint Paul avec des termes théologiques qui ne sont pas pauliniens, et en fonction, pour ainsi parler, de théories générales qui, communes aujourd'hui, n'étaient point élaborées, du moins sous forme précise, à l'époque où saint Paul écrivait [126] ».

---

125. *Op. cit.*, tome I, p. XV.
126. RCF, 1er avril 1908, p. 57.

## VII. LES DOGMES ET LA VIE DE L'ESPRIT

### *Rousselot et saint Thomas*

En abordant le père Pierre Rousselot, nous quittons l'histoire des premiers siècles chrétiens, mais non les RSR dont il a été le secrétaire jusqu'à la guerre de 1914 durant laquelle il sera tué au front. Surtout, la revue publie en 1910 deux articles sur « Les yeux de la foi », dans lesquels Rousselot soutient la thèse d'une intervention de la grâce illuminant les signes de crédibilité [127]. Ces articles nous ramènent au problème de la connaissance religieuse, mais nous nous contenterons d'entrouvrir un dossier qui prendra toute son importance dans les années de l'après-guerre. C'est en effet en 1920 que l'enseignement de la doctrine dite des « yeux de la foi » sera proscrit dans la Compagnie de Jésus [128].

Auparavant, Rousselot avait soutenu en Sorbonne deux thèses remarquées : *L'intellectualisme de saint Thomas* [129], et *Pour l'histoire du problème de l'amour au Moyen Age* [130]. Rousselot est thomiste, c'est certain, mais il relit saint Thomas avec des questions modernes et en fonction d'auteurs tels que Kant, dont il admire surtout la *Critique du Jugement*, ou Bergson. D'autre part, comme le note le père Le Blond, il s'est attaché de préférence à une « ligne platonicienne et augustinienne très réelle chez saint Thomas [131] ». A la fois dans sa lecture de l'auteur médiéval et dans sa propre pensée, Rousselot accentue dès lors le rôle explicite de l'expérience religieuse, voire mystique. La thèse majeure de Rousselot est que, pour saint Thomas, « L'intelligence est essentiellement le sens du réel, mais elle n'est le sens du réel que parce qu'elle est le sens du divin [132]. »

Lorsque Blondel lit la thèse de Rousselot, c'est dans un

---

127. RSR, tome I, 1910, p. 241-259 ; 444-475

128. Voir Blondel-Valensin, *Correspondance*, 1912-1947, p. 72-74.

129. Paris, Beauchesne, 1908. Voir le compte-rendu de la soutenance dans RMM Supplément septembre 1908, p. 27-31.

130. Paris, Alcan, 1908.

131. « Le philosophe thomiste » dans le *Mémorial Pierre Rousselot* (1878-1915), RSR, juillet-septembre 1965, p. 64.

132. *L'Intellectualisme de saint Thomas*, p. XI.

contexte où la question du surnaturel est abondamment, et, à son avis, fort mal traitée. Les lettres de février-mars 1909 à Wehrlé sont sévères : les Gayraud et les Gombault sont « d'épais ignorants » ; Thamiry « manque de pénétration, de cohérence et de courage » ; le moins mauvais est Ligeard [133]. Mais continue Blondel, « du point de vue intellectualiste que fait si nettement ressortir le P. Rousselot dans sa thèse, la théologie est acculée à une antinomie inextricable : d'une part en effet, on nous dit que l'être raisonnable aspire naturellement, invinciblement, à la vision béatifique, d'autre part on nous assure que seule une grâce proprement surnaturelle permet à cet être de réaliser sa fin. Et on se torture vainement pour sortir de cet imbroglio : tout cela parce qu'on n'a pas du surnaturel un sens exact et concret. Il n'est pas une *vue* ; et d'ailleurs ce n'est point par la vue qu'on capte l'être (*videre*, disent-ils, *est habere*) ; le surnaturel est une relation d'amour renversante et « folle », que jamais nous n'aurions osé ambitionner, ni même concevoir possible [134] ».

## *Quel intellectualisme ?*

Au moment où Rousselot l'utilise pour qualifier la doctrine de saint Thomas d'Aquin, le mot « intellectualisme » a déjà suscité bien des controverses et il en suscitera encore dans les années vingt, avec notamment l'intervention de Jacques Maritain et le livre publié par Paul Archambault : *Le procès de l'intelligence* [135]. Il n'est pas facile de définir ce mot qui s'introduit comme un néologisme, et avec une portée surtout polémique [136]. Dès le tout début du siècle, les adversaires des « modernistes » discutent le reproche d'intellectualisme que ceux-ci font à la théologie scolastique. Il est, disent-ils, tout-à-fait injustifié ; c'est une mauvaise querelle,

---

133. Ligeard vient de publier un livre sur *La théologie scolastique et la transcendance du surnaturel*, Paris, Beauchesne, 1908.

134. Blondel-Wehrlé, *Correspondance*, tome II, p. 405-406, souligné dans le texte.

135. Paris, Bloud et Gay, 1922. Blondel y donne un long article, p. 217-306.

136. Dans le DAFC, Rousselot signe l'article « intellectualisme » où il s'efforce de faire les distinctions nécessaires.

prouvant seulement que les anti-intellectualistes n'ont pas eux-mêmes le sens authentique de l'intelligence et de ses requêtes légitimes.

Le 2 mai 1901, à la Société française de Philosophie, une discussion avait été introduite par une communication de Bergson sur « Le parallélisme psycho-physique et la métaphysique positive [137] ». Édouard Le Roy était intervenu sur la question des rapports de la pensée et de la vie : « Si l'on entend le mot vie au sens de vie spirituelle profonde, la pensée peut et doit être vécue ; vivre la pensée consiste à chercher parmi toutes les idées qu'on s'est formées, quelles sont celles que l'on peut pratiquer complètement et auxquelles on peut croire sans restriction de moments ni de circonstances » (p. 158). Autrement dit, c'est l'épreuve de la vie qui permet d'établir la valeur d'une pensée ; peut-elle être vécue et nous donne-t-elle la possibilité de vivre ?

Or, plutôt qu'à la vie pratique, Le Roy se référait à la vie mystique, et si Bergson ne refuse pas de le suivre sur ce terrain, il demande quelques précisions. Si, par mysticisme, on entend une réaction contre la science positive, rien n'est plus opposé à sa philosophie, mais si l'on entend par mysticisme « un certain appel à la vie intérieure et profonde », alors, déclare-t-il : « toute philosophie est mystique ». Ce qui n'implique pas, précise Bergson, une opposition à l'intellectualisme. En effet « Il y a deux espèces d'intellectualisme, l'intellectualisme vrai, celui qui vit ses idées, et un faux intellectualisme, celui qui immobilise les idées mouvantes en concepts solidifiés pour les manier comme des jetons. De ces deux intellectualismes le second a toujours été ennemi du premier, comme la lettre est ennemie de l'esprit » (p. 160).

Pour Blondel et le Roy, qui se rejoignent sur ce point malgré la différence générale de leurs positions personnelles, est « intellectualiste » toute doctrine qui isole les démarches de l'intelligence de la totalité de la vie de l'esprit dans laquelle elles sont concrètement engagées [138]. Beaucoup plus tard, il est vrai, Henry Dumery n'hésitera pas à donner à son livre sur *La philosophie de l'action*, un sous-titre que ne récusera pas

137. Voir Bergson, *Écrits et paroles*, tome 1, p. 139-167. Voir BSFP, juin 1901.

138. Voir *Dogme et critique*, p. 111-112.

Blondel : « Essai sur l'intellectualisme blondélien [139]. » Il y a donc un bon et un mauvais sens du mot.

Et c'est justement sur la possibilité d'un sens positif qu'une certaine rencontre va s'opérer entre Blondel et Rousselot. Certes, Blondel reste insatisfait devant l'idée de vision béatifique : on ne possède pas Dieu par la vue, et d'ailleurs on ne le possède pas du tout. Dans les articles de Testis sur « La Semaine sociale de Bordeaux et le monophorisme [140], Blondel cite Rousselot posant que "la vision intuitive est postulée en quelque manière par la nature de l'intellect" », mais le philosophe d'Aix ajoute aussitôt : « Le surnaturel ne consiste pas uniquement dans une vision ou une intuition, si spéculative, si captatrice d'être qu'on la suppose ; il consiste encore et surtout dans une relation inouïe d'amour » (p. 68). Cependant, Rousselot est, pour Blondel, « l'un des plus récents et des plus pénétrants historiens de saint Thomas » (p. 46) et c'est sans doute guidé par lui que Blondel se retourne vers la *Somme de théologie* pour y discerner et y valoriser la théorie de la connaissance par connaturalité [141]. S'il y a une jonction, c'est sur ce point qu'elle s'opère, entre deux pensées qui sont indépendantes et qui se rencontrent sans se confondre [142].

## *Laberthonnière et le sens des dogmes*

Dans une série d'articles parus dans les APC entre septembre 1907 et février 1910, Laberthonnière discute d'abord avec le père Lebreton, puis avec le père Rousselot sur la question du dogme posée par Édouard Le Roy [143]. A travers ces discussions qui parviennent mal à surmonter les incompréhensions mutuelles, Laberthonnière réaffirme sa position centrale concernant le rapport de la révélation et du dogme à l'intel-

139. Paris, Aubier, 1948.

140. Le chapitre suivant étudiera le contexte et le contenu de ces articles réunis en un opuscule, Paris, Bloud, 1910.

141. *Op. cit.*, p. 46.

142. Voir Manuel Ossa : « Blondel et Rousselot ; points de vue sur l'acte de foi », dans *Mémorial*, p. 187-207.

143. Ces articles et quelques autres ont été republiés par Marie-Madeleine d'Hendecourt sous le titre *Dogme et théologie*, Paris-Gembloux, Duculot, 1977, avec une Post-Face de Louis Boisset.

ligence humaine. Ce qu'il refuse, c'est « la conception d'une vérité qui a prise sur l'esprit sans que l'esprit ait prise sur elle ». En effet, dit-il : « On ne saurait imaginer un plus ingénieux instrument de domination. » L'oratorien développe ce que nous avons appelé la « structure de l'échange du sens » : « Il s'agit, dit-il, de savoir comment des propositions dogmatiques de vérités surnaturelles peuvent prendre pour nous un sens, ou, en d'autres termes, comment la Révélation se communique à nous et devient notre révélation » (p. 209).

Cette exigence d'appropriation créatrice du sens, Laberthonnière l'avait développée dès 1904, dans *Le réalisme chrétien et l'idéalisme grec*[144], ouvrage dans lequel il se proposait de montrer ce que le christianisme est en lui-même, dans l'esprit qui l'anime, dans l'orientation doctrinale qui est restée la même au cours des temps. Bref, même si le mot n'est pas utilisé, il s'agit bien de l'essence du christianisme. Or, le christianisme est une histoire, il est constitué par des événements qui occupent une place dans l'histoire générale du monde. Le problème est donc de savoir comment une doctrine se constitue à partir d'événements. De même que Blondel, Laberthonnière résout ce problème par l'idée de tradition : « Les événements ne sont toujours transmis traditionnellement qu'avec l'interprétation qui les élabore en doctrine et qui, de la connaissance matérielle et empirique des faits tire la connaissance spirituelle de la vérité qu'ils contiennent » (p. 280).

Avec ce mot « interprétation » nous voyons donc poindre le thème d'une herméneutique, responsable de l'élaboration doctrinale des événements. Pour préciser sa thèse, Laberthonnière critique deux représentations fausses. La première considère les récits bibliques comme de « simples chroniques » dont le souci primordial aurait été l'exactitude matérielle dans l'énoncé des faits. On manque ainsi l'orientation doctrinale des récits, qui n'ont pas été écrits pour servir de matériaux à une recherche historique de type moderne. D'ailleurs, on se méprend ainsi sur le véritable statut non seulement des faits bibliques, mais des faits humains : ceux-ci ont

144. Paris, Lethielleux, 1904. Nos références renvoient à la réédition de Claude Tresmontant : *Le réalisme chrétien* précédé de *Essais de Philosophie religieuse*, Paris, Seuil, 1966.

toujours un dedans, dont ils tiennent « une unité, un sens et une vraie réalité ». Or, pour connaître les faits du dedans, une interprétation est toujours nécessaire (p. 263).

Seconde erreur : « Regarder les récits comme des sortes de mythes qui traduiraient, en langage d'imagination et par symboles concrets, une conception abstraite que d'autre part on croirait pouvoir formuler dialectiquement par déduction logique d'idées » (p. 262). Il y aurait bien dans ce cas interprétation, mais celle-ci consisterait à traduire un langage symbolique et mythique dans le langage d'une doctrine abstraite, qui n'entretiendrait plus un rapport vivant avec les événements fondateurs. Si Laberthonnière vise ici l'interprétation spinoziste de la Bible, sa critique s'applique également à une pratique théologique pour laquelle les récits bibliques ne sont qu'une illustration des vérités abstraites du dogme. De manière différente, ces deux erreurs manquent la réalité biblique d'une doctrine concrète, qui est bien une doctrine, un enseignement, et qui n'en reste pas moins adhérente à son noyau événementiel, inséparable de ce noyau originaire. Ou encore, selon l'expression brève et forte de Laberthonnière, on manquerait le mouvement par lequel « les faits eux-mêmes deviennent doctrinaux » (p. 263).

Pour faire comprendre ce mouvement, l'oratorien prend deux exemples. Le récit de la création du monde dans la *Genèse*, relève de la doctrine concrète dans la mesure où il nous renvoie à un acte de Dieu ou à un Dieu agissant. De cette doctrine de la *Genèse*, Laberthonnière dit bien qu'elle est « métaphysique », mais ce mot garde pour lui, en la circonstance, une portée concrète, parce qu'il s'agit d'une métaphysique de l'action divine. De la même manière, Laberthonnière parle d'une « métaphysique de l'Évangile ». En quel sens ? Les évangélistes « ont fait œuvre d'apôtres, et non d'historiens » (p. 269). Ils ont voulu enseigner « le Christ lui-même dans sa réalité intérieure », c'est-à-dire qu'à travers l'individualité du Christ, à travers ses faits et gestes, nous sommes appelés à « découvrir par lui la présence et l'action en nous d'un Dieu père » (p. 268). Sans le Christ, nous ne serions pas éclairés sur le présent de l'action divine s'exerçant en nous, mais, réciproquement, sans la foi en cette action présente, nous ne serions pas capables d'interpréter ce que les témoignages évangéliques nous disent de la réalité profonde du Christ, c'est-à-dire de l'acte divin qui en est le principe ?

Or, les récits bibliques sont doctrinaux parce qu'en racontant des événements — ou des existences — ils visent à manifester l'action divine présente en ces événements ou en ces existences : « Derrière les événements ou plutôt en eux on découvre les âmes avec la destinée qui s'agite en elles ; et derrière les âmes ou plutôt en elles on découvre Dieu avec l'infinité de sa puissance et de sa bonté. Voici pourquoi et comment, ainsi que nous l'avons déjà signalé, l'interprétation devient ici le mode essentiel de l'activité de l'esprit » (p. 282).

Laberthonnière explicite ainsi son idée d'un mode de pensée distinct de l'intelligibilité rationnelle des grecs, et approprié à la tradition biblique et chrétienne. Toute la compréhension de type herméneutique est mise en place, y compris — bien que la formule elle-même manque — le « cercle herméneutique » : croire pour comprendre, comprendre pour croire. En effet, pour interpréter ainsi les textes bibliques, il faut en même temps interpréter sa propre existence, lui donner un sens. C'est l'homme agissant qui comprend la réalité en se comprenant lui-même (en fonction de ce qu'il veut être). Et c'est toujours l'homme agissant qui comprend l'action divine en se comprenant lui-même à la lumière de cette action divine : « Une interprétation suppose donc inévitablement une adaptation. Pour penser la réalité, on l'adapte à soi. Mais aussi par l'effort même qu'on fait pour la penser, dès lors que cet effort est sincère, on se dégage de soi pour s'adapter à elle. Et c'est de cette façon qu'on progresse dans la vérité » (p. 283).

## *La liberté de l'esprit*

Sans intention préalable, mais guidés par le mouvement même de la réalité étudiée, nous avons parcouru quelque chose comme un cycle. Nous sommes partis de l'américanisme, et le pragmatisme de James nous a fait retrouver une nouvelle forme de l'influence américaine sur l'Europe. La chronologie empêche de confondre les deux phénomènes qui ne concernent d'ailleurs pas tout-à-fait les mêmes milieux ecclésiaux. Il n'empêche que le rapprochement permet de dégager une problématique sous-jacente. Les théologiens et les philosophes catholiques sont invités à se poser la question de la liberté de l'esprit dans son rapport à la proposition évangélique et ecclésiale de la foi. Or c'est très exactement la question du père Lucien Laberthonnière : qu'est-ce que la vérité chrétienne en tant qu'elle exige de prendre sens pour et par le sujet auquel elle est destinée ?

# 11
# Interventions ecclésiologiques

## I. SCIENCE, RELIGION, MORALE

### *Le moderniste comme réformateur*

Selon l'encyclique *Pascendi*, le dernier personnage joué par le moderniste est celui du réformateur. Cédant au préjugé évolutionniste qui règne sur la pensée contemporaine, la volonté réformatrice des modernistes est systématique. Moyennant quoi, rien ne la limite et elle s'applique à tout : « Que reste-t-il donc sur quoi, et par application de leurs principes, ils ne demandent réforme ? » (p. 61). Il est difficile aujourd'hui de suivre l'encyclique lorsqu'elle décrit le moderniste comme un enragé de réformes. A la rigueur, on pourrait le dire de Loisy, peut-être d'Hébert, certainement pas de Blondel ni même de Laberthonnière ou Le Roy, même s'ils préconisent en effet des réformes. Pourtant, même si l'on ne s'accorde pas avec ses conclusions, l'encyclique *Pascendi* fournit un fil conducteur. Elle nous incite à partir des initiatives intellectuelles pour voir si leur mise en œuvre n'impliquait pas l'exigence d'une transformation plus générale des comportements ecclésiaux. Soit dans les rapports inter-universitaires, soit dans les rapports intra-ecclésiaux. Autrement dit, les changements pouvaient-ils rester localisés dans un ordre strictement intellectuel, ou bien les « modernistes » étaient-ils conduits à préconiser des réformes *dans* l'Église, voire une réforme *de* l'Église ?

Nous devons en tout cas tenir compte des particularités et des limites d'une étude qui ne porte pas sur la crise moderniste comme telle, mais sur la manière dont elle a été vécue en France. La précision est importante, surtout lorsqu'il s'agit du moderniste comme réformateur. En effet d'autres pays ont connu un modernisme plus directement attaché à une transformation profonde des structures internes de l'Église. C'est en Allemagne, en Angleterre et surtout en Italie que le modernisme a prôné un renouvellement considérable de la discipline ecclésiastique. « Là s'est formulée, selon le père de Grandmaison, la conception de l'autorité partie d'en bas, de la foule chrétienne, et venant investir les chefs de l'Église — à la façon d'une marée montante, non d'une aurore descendant des cimes aux pentes. Là sont menées des campagnes ardentes contre le célibat ecclésiastique, contre l'usage des langues anciennes dans la liturgie ; là ont été dénoncés le prétendu pharisaïsme des autorités et le formalisme de la piété traditionnelle [1]. »

## *Vers une religion nouvelle ?*

Si elle n'avait pas raison de l'imputer indifféremment aux « modernistes », Rome n'avait pas entièrement tort de redouter la présence dans le milieu français, d'une ambition démesurée de réformes, visant à renouveler de fond en comble le visage du catholicisme pour l'adapter aux temps actuels. Au seuil de la crise moderniste, on trouve en différents milieux l'idée d'un « nouveau christianisme ». Autrement dit, l'idée suivant laquelle, moyennant une transformation radicale, le christianisme pourrait encore répondre aux besoins spirituels des temps nouveaux. En faisant cette hypothèse, on admet que le besoin d'une référence religieuse subsiste dans la société

1. « *Le démon de midi* — Le roman du modernisme » dans *Études*, janvier 1915, citation, p. 98.

moderne, et ceci pour répondre à deux questions pratiques. D'abord, la question de la légitimation du pouvoir : sans une référence symbolique, on risque soit une faiblesse congénitale de l'État, soit une exagération de son pouvoir, l'État devenant lui-même l'Absolu [2]. Ensuite, la question du lien social : l'État a besoin d'une société unifiée, mais il ne suffit pas à assurer lui-même cette unité. D'où la question qui traverse tout le XIXe siècle : peut-il y avoir une unité politique sans une unité sociale présupposant elle-même une unité religieuse ? Bref, la société moderne peut-elle se passer d'une référence religieuse ?

Dans une question de ce type, quel sens donne-t-on au mot « religion » ? Les différentes hypothèses possibles ont été explorées tout au long du XIXe siècle, comme l'a montré Paul Bénichou dans *Le temps des prophètes, Doctrines de l'âge romantique* [3]. S'agit-il d'instituer une religion nouvelle, soit une religion civile, soit une religion de l'humanité, débordant le cadre de la cité ? S'agit-il plutôt de se greffer sur le christianisme, mais en affichant une volonté de renouvellement plus ou moins radical ? Dans ce dernier cas, on aboutit à l'idée d'un « nouveau christianisme », mais cette idée se prête elle-même à toutes sortes de variations qui attestent à la fois la permanence culturelle du christianisme dans la France moderne et le besoin d'un changement relatif au progrès des connaissances et aux transformations corrélatives de l'industrie et de la vie sociale.

## *Trois villes-symboles*

En revenant au tout début de notre période, nous retrouvons la trilogie d'Émile Zola, les *Trois villes : Lourdes* (1894), *Rome* (1896), *Paris* (1898). Le prêtre qui est le héros des trois romans, Pierre Froment, « avait quitté Lourdes, révolté par toute cette basse idolâtrie, la foi morte à jamais et l'âme

2. Le *Syllabus* comporte d'ailleurs à cet égard une condamnation de la toute-puissance étatique.

3. Paris, Gallimard, 1977. Voir aussi Miguel Abensour : « L'utopie socialiste, Une nouvelle alliance de la politique et de la religion » dans *Le temps de la réflexion*, 1981, p. 61-112.

inquiète pourtant devant l'éternel besoin du divin qui tourmente la créature ». Dès lors « un cri était monté en lui, du plus profond de son être : une religion nouvelle ! une religion nouvelle ! » Cette religion renouvelée, toute orientée vers le bonheur humain, il attendait de la plus haute autorité morale, la papauté, qu'elle la proclame. Son vœu s'exprime dans un livre exalté : *La Rome nouvelle*, et c'est ce livre que, dans le second volume, il vient défendre auprès de Léon XIII, convaincu que celui-ci ne pourra résister à son appel : « N'était-ce pas de Rome, l'éternelle et la sainte, que devait partir le rachat des peuples[4] ? »

L'audience pontificale que Pierre obtiendra ne pourra que lui causer une déception radicale. Les propos que Zola prête à Léon XIII relèvent du style propre de l'écrivain, mais leur contenu est-il si discordant par rapport à la pensée réelle du Souverain Pontife ? Ainsi : « Et, mon fils, continua Léon XIII, le crime enfin est d'avoir osé demander une religion nouvelle. Cela est impie, blasphématoire, sacrilège. Il n'est qu'une religion, notre sainte religion catholique, apostolique et romaine. En dehors d'elle, il ne saurait y avoir que ténèbres et damnation [...]. J'entends bien que c'est au christianisme que vous prétendez vouloir faire retour. mais l'erreur protestante, si coupable, si néfaste, n'a pas eu d'autre prétexte. Dès qu'on s'écarte de la stricte observation des dogmes, du respect absolu des traditions, on tombe dans les plus effroyables précipices [...] Ah ! le schisme, ah ! le schisme, mon fils, c'est le crime sans pardon, c'est l'assassinat du vrai Dieu, la bête de tentation immonde, suscitée par l'enfer, pour la perte des fidèles. Quand il n'y aurait que ces mots de religion nouvelle, dans votre livre, il faudrait le détruire, le brûler, comme un poison mortel des âmes[5]. »

Le héros de Zola n'est pas au bout de son itinéraire. Dans le dernier roman de la trilogie, *Paris*, le travail et l'amour achèvent de dissiper les anciennes illusions de Pierre Froment. Il se confiera désormais à la science, seule susceptible de combler le besoin véritable de savoir qui s'exprime sous la forme imparfaite d'un besoin de Dieu. « Ce besoin du divin,

---

4. *Rome*, Paris, Bibliothèque Charpentier, nous citons l'édition de 1921, tome I, p. 14 et 17.

5. *Op. cit.*, tome II, p. 230.

se dit-il, n'est-ce pas simplement le besoin de voir Dieu ? Et si la science contente de plus en plus ce désir de tout savoir et de tout pouvoir, ne croit-on pas qu'il s'apaisera, qu'il finira par se confondre avec l'amour de la vérité satisfaite ? Une religion de la science, c'est le dénouement marqué, certain, inévitable, de la longue marche de l'humanité vers la connaissance [6]. »

Le projet d'un « nouveau christianisme » cède en fin de compte le terrain à un scientisme, qui n'empêche d'ailleurs pas Zola de donner libre cours à sa mythologie personnelle. Celle-ci imprègne fortement les *Trois villes*, mais aussi la suite par laquelle le romancier envisage d'achever son œuvre. Avec *Les Quatre Évangiles* : *Fécondité*, *Travail*, *Vérité* et *Justice* [7], Zola pensait finir le siècle et ouvrir le siècle suivant. Or, comme le note Henri Lemaître : « De même qu'à la fin des *Rougon-Macquart*, le dernier représentant de la lignée, le docteur Pascal, accédait à la rédemption, de même, dans *Les quatre Évangiles*, sous le masque des quatre enfants de Pierre Froment, c'est l'Humanité entière qui accède à l'espoir de la rédemption sociale [8]. »

## *Les néo-chrétiens*

Quelques années plus tard, l'appel à une régénération du christianisme se retrouve dans ce que Félix Klein appelle « Le mouvement néo-chrétien [9]. » Parmi les œuvres marquantes de ce courant figurent *Le Disciple* de Paul Bourget, *Le sens de la vie* d'Édouard Rod, *L'aristocratie intellectuelle* d'Henri Bérenger, *Le devoir présent* de Paul Desjardins, *Le roman russe* de Melchior de Vogüé. En 1886, la publication de ce dernier livre avait été de fait un événement [10]. Il faisait connaître une littérature presque ignorée du public français, tout-

---

6. Paris, Bibliothèque Charpentier, nous citons l'édition de 1933, tome II, p. 283.
7. Seuls les trois premiers romans sont parus, respectivement en 1899, 1901 et, posthume, 1903.
8. *Du romantisme au symbolisme, 1790-1914*, Paris, Pierre Bordas, 1982, p. 453.
9. Dans *Le Correspondant* du 10 février 1892.
10. Nous citons la 2e éd. Paris, Plon, 1888.

à-fait opposée au naturalisme encore régnant. De plus, situant son ouvrage dans une large perspective historique, Melchior de Vogüé s'interrogeait sur le malentendu à la suite duquel « on a mis longtemps à apercevoir cette vérité si simple : le monde est travaillé depuis dix-huit siècles par un ferment, l'Évangile, et la dernière révolution sortie de cet Évangile en est le triomphe et l'avènement définitif » (p. XXII). Les responsabilités de ce malentendu sont partagées, mais il faut faire sa part à la méconnaissance par l'orthodoxie d'une loi fondamentale : « Le signe le plus manifeste de la vérité d'une doctrine, c'est le don de s'accommoder à tous les développements de l'humanité, sans cesser d'être elle-même » (id.).

Admettant la réalité d'un mouvement néo-chrétien, Mgr d'Hulst portait sur lui un jugement sévère : « Sur le chemin de l'idéal moral qu'ils poursuivaient, ils ont rencontré l'Évangile et ils l'ont admiré. Cela leur a suffi pour leur persuader qu'ils l'avaient compris. Ils ont alors cherché quelles traces l'Évangile a laissées dans le monde, et ils ont rencontré l'Église chrétienne, surtout l'Église catholique. Mais, avant de se déclarer ses disciples, ils ont voulu se faire ses juges. Le procédé était simple et sommaire ; ils comparaient le christianisme de l'Église à celui dont ils s'étaient formé l'idée d'après l'Évangile. Selon les conformités ou les dissemblances qu'ils croyaient constater, ils donnaient raison ou tort à l'Église ; finalement, ils voulaient bien lui indiquer par quelle série de réformes elle devrait passer pour se rapprocher de leur idéal, et ils lui laissaient espérer que, cette besogne faite, ils consentiraient peut-être à se prononcer pour elle [11]. » Faudrait-il attendre de l'Église une « conversion » qui la ferait renoncer à toute emprise temporelle pour se confiner dans un rôle purement mystique ? Faudrait-il admettre que, sous peine de périr, le christianisme doit « être moderne », ce qui signifie en l'occurrence suivre Kant et se débarrasser des affirmations métaphysiques auxquelles répugne l'esprit moderne ? La réponse du recteur est évidemment négative.

Paru en 1894, le livre d'Henri Bérenger sur *L'aristocratie intellectuelle* est aujourd'hui fort oublié. Dans le *Sillon* [12],

11. « Les idées d'un néo-chrétien sur la réforme religieuse » dans *Le Correspondant* du 10 novembre 1893. Voir Baudrillart, tome II, p. 190-191.
12. « Démocratie et aristocratie », mars 1895, p. 156-167.

Paul Renaudin lui avait consacré un article dans lequel il disait à la fois son admiration et son refus. Oui, l'avènement de la science et l'avènement de la démocratie sont les faits marquants du monde moderne. Oui, le problème que pose la démocratie est celui de savoir comment on pourra « introduire en elle l'organisation, entretenir au-dessus d'elle l'idéal sans lesquels elle ne pourra vivre ». Non, la solution n'est pas celle que préconise Bérenger : le culte des héros et des artistes, la religion du génie, ne suppléeront jamais la religion de l'amour.

## *Une société en quête de morale*

Relit-on davantage *Le devoir présent* de Paul Desjardins [13] ? Non, sans doute, mais son auteur survit grâce aux Décades de Pontigny perpétuées aujourd'hui encore à Cerisy-la-Salle. Dans le colloque du centenaire, la communication présentée par Émile Poulat s'intitule : « Néo-christianisme et modernisme autour de Paul Desjardins [14]. » Mais l'auteur signale ce que l'on pourrait appeler la « rétractation » de Desjardins qui se retourne en 1905 sur son passé : L'Union pour l'Action morale « ne fut pas, dit-il, un néo-christianisme, mais plusieurs fausses démarches initiales le donnèrent à croire » (p. 92). Desjardins fait allusion ici à la visite qu'il avait faite à Léon XIII le 19 septembre 1892, visite qui provoque Jules Lagneau à se retirer de cette Union pour l'Action morale, qu'il avait pourtant contribué à fonder en lui donnant, au début de cette même année, un programme dans lequel il affirmait l'intention de lutter contre l'affaiblissement du lien social et de « sauver l'esprit public [15] ».

Malgré ce retrait, l'Union prendra vite un caractère plus laïque, accentué d'ailleurs par la participation de Gabriel

13. Paris, Armand Colin, 1892.
14. Dans *Paul Desjardins et les Décades de Pontigny*, Paris, PUF, 1964, p. 77-103.
15. Voir « Simples notes pour un programme d'union et d'action » dans Jules Lagneau : *Célèbres leçons et fragments*, Paris, PUF, 1950, p. 39-45. Voir dans *Paul Desjardins et les décades de Pontigny*, la contribution d'André Canivez : « *Le Devoir présent* de Paul Desjardins et les réactions de Jules Lagneau », p. 48-76.

Séailles : la conférence que celui-ci prononce le 25 avril 1897 sur « Les affirmations de la conscience moderne » fait figure de manifeste en faveur d'une séparation complète de la morale et de la religion [16]. En 1905, l'Union pour l'Action morale se transformera en Union pour la Vérité. Dominique Parodi voit un signe des temps dans cette transformation provoquée par « cette grande épreuve de vie morale que fut l'Affaire Dreyfus ». La nouvelle union affirme avant tout « que la libre recherche et la sincérité sont les premiers principes de la moralité autant que de la connaissance [17] ».

Pour les intellectuels et les hommes d'action qui avaient fondé en janvier 1892 l'Union pour l'Action morale, l'objectif était de recréer une unanimité morale dont la carence avait été tragiquement dénoncée par la défaite de 1870. A la même époque, d'autres initiatives cherchent également à reconstituer ce consensus moral dans le cadre de la laïcité républicaine. Ainsi le Collège libre des sciences sociales, fondé en 1895 [18]. Plusieurs des leçons qui y avaient été professées ont fourni la matière d'ouvrages collectifs. Citons au moins deux ouvrages qui relèvent de l'École de morale fondée au sein de ce collège : *Morale sociale*, qui recueille des conférences de l'année 1899, *Questions de morale*, qui recueille des conférences de l'année 1900. Ce dernier volume contient aussi les deux allocutions d'Émile Boutroux et d'Alfred Croiset, prononcées lors de l'inauguration de l'École de morale le 27 novembre 1899.

Des catholiques tels que Paul Bureau ou Édouard Le Roy enseigneront au Collège libre des sciences sociales, mais aussi des prêtres tels que l'abbé Naudet [19]. L'intérêt pour la question religieuse est d'ailleurs plus large, mais aussi plus susceptible de donner lieu à des positions diverses. C'est ainsi que le 23 janvier 1900, Alphonse Darlu prononce dans ce cadre une conférence sur « La morale chrétienne et la

16. Voir le livre publié sous le même titre, Paris, Armand Colin, 1903, p. 115-152.

17. *La philosophie contemporaine*, p. 375-376.

18. Voir la notice de Christophe Prochasson sur le Collège libre de sciences sociales, dans *Dictionnaire des intellectuels français*, Paris, Seuil, 1996.

19. Voir Docteur Robert Cornilleau : *L'abbé Naudet*, Paris, Bloud et Gay, 1934, p. 131 sq.

conscience contemporaine [20] ». Le conférencier creuse l'écart entre le christianisme et les principes de la Révolution française : d'après lui, la conception de ces principes s'est formée dans la conscience en dehors de l'influence chrétienne, du moins en France et en Europe. Il y a là une source tout-à-fait nouvelle d'idées morales. Mais cela ne veut pas dire que les paroles du Christ n'aient plus de sens pour nous : elles représentent un moment essentiel de la conscience humaine et une œuvre comme celle de Tolstoï montre la valeur permanente de la charité évangélique.

## *Morale religieuse et morale indépendante*

La question de « la morale indépendante » nous renverrait à un débat largement ouvert au XIXe siècle et dont les partisans de la laïcité républicaine sont les héritiers. Sans entrer davantage dans ce rappel historique, pointons dans le même recueil : *Questions de morale*, le texte d'une conférence prononcée le 27 mars 1900 par Ferdinand Buisson sur « L'éducation morale et l'éducation religieuse [21]. » Celui qui présidera plus tard la Ligue des droits de l'homme et la Ligue de l'enseignement est alors professeur de science de l'éducation à la Sorbonne. Son exposé comporte deux mouvements successifs. En un premier temps, Buisson se préoccupe d'assurer le caractère laïque d'un enseignement de la morale complètement dégagé de la religion.

Avec le surnaturel, celle-ci introduit en effet une complète distorsion de la morale : « De nos trois groupes de facultés, que la morale mettait en mouvement suivant leurs lois naturelles, chacune devra se plier à une façon d'opérer nouvelle et anormale. L'intelligence ne devra plus expérimenter et raisonner, mais croire ; le sentiment ne pourra plus s'épanouir en pleine joie et en pleine liberté, mais se briser, s'humilier, se renoncer ; la volonté n'aura plus qu'à se soumettre et à obéir.

---

20. *Questions de morale*, Paris, Alcan, 1907, p. 49-73. La RMM avait déjà publié cette conférence en 1900 et Darlu y traite des sujets connexes depuis le commentaire de la visite au Vatican de Brunetière (1895) jusqu'à *La religion* de Loisy (1917).

21. *Questions de morale*, p. 311-331.

Dogmes, pratiques et actes de foi remplaceront la vie naturelle de l'esprit humain » (p. 316). Le second mouvement fait quand même place à une éducation religieuse éventuelle qui suivrait l'éducation morale sans aucunement prétendre la fonder. Que serait cette éducation ? Dans le style d'un protestantisme ultra-libéral, Buisson oppose à toute « doctrine religieuse » l'essence véritable et universelle du sentiment religieux, qui consiste en « un degré d'intensité et de délicatesse appliqué à la vie intellectuelle, à la vie morale, à la vie artistique » (p. 328).

Au début du siècle, la société française prend conscience d'une crise morale. Celle-ci est analysée, d'un point de vue chrétien, par un sociologue que nous retrouverons bientôt pour ses difficultés intra-ecclésiales. Il s'agit de Paul Bureau, qui publie, en 1907, un ouvrage sur *La crise morale des temps nouveaux*. Mais cette crise est dénoncée par des auteurs très différents les uns des autres. Il en est ainsi par exemple, d'un point de vue positiviste, chez le libre-penseur Gustave Belot : « Nous traversons, dit-il, une crise morale d'une exceptionnelle gravité [...] ce sont les fondements mêmes de la vie morale qui sont ébranlés [...] Il semble que quelque chose du doute critique des philosophes ait pénétré dans l'âme de la foule [...] C'est pourquoi nous entendons proclamer tour à tour la faillite de la science, qui n'aurait pas su organiser la vie, et celle de la religion qui ne sait plus retenir les âmes et les guider [22]. »

Le fait de partager la conscience d'une crise ne signifie pas qu'on s'accorde sur la manière de la résoudre. Le 27 février 1908, Paul Bureau fait à la Société française de Philosophie une communication sur la crise morale dans les sociétés contemporaines [23]. Il signale ses causes et propose des remèdes, mais la discussion qui suit manifeste une opposition fondamentale entre l'orateur d'une part, les tenants d'une morale indépendante d'autre part. Parmi les opposants, on retrouve Gustave Belot, mais aussi Frédéric Rauh et André Lalande : pour ces philosophes, l'idée même de chercher un fondement religieux ou métaphysique de la morale est

22. « Charité et sélection » dans le collectif, *Morale sociale*, Paris, Alcan, 1909, p. 102-103.

23. BSFP, avril 1908.

d'emblée exclue. C'est une discussion du même type qui est reprise par Laberthonnière dans le compte-rendu qu'il fait du livre d'André Lalande : *Précis raisonné de morale pratique* [24]. L'échange de correspondances qui suit est fort courtois, mais les explications données ne suppriment pas le désaccord. Certes, l'oratorien comprend le refus qu'oppose Lalande à une métaphysique élaborée dans l'abstrait aussi bien qu'à un dogme autoritairement notifié, mais se contenter de règles morales, sans les rapporter à des raisons, à un véritable sens de la vie, c'est aussi condamner la conscience morale à l'hétéronomie [25].

## *Durkheim : morale et sociologie*

Sans prétendre en développer l'étude, au moins voudrions-nous marquer un fait : la fondation de la sociologie durkheimienne relève de ce même contexte d'une société en quête de morale. Comme le disait jadis Georges Gurvitch : « Durkheim a inventé la sociologie comme Christophe Colomb a découvert l'Amérique en cherchant les Indes : en voulant fonder une morale [26]. » Le souci de conquérir une légitimité scientifique et la réussite proprement universitaire de Durkheim et de son école ont fait quelque peu oublier les préoccupations initiales d'une discipline qui visait à connaître la société, mais pour agir sur elle ou pour prendre en charge la direction morale d'un changement social.

Au tout début de sa carrière, Durkheim occupe en 1887 une chaire de pédagogie et science sociale à l'Université de Bordeaux. En cette même année, il publie dans la *Revue philosophique* un article sur « la Science positive de la morale en

24. APC, 4e série, tome 8, p. 526-528.

25. APC, 4e série, tome 9, p. 80-85. Une nouvelle affaire de manuels scolaires aura lieu en 1909 avec la condamnation de plusieurs manuels de morale ou d'histoire par les cardinaux et évêques de France. Voir *Études* 5 et 20 décembre 1909.

26. Cité par Jacques Audinet dans son article « Éthique et Société. A propos de E. Durkheim » dans *Éthique, Religion et Foi*, Paris, Beauchesne, 1985, p. 59.

Allemagne [27] ». Partant des discussions allemandes, Durkheim élabore, selon Jacques Audinet, le projet de « construire une “science de la morale”, non point déduite de vérités a priori, mais induite de faits d'expérience, mais dépassant l'histoire des mœurs, pour en dégager les lois d'une véritable science » (*art. cit.*, p. 64). On peut se demander dans quelle mesure *De la division du travail social* qui est publié en 1893 représente une première réalisation de cet objectif. Le livre cherche en tout cas à concilier les deux exigences qui se dégagent de l'étude des formes modernes de la division sociale : la solidarité collective et l'émancipation des individus [28]. La mise en œuvre pédagogique de la visée durkheimienne sera plus manifeste encore dans le cours sur l'éducation morale professé à la Sorbonne en 1902-1903 [29].

Il conviendrait de faire une étude sérieuse de la réception de la sociologie durkheimienne dans le catholicisme de l'époque. Nous signalerons seulement la séance du 4 février 1913 consacrée par la Société française de Philosophie à l'ouvrage de Durkheim paru l'année précédente : *Les formes élémentaires de la vie religieuse*. Deux grandes discussions ont marqué cette séance. Pour Jules Lachelier, qui se réfère explicitement à Kant, « la religion consiste, pour l'âme qui en est capable, dans un effort individuel et solitaire pour s'affranchir et se déprendre de tout ce qui n'est pas elle, et de tout ce qui en elle, n'est pas sa liberté même ». A partir de cette définition, comment adhérer à l'explication sociale de la religion ? Sans renoncer à sa théorie, Durkheim sent bien l'impossibilité où il se trouve de convaincre Lachelier. Avec Laberthonnière, la discussion prend un autre sens, car l'oratorien admet que l'un des mérites des travaux de Durkheim, c'est d'avoir montré que, dans l'individu, il n'y a rien de si individuel qui ne soit aussi social. Mais, au regard de Laberthonnière, la méthode naturaliste de Durkheim ne lui permet pas de saisir les mœurs d'une société qui soit proprement humaine, « cette

---

27. Repris dans Émile Durkheim, *Textes*, présentés par Victor Karady, Paris, Éd. de Minuit, 1975, tome I, p. 267-343.

28. Un élément important du contexte est le développement du thème de la solidarité, illustré notamment par les ouvrages d'Henri Marion et de Léon Bourgeois.

29. Publié après la mort de Durkhein sous le titre : *L'éducation morale*, Paris, PUF, 1925.

communion d'âmes et d'esprits qui constitue la vraie société ».

*L'anti-modernisme de Paul Bourget*

Arrivés presque au terme de notre parcours, nous avons repris contact avec l'esprit fin de siècle, mais nous avons aussi perçu au moins latéralement l'inquiétude générale de la société française vers la fin de la première décade du XX^e^ siècle. A l'encontre du dilettantisme, la responsabilité morale de l'écrivain avait été affirmée avec force en 1889, par le roman de Paul Bourget, *Le Disciple*. Bientôt l'affaire Dreyfus donnera naissance à la figure de « l'intellectuel » ouvert sur les débats de société[30]. Émile Zola s'engage pour la cause de Dreyfus en 1898, l'année même où il publie *Paris*. Troublée, mais aussi mobilisée, par les oppositions radicales de l'affaire Dreyfus, la société française subira bientôt le contre-coup de ce détournement politique de la mystique que déplore Charles Péguy.

Du point de vue religieux, Paul Bourget part d'un positivisme agnostique qui aurait pu faire de lui un moderniste, au sens le plus strict. Or, il arrive à une philosophie radicalement opposée à tout modernisme. Comme le souligne Mgr Calvet, le romancier de *L'Étape* a pris soin de jalonner de façon précise la route qui conduit son héros à la foi totale, « comme pour nous insinuer que l'histoire de Jean Monneron recommence sa propre histoire ». Or partant de l'incapacité de la science à dépasser l'ordre des phénomènes, cette route commence par affirmer la réalité positive de l'inconnaissable et elle parvient « de déduction en déduction, avec une rigoureuse logique, jusqu'au Dieu personnel, jusqu'au christianisme, jusqu'au catholicisme[31] ».

La route jugée impraticable par l'encyclique *Pascendi* est donc quand même parcourue, mais de telle façon qu'au terme,

30. Voir Jean-François Sirinelli et Pascal Ory : *Les Intellectuels français, de l'affaire Dreyfus à nos jours*, Paris, Armand Colin, 1986. Également, sous la direction de Jacques Julliard et Michel Winock : *Dictionnaire des intellectuels français*, Paris, Seuil, 1996.

31. *Le renouveau catholique*, p. 100-101.

l'écrivain se retourne à la fois contre son propre passé intellectuel et contre tout ce qui lui paraît d'une manière ou d'une autre contrevenir aux lois fondamentales de la société et de la religion. Donc contre tout modernisme, ou contre tout néo-christianisme. Son ambition sera au contraire de démontrer, au besoin par l'absurde, la nécessité sociale des principes catholiques les plus stricts. D'où l'équilibre difficile que ses romans tentent de maintenir entre une analyse et une démonstration, l'une et l'autre centrées sur le drame familial.

Nous avons cité un article du père de Grandmaison qui se réfère au roman de Paul Bourget : *Le démon de midi*[32], et qui se demande dans quelle mesure celui-ci peut être considéré comme « le roman du modernisme ». Tout en insistant sur la difficulté de cerner un phénomène aussi complexe, Grandmaison trouve une preuve de la compréhension qu'en a Bourget dans ce passage :

> « La Vie ? Le prestige du modernisme sur les nouveaux venus réside précisément dans un constant appel aux forces indéterminées qu'enveloppe cette formule si périlleuse par son vague même. La Vie, c'est l'action. Mettons la vérité religieuse dans l'action et c'est le Pragmatisme. La Vie, c'est l'inconscient. Mettons la vie religieuse dans un sentiment issu des profondeurs les plus indéterminées de notre être, et c'est l'Immanentisme. La vie, c'est le développement. Nous voici à l'Évolutionnisme, qui met la vérité religieuse dans une révélation sans cesse renouvelée, sans cesse adaptée, mouvante et changeante comme le Siècle[33]. »

Du modernisme passons à un moderniste. Que signifie, dans *Le démon de midi*, la figure de l'abbé Fauchon ? C'est d'abord un érudit, spécialisé dans l'histoire ancienne de l'Église. Son livre sur *La discipline des premiers siècles*, constate particulièrement l'habitude ancienne du mariage des prêtres. Or, les censures encourues par le livre et par son auteur font de celui-ci un révolté, qui tente de fonder sous le nom de « la Catacombe » une communauté ramenée à la simplicité de la primitive Église, avec des prêtres élus par les fidèles et susceptibles de se marier. Plus qu'un Loisy ou un Turmel, cette figure évoque Georges Tyrrell, et plus encore Hyacinthe Loyson, séparé de Rome après la définition

32. Paris, Plon-Nourrit, 1914.
33. *Op. cit.*, tome II, p. 187.

de l'infaillibilité pontificale. Léonce de Grandmaison oppose d'ailleurs le côté déclamatoire du personnage de Bourget au style général du modernisme français, beaucoup plus universitaire : « Les chefs du modernisme, en France du moins, ont été des érudits, habitués à parler le langage élégant, un peu conventionnel et continûment ironique, mais très éloigné de la déclamation, qui est de tradition, sinon heureusement de rigueur, à l'École normale supérieure » (p. 100).

En revanche, selon le même critique, Paul Bourget a très bien montré le contrecoup du mouvement moderniste chez des bourgeois entichés de nouveautés, chez des femmes enthousiastes et des jeunes gens fervents. Nous ajouterons que le romancier prête toute sa conviction personnelle à ceux de ses personnages, prêtres ou laïcs, qui réagissent vigoureusement contre des novateurs qui voudraient « rester dans l'Église pour la détruire par le dedans, se soumettre aux apparences et continuer le travail de désagrégation sous étiquette orthodoxe [34] ». Bref, plus que le roman du modernisme, on pourrait dire que *Le démon de midi* est le roman de l'anti-modernisme. De même, en 1902, dans *L'Étape*, à travers la description que le roman faisait d'une certaine « Union Tolstoï », Paul Bourget avait évoqué les tentatives de l'époque pour créer des Universités populaires et la participation de prêtres à cette entreprise [35].

Conformément à son usage, le romancier ne craint d'ailleurs pas de juger ses personnages : « Il y a dans l'Église, dit-il dans *L'Étape*, un tel trésor de séculaire expérience que ses représentants arrivent toujours à la vérité morale, fût-ce à travers d'extravagantes erreurs politiques [36]. » Ce jugement favorable sanctionne les propos tenus par l'abbé Chanut exprimant comme malgré lui le point de divergence qui séparait à jamais les deux anciens amis de l'Union Tolstoï : « L'un

34. *op. cit.*, tome I, p. 275.

35. Sur La Coopération des idées fondée par G. Deherme au Faubourg Saint-Antoine, voir *Bulletin de l'Union pour l'Action morale*, 1900-1901, Deuxième semestre. Voir aussi « Le mouvement des Universités populaires » par Étienne Isabelle, RCF, 1er juillet 1900 et Marc Sangnier : « Les catholiques et l'éducation du peuple. Les Universités populaires » dans *L'Association catholique*, 15 avril et 15 mai 1900. Récemment, L. Mercier : *Les Universités populaires* : 1899-1914, Paris, Éd. ouvrières, 1986.

36. Paris, Plon-Nourry, 1902, p. 400.

(Jules Monneron) avait compris — à travers quelles épreuves ! — que le problème de la vie humaine est uniquement le problème de la famille [...]. L'autre, Crémieu-Dax, ne voyait dans le monde qu'un drame mystique, évoluant à travers ces accidents, tous insignifiants, que sont les familles, les nations, les races. Une telle philosophie amène l'homme à reconnaître un droit absolu à la conscience individuelle, et le terme fatal en est l'anarchie[37]. »

## II. UNITÉ OU PLURALITÉ DU MODERNISME

### *Fin du modernisme ?*

Fort discutable, la présentation que Paul Bourget fait de prêtres démocrates et/ou modernistes nous renvoie à une question que se posaient déjà les premiers historiens du modernisme, et que nous avons abordée sans y répondre, la question de savoir s'il faut cantonner le modernisme dans l'ordre des disciplines intellectuelles ou s'il concerne également le terrain social ou politique. Le problème n'est d'ailleurs pas purement théorique, car la manière de le poser et de le résoudre renvoie elle-même à des stratégies à la fois intellectuelles et institutionnelles.

Abordant le problème à la fin de son livre sur *Le modernisme dans l'Église*, Jean Rivière recense des extensions de vocabulaire telles que « modernisme ascétique », « modernisme éthique ou moral », « modernisme démocratique », « modernisme juridique », « modernisme politico-social »... Pour Rivière, qui identifie le modernisme à la doctrine dénoncée par l'encyclique *Pascendi*, ces extensions du terme relèvent d'une « exploitation polémique du modernisme » et même, pour les rencontrer, il faut « descendre sur ce plan

37. En 1897, dans *Les Déracinés*, Maurice Barrès avait campé un professeur de philosophie qu'il qualifiait de « kantien ». Il critiquait son universalisme abstrait qui déformait les âmes des jeunes lorrains, en les détachant de leur passé réel et en leur donnant l'illusion de pouvoir s'identifier à la Raison universelle.

inférieur où l'antimodernisme ne relève plus que de la surenchère ou de la passion[38] ». Tel est, selon Rivière, le cas de deux anciens jésuites, Emmanuel Barbier, qui publie en 1908 *Les démocrates chrétiens et le modernisme*[39], Julien Fontaine, avec ses deux ouvrages sur *Le modernisme sociologique*[40], et sur *Le modernisme social*[41].

Nous reviendrons à ces deux auteurs dont les positions ne sont d'ailleurs pas identiques. Mais lorsqu'il critique ces extensions illégitimes du mot « modernisme », Rivière obéit aux exigences d'un dispositif très précis. Il lui importe de localiser strictement l'objet de son étude, parce que cette localisation lui permet de conclure son ouvrage par un chapitre intitulé « Fin du modernisme ». Ce titre signifie que les mesures prises par Pie X avec et après *Pascendi* ont été efficaces. A l'exception de quelques soubresauts notamment italiens, le modernisme a été véritablement éradiqué. Un dernier coup lui est porté avec le Motu proprio *Sacrorum antistitum*, publié le 1er septembre 1910 et qui impose aux formateurs du clergé et au clergé lui-même la prestation du Serment antimoderniste. Publiant son livre en 1929, Jean Rivière croit pouvoir écrire : « Il est permis de dire sans témérité que la phase du modernisme aigu est maintenant close » (p. 548). Or, cette conclusion suppose que l'on distingue bien le modernisme proprement dit d'autres mouvements ecclésiaux qui feraient renaître le modernisme sous d'autres formes.

## *Rapprochements polémiques*

Dès le point de départ de notre étude, nous avons distingué deux interprétations possibles du rôle joué par l'encyclique *Pascendi*. La perspective que nous avons personnellement adoptée est très différente de celle de Rivière.

---

38. Paris, Letouzey et Ané, 1929, p. 506.

39. *Les démocrates chrétiens et le modernisme. Étude documentaire*, Nancy, 1908.

40. Paris, Lethielleux, 1909. D'après le compte-rendu du père d'Alès dans *Études* : « Les principes dissolvants dans l'ordre social n'ont jamais été plus franchement dénoncés, les principes régénérateurs plus hautement proclamés », 15 octobre 1909, p. 272.

41. Paris, Lethielleux, 1911.

L'encyclique *Pascendi* nous paraît faire partie intégrante d'une crise à laquelle elle n'a pas mis fin. Pas plus d'ailleurs que les mesures coercitives qui l'ont suivie. Nous n'avons donc aucune objection de principe à reconnaître une similitude entre les initiatives intellectuelles d'une part et d'autre part des initiatives qui se produisent sur le terrain social et politique. Bien au contraire, tout nous porte à penser qu'un véritable souci d'adaptation de l'Église à la modernité ne peut se cantonner sur le terrain exégétique, historique ou philosophique du « modernisme intellectuel ». Pour s'adapter au temps où l'on vit, ne faut-il pas prendre également en compte la modernité politique et sociale ?

Adopter cette perspective générale n'implique pas de ratifier des rapprochements inspirés par une visée polémique. Nous retrouvons ici les deux auteurs écartés par Rivière, et d'abord Julien Fontaine. Sur le thème de *La synthèse du modernisme*, celui-ci publie en 1912 un livre dont la table des matières est significative. Elle comporte six chapitres : I. Le Modernisme exégétique ; II. Le Modernisme philosophique et théologique ; III. Le Modernisme dogmatique ; IV. Les derniers blasphèmes du Modernisme dogmatique ; V. Le Modernisme sociologique ; VI. Le Modernisme social [42].

Ces titres signifient-ils qu'il y ait vraiment pour Fontaine plusieurs modernismes, bien distincts ? Dans ce cas, le modernisme sociologique ou social pourrait n'être nommé tel que par une simple analogie en fin de compte peu satisfaisante avec le modernisme intellectuel, qui serait donc le modernisme proprement dit. Or, il n'en est rien. Pour Fontaine, il n'y a vraiment qu'un modernisme, celui qui a été condamné par l'encyclique *Pascendi* : « Toutes les formes du modernisme se tiennent, parce qu'elles sont engendrées par un même principe » (p. 23). Ce principe c'est évidemment le kantisme. Mais, loin d'être strictement enfermé dans l'ordre intellectuel, le modernisme s'étend à tous les problèmes de la société par le moyen d'une science nouvelle aux prétentions exorbitantes, la sociologie. « Le modernisme dogmatique a engendré le modernisme sociologique qui tend à deve-

42. Paris, Lethielleux, 1912.

nir social ou pratique et dont l'aboutissement sera le collectivisme[43]. »

A l'occasion de l'ouvrage sur *Le modernisme sociologique*, le cardinal Merry del Val écrit à l'auteur, au nom du pape, une lettre de félicitations dont nous extrayons ceci : « Vous mettez aujourd'hui en évidence comment le modernisme, après avoir attaqué les principes de la foi, en arrive à saper les bases mêmes de l'ordre social, en combattant les principes de droit naturel qui le soutiennent[44]. » Nous ne nous engageons pas dans la question de savoir quelle position prennent par rapport au droit naturel les animateurs des Semaines sociales que critique Fontaine, notamment Henri Lorin et Eugène Duthoit. Mais nous vérifions un fait : c'est bien en ce point que s'opère selon Fontaine la jonction entre les différentes formes de modernisme. Ainsi écrit-il : « C'est la doctrine du Droit naturel qui, dans l'ordre social, fait pendant à notre théodicée dans l'ordre dogmatique : n'est-elle pas l'ensemble des conclusions et applications morales de notre théodicée elle-même ? Et ici nous touchons au point de connexion essentielle, de soudure organique, entre le Modernisme théologique et ce que j'ai appelé le "Modernisme sociologique" étudié dans mon dernier ouvrage[45]. »

## *Barbier accusateur*

Au départ de notre étude, nous avons fait une hypothèse que toute la suite de notre travail confirme : les initiatives prises dans les différents champs de la pensée et du savoir sont indépendantes les unes des autres. Or, il ne suffit pas de marquer cette indépendance première, il faut encore tenir compte d'un fait complémentaire : au cours même de la crise moderniste, certains protagonistes proches au départ les uns des autres ont eu le souci de différencier et parfois de dissocier radicalement leurs positions. D'abord, tout simplement, parce qu'il n'y avait pas, même entre les plus proches, un accord complet. Ensuite, et surtout parce qu'il leur faut réagir

43. *Le modernisme social*, p. VIII.
44. Voir *Le modernisme social*, 4e de couverture.
45. *Op. cit.*, p. 114.

contre la tactique de leurs adversaires qui consiste précisément à les confondre les uns avec les autres afin de les ramener tous de façon plus ou moins directe au modernisme condamné par l'encyclique *Pascendi.*

Si elle joue d'abord au sein de tout ce qui rentre dans le cadre général du « modernisme intellectuel », cette tactique joue aussi pour appliquer à des initiatives d'un tout autre ordre les condamnations doctrinales de *Pascendi.* Dans son livre sur *Le Sillon et la démocratie chrétienne*[46], Jeanne Caron marque bien le dispositif mis en œuvre : « Puisque le modernisme était désormais condamné, l'important pour qui voulait agir efficacement contre le *Sillon* était de l'assimiler au modernisme. Dès la publication de *Pascendi*, l'abbé Barbier s'y employa. Trois mois plus tard, il consacrait à Marc Sangnier et au Sillon un chapitre de son ouvrage *Les démocrates chrétiens et le modernisme*[47] : Pie X, disait-il, a condamné la notion démocratique de l'autorité ; or, nulle part, que nous sachions, le concept démocratique de l'autorité n'a été affirmé aussi radicalement qu'au Sillon et par M. Marc Sangnier. Cela va jusqu'à la suppression même de l'organe de l'autorité, de l'État, dans la société civile. »

Le même ouvrage dirige l'accusation de « modernisme » aussi bien contre l'abbé Naudet et *La Justice sociale*, contre l'abbé Dabry et *La vie catholique*, contre George Fonsegrive et *La Quinzaine* ou le *Bulletin de la Semaine*, contre Paul Bureau, Marcel Rifaux et *Demain.* Ainsi Barbier écrit-il de Fonsegrive : « Qu'il fût un grand initiateur des idées modernistes non moins que de l'évolution démocratique, c'est ce dont tout le monde eût été frappé depuis longtemps si, par suite d'une erreur générale dont nous avons fait la preuve dans *Le Progrès du libéralisme*, ce second rôle ne lui eût conféré une sorte d'inviolabilité, même aux yeux de ceux qui avaient à se préoccuper surtout du premier » (p. 216).

46. Paris, Plon, 1967, citation, p. 655-656.
47. Histoire documentaire, Nancy-Paris, Drioton-Lethielleux, 1908.

## *Mgr Baudrillart historien*

Selon Barbier, le modernisme est la conséquence indirecte des initiatives politiques de Léon XIII. C'est la thèse qu'il soutient dans *Le progrès du libéralisme en France sous le pape Léon XIII*[48], Mais le livre est mis à l'Index en 1907. Avec des nuances qui sont loin d'être négligeables, la thèse est reprise par Mgr Baudrillart[49]. Nous avons déjà évoqué deux de ses interventions en soulignant la raideur de la position prise par un nouveau recteur qui entre en poste juste après *Pascendi*. Dans la troisième intervention, à laquelle nous venons maintenant, ce n'est plus l'acteur de la crise moderniste qui parle, mais l'historien.

En 1914, le second tome de sa *Vie de Mgr d'Hulst*, fournit une explication du modernisme qui rattache la modernisation intellectuelle à la modernisation politique et sociale. Selon Mgr Baudrillart :

> « Outre le besoin de “nouveautés” qui perpétuellement tourmente l'esprit humain, cette crise paraît avoir eu trois causes principales : la rencontre, dont nous avons déjà signalé les périls, de la critique et des doctrines traditionnelles, non plus seulement hors, mais au sein même de l'Église ; la réaction contre le positivisme, dont on constatait la faillite morale, et qui ramenait les âmes au sentiment religieux, sans les réconcilier avec le dogme ; enfin le mouvement politique et social, qui, en rapprochant beaucoup de catholiques et surtout de membres du clergé de la République et de la démocratie, les incitait à tenter la réconciliation générale de l'Église et des idées modernes, sans distinguer suffisamment, comme le voulait Léon XIII entre celles-ci » (p. 182).

Le second point dégage un présupposé important de la crise moderniste. Mais les chapitres précédents ont longuement évoqué les problèmes posés par cette disproportion entre le sentiment religieux et le dogme. Il nous faut donc surtout retenir une question suggérée par le dernier point : Léon XIII n'aurait-il pas une responsabilité au moins indirecte dans la crise moderniste ? En provoquant une révision des comportements politiques des catholiques français, n'aurait-il pas favorisé une révision analogue des positions intellectuelles ? Tout

48. Histoire documentaire, Paris, Lethielleux, 1907.
49. Voir sa *Vie de Mgr d'Hulst*, tome II, p. 182.

en le discutant, Mgr Baudrillart renvoie donc bien au livre de Barbier. Mais sa propre hypothèse soulève au moins deux questions. D'abord, la politique religieuse de Léon XIII est-elle vraiment différente de celle de son prédécesseur ? Ou encore Léon XIII a-t-il renoncé à l'intransigeantisme de Pie IX ? Dans le colloque récent consacré à Mgr Freppel, Louis de Vaucelles étudie « La théologie politique de Léon XIII », et il commence par insister sur la nature « intransigeante » de cette théologie, qui reprend « l'analyse ultra-pessimiste du devenir de la civilisation engendrée par la Réforme, les Lumières et la Révolution française[50] ».

Seconde question. Malgré cette limitation théologique, d'ailleurs plus ou moins bien perçue par les contemporains, l'ouverture politique demandée aux catholiques français par Léon XIII n'a-t-elle pas encouragé d'autres adaptations plus risquées aux idées modernes ? S'il fallait donner une réponse globale, elle serait évidemment positive, mais les choses se compliquent dès qu'on entre dans le détail des situations et des personnes. Nous avons déjà parlé de l'abbé Gayraud, mais il serait intéressant de reprendre ici un cas que nous avons déjà évoqué, celui de l'abbé Frémont. Sur le plan politique, celui-ci a pris très jeune une position avancée, dans le sens de l'adhésion à l'esprit républicain. D'autre part il s'intéresse de façon active aux problèmes exégétiques et philosophiques, sans aucune concession au modernisme doctrinal défini par *Pascendi*.

## *L'abbé Frémont*

Né à Poitiers en 1852, Georges Frémont passera du Petit séminaire de Montmorillon, au Séminaire Saint-Sulpice, où il entre en octobre 1871. Il y découvre la philosophie scolastique, et, sous la direction de Fulcran Vigouroux, l'exégèse biblique. Mais, déjà, se forme son orientation générale, dont témoigne par exemple cette note personnelle du 10 décembre 1872 : « Il faut reprendre le mouvement des Lacordaire, des Montalembert, des Dupanloup, en évitant les exagérations de ces grands hommes : il faut à tout prix que l'Église rentre

50. *Monseigneur Freppel en son temps*, *op. cit.*, p. 193.

dans son ancien et légitime domaine, la société, mais elle ne peut y rentrer que par l'intelligence et le cœur, la vérité et l'amour [51]. » Frémont ne renonce pas au règne social de Jésus-Christ, mais il pense que ce règne social et l'épanouissement d'institutions chrétiennes dans le monde « supposent avant tout une complète et toute puissante unanimité de convictions évangéliques ». En effet, dit-il, on ne bâtit pas une maison en commençant par la toiture (I, p. 235).

Bien avant le Ralliement, l'abbé Frémont sera convaincu de la nécessité d'entrer pleinement dans le système démocratique, mais pour « convertir la démocratie au christianisme intégral » (I, p. 464). Il écrit le 7 juin 1887 : « La conversion de la démocratie par le christianisme est un rêve aujourd'hui, je le confesse ; mais ce rêve sera demain ou après-demain une colossale et admirable réalité. Viennent seulement quelques prêtres de génie et de cœur ! » (I, p. 269). En décembre 1898, il exprime sa crainte devant les conséquences de l'affaire Dreyfus : « *La Croix* et autres feuilles cléricales font chorus avec les nationalistes, et soulèvent contre eux les intellectuels [...]. Dreyfus acquitté, ce sera contre les catholiques une levée horrible de boucliers » (II, p. 175). Ses idées sur ce thème seront rassemblées dans deux livres : *Le Conflit entre la République et l'Église* (1905), *La grande erreur politique des catholiques français* (1910).

Par ailleurs, Frémont manifeste à l'égard de Loisy une sympathie et une compréhension certaine. Mais il n'en va pas de même à l'égard du modernisme. Ses *Lettres à l'abbé Loisy sur quelques points d'Écriture Sainte* [52] sont parfaitement claires. Il s'agit d'une réfutation en bonne et due forme des thèses de Loisy sur la résurrection du Christ, sur sa divinité, sur l'institution de l'Église par Jésus avant sa résurrection, sur l'authenticité de l'Évangile selon saint Jean. C'est un cas entre autres, mais il est tout de même intéressant de voir comment l'acceptation et la compréhension s'arrêtent devant les conséquences théologiques et apologétiques de l'exégèse loysiste. Sur un autre terrain, Frémont note le 11 décembre 1907, à propos du « triste ouvrage de M. Le Roy », *Dogme et*

---

51. Voir Agnès Siegfried : *L'abbé Frémont, 1852-1912*, 2 tomes, Paris, Alcan, 1932, citation tome 1, p. 41.

52. Paris, Bloud, 1904.

*critique* : « La grande erreur de la jeune école d'apologétique a été celle-ci : elle a voulu conformer nos dogmes à la mentalité moderne, au lieu de conformer la mentalité moderne à nos dogmes[53]. » Bien auparavant, en janvier 1892, Frémont préconisait déjà cette seconde formule : « Il faut, disait-il, convertir la démocratie au christianisme intégral » (I, p. 464).

Les positions de Frémont rentrent mal dans les catégories habituelles. Ce républicain n'est sûrement pas un « catholique intransigeant ». Mais est-il pour autant un « catholique libéral » ? Puisque l'expression même se trouve chez lui, son catholicisme peut être dit, au moins en espérance, « intégral ». Mais quel est le sens de cette intégralité ? Frémont ne vise aucunement l'unité de l'Église et de l'État, et s'il vise la réconciliation de l'Église et de la Société, il compte sur la libre adhésion des individus pour réaliser cette réconciliation. Ce n'est donc pas par tactique, mais par conviction, qu'il fait le choix de la République, et ce choix va de pair avec une ouverture ecclésiologique.

## *La répression du modernisme*

Lorsque l'encyclique *Pascendi* définit le moderniste comme réformateur, elle porte un jugement et une condamnation. Après l'encyclique, une répression très sévère s'applique à tout ce qui peut de près ou de loin ressembler à du modernisme. Le principe et les modalités de cette répression sont d'ailleurs posés par l'encyclique elle-même, puisque la dernière partie est consacrée aux mesures qui doivent être prises à tous les niveaux de responsabilité dans l'Église pour éradiquer la nouvelle hérésie.

En ce qui concerne les études des clercs, on veillera à mettre la philosophie scolastique à la base des sciences sacrées ; mais aussi, dans les Grands séminaires et les Facultés catholiques, on prendra soin d'éliminer des tâches de direction et d'enseignement quiconque se montre imbu de modernisme ou quiconque favorise, d'une manière ou d'une autre, les modernistes et leur conduite coupable. Les évêques devront aussi

53. Agnès Siegfried, *op. cit.*, tome II, p. 509.

empêcher la publication des écrits : livres, journaux, revues, qui seraient entachés de modernisme, et lorsqu'ils sont malgré tout publiés, en interdire la lecture. De même les évêques ne permettront plus, ou très rarement, les Congrès sacerdotaux, et « s'il leur arrive d'en permettre, que ce soit toujours sous cette loi qu'on n'y traitera point de question relevant du Saint-Siège ou des évêques, que l'on n'y émettra aucune proposition ni aucun vœu usurpant sur l'autorité ecclésiastique, que l'on n'y proférera aucune parole qui sente le modernisme, ou le presbytérianisme, ou le laïcisme » (p. 83).

Autrement dit, après avoir à son sens « démasqué » le dernier personnage du moderniste, le réformateur, Pie X oppose à cette volonté réformatrice un barrage aussi rigoureux que possible. Or, l'efficacité de ce barrage dépend d'une surveillance constante exercée sur les publications, mais aussi sur les paroles, voire sur les intentions. Pour remplir cette fonction, il est prescrit d'instituer dans chaque diocèse un « Conseil de vigilance ». En 1910, le dispositif de protection sera complété par l'exigence du Serment anti-moderniste. Reprenant une expression de Jacques Gadille, on évoquera un « système renforcé de surveillance », favorisant la suspicion et la délation [54]. Ces mesures générales seront complétées par des mesures personnelles. D'après S. Tramontin cité par Gadille, on peut dénombrer, entre juillet 1907 et août 1914, soixante-cinq mises à l'Index, assorties d'excommunications personnelles frappant les laïcs et les clercs jugés les plus compromis [55].

## *Ne nous confondez pas !*

Ces condamnations frappent aussi bien les démocrates chrétiens que les « modernistes ». En 1908, en même temps que deux livres de Loisy, deux journaux démocrates chrétiens sont condamnés : *La Vie catholique* de Dabry et *La Justice sociale* de Naudet. Et l'année 1910 voit paraître deux docu-

54. « Face aux nouvelles sciences religieuses. Le modernisme » dans *Histoire du Christianisme*, tome 11, *Libéralisme, Industrialisation, Expansion européenne* (1830-1914), Paris, Desclée, 1995, p. 461.

55. Gadille, *op. cit.*, p. 460.

ments dont l'effet est en tout cas cumulatif. Le 25 août, Pie X adresse à l'épiscopat français une lettre qui porte condamnation du *Sillon*. Le 1er septembre est publié le Motu proprio *Sacrorum antistitum*, qui impose aux formateurs du clergé et au clergé lui-même la prestation du Serment anti-moderniste. Il est vrai que si la lettre sur le *Sillon* parle bien des « infiltrations libérales et protestantes » contre lesquelles les fondateurs de ce mouvement n'étaient pas assez prémunis, elle ne fait pas mention explicite du « modernisme ». Réciproquement, d'ailleurs, les mesures disciplinaires prises contre le modernisme après l'encyclique *Pascendi* visent essentiellement le modernisme intellectuel. Si le Motu proprio du 1er septembre s'oppose bien évidemment aux réformes des études ecclésiastiques qui pouvaient relever du « modernisme », la manière dont il considère celui-ci le cantonne en fait dans l'ordre du travail scientifique, en tant que ce dernier pourrait s'inspirer d'erreurs doctrinales ou encourager celles-ci.

Dans une période de forte suspicion, on comprend assez bien que les tenants du catholicisme social et/ou les abbés démocrates aient été soucieux de maintenir une forte distinction entre leurs mouvements et le modernisme. Témoigne par exemple de ce souci l'article que fait paraître dans *L'Univers* du 9 janvier 1909, le père Charles Antoine, jésuite, enseignant au Scolasticat français de Jersey et familier des Semaines sociales. L'opposition est, pour lui, radicale : « Quelle est la tendance fondamentale du modernisme ? Réconcilier le catholicisme avec la pensée moderne, infuser à la théologie une âme nouvelle : la philosophie du jour, faite d'immanentisme, d'évolutionnisme et d'agnosticisme. Au contraire le catholicisme social se présente non pas comme une innovation, une adaptation à des idées nouvelles, mais bien comme un retour à la tradition, comme une application aux contingences historiques actuelles de l'antique doctrine de l'Église. N'y-a-t-il pas là deux tendances opposées et donc absolument inconciliables ? »

## *Suspicion et dénonciations*

Ces précautions s'expliquent d'autant mieux que le climat de méfiance entretenu par l'autorité ecclésiastique encourage les initiatives privées ou semi-officielles qui se chargent de dénoncer tout ce qui « sent » le modernisme. Parmi ceux qui prennent ces initiatives plus ou moins ouvertement encouragées par l'autorité romaine, on retiendra l'un des plus actifs parmi les anti-modernistes, à savoir Mgr Benigni. Sur ce personnage, sur les organes de presse et les associations promus par lui, il faut consulter les études d'Émile Poulat. En particulier, celui-ci a su retrouver et exploiter les archives de l'association, fondée en 1909, que l'on désigne habituellement sous le nom de « La Sapinière » et dont le vrai nom est « Sodalité Saint Pie V [56] ».

Avec les initiatives de ce type et avec l'accueil favorable qu'elles reçoivent à Rome, nous sommes au cœur, non du modernisme, mais de la crise moderniste. Les conclusions d'Émile Poulat ne sont pas au total très rassurantes : « Loin d'être un corps étranger au sein du mouvement catholique, la Sapinière en est un produit naturel, à la fois l'anti-corps sécrété par un organisme en état de fièvre et l'alibi qui détourne du diagnostic que le patient ne supporterait pas. Car la difficulté est là : l'autorité suprême de l'Église catholique n'ignorait rien du programme de Benigni, encourageait son effort et utilisait ses services alors que les adversaires de celui-ci ne pouvaient agir et avancer dans leur sens qu'en proclamant leur fidélité au pape et en se couvrant de ses enseignements [57]. » C'est très exactement ce cycle du soupçon et de la dissimulation dont nous avons dit qu'il caractérise la crise moderniste comme telle.

Qu'en est-il résulté pour ceux qui ont été pris dans la tourmente. Nous pourrions reprendre et éventuellement discuter le livre d'Albert Houtin sur *La crise du clergé* [58]. Mais un bilan récent a été dressé par François Laplanche : « En fait, ce sont les prêtres qui, parmi les intellectuels catholiques, ont le plus souffert dans la crise moderniste, les laïcs étant dans la plu-

56. Voir *Intégrisme et catholicisme intégral*, Paris, Casterman, 1969.
57. *Modernistica*, Nouvelles Éditions latines, 1982, p. 53-54.
58. Paris, Nourry, 1907.

part des cas des universitaires d'État pour lesquels la pire sanction ne pouvait être que la mise à l'index d'un ouvrage. Parmi ces prêtres, les uns quittèrent l'Église, de leur plein gré ou contraints (Hébert, Houtin, Loisy, Margival). Beaucoup furent déplacés d'un poste d'enseignant vers une paroisse de campagne ou se confinèrent dans une spécialité peu dangereuse, comme l'histoire locale ou les sciences exactes (Grosjean, Humbert, Touzard, Venard). D'autres, tout en dénonçant les modernistes (quelques-uns avec excès de zèle), s'efforcèrent de préparer des lendemains meilleurs (Batiffol, Grandmaison, Lagrange, Lebreton). Quelques-uns, sans approuver l'évolution de la philosophie religieuse de Loisy, eurent le courage de la fidélité à l'homme (Bremond, Klein, Mignot)[59]. »

## III. DES AFFAIRES SENSIBLES

On aimerait pouvoir présenter les mouvements catholiques de l'époque, afin de situer la place du « modernisme » et des « modernistes » dans cet ensemble qui manifeste la vitalité ecclésiale de l'époque. Parmi les créations importantes dont il faudrait évoquer l'histoire et les relations, il y aurait en tout cas le *Sillon* de Marc Sangnier et l'ACJF, née en 1886 d'une réflexion d'Albert de Mun sur l'encyclique *Immortale Dei* de Léon XIII[60]. Également les Semaines sociales et tout l'ensemble des initiatives suscitées par l'encyclique *Rerum novarum* à partir de 1891. Mais une telle présentation dépasse notre propos et notre compétence. Nous nous limiterons à

59. *Sciences religieuses, XIXe siècle* (1800-1914), Paris, Beauchesne, 1996, Introduction, p. XXIV.

60. Voir Charles Molette : *L'Action catholique de la Jeunesse française* (1886-1907), Paris, Armand Colin, 1968. Également les actes du Colloque sur *L'ACJF. Une création originale*, Paris, Media Sèvres, 1988. Sur les rapports ACJF-*Sillon*, voir Jeanne Caron, qui cite, comme un témoignage de clarification l'article de l'abbé Klein dans Le *Correspondant* du 10 mai 1903 : « (Il semble) que l'ACJF représente plutôt une action éclairée des classes dirigeantes sur la foule, le Sillon un mouvement dans la foule même et avec elle ; que l'association suive le conseil donné par le pape en « allant au peuple » tandis que le Sillon se vante d'être « dans le peuple » et d'en faire partie » (p. 259).

quelques intersections : comment, en quelles circonstances, des représentants du « modernisme intellectuel » sont-ils conduits à prendre position sur le terrain des options sociopolitiques qui mettent en jeu les rapports de l'Église catholique avec la société et avec elle-même ?

C'est, notons-le, par ces prises de position que des chercheurs en philosophie et/ou en sciences religieuses font figure d'intellectuels, au sens actuel de ce terme. En concluant un colloque sur *Intellectuels chrétiens et esprit des années 1920*, Claude Langlois pose les critères de l'intellectuel chrétien. Celui-ci se repère à partir de deux caractéristiques : « 1°) l'intellectuel se définit par sa capacité à réfléchir et prendre position sur le rapport actuel de son Église aux problèmes du monde contemporain ; 2°) l'intellectuel se définit à la fois par sa capacité d'autonomie par rapport à l'institution et par sa légitimation scientifique à l'extérieur de l'Église[61]. » Des exégètes tels que le père Lagrange, des philosophes tels que Maurice Blondel étaient fortement intégrés à l'Église, et ils le sont restés, bien que leur « capacité d'autonomie par rapport à l'institution » ait justement fait problème. Des hommes de ce type ont progressivement conquis une légitimité scientifique à l'extérieur de l'Église, mais cette légitimité scientifique qui les qualifie comme « chercheurs » ne suffit pas à les qualifier comme « intellectuels ». Il faut aussi qu'ils aient pris position par rapport aux problèmes généraux de la société.

## *Les romans d'Yves le Querdec*

Bien que de générations différentes, Paul Renaudin et George Fonsegrive nous sont apparus comme le type même de ces catholiques qui se sentaient participants à la fois de leur Église et du monde moderne. Philosophe averti, le directeur de *La Quinzaine* avait également publié sous le pseudonyme d'Yves Le Querdec des romans qui ont contribué à une prise de conscience de la situation pastorale de l'époque. Aux

61. Actes du colloque de l'Institut catholique de Paris, Pierre Colin éd., Paris, Cerf, 1997.

*Lettres d'un curé de campagne*[62] sont venus s'ajouter les *Lettres d'un Curé de canton*[63] et *Le Journal d'un évêque*[64]. Plus qu'au « modernisme » proprement dit, ces ouvrages sont relatifs à un contexte marqué par les directives politiques de Léon XIII. Il n'empêche que les prêtres de Fonsegrive et surtout, comme il se doit, son évêque, sont sensibilisés au problème de la formation intellectuelle du clergé. L'évêque s'étonne lorsqu'il constate que l'on ne vérifie pas la compétence des enseignants en des matières pourtant délicates comme l'histoire ou la philosophie. Il n'accepte pas l'idée suivant laquelle il suffirait de former des esprits dociles. Ce n'est pas ainsi que l'on préparera les futurs prêtres à agir dans un monde devenu beaucoup plus difficile, aussi bien dans les zones rurales que dans les villes.

Le dossier des réactions suscitées par les *Lettres d'un curé de campagne* a été publié dans *Le Journal d'un Évêque*[65]. Il y a des réactions négatives mais aussi des approbations. parmi lesquelles cette lettre d'un prêtre de la Seine Inférieure : « Car, il ne faut pas se le dissimuler, dans l'état de transformation sociale où nous sommes déjà entrés, les anciens modes d'apostolat ne sont plus de mise et se trouvent réduits à l'impuissance. Le peuple ne venant plus à nous, il nous faut nécessairement aller à lui ; il nous faut échanger l'expectative presbytérale contre l'initiative du missionnaire. Les moyens peuvent être divers selon la diversité du milieu à évangéliser ; votre curé de Saint-Julien en fait l'essai et nous en expose le résultat : c'est d'un bon exemple et d'un salutaire encouragement ; je serai heureux de suivre son système dans tout son développement[66]. »

Dans les ouvrages de Fonsegrive et dans les réactions positives qu'ils suscitent se manifeste évidemment la fraction du clergé la plus ouverte aux réformes et l'on voit bien le conservatisme auquel ils se heurtent chez nombre de leurs confrères. Une chose reste certaine : l'époque de la crise moderniste correspond, au moins chez certains prêtres, à la prise de

62. Paris, Lecoffre, janvier 1894.
63. Paris, Lecoffre, mai 1895.
64. Paris, Lecoffre, 2 parties,1896 et 1897.
65. Seconde partie, *Après le Concordat*, p. 233-259.
66. Signé G… Seine-Inférieure, 6 mai, *op. cit.*, p. 242-243.

conscience d'une situation nouvelle appelant une pastorale également renouvelée. Il y a sans doute des noyautages anticléricaux dans les paroisses, mais le problème qui surgit est surtout celui de l'indifférence au sens actuel de ce terme, le manque d'intérêt pour la religion. Cette situation nouvelle appelait un renouvellement des méthodes et de l'esprit de l'apostolat.

L'un des témoins de cette prise de conscience de la déchristianisation est l'abbé Calippe. Nous l'avons déjà dit : voici plus de trente ans qu'Émile Poulat a publié et présenté *Le « Journal d'un prêtre d'après-demain »* [67]. Censé avoir été tenu dans les années 1902-1903, ce « journal » cherche à décrire la situation qui serait faite à l'Église et au clergé de France, au cas où le socialisme viendrait à triompher. Le texte a en tout cas un double intérêt : il montre la forte présence à l'époque du thème de l'exigence missionnaire en France et surtout il anticipe sur le prêtre au travail. En revanche, l'auteur ne semble guère sensible aux problèmes intellectuels de la crise moderniste, et pourtant de 1902 à 1919, il enseigne l'Écriture Sainte au Grand Séminaire de son diocèse qui est Amiens. A l'époque où il publie le Journal de l'abbé Calippe, Émile Poulat estime que les points de contact sont fort peu nombreux entre le modernisme d'une part et d'autre part le mouvement pastoral qui anticipe sur les prêtres au travail. Il distingue pourtant le cas de la France et celui de l'Italie, où les modernistes sont plus soucieux d'une réforme de l'Église [68].

## Demain, *un hebdomadaire moderniste ?*

Créée à Lyon en 1905, la revue hebdomadaire *Demain* n'a pas survécu à la condamnation du modernisme en 1907. Sa brève existence n'en est pas moins significative de la manière dont des laïcs ont pu répercuter à l'intention d'un public non-spécialisé les recherches et les idées novatrices concernant à la fois les sciences religieuses et la position de l'Église catho-

---

67. Paris, Casterman, 1961.
68. *Op. cit.*, p. 128-137.

lique dans la société française. Une étude très documentée du milieu originel, des animateurs et des intentions de cette revue a été faite par Bernard Comte[69]. Cette étude montre comment quelques non-conformistes de tendance « libérale » ont tenté d'appeler à un effort de lucidité critique les catholiques modérés, inquiétés par « les trois affaires qui, dans les premières années du siècle, suscitent les passions et posent la question de la place de l'esprit critique et du libre examen chez les catholiques (affaire Dreyfus, condamnation de Loisy, Séparation des Églises et de l'État) ».

Publiée dans le premier numéro, la lettre exposant le programme de la revue prend position à la fois sur l'esprit de la publication et sur le medium utilisé. L'objectif à poursuivre résulte du constat de la situation générale. S'il est vrai que « la France catholique est de moins en moins chrétienne », ne s'agit-il pas d'abord de convertir les catholiques eux-mêmes au véritable christianisme ? Quant au medium, une comparaison est instituée entre la presse quotidienne, devenue « serve des nécessités matérielles qu'elle s'est créée », et le livre ou la revue qui « constituent désormais, à peu de choses près, le seul véhicule possible de la vérité ». Le nouvel hebdomadaire se proposait en fait de suppléer au vieillissement de la *Quinzaine*, et il avait l'ambition de couvrir, sinon au niveau de la recherche, du moins au niveau de l'information, l'ensemble des secteurs de la modernité intellectuelle et politique appelant une réaction chrétienne.

Comme le montre l'étude de Bernard Comte, les intérêts de ses animateurs étaient d'ailleurs divers et complémentaires. Pierre Jay, le fondateur, était un journaliste mobilisé par l'affaire Dreyfus. Plus jeune, Auguste Cholat venait de l'Université de Fribourg, Après avoir été un moment l'élève d'Henri Bremond en philosophie, il était sensible aux problèmes exégétiques, et il s'intéressait aussi aux méthodes de l'École de la Science sociale, avec Paul Bureau et les disciples de l'abbé de Tourville. Enfin, le secrétaire général de la revue, le Docteur Marcel Rifaux est convaincu que, dans la mesure où l'on distingue dans le catholicisme deux courants, l'un progressiste et l'autre conservateur, le premier ne peut

69. « La revue "Demain" » dans *Les catholiques libéraux français*, p. 239-280. Citation p. 254.

manquer de prendre sous peu une influence prépondérante dans la direction de l'Église[70].

Parmi les initiatives de *Demain*, on retiendra l'enquête sur le rôle de l'Enseignement supérieur libre en France, enquête qui se poursuit sur plusieurs mois durant l'année 1906. Le problème est de savoir s'il faut garder l'ensemble des disciplines ou bien se limiter aux Facultés de Théologie. Intervenant dans le numéro du 28 septembre 1906, Édouard Le Roy suggère de se rallier à une solution intermédiaire qui avait été proposée par Jacques Zeiller, professeur de l'Université de Fribourg : plutôt que des Facultés de Théologie, on aurait des Écoles des Hautes Études religieuses, comprenant une formation générale à la méthode critique (donnée éventuellement par une Faculté des Lettres). L'abbé Jean Calvet, alors professeur à l'Institut catholique de Toulouse, admettait cette hypothèse et il proposait l'adjonction de convicts ou de maisons de famille. Mais lorsque le futur pro-recteur de l'Institut catholique de Paris a été obligé de quitter Toulouse, cette enquête n'a pas été étrangère à son départ. Lorsqu'on a participé à bien des débats depuis le rectorat parisien de Mgr Haubtmann, on ne peut manquer de constater le caractère singulièrement anticipateur de cette enquête, de ses suggestions et de son arrêt sans conclusion.

## *Un homme charnière, Paul Bureau*

Docteur en droit en 1890 avec une thèse sur *La renonciation par la femme mariée à son hypothèque légale*[71], Paul Bureau sera professeur à la Faculté de Droit de l'Institut catholique de Paris à partir de 1891 et il conservera son poste jusqu'à sa mort en 1923, malgré toutes les attaques dirigées contre lui. Le 23 novembre 1905, lors de l'Assemblée annuelle des Évêques fondateurs, plusieurs interventions signalent le fait que quelques enseignants collaborent à des revues qui diffusent « la philosophie dite de l'immanence ». Mgr Turinaz cite en particulier la *Quinzaine*, les *Annales de philosophie chrétienne*, la *Revue du clergé français*, la *Revue*

70. *Demain*, 6 avril 1906, p. 2.
71. Paris, Jouve, 1890.

*catholique des Églises*, la *Revue pratique d'apologétique*, qui ont, dit-il, plus ou moins complètement adhéré aux théories énoncées par M. E. Leroy dans la *Quinzaine* du 16 avril 1905. Pour sa part, l'archevêque de Bourges cite la nouvelle revue lyonnaise *Demain*, à laquelle participe Paul Bureau. Tout se termine par une motion de regret, mais nous rappelons que, dans la rubrique « Questions de personnes », les Assemblées des années suivantes se pencheront régulièrement sur plusieurs cas litigieux dont celui de Paul Bureau. Félix Klein est versé dans l'honorariat en 1908, alors qu'il n'a que 46 ans. Professeur à la Faculté des Lettres, Paul Lejay se cantonnera dans des travaux d'érudition. Quant au père Sertillanges, il ne quittera la Faculté de Philosophie qu'en 1922, officiellement pour raisons de santé.

Le 14 mai 1908, un journal de Bordeaux publie sous la signature d'Oscar Havard cette attaque : « Dreyfusiste impeccable, M. Bureau ne connaît que les martyrs républicains. Les persécutions dirigées depuis 10 ans contre les religieux et les religieuses de nos écoles libres ne le touchent point davantage. Cet ami de Buisson ne saurait flétrir le despotisme exercé au nom des Droits de l'homme par la République radicale. C'est contre la Monarchie et contre la Papauté seules qu'il déploie ses rigueurs ». Donc, la réputation négative de Bureau dans certains milieux catholiques tient d'abord à son attitude durant l'affaire Dreyfus : il est en effet membre du Comité catholique pour la défense du droit, fondé en 1899 par l'historien Paul Viollet [72]. Il sera ensuite suspecté de modernisme, comme le montre une lettre romaine de Mgr Luzzani au recteur de Paris exprimant ses regrets de voir enseigner à l'Institut « des professeurs notoirement modernistes » tels que Paul Bureau [73]. L'accusation est relative à la mise à l'index en mars 1908 du livre publié l'année précédente par Paul Bureau : *La crise morale des temps nouveaux* [74]. Mais les milieux conservateurs s'inquiètent aussi des fréquentations du

---

72. Voir Jean-Marie Mayeur : « Les catholiques dreyfusards », *Revue historique*, avril-juin 1979, p. 337-361.

73. Lettre du 20 mars 1908. Archives de l'ICP.

74. Paris, Bloud et cie, 1907. Il avait déjà traité le même sujet en 1898 dans *La science sociale*.

professeur de droit, fréquentations qui font aujourd'hui pour nous l'intérêt de cette figure exceptionnelle.

Laborieux, volontaire, passionné, Paul Bureau accepte de soumettre ses idées au contrôle des faits[75]. Pour la méthode d'analyse des réalités sociales, il se rattache à l'école de Frédéric Le Play, et plus précisément à la fraction de cette école qui a fait dissidence en 1885 et qui publie à partir de l'année suivante la revue *La Science sociale*[76]. Avec Henri de Tourville et Edmond Demolins se constitue un courant original de la postérité de Le Play. Dans la ligne du catholicisme libéral, ce courant fait fond sur un type de famille et d'éducation que l'on dit « particulariste », pour marquer une attention spécifique à l'initiative et à la responsabilité de l'individu. Tourville pense ainsi répondre aux exigences d'un temps nouveau séparé de « l'âge moderne » que caractérise la puissance de l'État. Introduisant un recueil de notes et de lettres, Marie-André Dieux, de l'Oratoire, indique que, pour Henri de Tourville, « l'idéal social naturel pourrait se formuler ainsi : la société pour l'individu et par l'individu, mais l'individu *avec* la société[77] ». Fondateur en 1899 de l'École des Roches à Verneuil-sur-Avre, Demolins préconise un style d'éducation qui s'inspire de l'exemple anglo-saxon[78].

Même s'il s'en détache ensuite, c'est l'École de la Science sociale. qui inspire les enquêtes de Paul Bureau, en particulier celle qu'il entreprend en 1904 sur les paysans des fjords de la Norvège. Il affirmera progressivement une conception sociologique suivant laquelle les faits sociaux ne dépendent pas seulement du milieu et du travail, mais aussi de la « représentation de la vie ». Ses principales interventions porteront

75. Voir les contributions de E. Jordan, Pierre Méline, Paul Archambault au recueil collectif : *Paul Bureau*, Cahiers de la Nouvelle Journée, n° 1, Paris, Bloud et Gay, 1924.

76. Bernard Kalaora et Antoine Savoye : *Les inventeurs oubliés. Le Play et ses continuateurs aux origines des sciences sociales*, Seyssel, 1989. Voir aussi Jean-William Dereymez : « Frédéric Le Play, réformateur chrétien ? » dans *De la charité à l'action sociale*, Paris, Éd. du CTHS, 1995, p. 145-168, et surtout Denis Pelletier : « L'enquête monographique de Le Play à Lebret » dans *Mil neuf cent*, n° 13, 1995, p. 25-45.

77. Henri de Tourville, *Ordre et liberté*, Paris, Bloud et Gay, 1926, Introduction, p. XXII (souligné par l'auteur).

78. Voir Edmond Demolins : *A quoi tient la supériorité des anglo-saxons ?*, Paris, Firmin-Didot, 1897.

sur la question des syndicats, sur la participation aux bénéfices, sur le contrat de travail. Sur la base de ces intérêts, il participera en 1906 à la préparation d'un Congrès du *Sillon*, mais sa conception du syndicat ne sera pas retenue par le mouvement de Marc Sangnier. Il ne s'agit pas en fin de compte du même réseau de proximité et de travail.

Dans son livre sur *Les démocrates chrétiens et le modernisme*, Emmanuel Barbier réunit dans un même chapitre et dans une même réprobation, Paul Bureau, Marcel Rifaux et *Demain*. Quoi de plus choquant pour le polémiste que de lire dans la Préface à *La crise morale des temps nouveaux*, les compliments qu'Alfred Croiset, doyen de la Faculté des Lettres de Paris, adresse à l'auteur : « Combien j'admire votre clairvoyant libéralisme. Car cet esprit religieux, vous n'hésitez pas, vous croyant, à le reconnaître sous des formes qui le dissimulent en général à la foule des fidèles de toutes les religions positives. Vous le découvrez dans toutes les grandes doctrines qui soulèvent aujourd'hui tant d'incroyants : dans le socialisme, dans le solidarisme, même dans le laïcisme. Partout où vous trouvez un idéal, une foi, un dévouement passionné à cet idéal, vous apercevez des germes d'esprit religieux. Par contre, là où des croyances figées et comme mortes ne recouvrent qu'un positivisme pratique assez mesquin, vous dénoncez un paganisme qui s'ignore. Combien vous avez raison ! » (p. V).

De fait, analysant *La crise morale des temps nouveaux*, Paul Bureau accuse une double responsabilité. Celle des « enfants de l'esprit nouveau », avec « une doctrine morale naturaliste, matérialiste, anticléricale », mais aussi celle des « enfants de la tradition ». Et, comme le note Georges Weill, « parmi ces derniers, les conservateurs intransigeants, prompts à la violence et à la délation, lui paraissent les plus coupables [79] ». Le livre est recensé dans la *Revue de l'ICP* par H. Taudière, professeur de droit administratif, qui exprime de graves réserves [80]. En particulier sur l'idée que Bureau se fait du caractère chrétien des principes de la Révolution : « Affirmer l'existence d'une harmonie essentielle entre la doctrine de l'Église et les principes de la société laïque, fille

79. *Histoire du catholicisme libéral*, p. 27.
80. 1907, p. 376-383.

de la Révolution française, semblera à bon droit, j'oserai dire, une erreur philosophique et historique. »

## *Blondel et la Semaine sociale de Bordeaux*

D'octobre 1909 à mai 1910, les APC font paraître sous la signature de Testis une série d'articles de Maurice Blondel intitulée : « La semaine sociale de Bordeaux et le monophorisme[81] ». Le titre était énigmatique et le contenu rigoureux, mais austère[82]. L'intervention de Blondel se situait au point précis de l'articulation de la pensée philosophique, de l'action sociale et de la théologie chrétienne. En sorte que l'enjeu du texte blondélien dépasse de beaucoup les conditions particulières qui ont décidé Blondel à l'écrire. Au départ, ce texte intervient pour défendre les catholiques sociaux, et particulièrement les organisateurs des Semaines sociales, contre les attaques menées par Julien Fontaine et Bernard Gaudeau dans *La foi catholique*[83]. En cours de route, l'attention de Blondel sera détournée des Semaines sociales, pour se reporter sur une nouvelle controverse, mise en route par la publication dans *Études* d'une série d'articles du père Pedro Descoq intitulée « A travers l'œuvre de M. Maurras : essai critique » (de juillet à décembre 1909). Cette nouvelle controverse mobilisera Blondel et plus encore Laberthonnière[84].

Au delà de ces circonstances, Blondel est parfaitement conscient de la gravité de la situation à laquelle les chrétiens doivent faire face : pour la première fois, dit-il, depuis que le

81. Nous citerons le tiré à part : *La Semaine sociale de Bordeaux, Controverses sur les méthodes et les doctrines*, Paris, Bloud, 1910.

82. Le mot « monophorisme » indique l'unilatéralité. Ou bien l'homme tire de lui-même tout ce dont il a besoin pour se sauver, c'est le *monophorisme intrinséciste* ; ou bien dans l'ordre surnaturel, tout se fait chez l'homme par apport venu de l'extérieur et est reçu passivement, sans coopération du dedans, et c'est le *monophorisme extrinséciste*. Surmonter l'alternative suppose que l'on ne confonde pas l'altérité radicale du don divin avec une pure extériorité.

83. 2e année, nº 8, août 1909.

84. Sur la controverse de Blondel et Laberthonnière avec Descoqs au sujet de Maurras, voir, avant la publication de la thèse de Jacques Prévotat, le livre de Michael Sutton : *Charles Maurras et les catholiques français*, 1890-1914, trad. fr. Paris, Beauchesne, 1994.

christianisme avait modelé les âmes et les sociétés, nous nous trouvons « en face de l'éloignement complet de toute une civilisation, d'une civilisation qui est à reconquérir et à rechristianiser » (p. 23). C'est dans ce contexte et par rapport à lui que Blondel prend en charge une question qui correspond à sa compétence philosophique, mais aussi bien à l'orientation spécifique de sa pensée. Cette question peut se formuler ainsi : sous quelle forme l'esprit chrétien peut-il inspirer l'action sociale des catholiques ?

En toute hypothèse, il ne s'agit pas pour Blondel de poser des principes abstraits à partir desquels se déduiraient logiquement des règles de conduite. Ce qui l'intéresse chez les catholiques sociaux, c'est au contraire le fait de chercher une lumière dans la pratique et dans la réflexion sur la pratique : « Encore une fois, la pratique n'est pas une simple application logique de la théorie ; elle a des raisons et des lumières en elle, que la spéculation se supplée pas et dont la spéculation a à profiter » (p. 28). Les synthèses théologiques renvoient à des problèmes philosophiques. D'abord le problème de la connaissance : quelle est la valeur et la fonction de nos idées, quel est leur rapport aux actions d'où elles procèdent et où elles tendent ? Ensuite le problème de la nature de la réalité : sous quelle forme penser les relations des divers ordres qui composent l'harmonie du monde ? Répondant à ces problèmes, le « réalisme intégral » se définit chez Blondel par l'interaction de la pensée et de l'action, mais aussi par l'interdépendance des structures étagées de l'expérience humaine depuis les plus corporelles jusqu'aux plus spirituelles[85].

Si Blondel traite en philosophe le problème posé par l'action sociale des catholiques, il n'ignore pas que ce problème est, en son fond, théologique. Il s'agit en fin de compte de savoir quelle conception on se fait des rapports du naturel et du surnaturel. Blondel n'est pas moins convaincu que ses adversaires idéologiques de la consistance de l'ordre naturel, bien au contraire, mais il refuse une manière de poser cette consistance qui condamnerait le surnaturel à s'introduire dans la vie humaine comme un corps étranger. Si Blondel entend bien honorer la gratuité divine du surnaturel, il se refuse à

85. Voir p. 32-34, les trois positions philosophiques et théologiques impliquées par le *réalisme intégral* des catholiques sociaux.

considérer celui-ci comme une pure superposition à l'ordre naturel. « Entre ces deux ordres, dit Blondel, s'il y a discontinuité logique et hétérogénéité métaphysique, il y cependant solidarité vitale et concours pratique » (p. 8). Et plus loin : « Le concours des deux ordres naturel et surnaturel s'opère, non en idée, dans la spéculation de théoriciens, mais en acte, dans l'unité de conduite de l'homme, du citoyen, du catholique » (p. 13). Dès lors, au réalisme intégral de la pratique intellectuelle correspond le christianisme intégral de la pratique sociale[86].

On aboutit à des conséquences exactement inverses lorsque le surnaturel est posé comme extérieur à l'homme. Faute d'attaches réelles dans l'humain, il ne peut s'imposer que par voie d'autorité : « La raison n'existe plus pour comprendre et pour contrôler. Elle n'existe que pour obéir et pour proclamer raisonnable l'agnosticisme qui lui est imposé » (p. 96). Dès lors, l'emprise du surnaturel sur la vie humaine ne peut se réaliser que dans une relation de commandement et d'obéissance : il appartient aux uns de savoir et de commander, aux autres de croire et de subir passivement (cf. p. 172). Le pouvoir spirituel ainsi conçu a besoin du prestige extérieur d'une autorité de puissance : « Il faut bien, selon la logique de cette perspective, que la contrainte patente et glorifiée ou la coercition d'une force sensible soit la garantie de l'unité et le lien efficace du corps religieux » (p. 108). Donc, non seulement la parole impérative sera « environnée de majesté et de force » — se trouverait-on encore au Sinaï ? demande Blondel —, mais le pouvoir spirituel considérera comme normal et nécessaire le recours à la puissance séculière. Maurice Blondel n'a rien de cet acharné de réformes dont parle l'encyclique *Pascendi*. D'autant plus remarquable est la force avec laquelle il dénonce cette logique qui conduit à « faire de l'Église une puissance comme les autres et plus que les autres,

86. Deux thèses récentes ont mis en relief les conséquences à la fois libératrices et propulsives de la conception blondélienne du surnaturel. La thèse de philosophie soutenue à l'ICP par Jean-Hugues Soret en 1991 : *Courants philosophiques dans l'Action catholique en France : Blondel-Maritain*. La thèse soutenue à l'Institut d'Études politiques de Paris en 1994 par Yves Palau : *Contribution à l'étude du catholicisme social : le cas de la revue Politique* (1927-1940). En attendant la publication de sa thèse, on lira Yves Palau dans le numéro de la revue *Dix neuf cent* déjà signalé note 76.

une puissance parmi les puissances et au-dessus des puissances » (id).

## *Laberthonnière et L'Action française*

Alors que se poursuit la publication des articles de Testis, la revue *Études* fait paraître de juillet à décembre 1909, une série de cinq articles du père Pedro Descoqs : « A travers l'œuvre de M. Ch. Maurras : essai critique [87]. » Si Blondel se tourne, dans ses derniers articles, vers ce nouvel adversaire [88], c'est Laberthonnière qui s'engage à corps perdu et avec tout son talent de polémiste dans cette controverse. Du côté de Laberthonnière, le dossier comporte surtout un livre : *Positivisme et catholicisme. A propos de « L'Action française »* [89], qui reprend les articles des APC, et une brochure : *Autour de « L'Action française »* [90], où l'on trouve les réponses adressées à *L'Action française* après les articles que Maurras et quelques autres avaient fait paraître sur le livre précédent, réponses que ce journal avait refusé de publier.

La controverse porte spécifiquement sur « la théorie du pacte d'alliance entre le positivisme de l'Action Française et le catholicisme » (p. 140). De même qu'Auguste Comte avait cru pouvoir proposer une alliance au Général des jésuites, de même Pedro Descoqs imaginait la possibilité d'une alliance des catholiques avec le nouveau positivisme de Charles Maurras. Sur quoi reposerait une telle alliance et que procurerait-elle à l'Église catholique ? Le jésuite ne dissimule pas l'ambiguïté de la position de Maurras. Nous citons ici son commentaire sur *Le dilemme de Marc Sangnier* que Maurras avait publié en 1906 : « M. Maurras a fait précéder sa discussion avec M. Sangnier d'une longue préface, tout entière à la gloire de l'Église romaine, de l'Église de l'ordre. Durant

87. Ces articles seront réunis en volume sous le titre *A travers l'œuvre de M. Maurras*, Paris, Beauchesne, 1911.

88. Le contexte est restitué par Michael Sutton écrivant l'histoire des relations antérieures de Blondel et de Maurras, relations directes et relations médiatisées par Henri Bremond, voir *op. cit.*, chapitre 4 : « Maurice Blondel et Charles Maurras ».

89. Paris, Bloud et cie, 1911.

90. Paris, Bloud et cie, 1911.

trente pages, il réalise, lui, incroyant et athée, ce paradoxe déconcertant, de parler de l'Église catholique en termes où éclate, avec les sentiments de la plus vive admiration, une intelligence exceptionnelle de ses inépuisables ressources ? Cette Église, il est prêt à la défendre de toutes ses forces ; et il la comprend mieux parfois que certains de ses enfants [91]. »

Laberthonnière n'accuse pas Descoqs de professer le positivisme de Maurras, mais il s'interroge sur les raisons que le jésuite peut avoir de chercher une alliance purement politique avec un mouvement dont les principes philosophiques sont si éloignés du christianisme. On dira, certes, qu'il s'agit d'une alliance conjoncturelle, mais avec quel objectif et, disons-le crûment, dans l'espoir de quel bénéfice ? Selon Descoqs, le but serait de « faire triompher l'Église, sinon dans les âmes, du moins dans la société [92] ». La force de l'argumentation de Laberthonnière vient de ce qu'elle montre que, si l'Église catholique obtenait ce que Descoqs attend de son partenaire éventuel, ce ne serait pas un gain, mais une perte. Imaginons que M. Maurras et les siens aient fait prévaloir le principe d'autorité, rétabli l'Ordre, remis chacun et chaque chose en sa place et par conséquent restauré l'Église dans ses droits et dans son rôle en la faisant triompher dans la société, quel serait l'avantage réel pour l'Église ? La position officielle qui lui est promise n'est qu'une immense tromperie puisqu'on ne lui demande rien d'autre que d'être « un des ressorts de l'impérialisme césarien [93] ».

Donc, à supposer que le catholicisme puisse recueillir un bénéfice de prestige et de pouvoir de son alliance avec le mouvement de l'Action française, c'est pour Laberthonnière le type même du bénéfice qu'il ne faut pas rechercher et qu'il ne faudrait même pas accepter parce qu'il serait contraire aux véritables intérêts de l'Église. En effet, ce que les politiques retiennent, dans l'hypothèse, de l'Église, ce sont des structures d'autorité tout-à-fait indépendantes de la foi personnelle et en fin de compte de l'esprit chrétien. Laberthonnière cite ici Maurras écrivant : « La vieille France professait ce catholicisme traditionnel qui, soumettant les visions juives et le sen-

---

91. *Études*, 20 juillet 1909, p. 154.
92. *Études*, 5 septembre 1909, p. 624.
93. *Positivisme et catholicisme*, p. 104.

timent chrétien à la discipline reçue du monde hellénique et romain, porte avec soi l'ordre naturel de l'humanité » (p. 94). Rien n'est plus opposé à la perspective d'un Laberthonnière estimant que, si nous sommes catholiques, c'est pour être chrétiens, et posant que la caractéristique essentielle du christianisme est d'avoir « intériorisé la religion » (p. 95). Le cas de Descoqs « montre comment le souci de faire triompher la religion terrestrement et temporellement, en la mêlant à la politique des partis, ne réussit qu'à en faire perdre le sens par une dénaturation profonde » (p. 8).

## *La condamnation du* Sillon

Malgré certains contacts, Laberthonnière n'avait pas véritablement adhéré au *Sillon*. Mais, le 1er septembre 1910, après la condamnation du mouvement et la lettre de soumission de Marc Sangnier, l'oratorien écrit à celui-ci pour le féliciter de cette lettre : « Elle est d'une dignité d'attitude que l'on sera forcé d'admirer. Et vous y faites entendre un accent de catholicisme qui est la meilleure réponse que vous puissiez faire. Vous avez eu raison de dire nettement que vous ne vous reconnaissiez pas dans les doctrines qu'on vous attribue. Et vous avez raison de ne pas rentrer dans votre tente. Pour être catholique et pour être soumis, on n'est pas dispensé d'être homme et de faire son métier d'homme[94]. »

Nous n'avons pas abordé et nous n'aborderons pas l'histoire du *Sillon* de Marc Sangnier. Mais nous ne pouvons manquer d'évoquer la Lettre à l'Épiscopat français du 25 août 1910. En effet, pour condamner « les théories du *Sillon* », Pie X les inscrit dans la suite des philosophies du XVIIIe siècle, de la Révolution et du libéralisme[95]. Il s'agissait, dit le pape, d'un mouvement très généreux et sur lequel l'Église fondait un grand espoir. Mais, ce qui a entraîné sa défaillance c'est l'absence « de science historique, de saine philosophie, et de forte théologie », bref de tout ce qui aurait pu le prémunir « contre les infiltrations libérales et protestantes »

94. Archives Marc Sangnier.

95. Nous citons d'après les *Dossiers des « Questions actuelles »*, Paris, Bayard, 1910, p. 97-113 et p. *113-115* pour la réponse de Marc Sangnier.

(p. 98). Plus loin, les sillonnistes seront accusés d'en appeler « à un Évangile, interprété à leur manière, et, ce qui est plus grave encore, à un Christ défiguré et diminué » (p. 99).

Sommes-nous si loin des condamnations du modernisme ? La proximité est d'autant plus grande que, même si leurs doctrines avaient été exemptes d'erreur, les sillonnistes auraient eu le tort de « se soustraire obstinément à la direction de ceux qui ont reçu du ciel la mission de guider les individus et la société dans le droit chemin de la vérité et du bien » (id.). Que des laïques se posent, concurremment avec le Souverain Pontife, en « directeurs de l'activité sociale dans l'Église », ce serait déjà choquant. Mais, en outre, leurs directives sont contraires à celles de Léon XIII : « Ils repoussent la doctrine rappelée par Léon XIII sur les principes essentiels de la société, placent l'autorité dans le peuple ou la suppriment à peu près et prennent comme idéal à réaliser le nivellement des classes » (p. 100).

De quelle marge de liberté les catholiques disposent-ils dans l'ordre de l'activité temporelle et des engagements politiques ? C'est une question que cette condamnation rend plus insistante, mais ce n'est peut-être pas en l'occurrence la question décisive. En effet, il est clair que la lettre sur *Le Sillon* réaffirme la doctrine la plus intransigeante sur la construction de la cité : « On n'édifiera pas la société si l'Église n'en jette les bases et ne dirige les travaux. » Il s'agit bien d'édifier « la cité catholique » (p. 100). Sans doute pourrait-on admettre qu'il s'agit une fois de plus de rappeler la « thèse » sur les rapports de l'Église et de l'État, sans pour autant ignorer que le régime concret est celui de « l'hypothèse ». Or, nous faisons sur ce point retour à Blondel et à Laberthonnière, car ils ont l'un et l'autre critiqué cette problématique par laquelle on distingue d'une part la conception normale des rapports de l'Église et de l'État et d'autre part les concessions ou les distorsions nécessitées par telle ou telle situation historique.

Il ne s'agit pas de maintenir sur le plan des principes la rigueur de la thèse tout en s'accommodant du réalisme de l'hypothèse. Au plan polémique, Laberthonnière montre que, chez Descoqs, ce réalisme est à sens unique : « On prend la thèse pour condamner les autres et l'hypothèse pour se justifier soi-même [96]. » Au plan des principes, Laberthonnière propose de substituer à la distinction classique celle du fait et de l'idéal. En précisant que l'oratorien conçoit l'idéal à la manière kantienne comme l'exigence d'une tâche et d'un progrès, on comprendra que selon cette problématique, la société politique et la société religieuse ont l'une et l'autre à tendre vers l'idéal qui leur est propre.

L'Église doit ainsi prendre en compte, en fonction de son propre idéal, les évolutions de l'État :

> « Quand l'État, je ne dis pas est ce qu'il doit être, puisque ceci n'arrive jamais dans notre monde, mais tend à ce qu'il doit être, l'Église ou société spirituelle, qui se constitue dans l'État et au-dessus pour la réalisation des fins spirituelles de l'humanité, s'y ajoute comme un couronnement attendu et qui l'achève en le dépassant. Mais, si l'État ne tend pas à ce qu'il doit être, si même il s'oriente en sens inverse, comme cet Empire romain tant admiré par nos positivistes qui, n'ayant d'autre visée que la domination de la terre, ne tolérait en fait de religions que celles qui se pliaient à servir ses desseins, l'Église alors n'est point paralysée ni stérilisée pour autant. Il lui appartient, par les moyens aussi qui lui sont propres et qui ne sont autres que ceux du Christ, de travailler à transformer l'État en transformant les âmes [97]. »

En février 1907, dans un article des APC sur « L'Église et l'État », Laberthonnière indiquait déjà les deux conceptions de l'autorité entre lesquelles il faut choisir : « La conception chrétienne animée par l'esprit de l'Évangile — le Fils de l'homme n'est pas venu pour être servi, mais pour servir » — par laquelle l'autorité, dans quelque sphère qu'elle ait à s'exercer, se considérant comme un moyen pour une fin commune à tous les hommes, s'attribue avant tout des devoirs dont rien ne peut la dispenser ; et la conception païenne animée par l'égoïsme humain — « L'État, c'est moi » — par laquelle l'autorité au contraire, se posant elle-même comme fin, ne s'attribue que des droits à faire valoir » (p. 458).

Le 16 mai 1913, la série des APC de 1905 à 1913 sera mise à l'index, avec deux livres de Laberthonnière : *Le témoignage des martyrs* et *Sur le chemin du catholicisme*. En même

96. *Positivisme et catholicisme*, p. 241.
97. *Positivisme et catholicisme*, p. 279.

temps, le préfet de la Congrégation de l'Index fait défense à l'oratorien de publier désormais sous peine de suspense *ipso facto*. La mesure ne sera jamais levée, et c'est dans un silence imposé que Laberthonnière élaborera sa métaphysique de la charité.

# Conclusion
# La crise moderniste en suspens

## *Les campagnes anti-modernistes*

Lors du centenaire de la revue *Études*, Henri Holstein écrivait : « Il semble bien que l'été 1914 ait été celui de la mort du modernisme [1]. » A condition de distinguer modernisme et crise moderniste, l'affirmation peut se justifier. Pris au sens strict de l'encyclique *Pascendi*, le modernisme est sérieusement en voie d'être dépassé, grâce à de nouveaux travaux d'exégèse et d'histoire des dogmes, grâce aussi à une clarification des bases philosophiques de ce travail scientifique sur les textes chrétiens. En revanche, dans les années qui précèdent la première guerre mondiale, la crise moderniste redouble d'intensité. Le point culminant de la lutte anti-moderniste est atteint dans les années 1912-1913. Le père Lagrange doit quitter Jérusalem, les APC sont mises à l'Index ainsi que la *Sainte Jeanne de Chantal* de Bremond, Laberthonnière est réduit au silence. Surtout, on voit se multiplier les campagnes de presse et les entreprises de dénonciation, qui visent d'ailleurs au moins autant l'action sociale des catholiques que les recherches intellectuelles. A tel point qu'au début de l'année

1. *Études*, novembre 1956, p. 232.

1914, la revue *Études* élève une protestation solennelle contre cette « poignée de publicistes sans mandat », qui se conduisent comme s'ils avaient le monopole de l'orthodoxie, et qui dénoncent systématiquement « tout ce qui a été tenté dans notre pays depuis vingt ans pour défendre la religion contre ses ennemis sur le terrain religieux, social, politique ». L'abus et l'injustice de ces « exécutions sommaires » déconsidèrent ce que la revue considère comme la juste campagne pontificale contre les erreurs modernes [2].

A commencer par le père de Grandmaison et le père Lebreton, les jésuites de la rue Monsieur ne sont pas suspects de complaisance à l'égard du modernisme. Ils n'en réagissent pas moins avec vigueur contre les excès des campagnes anti-modernistes. Ils ne sont pas les seuls et la réaction va prendre davantage de consistance avec le nouveau pontificat. Pie X meurt le 20 août 1914 et Benoît XV, qui est élu le 3 septembre, publie sa première encyclique, *Ad beatissimi*, le 1er novembre 1914. En janvier 1915, le père Yves de la Brière commente cette encyclique dans *Études*. Le nouveau pape interdit l'emploi de « certaines appellations dont on a commencé depuis peu à faire usage pour distinguer les catholiques des catholiques ». Il est clair, pour Yves de la Brière, qu'il s'agit du qualificatif « intégral », utilisé de fait par des catholiques pour se distinguer eux-mêmes « de certains autres catholiques présumés plus tièdes dans leur loyalisme, plus mitigés dans leur orthodoxie ». L'étiquette de « catholiques intégraux » amenait dès lors « à cette idée fausse que, pour être meilleur et plus fidèle catholique, pour être *intégralement* catholique, on doit méconnaître la légitime diversité d'opinions qui est admise dans les questions libres par l'Église enseignante, et professer de la sorte comme une orthodoxie dans l'orthodoxie [3] ».

L'encyclique *Ad beatissimi* n'en maintient pas moins la condamnation des erreurs formelles du modernisme, et elle

2. « Critiques négatives et tâches nécessaires », *Études*, 5 janvier 1914, p. 5-25. Voir le commentaire d'Émile Poulat dans *Intégrisme et catholicisme intégral*, p. 392-396. Voir des protestations du même type dans le mémoire que Mgr Mignot adresse au cardinal Ferrata en octobre 1914 : Poulat, *op. cit.*, p. 515-523.

3. *Études*, janvier 1915, p. 113-114 (souligné par l'auteur)

stigmatise aussi les tendances et l'esprit modernistes. Toujours selon Yves de la Brière : « Pour Benoît XV comme pour Pie X, les erreurs théologiques du modernisme se rattachent essentiellement à la tentative de réinterpréter le dogme chrétien, de lui donner une signification tout autre que celle qui lui fut reconnue par les siècles passés » (p. 116). La crainte du modernisme demeure donc vive et la crise moderniste n'est pas finie. Mais, plus que les changements internes de l'Église, la guerre de 1914 et la mobilisation des esprits vont quand même constituer une césure. Il faut distinguer entre un temps fort de la crise, celui que nous avons étudié, et les résurgences ultérieures. Ces résurgences prennent d'ailleurs une double forme : nouvelles audaces « modernistes » — mais qui les qualifie ainsi ? ; recrudescence du soupçon à l'égard de pensées qui déconcertent les positions acquises — mais qui fait la part des inquiétudes légitimes et des dénonciations fallacieuses [4] ?

## I. LA CRISE DE LA SOCIÉTÉ FRANÇAISE

### *L'Europe de 1914*

Certaines réflexions provoquées par la guerre de 1914-1918 éclairent rétrospectivement le temps fort de la crise moderniste en situant le phénomène propre au catholicisme dans le contexte global de la société française. En effet, même si elle prend dans l'Église catholique, un visage tout-à-fait spécifique, relatif à sa forme propre d'affirmation de l'autorité spirituelle, la crise moderniste rentre dans le cadre d'une crise générale de la société française, qui affecte des aspects politiques, philosophiques, et religieux. Parler de « crise », n'est d'ailleurs pas nécessairement négatif. Certaines crises qui remettent en jeu les équilibres acquis permettent aux sociétés

---

4. Sur toutes ces questions, nous renvoyons par avance au livre qu'Étienne Fouilloux publiera dans la même collection sur *La pensée catholique française*, 1914-1965.

de progresser. Mais il existe aussi des crises dangereuses, voire mortelles.

La guerre inspire à Paul Valéry la déclaration restée fameuse : « Nous autres, civilisations, nous savons maintenant que nous sommes mortelles [5]. » D'où vient cette prise de conscience ? Cherchant à caractériser rétrospectivement l'état intellectuel de l'Europe en 1914, Valéry décrit un moment de fragilité extrême provenant de la diversité des tentatives intellectuelles, esthétiques, morales, qui ne parviennent à engendrer aucun ordre, aucune harmonie, mais le seul disparate. « Et de quoi était fait, demande Valéry, ce désordre de notre époque mentale ? — De la libre coexistence dans tous les esprits cultivés des idées les plus dissemblables, des principes de vie et de connaissance les plus opposés. C'est là ce qui caractérise une époque *moderne.* » Et l'auteur insiste : « L'Europe de 1914 était peut-être arrivée à la limite de ce modernisme. Chaque cerveau d'un certain rang était un carrefour pour toutes les races de l'opinion ; tout penseur une exposition universelle de pensées [6]. » Autrement dit, la modernité repose sur la libre expression des idées et des opinions, mais comment construire une société spirituellement cohérente sur la base individualiste de la liberté de pensée ?

## *L'apprentissage de la laïcité*

L'époque de la crise moderniste est l'époque durant laquelle le principe de laïcité devient effectif dans l'École et dans l'État. Or, la société française est encore fort éloignée de satisfaire, et même simplement de percevoir, les exigences qu'impose à tous les partenaires l'apprentissage d'une laïcité ouverte, mais non sectaire, dans la vie politique et dans les rapports sociaux. Comme l'écrit Jean-Marie Mayeur : « La laïcité, même chez les esprits les plus acquis au respect des croyances, est aussi foi militante dans le libéralisme et les valeurs de la République, c'est-à-dire défiance vis-à-vis de

5. Lettre écrite en 1919 et publiée dans *Variété*, Paris, NRF, 1924. Citation p. 11.
6. *Op. cit.*, p. 18 (souligné par l'auteur).

l'ultramontanisme et de l'Église du Syllabus[7]. » Réciproquement, les catholiques les plus ouverts ont peine faire la différence entre la laïcité, comme constitution d'un espace de communication, et le laïcisme, défini par Laberthonnière comme « la prétention de se passer radicalement de toute religion[8] ».

En 1902, le Bulletin de l'Union pour l'Action morale publie une lettre que Gabriel Séailles adresse au Congrès de la Libre Pensée réuni à Genève. Nous savons que Séailles est très loin de minimiser l'opposition entre l'esprit scientifique et l'esprit dogmatique. Il est aussi un partisan déterminé de « l'école sans Dieu[9] ». Il n'empêche que ce militant de la liberté de penser réagit aussi bien contre un dogmatisme de l'antidogmatisme. C'est le sens de la lettre en question :

> « La libre pensée, écrit-il, n'est pas l'intolérance laïque. Dans libre-pensée, il y a liberté et pensée [...]. Allons-nous, au nom de la liberté de penser, imposer des limites à la pensée ? Allons-nous proscrire la métaphysique ? [...] Faire notre petit syllabus, déclarer anathème quiconque s'efforcera de réfléchir le monde de la science, de lui chercher un sens qui satisfasse pleinement la pensée, de le transposer en un système d'idées cohérent et intelligible ? [...]. Allons-nous, par une logique plutôt bizarre, promulguer l'athéisme, tout au moins lui conférer une sorte de privilège, le privilège des esprits vraiment forts ? [...]. Disons-le hautement, un Congrès de la libre pensée où ne pourraient être admis, où ne pourraient prendre la parole Descartes, Spinoza, Leibnitz, Kant et Renouvier, le spinoziste Goethe, l'hégélien Ernest Renan, le déiste Victor Hugo, ne serait qu'une parodie de sectaires[10]. »

Daniel Halévy propose cette lettre de Séailles en exemple aux membres de l'Union pour l'Action morale, alors que cette association s'interroge sur ses possibilités et sur son avenir, dans un contexte où, sous le couvert de la libre-pensée, on

---

7. « La laïcité de l'État. Du conflit à l'apaisement, de Ferry à Poincaré » dans *Les catholiques français et l'héritage de 1789*, p. 84.

8. Voir les textes de Laberthonnière réunis par Louis Canet sous le titre : *Critique du laïcisme*, Paris, Vrin, 1948.

9. Voir *Éducation ou Révolution*, Paris, Armand Colin, 1904. Séailles sera aussi l'un des présidents d'honneur de l'Union de Libres penseurs et de Libres croyants pour la culture morale.

10. Bulletin de l'Union pour l'Action morale, 1901-1902, 2e semestre, p. 443.

voit se manifester un matérialisme et un anticléricalisme grossiers. Il y voit un témoignage montrant que, parmi les représentants les plus qualifiés de l'idée laïque, il en est qui n'hésitent pas à dénoncer le fait d'une forte dérive anticléricale de certains libres-penseurs. Malgré tout, la lettre a été lue au Congrès et publiée le 14 septembre 1902 dans le journal attitré des groupes de la libre-pensée, *La Raison* [11]. Et c'est, pour Daniel Halévy, un signe positif tendant à prouver qu'il y a encore place pour des libres-penseurs spiritualistes.

Certes, mais le même fait est aussi bien le signe qu'une laïcité respectueuse des convictions de chacun était encore fort loin de se mettre en place dans le climat conflictuel qui précédait la Séparation des Églises et de l'État. Or, malgré tout, au-delà de la communication par la presse, les revues, il existait des lieux de confrontation entre agnostiques, catholiques, protestants ou juifs. Ainsi avons-nous signalé en cours de route l'Union pour l'Action morale de Paul Desjardins, la Société française de philosophie, l'École des Hautes Études sociales, et nous aurions pu également parler de l'Union de Libres penseurs et de Libres croyants pour la culture morale, fondée en 1907.

## *La communauté des chercheurs*

La réalité n'était donc pas uniformément sombre, et il importe de repérer au moins quelques signes d'une recomposition intellectuelle qui s'opère tout au long de la période que nous avons étudiée. Si l'on considère le rapport des chercheurs catholiques avec des collègues protestants ou libres-penseurs, c'est un fait que la collaboration scientifique des personnes tend à la création d'un véritable milieu de recherche inter-universitaire. Certes, la situation générale des rapports entre l'Église et l'État ne favorise pas les relations entre les institutions universitaires qui relèvent de l'une ou de l'autre. D'autre part, les oppositions de l'affaire Dreyfus laisseront des traces difficiles à effacer. Malgré tout, la libre cir-

---

11. La lettre de Séailles est également reprise dans les actes du Congrès tenu à Rome en 1904 par l'Association nationale des Libres-Penseurs de France.

culation des pratiques scientifiques s'amorce et, en dépit des obstacles de tous ordres, une certaine communauté intellectuelle se constitue grâce au partage des méthodes.

Il faut à cet égard retenir l'introduction dans l'enseignement supérieur catholique de modèles empruntés à l'Université publique et surtout à l'École Pratique des Hautes Études. Cette dernière aura joué un rôle déterminant. Ce sont les méthodes de la 4e section que Duchesne introduit à l'ICP dès le début de son enseignement, en 1876. Fondée dix ans plus tard, la 5e section fournira les modèles épistémologiques à partir desquels se constituera la communauté des chercheurs en sciences religieuses. Dans son discours du 23 novembre 1899, le nouveau recteur de Toulouse, Mgr Batiffol s'exprime ainsi : « Je m'honorerai toujours d'avoir travaillé à Paris dans notre grande École des Hautes Études de la Sorbonne, d'y avoir été l'auditeur de maîtres excellents, d'avoir appris auprès d'eux ce qu'est une étude qui ne mène à aucun grade, mais qui vous introduit dans le laboratoire même d'un savant, vous initie à sa méthode, à le voir travailler sous vos yeux, et vous fait aimer la science en la cherchant de compagnie[12]. » Le modèle a joué, nous l'avons vu pour l'École biblique de Jérusalem, et il aurait pu jouer pour l'École de théologie projetée par Léonce de Grandmaison, mais non réalisée.

Demeure une question sous-jacente et difficile : que signifient pour les catholiques qui les adoptent les pratiques scientifiques communes ? La suite a dissipé certaines inquiétudes de l'époque. Pour reprendre des expressions de Loisy, on a compris qu'il ne suffisait pas d'appliquer à la Bible les règles de la méthode historique pour « en ruiner l'inspiration et le caractère surnaturel ». Si la méfiance à l'égard des méthodes communes peut subsister, elle ne peut plus s'ériger en principe. Autrement dit la conciliation entre ce type d'approche et une approche religieuse n'apparaît plus impossible. Reste que les méthodes ne sont pas innocentes. De sorte qu'une question subsiste : que signifie pour les catholiques l'usage de ces méthodes ? S'agit-il d'une simple concession à l'esprit du temps, voire d'un compromis ? Ou bien cet usage prend-il, et de quel point de vue, une valeur intrinsèque ?

Pour faire mieux apparaître la difficulté rémanente de ces

12. RCF, 15 février 1900.

questions, demandons-nous si ces catholiques qui sont des chercheurs peuvent être considérés comme des « intellectuels catholiques ». La catégorie est plus récente, mais les définitions que l'on tente d'en donner éclairent rétrospectivement la situation des « modernistes ». Comme nous l'avons déjà dit, Claude Langlois retient deux éléments : « 1) l'intellectuel se définit par sa capacité à réfléchir et à prendre position sur le rapport actuel de son Église aux problèmes du monde contemporain ; 2) l'intellectuel se définit à la fois par sa capacité d'autonomie par rapport à l'institution et par sa légitimation scientifique à l'extérieur de l'Église [13]. » Or, c'est surtout cette dernière jonction qui fait problème : la légitimation acquise dans le champ scientifique aurait pu « servir de fondement à une certaine légitimité pour articuler un nouveau discours théologique, ou plutôt pour recomposer autrement le champ théologique ». Les faits sont-ils conformes à l'hypothèse ? A la fin de la période que nous avons étudiée, quelques signes montrent qu'une issue positive n'est pas tout-à-fait exclue : on commence à apercevoir la possibilité d'un accord entre la légitimité externe et la légitimité interne. Pourtant, le moins qu'on puisse dire est que, faute d'une reconnaissance ecclésiale, la crise moderniste a retardée, plus qu'elle ne l'a favorisée, la naissance des intellectuels catholiques [14].

## *Crise de la philosophie ?*

La question sera encore éclairée latéralement par une confrontation avec ce qui se passe en philosophie. En effet, les nouvelles sciences de l'homme ne font pas question seulement pour les théologiens. Nous entrons en fait dans une période de rivalités et de négociations difficiles entre ces sciences que l'on dit encore « philosophiques » et la philosophie elle-même. On peut même parler d'une crise de la philosophie devant la montée des sciences humaines alors naissantes. De sorte qu'il faut comparer les enjeux philosophiques

---

13. « La naissance de l'intellectuel catholique » dans *Intellectuels chrétiens et esprit des années 1920*, Paris, Cerf, 1997, p. 214.

14. Voir Étienne Fouilloux : « Réflexions sur une naissance différée », *Vingtième siècle*, janvier-mars 1997, p. 13-24.

et les enjeux théologiques. Or, c'est en se distinguant encore plus du dogmatisme théologique que la philosophie gère sa propre crise.

Notre étude n'a pas seulement insisté sur la nature philosophique des questions posées par les « modernistes », elle a aussi montré la consistance d'un milieu philosophique intégrant les catholiques et leur permettant de participer à des débats généraux. Même si cette insistance tient à notre spécificité professionnelle, elle nous paraît correspondre à la réalité des liens noués dans les Congrès internationaux, et entretenus par les réunions de la Société française de Philosophie. Également au rôle joué par les revues. Dominique Parodi souligne ainsi la fin de « la philosophie oratoire » de Cousin et de ses disciples, et l'avènement d'un nouveau mode de communication philosophique avec un ensemble de revues d'orientations diverses. Or, il mentionne bien entendu la RMM et la *Revue philosophique*, mais aussi les APC et la *Revue de Philosophie*, qui « représentent la contribution de la pensée catholique à la philosophie générale de notre temps [15] ».

De même, nous avons insisté sur le rôle joué au sein de ce milieu philosophique par Émile Boutroux, à la fois acteur et observateur, initiateur et fédérateur. Nous avons vu que la vigilance du philosophe s'exerce en particulier dans le domaine de la psychologie religieuse, qu'il aborde à plusieurs reprises et de différentes manières. Mais un ensemble d'initiatives font de Boutroux une référence, voire un arbitre, dans le problème plus général des rapports de la philosophie avec la science ou avec la religion. Déjà, en 1900, lorsqu'il présidait le Congrès international de Philosophie réuni à Paris, Boutroux avait préconisé une attention philosophique aux sciences et à leur méthodologie : « La question était de savoir si la philosophie de demain serait une *philosophie scientifique*, ou seulement un idéalisme moral, sans lien avec les sciences. » Nous avons vu comment cet appel avait déterminé le père Peillaube à introduire les disciplines scientifiques dans la Faculté de Philosophie de l'ICP [16].

Dans son rapport de 1907, Boutroux signale, comme nous l'avons dit, l'essor des « sciences philosophiques ». Or, ce

15. *La philosophie contemporaine en France*, p. 10.
16. *Revue de Philosophie*, janvier-février 1931, p. 9.

phénomène l'intéresse, mais en même temps, il l'inquiète, car il pourrait constituer non une évolution, mais « un évanouissement de la philosophie ». Celle-ci exige, selon Boutroux, deux conditions : la conception des choses au point de vue de l'unité ; un principe d'unité puisé dans la nature humaine [17]. Mais justement, si l'on ne parle pas encore de « sciences humaines », des observateurs tels que Parodi perçoivent un fait assez complexe. D'un côté, dit-il, « un des traits les plus fréquents de notre époque [...] nous a paru être l'abdication de la philosophie au profit de la science ». Mais, d'un autre côté, « il est vrai que c'est, en partie au moins, la matière même de la philosophie traditionnelle qui tend à prendre la forme positive et scientifique : je veux dire les phénomènes spirituels et la vie morale de l'humanité » (*op. cit.*, p. 454). Or, ce second aspect n'est en fin de compte pas moins redoutable que le premier.

Que penser de ces nouvelles sciences telles que la psychologie ou la sociologie ? Proches de la philosophie puisqu'elles s'intéressent à l'homme, elles s'en éloignent dans la mesure même où elles tendent à se fondre dans un complexe scientifique, et à dissoudre par la même leur objet. On peut dès lors se demander si elles ne contribuent pas à cet « évanouissement de la philosophie » que redoute Boutroux. Et ce dernier n'est pas rassuré par la revanche inattendue de l'esprit philosophique d'universalité, qui s'empare de ces sciences naissantes de telle sorte que chacune tend à se poser, « non seulement comme l'exploratrice attitrée d'un domaine spécial de la philosophie, mais comme la philosophie universelle elle-même, enfin en possession de son véritable principe [18] ». Autrement dit, ces nouvelles sciences sont redoutables par leur multiplicité qui fractionne l'image de l'homme ; mais elles le sont aussi par la prétention de telle ou telle à récupérer à son profit l'ancien universalisme de la philosophie.

Il est vrai que la RMM publie en 1911 un article de J. Benrubi qui répond à l'inquiétude de Boutroux en célébrant « La renaissance de la philosophie en France ». Certes, il n'est plus question de prétendre constituer une métaphysique « par des forces purement individuelles ». Mais, justement, des lignes

17. *Nouvelles études d'histoire de la philosophie*, p. 187.
18. *Op. cit.*, p. 142.

directrices se dessinent, une collaboration et peut-être un consensus s'établissent entre philosophes, mais aussi entre philosophes et scientifiques. Pour l'auteur de cet article, des hommes tels que « MM. Liard, Dunan, Maurice Blondel, E. Boutroux et H. Bergson » réalisent le vœu exprimé jadis par Ravaisson et ils contribuent à l'élaboration d'une métaphysique fondée sur l'expérience intégrale. Dans le même sens, Parodi jugera, au lendemain de la guerre, que « si l'on peut parler d'une crise de la pensée philosophique contemporaine, c'est à la condition de n'entendre par ce mot ni maladie, ni stérilité ni décadence » (*op. cit.*, p. 9). Il y a bien une crise, mais c'est une crise de croissance.

## *Mutations religieuses*

Il reste que, selon Abel Rey, mais aussi selon Parodi, la philosophie française contemporaine reste partagée entre deux orientations qui prolongent la grande lutte de l'esprit classique et de l'esprit romantique. Notre perspective propre nous incite à saisir la critique de l'intellectualisme au niveau de son expression philosophique, mais la réaction anti-intellectualiste se manifeste à bien d'autres niveaux, dont l'étude ne relève ni de notre compétence, ni de notre propos. Pour la saisir au niveau de la religion vécue, dans les formes concrètes de la piété populaire, il faudrait de tout autres études que celles que nous avons pu mener.

Mais, en restant dans les limites de notre approche philosophique, il nous paraît utile de nous référer à l'analyse tentée à l'époque même par Paul Sabatier dans son livre sur *L'orientation religieuse de la France actuelle* [19]. L'objectif de l'auteur était de dégager, en deçà des institutions, un mouvement religieux qui « pénètre comme un esprit et comme un ferment dans l'ensemble de la vie politique, intellectuelle, morale du pays et ne tend rien moins qu'à transformer les

19. Collection « Le mouvement social contemporain », Paris, Armand Colin, 1911. Ancien pasteur, devenu historien, Paul Sabatier a écrit une *Vie de saint François d'Assise*, et il s'est fait le chroniqueur de l'histoire religieuse contemporaine, avec notamment le livre qu'il publie en 1909 sur *Les modernistes*.

bases mêmes de la société » (p. 29). Pour tenter de vérifier cette hypothèse Sabatier rassemble des faits qui montrent comment dans le catholicisme, le protestantisme, mais aussi dans la libre pensée, se manifeste un même mouvement religieux, détaché du dogme et des spéculations métaphysiques, mais prenant en revanche conscience de la vie dans l'histoire.

Sans entrer dans le détail de la démonstration, nous constaterons que Paul Sabatier s'accorde avec la conclusion de Boutroux dans son livre sur *Science et religion* :

> « Que la religion se déploie ainsi dans le monde, selon sa nature propre, comme une activité toute spirituelle, visant à transformer les hommes et les choses du dedans et non du dehors, par la persuasion, par l'exemple, par l'amour, par la prière, par la communion des âmes, et non par la contrainte ou par la politique ; et il est clair qu'elle n'a rien à redouter du progrès de la science, de la morale ou des institutions. Affranchie du joug d'une lettre immuable et muette, ou d'une autorité qui ne serait pas purement morale et spirituelle, et, rendue à elle-même, elle redevient excellemment vivante et souple [...]. Ce qui a pu paraître contradictoire avec les idées ou les institutions modernes, c'est telle ou telle forme extérieure, telle ou telle expression dogmatique de la religion, vestige de la vie et de la science des sociétés antérieures ; ce n'est pas l'esprit religieux, tel qu'il circule à travers les grandes religions. Car cet esprit n'est autre que la foi au devoir, la recherche du bien et l'amour universel, ressorts secrets de toute activité haute et bienfaisante [20]. »

C'est une conclusion du même type que Lucien Arréat tirait de l'enquête qu'il avait menée sur *Le sentiment religieux en France* [21]. Le réveil de la vie religieuse lui paraissait s'accompagner d'une certaine répugnance à l'égard des cadres ecclésiastiques et du dogmatisme. Selon Arréat : « Les dogmatismes semblent atteints, plutôt que le sentiment auquel ils satisfont. » Entre la « religion en esprit », telle que la célèbre un Boutroux, et la « religion en sentiment » de la piété populaire, il n'y a sans doute pas grand chose de commun [22].

---

20. *Science et religion*, p. 377, cité par Paul Sabatier, p. 126-127.

21. Paris, Alcan, 1903, p. 98. Dans le champ philosophique, serait également à prendre en compte le livre publié en 1887 par Jean-Marie Guyau : *L'irréligion de l'avenir*.

22. Ces expressions renvoient librement à Michel Lagrée : « Religion populaire et populisme religieux au XIXe siècle » dans *Histoire du peuple*

Sinon, peut-être, une semblable indifférence aux structures dogmatiques et au contrôle ecclésiastique.

Si la description que Paul Sabatier fait de « l'orientation religieuse de la France actuelle » est valable, il est clair que cette orientation met particulièrement en cause les structures du catholicisme. Pour la théologie catholique, l'exégèse et l'histoire font en définitive problème dans la mesure où elles touchent la question décisive, qui est la question du dogme, de son interprétation et de son développement. En revanche, la philosophie universitaire s'accommode fort bien d'une aspiration spirituelle dégagée des rites et surtout des dogmes. Sur ce point, Léon Brunschvicg déclare nettement sa volonté de promouvoir un « rationalisme entièrement spiritualisé », qui ne se rattache à aucune religion positive et qui se refuse « à faire encore une place à ce qui ne serait qu'imagination et symbole [23] ».

## II. LA SPÉCIFICITÉ CATHOLIQUE

### *Événements et structures*

Même s'il renvoie en définitive à une crise religieuse bien plus large, le modernisme entretient un rapport spécifique avec le catholicisme. A tel point que, si l'on parle d'un « modernisme protestant », c'est par une analogie d'ailleurs discutable avec le modernisme catholique. Or, si le modernisme est spécifique de l'Église catholique, il doit bien avoir rapport aux structures du catholicisme. Mais quel rapport ?

L'approche événementielle que nous avons adoptée faisait d'emblée une large place à la contingence, soit du côté des initiatives intellectuelles, soit du côté des réactions anti-modernistes. Mais comment ces initiatives et les réac-

---

*chrétien*, Privat, 1979, tome 2, p. 170. L'article confronte les deux visages, intellectuel et populaire, de l'ultramontanisme.

23. *La raison et la religion*, introduction, Paris, nouvelle édition, 1964, p. 11-12. Voir aussi notre article sur « Les philosophes et la religion » dans *Intellectuels chrétiens et esprit des années 1920.*

tions qu'elles ont suscitées ont-elles engendré la crise que nous avons observée ? On ne peut se dispenser de chercher une explication du côté des structures du catholicisme. Mais ce faisant, on entre dans un nouvel ordre de questions : en parlant de « structures », visons-nous une organisation que sa stabilité relative n'empêche pas d'être historique, donc variable ? Ou bien s'agit-il de la constitution divine que l'Église catholique juge avoir reçue de son fondateur, Jésus-Christ, et qui lui est donc consubstantielle ?

Il ne faut en tout cas pas se hâter de faire jouer cette seconde hypothèse. Il est clair que certains éléments relèvent de la première hypothèse, ce qui permet d'ailleurs de relativiser la crise moderniste. Soit dans l'espace : elle n'a de fait pas également touché des pays pourtant proches, comme la France ou l'Italie d'un côté, l'Allemagne de l'autre[24]. Soit dans le temps : si les structures qui ont rendu possible la crise moderniste ne sont pas constitutives, elles peuvent changer, et rien n'empêche de concevoir la crise moderniste comme un phénomène transitoire qui a eu son temps, mais qui n'est plus d'actualité.

La crise moderniste résulte de la confrontation du catholicisme et d'une modernité intellectuelle caractérisée par l'expression publique d'une libre diversité d'opinions. Cette crise est spécifique du catholicisme en tant qu'elle présuppose une organisation fortement hiérarchisée soutenue par un fort intérêt dogmatique. Mais, dans sa phase aiguë, la crise moderniste résulte de la conjonction de trois facteurs plus conjoncturels : 1°) l'audace de certains chercheurs qui prennent des initiatives intellectuelles dont personne ne sait encore si elles produiront des résultats justes et féconds ; 2°) l'atmosphère de suspicion qui entoure d'emblée leurs travaux, bien avant qu'ait pu s'opérer le discernement nécessaire ; 3°) enfin et surtout, des rapports étroits entre les agents du soupçon et les responsables de l'autorité doctrinale au plus haut niveau.

---

24. En ce qui concerne l'Allemagne, le livre récent d'Otto Weiss apporte des précisions qui obligent à nuancer notre propos. Voir *Der Modernismus in Deutschland*, Ratisbonne, 1995, et la recension d'Émile Poulat dans *Archives de sciences sociales des religions*, n° 94.

## *Fin de la crise moderniste ?*

Depuis 1914, les transformations géopolitiques du monde et de l'Église catholique ont-elles mis fin à la crise moderniste ? Ou bien l'urgence de préoccupations nouvelles a-t-elle simplement « recouvert » des troubles profonds toujours prêts à refaire surface ? Sans prétendre répondre à la question, au moins faut-il en interroger le sens : que veut-on dire quand on dit que la crise moderniste est — ou n'est pas — finie ? Échelonnons quelques réponses. En un premier temps, on dira que la crise moderniste est finie dès lors que les problèmes qui l'avaient déclenchée ont trouvé une solution. De fait, l'histoire de l'exégèse catholique depuis un siècle montre qu'elle a progressivement assimilé des problématiques et des méthodes qui avaient d'abord semblé inadmissibles. Mais plusieurs livres récents prouvent que la question de l'histoire de Jésus n'est pas encore complètement clarifiée ? Le sera-t-elle jamais ? Et, si elle ne doit pas l'être, pourquoi ? Sœren Kierkegaard avait-il raison de relativiser la « problématique objective » de la vérité du christianisme au profit de la « problématique subjective » ?

En un second temps, on dira que, même si les problèmes anciens subsistent, même si des problèmes nouveaux ont surgi, avec notamment l'expansion des sciences humaines, l'essentiel est que tous ces problèmes, anciens ou nouveaux, puissent être discutés calmement, au grand jour. De ce point de vue, la crise moderniste est finie, si l'on est sorti du cycle infernal soupçon-dissimulation. Or, en est-on véritablement sorti ? Pour que la réponse soit positive, il faudrait qu'ait été observée une transformation assez radicale des rapports entre les chercheurs et les responsables de l'autorité doctrinale. La question est en effet de savoir comment, en fonction de quel état d'esprit, dans quelles conditions, s'est faite l'assimilation progressive des méthodes modernes. La liberté responsable des chercheurs est-elle respectée ? Ou bien en est-on resté au régime de la réhabilitation rétrospective d'efforts et de résultats d'abord suspectés, voire condamnés ?

En un troisième temps, on dira qu'en toute hypothèse, il subsiste un problème de fond qui se pose selon des modalités différentes à toutes les confessions religieuses, mais qui prend dans le catholicisme une force singulière : c'est le problème du rapport entre la prédication chrétienne, l'esprit qui la reçoit, et la vérité. Dans les débats autour de ce qu'on nommait alors l'agnosticisme, ou le symbolisme, dans la querelle de l'immanence, dans les contestations de l'intellectualisme, comme dans les discussions sur la compétence de la méthode historique, c'est bien cette question qui était posée. Non sous la forme simple : le discours chrétien est-il ou non vrai ? Mais au niveau le plus fondamental : de quel type de vérité peut-il relever ? A quel type de reconnaissance personnelle fait-il appel ? Comment s'accordent l'adhésion à un corps de vérités définies et l'esprit de vérité qui transcende la particularité de toutes les vérités, même religieuses ?

## *La foi de Laberthonnière*

Si l'on s'en tenait à l'époque que nous avons étudiée, on aurait le sentiment que, malgré quelques signes avant-coureurs d'un changement possible, la forme sous laquelle la hiérarchie catholique affirme et définit son autorité spirituelle est peu compatible avec la liberté de la recherche intellectuelle. Durant toute cette période, tout en protestant de leur estime pour la recherche, les autorités ecclésiastiques ont surtout exercé une surveillance pointilleuse à l'égard de ceux qui la pratiquaient. Et rares sont ceux qui ont échappé à une condamnation, au moins de leurs livres.

Le cas le plus significatif est à cet égard celui du père Laberthonnière, proche de Blondel, mais que sa condition de religieux a rendu plus vulnérable. En fin de compte il a été réduit à un silence en principe total. Maurice de Gandillac peut encore témoigner de sa rencontre avec l'oratorien. Il était amer, nous a-t-il dit récemment. On l'eût été à moins. Pourtant, le cours même de notre travail nous a conduit à lui attribuer presque à la fin de chaque chapitre une place privilégiée. Nous n'avions pas prévu qu'il en serait ainsi. Et ce ne sont pas toujours des considérants d'ordre chronologique qui ont joué. Plutôt la force intrinsèque de certains de ses textes. Ou ce que nous jugeons tel, en tenant compte, bien entendu, du terrain spécifique de ses interventions. Certains au moins des livres qui ont été mis à l'index et qui l'ont fait réduire au silence nous apparaissent, au sein de la littérature de l'époque, comme les plus prospectifs.

Pour Laberthonnière, la liberté de la recherche intellectuelle n'est que l'un des aspects de la liberté foncière de l'esprit, liberté qui doit se manifester à tous les niveaux de la vie spirituelle et jusqu'au sein de l'acte de foi en la vérité chrétienne. Or, en même temps que cette conviction de la liberté de l'esprit, Laberthonnière a toujours maintenu, envers et contre tout, sa confiance en l'Église catholique. Il a ainsi vécu l'espérance au sein des conditions qui autorisaient le désespoir le plus absolu. Autrement dit, si nous entrons dans la perspective d'un Laberthonnière, nous tiendrons la crise moderniste pour un moment de l'histoire de l'Église catholique, mais ce sera pour nous un moment qui doit et qui peut être dépassé dans un sens positif. Mais à quelles conditions ?

La confiance de Laberthonnière en l'Église n'excluait nullement la condamnation de certaines pratiques effectives du catholicisme de son temps. On sait combien fortes ont été ses protestations contre ce qu'il appelait le « romanisme ». Selon Albert Béguin, il définissait celui-ci « comme un "conformisme purement extérieur", caractérisé par une extension abusive de l'autorité centrale et par l'adhésion à des formules théologiques érigées en absolu, bien qu'elles aient été élaborées à certaines dates par des hommes, qui étaient des hommes comme les autres [25] ». Béguin reprend ici des expressions de l'oratorien dans son texte sur *La notion chrétienne de l'autorité*, édité par les soins de Louis Canet [26]. Et il poursuit le commentaire de ce texte en notant que Laberthonnière « en appelle toujours de l'unité mal entendue à une unité plus profondément enracinée dans la nature des choses, et d'une autorité dominatrice à une autorité rédemptrice et libératrice ». S'il veut incarner l'esprit chrétien, le catholicisme doit toujours se réformer lui-même.

Pour Laberthonnière, avoir confiance en l'Église catholique, c'était aussi bien juger nécessaire et possible une transformation profonde de son mode d'autorité. Or, une telle confiance est de l'ordre de la foi et l'exemple de Laberthonnière montre qu'elle pourrait subsister alors même que les

25. « L'autocritique de Galilée » dans *Esprit*, février 1956, p. 183.
26. Paris, Vrin, 1955.

faits continueraient à lui donner tort. Il n'est pourtant pas sans importance concrète que des faits correspondant à son attente puissent au moins la conforter. Dans quelle mesure les événements ultérieurs, et notamment le Concile de Vatican II, ont-ils répondu à cette espérance ecclésiologique ?

## ANNEXES

### 1. Éditions de correspondances de Blondel

Maurice Blondel-Auguste Valensin, *Correspondance*, tomes 1 & 2, 1899-1912, Paris, Aubier, 1957 ; tome 3, 1912-1947, Paris, Aubier, 1965. Texte annoté par Henri de Lubac.

Maurice Blondel-Lucien Laberthonnière, *Correspondance philosophique* présentée par Claude Tresmontant, Paris, Seuil, 1961.

Maurice Blondel, *Lettres philosophiques*, Paris, Aubier, 1961.

Blondel-Wehrlé, *Correspondance*, 2 tomes, Paris, Aubier, 1969, Commentaire et notes par Henri de Lubac.

Henri Bremond-Maurice Blondel, *Correspondance*, 2 tomes, Paris, Aubier, 1970-1971. Établie, présentée et annotée par André Blanchet.

### 2. Liste des abréviations

APC Annales de Philosophie Chrétienne.

BLE Bulletin de Littérature Ecclésiastique.

BSFP Bulletin de la Société française de Philosophie.

DAFC Dictionnaire Apologétique de la Foi Catholique.

DTC Dictionnaire de Théologie Catholique.

ICP Institut Catholique de Paris, Archives ICP, Bulletin ICP, Revue ICP (RICP).

RCF Revue du Clergé Français.

RHEF Revue d'Histoire de l'Église de France.

RHLR Revue d'Histoire et de Littérature Religieuse.

RMM Revue de Métaphysique et de Morale.

RPA Revue Pratique d'Apologétique.

RSPT Revue des Sciences Philosophiques et Théologiques.

RSR Recherches de Science Religieuse.

SDB Supplément du Dictionnaire de la Bible.

# Index

Achevé d'imprimer le 5 mars 1997
dans les ateliers de Normandie Roto s.a.
61250 Lonrai
pour le compte des Éditions Desclée de Brouwer
N° d'impression : 97-0129
Dépôt légal : mars 1997

*Imprimé en France*